C·H·Beck
PAPERBACK

Wolfgang Huber

GLAUBENSFRAGEN

Eine evangelische
Orientierung

C.H.Beck

Dieses Buch beruht auf dem Band «Der christliche Glaube», erschienen 2008 im Gütersloher Verlagshaus, der für die vorliegende Neuausgabe bei C.H.Beck völlig überarbeitet und in weiten Teilen neu geschrieben wurde.

Originalausgabe
© Verlag C.H.Beck oHG, München 2017
Satz: Druckerei C.H.Beck, Nördlingen
Druck und Bindung: Pustet, Regensburg
Umschlaggestaltung: Kunst oder Reklame, München
Umschlagabbildung: Wolfgang Huber auf den Stufen
der Marienkirche in Berlin, März 2008. © ullstein bild/Schicke
Printed in Germany
ISBN 978 3 406 70076 7

www.chbeck.de

INHALT

1. EIN BLICK ZURÜCK

Die Entdeckung des Evangeliums

Als Christoph Kolumbus im Jahr 1492 versuchte, Ostasien durch die Überquerung des Atlantischen Ozeans zu erreichen, stieß er in der Karibik auf einen unerwarteten Kontinent. Aber er war nicht der erste Europäer, der dort landete. Vielmehr hatten Grönländer schon ein halbes Jahrtausend vorher das amerikanische Festland zu Gesicht bekommen. Dennoch verbindet man die Entdeckung Amerikas fest mit der Reise des Kolumbus.

In einem ähnlichen Sinn lässt sich die Reformation als Entdeckung des Evangeliums beschreiben. Damit ist nicht gesagt, dass die Reformatoren des 16. Jahrhunderts die Ersten waren, die Zugang zur Bibel als Grundlage des Glaubens gewannen. Das Evangelium, verstanden als der Inbegriff der Botschaft des Neuen Testaments, war der Christenheit von ihren Anfängen an bekannt. Aber es wurde immer wieder verdunkelt. Die Geschichte der Christenheit ist voll von Beispielen dafür, dass die Kirche, deren Aufgabe darin besteht, den Glauben an Jesus Christus weiterzugeben, sich diesem Glauben in den Weg stellte. Das geschah vor allem dadurch, dass sie sich selbst wichtiger nahm als den, den sie verkündigen sollte. Deshalb war und bleibt es immer wieder notwendig, das Evangelium zu entdecken.

Aufbruch zur Reformation

Die Reformation war ein vielschichtiges Geschehen, doch sie hatte einen einfachen Kern. Das Interesse am Evangelium von Jesus Christus führte zur Reformation. Das signalisiert das Wort «evangelisch». Es meint seinem Ursprung nach keine konfessionelle Abgrenzung, sondern eine inhaltliche Konzentration.

Die Reformatoren des 16. Jahrhunderts waren weder die Ersten noch die Letzten, die sich darum bemühten. Aber ihr Aufbruch zu einem neuen und unmittelbaren Verständnis des Evangeliums hatte exemplarischen Charakter. Vom Evangelium her wurde nach dem Inhalt und den Lebensformen des Glaubens gefragt. Genau in einem solchen Sinn fragt dieses Buch danach, was evangelisch ist, und erschließt so den Zugang zu Grundfragen des christlichen Glaubens.

Der 31. Oktober 1517 gilt als Anfangsdatum der Reformation. An diesem Tag schlug Martin Luther (1483–1546) nach einer alten Überlieferung seine 95 Thesen zu Ablass und Buße an der Tür der Schlosskirche zu Wittenberg an. Wahrscheinlich griff er nicht selbst zum Hammer, sondern überließ das dem Pedell, dem mit derlei Aufgaben betrauten Angestellten der Universität. Am selben Tag übersandte Luther die Thesen an Bischof Hieronymus Schultz, seinen unmittelbaren kirchlichen Vorgesetzten, der in Brandenburg an der Havel residierte. Zugleich schickte er sie auch an Erzbischof Albrecht von Magdeburg, den seine Kritik, ja sein Protest unmittelbar betraf. Denn er betrieb seit 1515 einen Ablass, für den er einen der erfolgreichsten Ablasshändler der Zeit, den Dominikanermönch Johannes Tetzel, engagiert hatte. Die Geldzahlungen, die als Zeichen aufrichtiger Reue mit dem Ablass verbunden waren, sollten offiziell für die Fertigstellung von St. Peter in Rom verwendet werden. In Wahrheit brauchte Albrecht die Erträge, um die päpstliche Sondererlaubnis zu bezahlen, mit deren Hilfe er außer dem Bischofsstuhl von Magdeburg auch noch denjenigen von Mainz bestiegen hatte.

Luther ging es nicht nur um eine Kritik am Ablass; er wollte vielmehr herausstellen, dass die Buße, also die Umkehr zu Gott, den Kern des christlichen Lebens bildet. Der Erzbischof würdigte indessen die 95 Thesen keiner Antwort, sondern leitete sie wegen des Verdachts der Ketzerei unmittelbar nach Rom weiter. Damit bereits wurden die Weichen dafür gestellt, dass Luthers Anstoß nicht zur inneren Reform der einen Kirche genutzt wurde, sondern in eine Kirchenspaltung mündete.

Die Veröffentlichung der 95 Thesen löste zwar nicht bei dem Erzbischof von Magdeburg, wohl aber in der allgemeinen Öffentlichkeit eine breite Resonanz aus. Andere Vorstöße Luthers wie von Reformern vor und neben ihm hatten kein vergleichbares Echo hervorgerufen. Nun jedoch brachte die Wittenberger Intervention eine breite Debatte in Gang. Darum ist es angemessen, dass der 31. Oktober jährlich als Gedenktag der Reformation begangen wird. Alle einhundert Jahre fordert das Jahr zu einer großen Bilanz auf: Wo stehen wir? Wie geht es weiter?

Reformationsjubiläen

Solche Jubiläen verbinden die Reformation mit dem jeweiligen Geist der Zeit. Die Erinnerung an die Reformation trug maßgeblich zur Ausbildung einer historischen Jubiläumskultur bei – und zwar nicht nur in Deutschland, sondern auch jenseits seiner Grenzen. Doch diese Jubiläumskultur war zugleich ortsgebunden. Sie nahm ihren Ausgang von den Stätten der Reformation. Ein Jahrhundert nach der Veröffentlichung von Luthers 95 Thesen ergriff die Universität Wittenberg die Initiative zu einem Erinnerungsfest. Der Anstoß wurde an anderen Orten aufgenommen und wirkte schon bald über den universitären Bereich hinaus. Dem Datum von Luthers «Thesenanschlag» traten andere wichtige Erinnerungsdaten wie Luthers Geburts- und Todestag (1483 bzw. 1546) sowie die Verabschiedung des Augsburger Bekenntnisses von 1530 zur Seite. Diese «Jubelfeiern» wurden nicht nur als Vergewisserungen der evangelischen Glaubensform, sondern zugleich als öffentliche Manifestationen protestantischer Kulturgestaltung konzipiert. 1817 strahlten die Befreiungskriege auf das Reformationsjubiläum aus: Luther als Ahnherr einer «deutschen Kultur» sollte dabei helfen, das Unterlegenheitsgefühl zu überwinden, das die Niederlagen in den napoleonischen Kriegen ausgelöst hatten. «Der Gott, der Eisen wachsen ließ, der wollte keine Knechte», hießen die ersten Zeilen des «Vaterlandslieds» von Ernst Moritz Arndt. Freilich sollte auch die Annäherung zwischen den beiden großen Flügeln der Reformation – Lutheranern und Reformierten – in Erinnerung bleiben, die sich mit dem Reformationsjubiläum 1817 verbindet. Die Bildung von evangelischen Kirchenunionen, insbesondere in Preußen, ist mit diesem Datum verbunden. 1917 stand das Reformationsjubiläum im Bann des Ersten Weltkriegs. Die reformatorische Freiheitsbotschaft wurde zur Durchhalteparole in einer gewaltsamen Auseinandersetzung, die sich immer stärker zum Existenzkampf entwickelte und einem ganzen Jahrhundert ihren Stempel aufdrückte: dem Jahrhundert der Weltkriege.

Zu Beginn des 21. Jahrhunderts rücken solche nationalistischen Töne in den Hintergrund. Sie tauchen am ehesten dort auf, wo die Reformation als Etappe in der Entwicklung des Abendlandes gilt, das manche Vertreter dieser Denkweise durch das Vordringen des Islam und weltweite Wanderungsbewegungen vom Untergang bedroht sehen. In der 2015 in Dresden entstandenen Protestbewegung «Patriotische Europäer gegen die Islamisierung des Abendlandes» (PEGIDA) kommt diese Denkweise überscharf und mit einem fremdenfeindlichen und rechtspopulistischen Akzent zum Ausdruck. In größeren Teilen der Öffentlichkeit wird einer nationalen Engführung des Reformationsgedenkens heute jedoch eine globale und ökumenische Betrachtungsweise entgegengestellt: Die Reformation hat in vielen Erdteilen ihre Wirkungen entfaltet; und die Christenheit rückt trotz aller konfessionellen Unterschiede näher zusammen. Sosehr diese Perspektive zu begrüßen ist, sollte man sich jedoch nicht täuschen: Auch ein solches Denken kann sich als Anpassung an den Geist der Zeit erweisen: Reformationsjubiläum im Bann der Globalisierung, mit einer «Weltausstellung der Reformation» als besonderem Kennzeichen.

Offenkundig ist der Grat zwischen kritischem Gegenwartsbewusstsein und bloßer Abhängigkeit vom Zeitgeist schmal. Umso dringlicher ist es, danach zu fragen, was evangelisch ist, also die Reformation nicht nur zu feiern, sondern sich zu ihr auf den Weg zu machen: Aufbruch zur Reformation.

Keine neue Kirche

Ein Reformationsjubiläum ist auch der Gefahr ausgesetzt, die Reformation von 1517 als Gründungsdatum einer neuen Kirche misszuverstehen. Dieser Vorwurf wurde schon bald von Luthers Gegnern erhoben; beispielhaft geschah das bereits in dem Verhör Luthers durch Kardinal Cajetan am Rand des Augsburger Reichstags von 1518 (Leppin/Sattler 2014: 43). Doch darum ging

es Luther und Melanchthon, Zwingli und Calvin, Bucer und Brenz
sowie all den anderen Reformatoren genauso wenig wie John
Wiclif und Jan Hus vor ihnen. All diese Reformer wollten die
existierende Kirche zu ihren Wurzeln und zu ihrem Auftrag zurückführen, nicht eine neue Kirche ins Leben rufen. Die einen
wurden auf dem Scheiterhaufen verbrannt wie Jan Hus in Kons-
tanz 1415; die Gebeine seines längst verstorbenen Vorläufers John
Wiclif wurden bei dieser Gelegenheit ebenfalls dem Feuer überantwortet. Die anderen blieben vor einem gewaltsamen Tod bewahrt. Sie gewannen – auch dank politischer Unterstützung – Anhänger und konnten ihrer Botschaft eine institutionelle Gestalt
geben. Doch die Gründung einer «neuen» Kirche war nicht ihre
Absicht.

Auch die Kirchen der Reformation haben ihren Ursprung in
der Jesusbewegung; ihr Gründungsdatum ist das Pfingstfest. Sie
berufen sich auf eine zweitausendjährige Geschichte; ihr entscheidender Impuls bestand in der erneuten Zuwendung zum
Evangelium, nicht zu den Schriften der Reformatoren. Deshalb
nennen wir sie «evangelisch», bevor wir sie «lutherisch» oder
«reformiert», «anglikanisch» oder «methodistisch» nennen. An
der Konzentration auf das Evangelische ist auch in einer Zeit festzuhalten, in der im internationalen Sprachgebrauch «evangelical»
zur Bezeichnung einer ganz bestimmten, konservativ oder fun-
damentalistisch geprägten Frömmigkeitsrichtung geworden ist.
Denn bei Licht betrachtet kann «evangelisch» sich nicht darin
erschöpfen, eine Gestaltungsform christlicher Frömmigkeit oder
eine Religionskultur zu bezeichnen. Das Wort steht zuallererst für
die Bereitschaft, auf das Evangelium zu hören und aus dem Evangelium zu leben. Diese Bereitschaft kann sich in unterschiedlichen
religiösen Formen zeigen.

Die Orientierung am Evangelium ist ein Maßstab, dem man
auch die Reformatoren selbst unterwerfen muss. Auch bei ihnen
findet man vieles, was sich aus heutiger Sicht nicht mit dem Hören
des Evangeliums oder mit der Bereitschaft verbinden lässt, aus
dem Evangelium zu leben. Luthers Polemik gegen das Papsttum,
seine Verurteilung der aufständischen Bauern oder seine zornigen Ausbrüche gegen die Juden erscheinen uns als Irrwege. Dass
Michel Servet wegen seiner Zweifel an der Trinitätslehre auf Be-

treiben Johannes Calvins 1553 in Genf auf dem Scheiterhaufen endete, ist schlechterdings unvereinbar mit dem Selbstverständnis einer Reformation, die der Wahrheit allein durch das Wort und ohne Zwang Geltung verschaffen wollte. Doch wer das im Rückblick feststellt, sollte sich vor Selbstgerechtigkeit hüten. Spätere werden an theologischen Versuchen, kirchlicher Praxis und christlichem Verhalten der Gegenwart ebenfalls viel Kritikwürdiges finden. Im evangelischen Selbstverständnis gehören die Dankbarkeit für das reformatorische Erbe und die Bereitschaft zur Selbstkritik unlöslich zusammen.

Darin zeigt sich eine Haltung, der Navid Kermani eine grundsätzliche Bedeutung zuerkannt hat: «Die Liebe zum Eigenen – zur eigenen Kultur wie zum eigenen Land und genauso zur eigenen Person – erweist sich in der Selbstkritik. Die Liebe zum anderen – zu einer anderen Person, zu einer anderen Kultur und selbst zu einer anderen Religion – kann viel schwärmerischer, sie kann vorbehaltlos sein. ... Die Selbstliebe hingegen muss, damit sie nicht der Gefahr des Narzissmus, des Selbstlobs, der Selbstgefälligkeit unterliegt, eine hadernde, zweifelnde, stets fragende sein.» Im Blick auf den Islam, seine eigene Religion also, folgert Kermani: «Wer als Muslim nicht mit ihm hadert, nicht an ihm zweifelt, nicht ihn kritisch befragt, der liebt den Islam nicht.» (Kermani, Friedenspreisrede 2015: 55) Für das Christentum gilt nichts anderes, seine evangelische Gestalt eingeschlossen: Wer den christlichen Glauben in seiner evangelischen Gestalt liebt, ist zur Selbstkritik bereit; ohne Vorbehalt staunt er über den Glauben anderer, nicht über den eigenen.

Auf das Evangelium hören

Doch kehren wir noch einmal zu den Anfängen der Reformation zurück. Luthers breitenwirksame Veröffentlichungen bildeten nur die Außenseite eines Prozesses, der sich einem inneren Beweggrund verdankt (vgl. Huber 2010). Als geistiges und geistliches Geschehen wurde die Reformation nicht erst durch die 95 Thesen vom 31. Oktober 1517 in Gang gebracht. Vielmehr begann sie mit einer Einsicht fern von aller Öffentlichkeit. Es handelt sich um eine plötzliche Entdeckung, um das Geschehen eines besonderen Tages, dessen Datum wir nur zu gern wüssten. Doch auch wenn der Zeitpunkt und sogar der Ort von Luthers reformatorischer Wende ungewiss sind, so ist doch eines sicher: Diese Wende hängt im Kern mit einem klärenden und befreienden Verständnis eines einzigen Ausdrucks im Römerbrief des Paulus zusammen – nämlich der «Gerechtigkeit, die vor Gott gilt» (Römer 1,17; 3,21). Durch ein neues Verständnis dieses Ausdrucks fand Luther die Antwort auf die Frage, die ihn mehr als alle anderen beschäftigte: die Frage nach dem gnädigen Gott.

Zwei große Glaubenssymbole prägten die mittelalterliche Welt. Beide konzentrierten sich auf die Gestalt Jesu Christi. Im einen Fall wurde er als thronender Weltenrichter dargestellt, vor dem sich die Menschheit in Erlöste und Verdammte trennt. Dieses Motiv erreichte in der bildenden Kunst mit Michelangelos großem Fresco auf der Westwand der Sixtinischen Kapelle in Rom ihren Gipfelpunkt. Frömmigkeitsprägend wurde dieses Motiv auch durch den mittelalterlichen Hymnus *Dies irae;* er wurde in die Totenmesse eingefügt und verband so den Tod des Einzelnen mit dem göttlichen Endgericht über alle Menschen. Im andern Fall wurde Christus als der Gekreuzigte gezeigt, der die Sünden der ganzen Welt trägt und vor Gott Vergebung für alle erwirkt. Dieses Motiv tritt mit den gotischen Darstellungen des leidenden und sterbenden Christus ins Zentrum und hält sich bis in die Kunst der Moderne durch. Gauguins gelber Christus, Chagalls weiße Kreuzigung, Arnulf Rainers Christus mit Wunde und Dornenkranz sind Beispiele dafür (Schmied 2006: 134 f., 148 f., 150 f.).

Diese beiden Vorstellungen vom Weltenrichter und vom gnädigen Gott in Christus sind auch in heutigen Gottesbildern noch gegenwärtig: auf der einen Seite eine unergründliche Gerechtigkeit, vor der man sich nie in Sicherheit wiegen kann, auf der anderen Seite eine voraussetzungslose Gnade, dank deren man fröhlich leben und getröstet sterben kann. Beide Seiten haben sich in unserer Gegenwart verändert. Der Unergründlichkeit von Gottes Gerechtigkeit suchen wir zu entkommen, indem wir unserem Leben durch eigene Leistung einen verlässlichen Sinn geben; wir streben aus eigener Kraft nach einer unverbrüchlichen Anerkennung für unser Leben. Doch wir spüren zugleich, dass wir auf

Gottes voraussetzungslose Gnade angewiesen sind. Wenn wir scheitern, suchen wir Zuflucht und hoffen auf Geborgenheit angesichts der Fragen, auf die wir keine Antwort wissen. Wir sind auf einen Halt aus, der jenseits dessen liegt, was wir selbst bewirken können. Uns treibt nicht nur der Stolz auf eigene Leistung an; wir fragen zugleich über uns selbst hinaus, transzendieren unser eigenes, begrenztes Ich. In solcher Selbsttranszendenz strecken wir uns nach der Gnade aus, die wir durch kein eigenes Verdienst erwerben können. Die Frage nach dem Verhältnis zwischen Gottes Gerechtigkeit und seiner Gnade stellt sich heute anders als vor einem halben Jahrtausend; aber sie ist auch uns Heutigen nicht fremd.

Luther setzte sich mit dieser Frage auf seine eigene Weise auseinander. Er entdeckte, dass die Gerechtigkeit, die vor Gott gilt, eine Gerechtigkeit ist, die Gott selbst schafft. Welche andere sollte denn vor Gott gelten können? Aus Gnade wendet Gott dem Menschen seine Gerechtigkeit zu und macht ihn gerecht, trotz seiner Sünde. Die Frage, wie der Mensch einen gnädigen Gott erhält, wandelt sich in die Gewissheit, dass Gott in Christus den Menschen von seiner Sünde freispricht. Mit den Worten des Paulus: «Der Gerechte wird aus Glauben leben» (Römer 1,17 in Aufnahme von Habakuk 2,4). Oder ausführlicher: «Ich rede aber von der Gerechtigkeit vor Gott, die da kommt durch den Glauben an Jesus Christus zu allen, die glauben. Denn es ist hier kein Unterschied: sie sind allesamt Sünder und ermangeln des Ruhmes, den sie bei Gott haben sollten, und werden ohne Verdienst gerecht aus seiner Gnade durch die Erlösung, die durch Jesus Christus geschehen ist.» (Römer 3,22–24)

An den Rand seiner Bibelübersetzung aus dem Jahr 1522 schrieb Luther zu dieser Stelle: «Merke, dies ... ist das Hauptstück und der Mittelplatz dieser Epistel und der ganzen (Heiligen) Schrift» (Luther 1972: 2274).

Die damit verbundene Einsicht hat weitreichende Folgen: Niemand muss sich einen gnädigen und barmherzigen Gott verdienen, weil Gott immer schon gnädig und barmherzig ist. Niemand muss sich einen Lebenssinn erarbeiten, es gilt, ihn im Glauben zu finden. Kein Mensch muss Gott gütig stimmen, sondern Gott bestimmt uns durch seine Güte. Gott erweist sich als gnädig, deshalb brauchen wir ihm nichts zu beweisen. Wer das glaubt, der ist gerettet.

Im 21. Jahrhundert ebenso wie in der Zeit der Reformation sehnen Menschen sich danach, mit dem eigenen Leben bestehen zu können. Nur ist die Versuchung heute ungleich größer, eine solche Bestätigung zu finden, ohne sich dabei auf den Glauben an Gott zu stützen. Jedenfalls gilt das in Ländern und für Zeiten, die von Wohlstand und wirtschaftlichem Wachstum geprägt sind. Materielle Anreize und die Befriedigung von Konsumwünschen, berufliche Anerkennung und Entfaltungsmöglichkeiten in der Freizeit, die Betrachtung familiärer und persönlicher Beziehungen unter dem Gesichtspunkt des eigenen Vorteils bieten viele Gelegenheiten dazu, im eigenen Leben und Handeln eine Bestätigung zu finden, über die hinauszufragen nicht mehr nötig erscheint. Das ist die moderne Form einer Selbstbezüglichkeit, die Martin Luther als «Verkrümmung des Menschen zu sich selbst hin» bezeichnete (Luther 1968: 82). Der Schriftsteller Martin Walser hat in unserer Zeit Vergleichbares beobachtet und daraus geschlossen: «Wer sich heute fast instinktiv erhaben fühlt über alles Religiöse, weiß vielleicht nicht, was er verloren hat. Polemisch gesagt: Rechtfertigung ohne Religion wird zur Rechthaberei. Sachlich gesagt: verarmt zum Rechthaben.» (Walser 2012: 32 f.)

Aus dem Evangelium leben

Die reformatorische Einsicht lässt sich auch anders zusammenfassen: Jeder Mensch ist mehr, als er selbst aus sich macht. Keiner lässt sich auf das reduzieren, was ihm gelungen oder misslungen ist. In dieser Unterscheidung zwischen der Person und ihren Taten gründen Freiheit und Würde des Menschen. In dieser Freiheit und kraft dieser Würde haben alle Menschen Zugang zu Gott. Die Gnade Gottes gilt nicht nur für einige wenige; sie gilt für alle Menschen in gleicher Weise. Zwischen ihnen und Gott steht keine Institution, keine Hierarchie, keine Zwischeninstanz. Hier wird die Radikalität wieder spürbar, mit der zuerst der Apostel Paulus den christlichen Glauben verstand, als er sagte: «Hier ist nicht Jude noch Grieche, hier ist nicht Sklave noch Freier, hier ist nicht

Mann noch Frau; denn ihr seid allesamt einer in Christus Jesus.»
(Galater 3,28)

Die Freiheit, die in Christus allen Menschen in gleicher Weise
eröffnet ist, trägt den Charakter eines unverdienten Geschenks.
Auch wenn Freiheit als große Verheißung der Moderne erscheint,
muss sie doch immer wieder aus ihren biblischen Wurzeln als ge-
schenkte Freiheit verstanden werden. Sie befreit von der Selbstbe-
zogenheit und macht dazu frei, dem eigenen Gewissen zu folgen,
dem Nächsten zu dienen und der Freiheit in Kirche, Gesellschaft
und Staat Gestalt zu geben. Wer die Unfreiheit in sich selbst zu-
rücklassen kann, wird frei zum Lob Gottes wie zum Einsatz für
den Nächsten. Dass Christen allen Dingen frei gegenübertreten
können, bewährt sich gerade darin, dass sie aus freien Stücken
Diener sein können. Gerade weil Gott jedem Menschen den auf-
rechten Gang schenkt, kann jeder Mensch die Knie beugen: zum
Gebet zu Gott wie zum Einsatz für den Nächsten. Darin finden
wir bis heute die reformatorische Grundlegung für eine Verantwortung aus Freiheit und für die Freiheit. Sie schließt das Bemühen um die Bewahrung und Entfaltung der Freiheit ein – und
zwar der eigenen ebenso wie der fremden Freiheit.

Das große Gewicht, das dem Freiheitsbegriff im reformatorischen Glaubensverständnis zukam, konnte dadurch verdunkelt
werden, dass Luther in seiner Auseinandersetzung mit dem humanistischen Reformer Erasmus von Rotterdam vom «unfreien
Willen» sprach. Tragischerweise hat der dadurch ausgelöste Konflikt viele Anhänger der humanistischen Bewegung gegenüber der
Reformation skeptisch werden lassen. Umso wichtiger war es,
dass Luthers ursprüngliche Intention gerade an dieser Stelle von
den Reformatoren der zweiten Generation, unter ihnen insbesondere von Calvin, aufgenommen wurde. Noch wirksamer als
Luther zog er aus der geschenkten Freiheit des Glaubens Folge-
rungen für das christliche Leben, für die Gestalt der Kirche und
für das politische Zusammenleben. Er zeichnete dadurch Gottes
Gerechtigkeit in seine Gnade ein, aber so, dass sie eine Form der
Gnade ist – so wie auch das göttliche Gebot eine Form des Evangeliums ist.

Das christliche Leben wurde von Calvin oder auch vom *Heidelberger Katechismus*, einer wichtigen reformierten Bekenntnis-

schrift aus dem Jahr 1563, unter das Vorzeichen der Dankbarkeit gestellt. Den Vorrang hat nicht, was ich anstrebe, sondern was mir anvertraut ist, nicht was ich fordere, sondern wofür ich danke. Das christliche Leben vollzieht sich als Antwort auf die göttliche Gnade; Gottes Liebe findet in der menschlichen Liebe ein Echo.

Die reformatorische Glaubenslehre entwickelte dafür das Begriffspaar von «Rechtfertigung» und «Heiligung»: Auf Gottes rechtfertigende Gnade antwortet der Mensch in der Heiligung seines Lebens. Doch man muss sich nicht an eine derart spröde Sprache halten, um zu verstehen, worum es geht. Der reformatorische Grundsatz heißt: «Gute Werke machen keinen guten Menschen, sondern ein guter Mensch schafft gute Werke» (Luther 2006: 1,153). Drastisch heißt es bei ihm über die guten Werke: «Folgen sie aber nicht, so ist gewisslich dieser Glaube nicht da; denn wo der Glaube ist, da muss der heilige Geist dabei sein, Lieb und Güt in uns wirken.» (Luther 1940: 34) Martin Luther verwendete in diesem Zusammenhang das Bild von dem guten Baum, der gute Früchte trägt. Er kann gar nicht anders, sonst wäre er kein guter Baum. Mit der gleichen Selbstverständlichkeit wächst am Baum des Glaubens die Frucht der Liebe. Man kann die reformatorischen Vorstellungen vom christlichen Leben durchweg als Entfaltungen dieses Bilds vom Baum und seinen Früchten verstehen. Der unlösbare Zusammenhang zwischen beiden bürgt dafür, dass die Gnade Gottes nicht zur billigen, folgenlosen Gnade wird (Bonhoeffer 1989: 29–43). Sie wird nicht an Voraussetzungen im menschlichen Handeln geknüpft; aber sie ist folgenreich für die Gestaltung des persönlichen Lebens: Es ist durch die Liebe zu Gott, zum Nächsten und zu sich selbst geprägt.

Diesem Bild des christlichen Lebens tritt ein ebenso klares Bild von der christlichen Gemeinschaft, also der Kirche, zur Seite. Alle ihre Glieder sind auf Grund der Taufe gleich. Sie wenden sich ohne geistliche Standesunterschiede Gott zu und treten priesterlich füreinander ein, weil jeder Getaufte zum Glaubenszeugnis in Wort und Tat berufen ist. Keine Berufung ist durch eine besondere Weihe oder ein besonderes Gelübde von anderen Berufungen abgehoben; vielmehr ist die Übernahme jeder ethisch zu verantwortenden weltlichen Aufgabe ebenso eine «Berufung» durch Gott wie die Ordination in ein geistliches Amt.

Was man die Weltlichkeit der Reformation nennt, hat also einen tiefen religiösen Sinn. Der Auftrag Gottes, aus Glauben zum Dienst am Nächsten bereit zu sein, erfüllt sich nicht nur, ja nicht einmal in besonders herausgehobener Weise im geistlichen Stand. Kirchliche Verantwortung, politische Verantwortung sowie die Verantwortung in Familie und Wirtschaft treten gleichberechtigt nebeneinander. In all diesen Bereichen kann ein «Beruf», ein göttlicher Auftrag zum Handeln in der Welt liegen.

Gewiss waren die Vorstellungen der Reformatoren von der Welt in vielen Hinsichten noch mittelalterlich geprägt; die verbreitete Furcht vor teuflischen Mächten, die in der Welt ihr Unwesen treiben, ist dafür charakteristisch. Doch man kann sie mit dem Evangelium in die Schranken weisen, so wie Luther nach einer aussagestarken Legende auf der Wartburg sein Tintenfass – das er für seine Bibelübersetzung benutzte – nach dem Teufel warf, der ihn verwirren wollte. Das ist ein anschauliches Bild dafür, wie sich böse Mächte mit der Kraft des Evangeliums zurückweisen lassen. Das auch in der Reformationszeit äußerst populäre Bild des heiligen Hieronymus, der sich, umringt von satanischen Wesen, unbeeindruckt auf die Heilige Schrift und ihre Übersetzung ins Lateinische konzentriert, weist in die gleiche Richtung. Wer sein Vertrauen auf das Evangelium setzt und den Beistand des göttlichen Geistes erbittet, kann die Weltlichkeit der Welt bejahen und in ihr mit getröstetem Gewissen, wenn auch im Bewusstsein der eigenen Fehlerhaftigkeit, seinem Beruf nachgehen, seine Gaben einsetzen und dabei den Mitmenschen im Blick behalten.

Auf das Evangelium hören – aus dem Evangelium leben: In diesem Zweischritt brachten die Erkenntnisse der Reformatoren einen Wind der Freiheit in die fest gefügte mittelalterliche Welt. Eine solche Erfahrung änderte alles, sogar den Namen: Aus Martin Luder wird Martin Luther, damit das griechische Wort für Freiheit, *eleutheria*, im Namen des Reformators anklingt. Dadurch sollte deutlich werden: Luther hatte sich aus den Fesseln der scholastischen Theologie befreit; und er war seiner Freiheit vor Gott innegeworden. Dass die Freiheit die Existenz des Christenmenschen bestimmt, wurde somit zu einem Grundzug der Reformation. In Luthers Traktat «Von der Freiheit eines Christenmenschen» aus dem Jahr 1520 kommt das unüberbietbar zum Ausdruck: «Ein Christenmensch ist ein freier Herr über alle Dinge und niemandem untertan. Ein Christenmensch ist ein dienstbarer Knecht aller Dinge und jedermann untertan» (Luther 1982: 1,239).

Reformation und Gottvertrauen

Luther hielt sich so wenig für einen Reformator wie die später sogenannten Reformatoren neben ihm, Melanchthon, Bucer, Zwingli, Calvin und all die anderen. Luther warnte vielmehr vor der optimistischen Annahme, etwas zu ändern bedeute bereits, es zu verbessern. In seiner Schrift über die Frage, «ob Kriegsleute auch in seligem Stand sein können» (1526), heißt es: «Ändern kann leicht geschehen, Bessern ist misslich und gefährlich. Warum? Es steht nicht in unserm Willen oder Vermögen, sondern allein in Gottes Willen und Hand. Der tolle Pöbel aber fragt nicht viel danach, wie es besser werde, sondern nur, dass es anders werde. Wenn es dann schlimmer wird, so will er wieder etwas anderes haben. Da kriegt er denn Hummeln statt Fliegen und zuletzt Hornissen statt Hummeln.» (Luther 1982: 4,193)

Spätere haben die Überzeugung, dass das Gelingen von Verbesserungen in Gottes Hand liegt, über Bord geworfen. Der Glaube an den Fortschritt betrachtete es als ein geschichtliches Gesetz, dass sich die Dinge stetig verbessern; manche wandten dieses Gesetz auch auf die Geschichte des Christentums an, die zu einer Geschichte fortschreitender Freiheit werden sollte. Erst in Verbindung mit diesem Fortschrittsoptimismus wurde «Reformation» zu einem feststehenden Begriff.

Doch was für die einen ein Zugewinn an Glaubenserkenntnis war, erschien den anderen als Irrlehre. Die wechselseitigen Verurteilungen, mit denen sich die auseinander getretenen Glaubensparteien im Reformationsjahrhundert überzogen, behielten bis ins 20. Jahrhundert Bestand. Dann erst stellte sorgfältige theologische Arbeit fest, dass diese Verurteilungen den Überzeugungen der anderen Seite nicht gerecht wurden (Lehmann/Pannenberg 1986). Im Jahr 1999 kam es zu einer gemeinsamen Erklärung zur Rechtfertigungslehre; damit wurde die reformatorische Einsicht in die Rechtfertigung des Menschen allein aus Gnade und allein im Glauben als verbindende Überzeugung der römisch-katholischen Kirche und der reformatorischen Kirchen bekräftigt (Hauschildt 2009: 273–285).

Damit wurde der Weg zu einem gemeinsamen ökumenischen Verständnis der Reformation geebnet, das in einem wichtigen Grundlagendokument des Ökumenischen Arbeitskreises evangelischer und katholischer Theologen von 2014 zum Ausdruck kommt. Es räumt mit einigen verbreiteten Alternativen auf. Zu ihnen gehört die Frage, ob im Rückblick ein reformatorischer Aufbruch zu feiern oder eine Kirchenspaltung zu beklagen ist. Eine solche Sichtweise im Bann konfessioneller Deutungsmuster ist einer differenzierten und vernetzten Betrachtungsweise gewichen. Ein nüchterner Blick auf Missstände in der spätmittelalterlichen Kirche und das Interesse an der Erneuerung der Frömmigkeit im 15. Jahrhundert gehören zusammen, wenn man die Reformation verstehen will. Ihre Absicht richtete sich nicht auf die Spaltung der westlichen Christenheit, sondern auf die Erneuerung der Kirche aus dem Geist des Evangeliums. Entscheidend ist deshalb die «normative Zentrierung» der Reformation in der Alleinigkeit der göttlichen Gnade als Grundlage des Heils und der Alleinigkeit des Glaubens in der Zueignung des Heils.

Schon im kirchlichen Verfahren gegen Luther erfolgte allerdings eine Verschiebung von der Frage nach dem Heil zur Frage nach der Kirche. Diese Verschiebung wirkt sich bis in die heutige ökumenische Situation aus. Daraus erklärt sich, warum die Verständigung über die Bedeutung von Gnade und Glaube sowie die gemeinsame Einsicht in die Bedeutung der Bibel bisher nicht zu weitergehenden Schritten kirchlicher Gemeinschaft geführt haben. Weitere Schritte zum gemeinsamen Abendmahl werden heute nicht durch unterschiedliche Auffassungen über das Sakrament selbst, sondern durch Unvereinbarkeiten im Amtsverständnis verhindert.

Anzustreben ist eine ökumenische Haltung, die der Pluralität der Kirchen eher mit Wertschätzung als mit Besorgnis begegnet und deshalb in der Erinnerung an die Reformation dankbare Freude mit selbstkritischer Besinnung verbindet. Unentbehrlich

ist dafür, dass die römisch-katholische Kirche und die evangelischen Kirchen «einander explizit als Kirchen Jesu Christi anerkennen», dass ihre Gemeinden möglichst oft ökumenische Gottesdienste feiern und dabei eucharistische Gastfreundschaft als
Schritt auf dem Weg zu voller eucharistischer Gemeinschaft prak-
tizieren (Leppin/Sattler 2014: 73 f.). So können sich die Kirchen in
den Aufgaben zusammentun, die sich der Christenheit in der ganzen Welt dringlich stellen: in der Weitergabe des Evangeliums an
die Menschen in der Vielfalt ihrer Lebenssituation, in der Er-
schließung der Bibel als Buch des Lebens; in der Verantwortung
für den nahen wie den fernen Nächsten, in der Teilnahme an den
gesellschaftlichen Aufgaben, im politischen Zeugnis – kurzum: im
Lob Gottes, im Bezeugen seiner Gnade, im Dienst an der Welt.

Die kulturellen, gesellschaftlichen und politischen Wirkungen der Reformation sind unbezweifelbar. Die Prägekraft der
Luther'schen Bibelübersetzung für die deutsche Sprache, die Bedeutung des evangelischen Pfarrhauses für die Literatur, der Einfluss der reformatorischen Gottesdienstgestaltung auf die Entwicklung der Musik, die Auswirkungen des Priestertums aller
Getauften für die Entwicklung eines Konzepts demokratischer
Gleichheit oder der Zusammenhang der reformatorischen Vorstellungen von Beruf und innerweltlicher Askese mit der Ent-
wicklungsdynamik kapitalistischen Wirtschaftens sind und bleiben bemerkenswert. Doch zugleich, ja vor allem muss man die
Reformation in ihren geistlichen Wurzeln und Wirkungen begreifen. Zu ihnen gehört die demütige Unterscheidung zwischen
Gott und Mensch, die Luther wiederum in bezwingender Klarheit
zusammengefasst hat. «Es steht nicht in unserm Willen oder Vermögen, sondern allein in Gottes Willen und Hand.»

Die Reformation des 16. Jahrhunderts gilt einem nach wie vor
verbreiteten Geschichtsbild zufolge als Tat eines Einzelnen: «Hier
stehe ich, ich kann nicht anders. Gott helfe mir. Amen.» Diese
Worte Martin Luthers vor Kaiser und Reich in Worms 1521 wurden schon bei ihrer Publikation 1521 von geschickten Redaktoren
zu einer «Ikone» für die Tat eines Einzelnen stilisiert. Zwar hat die
historische Forschung gelehrt, den Blick auch auf andere Reformatoren zu lenken, auf die Fürsten der Reformationszeit und ihre
Berater als Ermöglicher des kirchlichen Wandels zu achten und

strukturelle Voraussetzungen ins Auge zu fassen. Doch auch heutige historische Forschung sucht gerade im Fall Martin Luthers
nach individuellen Voraussetzungen für die reformatorische Tat
und findet sie vor allem anderen in einem rebellischen Geist und
einem prophetischen Bewusstsein (Schilling 2013).

Nicht jeder Rebell ist freilich ein Reformator. Wer sein Handeln selbst mit einem solchen Anspruch versieht, wird kaum im
Nachhinein als Reformator gewürdigt werden. Zur Erinnerung
an die Reformation gehört vor allem die Demut, die nicht einzelnen Menschen zuschreibt, was allein durch den göttlichen Geist
vollbracht werden kann. Der aber weht einer reformatorischen
Einsicht zufolge, «wo und wann er will».

Dann und wann ist der Aufruf zu einer «neuen Reformation»
zu hören. Manche haben sich sogar dazu aufgemacht, neue 95
oder sogar «96 Thesen» zu formulieren (vgl. Douglass 2001). Dabei bleibt unberücksichtigt, dass Luthers Thesen keine reformatorische Programmschrift, sondern die Aufforderung zu einer theologischen Disputation waren. Heutige reformatorische Vorstöße
zielen in aller Regel nicht, wie Luthers frühe Texte, auf Kern-
fragen des Glaubensverständnisses, sondern befassen sich mit
Fragen der kirchlichen Organisation. Sie sind im besten Fall Re-
formvorschläge; zum reformatorischen Durchbruch fehlt ihnen
die Radikalität. Statt das große Wort von der «neuen Reformation» zu verwenden, ist es wichtiger zu fragen, was den christlichen Glauben heute ausmacht und wie unseren Zeitgenossen der
Zugang zu diesem Glauben neu eröffnet werden kann.

Doch wer so fragt, sieht sich alsbald dem Streit um die Zukunft
von Glauben und Religion ausgesetzt.

2. EIN BLICK VORAUS
Die Zukunft der Religion

Ob die Reformation noch aktuell ist, hängt auch von der Frage ab, welche Zukunft dem christlichen Glauben, ja der Religion insgesamt eingeräumt wird. In einer religiös plural gewordenen Welt ist die Zukunft der Religion insgesamt in den Blick zu nehmen. Nur so lässt sich etwas über den Ort sagen, der evangelischen Ausprägungen des Christentums in zukünftigen Entwicklungen von Glauben und Religion zukommen mag.

So tastend und vorsichtig muss man sich ausdrücken, denn wer nach der Zukunft fragt, kommt über vorläufige Antworten nicht hinaus. Urteile darüber, ob der Glaube an Bedeutung gewinnt oder verliert, ob er seine Zeit hinter sich oder vor sich hat, hängen von vielen Vorannahmen ab. Persönliche Einschätzungen spielen dabei eine große Rolle. Das Verhältnis dessen, der sich äußert, zu Glaube und Religion prägt auch seine Äußerungen über deren Zukunft.

Prognosen zur Zukunft von Glauben und Religion

Wer an Gott glaubt, legt auch die Zukunft des Glaubens in Gottes Hand. Wer nicht an Gott glaubt oder – wie man heute gerne sagt – «religiös unmusikalisch» ist, wird auch die Zukunft des Glaubens mit skeptischer Zurückhaltung betrachten. Solche Urteile werden umso unerbittlicher vorgebracht, je mehr sie sich mit einem fundamentalistischen Ausschließlichkeitsanspruch verbinden. Glaubensfundamentalisten rechnen mit einem Sieg des Glaubens, Unglaubensfundamentalisten mit dessen Untergang.

Heute wird eher nach der Zukunft der Religion als nach der Zukunft des Glaubens gefragt. Das hängt damit zusammen, dass der christliche Glaube nirgendwo in der Welt mehr mit einem Monopolanspruch auftreten kann. Auch wo die christlichen Kirchen oder eine von ihnen über Jahrhunderte (fast) die ganze Bevölkerung eines Landes umfassten, ist das Christentum heute nur ein mehr oder weniger starker Faktor unter vielen. In vormals christlich dominierten Gesellschaften, in denen heute das Judentum – hoffentlich! – geachtet und der Islam in seinem wachsenden Gewicht wahrgenommen wird, kann es keinen christlichen Alleinvertretungsanspruch in Fragen der Religion mehr geben.

In modernen Gesellschaften haben auch die Religionen insgesamt kein Monopol auf die Beantwortung letzter Fragen mehr, denn schon längst ist eine säkulare Option neben sie getreten, die für sich in Anspruch nimmt, auf diese Fragen eigene Antworten zu kennen oder zu wissen, warum diese Fragen gar nicht beantwortet werden können. Wer davon überzeugt ist, dass auf die grundlegenden Fragen der menschlichen Existenz nach Woher und Wohin zureichende Antworten nur ohne Gottesbezug gegeben werden können, gibt damit eine «atheistische» Haltung zu erkennen. Wer glaubt, in solchen Fragen wie auch in der Frage nach Gott keine verbindlichen Aussagen machen zu können, wird seine Haltung eher als «agnostisch» betrachten. Neuerdings breitet sich der Gedanke aus, es gebe auch eine «Religion ohne Gott». Sie erkennt nach Ronald Dworkin vor allem die eigenständige Wirklichkeit von Werten an, die Bedeutsamkeit jedes menschlichen Lebens und den Eigenwert des Universums; aber sie verbindet dies nicht mit einer Aussage über eine göttliche Wirklichkeit (Dworkin 2014: 19–28). Da heute die Anerkennung einer eigenständigen Würde des Menschen als eine «Sakralisierung» der Person betrachtet wird, befindet man sich einer solchen Auffassung zufolge schon im Bereich der Religion, wenn man die «Sakralität» des Menschen anerkennt; da dies nicht mit einer Aussage zur Frage nach Gott verbunden sein muss, ergibt sich daraus die Möglichkeit einer «Religion ohne Gott».

Unter den gegenwärtigen Bedingungen religiös-weltanschaulicher Pluralität spitzt sich eine Kontroverse erneut zu, die das Nachdenken über Glauben und Religion schon seit der Zeit der Aufklärung prägt. Auf der einen Seite beobachtet man – vor allem am Beispiel des Christentums – eine fortschreitende Entkirchlichung, die Ermüdung religiöser Gemeinschaften und das Dominanzstreben einer intellektuellen Religionskritik; auf der anderen

Seite richtet sich die Aufmerksamkeit auf neue religiöse Bewegungen, auf die Vitalität geistlicher Gemeinschaften und auf den Einfluss religionsbestimmter Beiträge zum öffentlichen Diskurs.

Die Diagnose der Entkirchlichung wird häufig in der These zusammengefasst, mit der gesellschaftlichen Modernisierung verbinde sich ein unaufhaltsamer Säkularisierungsprozess, in dem Religion und Kirche beständig an Bedeutung verlören. Diese Säkularisierungsthese wird vor allem am Beispiel mittel- und westeuropäischer Länder mit abnehmender Kirchenbindung verdeutlicht.

Aus der Beobachtung neuer religiöser Aufbrüche und Ansprüche wird auf eine wachsende Bedeutung der Religion geschlossen. Sie wird mit statistischen Befunden belegt: Der Christenheit insgesamt werden weltweit gegenwärtig 2,1 bis 2,2 Milliarden Anhänger zugeschrieben, dem Islam 1,5 bis 1,6 Milliarden Anhänger. Das Wachstum beider Religionen veranlasst manche Beobachter sogar dazu, von einer «Wiederkehr» der Religion oder auch von einer «Desäkularisierung» zu sprechen. In diesem Zusammenhang sind neue Gestalten und kulturelle Ausdrucksformen von Religion zu beachten, die auch in vielen individualisierten und privatisierten Formen begegnen. Viele Menschen sind fasziniert von der Esoterik mit ihrer bunten Mischung von Lebensbewältigungs- und Welterklärungsmodellen. In der Musikszene und der bildenden Kunst, in Film und Theater, aber auch im Sport und in den Medien wird Religion thematisiert, ja lässt sich religiöse Hingabe beobachten.

Während die einen die neuzeitliche Entwicklung im Bann eines unaufhaltsamen Säkularisierungsprozesses sehen, sprechen andere von einer postsäkularen Situation. Eine dritte Gruppe versucht, beide Perspektiven durch die These zu verbinden, dass heute säkulare und religiöse Optionen nebeneinander existieren. Diese These wendet die Einsicht, dass moderne Gesellschaften auf der Anerkennung von Pluralität beruhen und in diesem Sinn «pluralistisch» sind, auf das Feld der Religion an. Pluralistisch sind diese Gesellschaften auch in der Tiefenschicht religiöser und weltanschaulicher Überzeugungen. Damit wird auch der Glaube zur Option (vgl. Taylor 2009, Joas 2012). Auch an der Rolle der Religion bestätigt sich somit eine Diagnose, der zufolge in modernen

Gesellschaften die Vielfalt der Wahlmöglichkeiten zunimmt und Bindungen ihre Selbstverständlichkeit verlieren. Daraus folgt freilich nicht, dass Bindungen unmöglich werden. Sie müssen jedoch bewusst gewählt werden; es wird stärker nach ihren Gründen gefragt.

Die These, dass in modernen Gesellschaften religiöse wie säkulare Optionen ihren Platz haben, lässt sich mit empirischen Befunden besser vereinbaren als die Säkularisierungsthese. In Deutschland etwa gehörten 1950 noch 95,6 Prozent der Bevölkerung zur evangelischen oder katholischen Kirche. 58,9 Prozent waren evangelisch, 36,7 Prozent katholisch. In den folgenden Jahrzehnten erlebte die evangelische Kirche vor allem in der DDR, in der ihr 1950 noch über 80 Prozent der Bevölkerung angehörten, dramatische Einbrüche; aber auch im Westen Deutschlands erwies sich die Kirchenbindung bei den Protestanten im Vergleich zu den Katholiken als weniger stabil. 2010 hatte sich der Anteil der Evangelischen an der Bevölkerung des vereinigten Deutschland halbiert und betrug 29,2 Prozent; der Anteil der Katholiken war auf 30,3 Prozent gesunken. Ebenfalls 30,3 Prozent wurden nun als konfessionslos gezählt. Der Anteil der «Sonstigen» betrug nun 10,1 Prozent, davon gehörte die knappe Hälfte, nämlich 4,9 Prozent zu den Muslimen, die andere Hälfte verteilte sich auf Freikirchen, orthodoxe Kirchen und nichtchristliche Religionen (Bertelsmann-Stiftung 2013: 1,32 f.).

Es gibt moderne Gesellschaften wie die Vereinigten Staaten von Amerika, in denen sich ein vergleichsweise hohes Maß an Kirchlichkeit hält. Es gibt Schwellenländer wie Südkorea, Brasilien oder Südafrika, in denen sich neue Formen von Religiosität entwickeln. In sich modernisierenden Gesellschaften, auch im Westen, bilden sich sogar neue Formen eines religiösen Fundamentalismus aus, die zwar meist den Anschein erwecken, frühere religiöse Formen zu reaktivieren, tatsächlich aber religiöse Innovationen darstellen, die in ihrem Protest gegen die Modernisierung zugleich Teil des Modernisierungsprozesses sind. Salafisten, die im Internet für eine Rückkehr zu den «Altvorderen» werben, sind ein Beispiel dafür. Das Resultat von Säkularisierungsprozessen besteht also nicht im Übergang zu säkularen Gesellschaften, sondern in der Herausbildung säkularer Optionen sowie in der

Verstärkung religiöser Pluralität. Moderne Gesellschaften sind religiös und säkular zugleich. Auch wenn Europa besonders starke Säkularisierungsschübe erlebt hat, besteht gleichwohl kein Grund dazu, von einem «säkularen Europa» zu sprechen (Bertelsmann-Stiftung 2013: 2,11).

Die religiös-weltanschauliche Pluralisierung hängt zu erheblichen Teilen mit politischen Entwicklungen zusammen. In ihr spiegelt sich zugleich ein kultureller Übergang von traditionsbestimmten zu selbst gewählten Zugehörigkeiten: Neben der positiven gewinnt auch die negative Religionsfreiheit an Bedeutung; nicht nur der Wechsel von einer Religion oder Konfession zu einer anderen, sondern auch der Verzicht auf jede Mitgliedschaft in einer Religionsgemeinschaft gehört zur religiös-weltanschaulichen Selbstbestimmung.

Der Prozess der Pluralisierung ist Teil der neuzeitlichen Religionsgeschichte. In den europäischen Gesellschaften bahnte er sich mit der Ausdifferenzierung des Christentums an. Schon das mittelalterliche Christentum war keineswegs so einheitlich, wie der Begriff vom *corpus Christianum* vermuten lässt. Nicht nur das Schisma zwischen Ost- und Westkirche stellt dieses Bild in Frage. Auch innerhalb der westlichen Christenheit verband der christliche Glaube sich von Anfang an mit den unterschiedlichen regionalen Kulturen, in deren Lebenswelten er eingebettet wurde. Im Westen entstand ein Mosaik von benachbarten, aber voneinander getrennten Mikro-Christenheiten (Brown 1999: 254).

Die Entwicklung der westlichen Christenheit war zugleich lange durch die Spannung zwischen einer sich hierarchisch verfestigenden Kirche und sich dagegen auflehnenden Erneuerungsbewegungen bestimmt. Es war einer politisch pluralen Konstellation zu verdanken, dass die Reformation des 16. Jahrhunderts nicht wie viele Erneuerungsbewegungen des Mittelalters als Ketzerei marginalisiert wurde. Als sich die «Protestanten» auf dem Reichstag in Speyer 1529 einem Mehrheitsbeschluss der Reichsstände in Fragen des Glaubens widersetzten, ebneten sie der Anerkennung von religiöser Pluralität den Weg. Die Phase der Konfessionskriege zeigt, wie steinig dieser Weg war. Mit der Aufklärung des 18. Jahrhunderts wurde darüber hinaus eine säkulare Lebenshaltung zu einer eigenständigen Option. Im Zeitalter der

Globalisierung stehen nicht nur säkulare und christliche bzw. jüdisch-christliche Optionen nebeneinander, sondern verschiedene Religionen sind in jeweils unterschiedlichen Spielarten in ein und derselben Gesellschaft präsent.

Glaube als Option

Der Vorschlag, zur Beschreibung dieser religiös-weltanschaulichen Pluralität den Begriff der Option zu verwenden, geht auf den kanadischen Philosophen Charles Taylor zurück. Taylor prägte in seiner großen Untersuchung über das «säkulare Zeitalter» den Begriff der «säkularen Option» (Taylor 2009). Mit diesem Begriff bietet er eine Alternative zur Säkularisierungsthese an, die in einer problematischen Verallgemeinerung das Zurücktreten religiöser Bindungen als einen unaufhaltsamen, mit der Modernisierung verbundenen Prozess ansieht. Zwar bildet spätestens seit dem 18. Jahrhundert eine säkulare Lebenshaltung auf Dauer eine gewichtige Option des Denkens und Verhaltens; doch sie bringt religiöse Einstellungen und Grundüberzeugungen keineswegs zum Verschwinden. Der Religionssoziologe und Sozialphilosoph Hans Joas knüpft an diese Überlegung von Charles Taylor an und erörtert «Zukunftsmöglichkeiten des Christentums» unter dem Titel «Glaube als Option» (Joas 2012). Die religiöse Pluralisierung schließt für ihn ein, dass der Glaube in der modernen Welt eine nicht nur lebbare, sondern auch lebensdienliche Möglichkeit bleibt, ja auf neue Weise werden kann. Die These vom Glauben als Option enthält insofern eine prognostische und eine programmatische Komponente.

Prognostisch sagt sie: Der christliche Glaube wird sich in Zukunft nicht auflösen; sondern er wird ein Orientierungsangebot unter mehreren sein. Dabei ist für Regionen, die über lange Zeit christlich geprägt waren, der wachsende Einfluss des Islam ein besonders markanter Faktor. Die Gestaltung dieser Option wird zwei Bedingungen besonders zu berücksichtigen haben. Zum einen kann der christliche Glaube öffentlich nicht mehr mit dem Anspruch auftreten, über ein Monopol in Sinnfragen zu verfügen. Und zum andern kann er sich nicht mehr auf stabile konfessionelle Milieus stützen; sie finden vielmehr Eingang in ein konfessionsübergreifendes christliches Milieu, in dem sich die Differenzen relativieren.

Das führt zur programmatischen Seite der Rede vom «Glauben als Option». Wenn Menschen einer Pluralität von Sinnangeboten begegnen, versteht sich die individuelle Orientierung nicht länger durch Herkunft oder gesellschaftliches Umfeld von selbst. Mit Sicherheit werden auch weiterhin die familiäre Herkunft, das soziokulturelle Umfeld und Bedingungen der Sozialisation bei der Wahl zwischen unterschiedlichen Optionen eine große Rolle spielen. Die Bedeutung dieses Faktors wird gegenwärtig in Deutschland eher verdeckt am Beispiel der Beschneidung von Jungen aus jüdischen oder islamischen Familien diskutiert. Dabei lässt sich an solchen Initiationsriten exemplarisch verdeutlichen, wie sich die religiöse Sozialisation und die eigene Entscheidung zu einer religiösen Bindung so miteinander verschränken, dass das Gewicht der individuellen Wahl immer deutlicher erkennbar wird.

In der Debatte über die Beschneidung drängen allerdings zunächst andere Fragen in den Vordergrund. So wird diskutiert, ob es sich um eine Körperverletzung handelt, die ohne Einwilligung des Betroffenen untersagt werden muss, oder ob die männliche Beschneidung sich hinsichtlich ihrer religiösen Bedeutung und ihrer ethischen Vertretbarkeit klar von der weiblichen Genitalverstümmelung unterscheiden lässt. Strittig ist auch, ob die Religionsfreiheit einen solchen Eingriff in die körperliche Integrität eines männlichen Kindes oder Jugendlichen zu rechtfertigen vermag und ob in diesem Zusammenhang das elterliche Erziehungsrecht so weit reicht, dass die Eltern über die Beschneidung stellvertretend für ihre Söhne entscheiden können.

Diese Diskussion ist auch für das Christentum von Bedeutung. Zwar hat es vom Ritual der Beschneidung Abstand genommen und mit dem Sakrament der Taufe einen geschlechterübergreifenden Ritus der religiösen Eingliederung gewählt, doch könnten rigorose Verfechter einer Religionsfreiheit von Anfang an auf die Idee kommen, die sakramentale Eingliederung von Säuglingen oder Kindern in die christliche Gemeinschaft als Einschränkung der religiösen Selbstbestimmung zu brandmarken, die nicht hinzunehmen sei. Die Debatte über die Beschneidung könnte sich eines Tages als Vorbote einer Diskussion erweisen, die auf ein Verbot der christlichen Taufe vor dem Alter der Religionsmündigkeit zielt. Die staatlich anerkannten Kirchen in China beispielsweise haben sich einer entsprechenden Forderung gefügt und taufen ihre Glieder erst nach der Vollendung des 18. Lebensjahrs.

Zu den Besonderheiten der christlichen Taufe gehört ihre Doppelfunktion: Sie kann sich in die Abläufe familiärer Sozialisation einfügen, aber auch in eigener Entscheidung gewählt werden. Letzteres ist zunehmend der Fall, wie sich an der wachsenden Zahl von Taufen im zeitlichen Zusammenhang der Konfirmation zeigt. In diesen Fällen wird das Konfirmationsalter von 14 Jahren, das mit dem durch staatliches Gesetz festgelegten Alter der Religionsmündigkeit zusammenfällt, als Alter der eigenständigen Entscheidung von Jugendlichen zum Christsein gedeutet. Die sakramentale Einfügung in die christliche Gemeinschaft verbindet sich so unmittelbar mit der eigenständigen, bewussten Bejahung dieser Zugehörigkeit und damit auch des persönlichen Glaubens.

Während in zurückliegenden Jahrzehnten die Kontroverse über Kinder- oder Erwachsenentaufe immer wieder zu erbitterten theologischen Kontroversen führte, erkennt man den guten theologischen Sinn dieser doppelten sozialen Einbettung der Taufe heute deutlicher. In Taufgottesdiensten, in denen Angehörige verschiedener Generationen – Kinder, religionsmündige Jugendliche, Erwachsene in der Zeit aktiver Berufs- und Familienverantwortung, Senioren – gemeinsam getauft werden, wird die Kraft, in der die Taufe unterschiedliche Zugänge zum christlichen Glauben vereinen kann, besonders sinnenfällig. Das Sakrament der Taufe fügt sich in die Abläufe der familiären Sozialisation ein. Doch es kann auch in eigenständiger Entscheidung gewählt werden. Das Christsein kann sich im familiären Rahmen tradieren; es kann aber auch in eigener Entscheidung gewählt werden. Und vor allem: Beides kann sich miteinander verbinden – nicht nur in der gemeinsamen Taufe von Menschen unterschiedlichen Alters, sondern auch in der Lebensgeschichte ein und desselben Menschen.

Überzeugende Lebensform unter den Bedingungen der Kontingenz

Tradition und Sozialisation entscheiden nicht mehr allein über die Wahl einer religiösen Option. Vielmehr hängt viel davon ab, ob diese Option in ihrer lebensdienlichen und lebensfördernden Bedeutung erkannt und angenommen werden kann. Anziehend wirkt eine christliche Kirche dann, wenn ihre Lebensform überzeugt. Einladend ist der christliche Glaube, wenn Menschen spüren können, dass er ihrem Leben Halt und Richtung gibt. Inwiefern eine solche Erwartung dem Wesen des christlichen Glaubens entspricht, lässt sich auf vielerlei Weise beschreiben. Im Kern ergibt es sich daraus, dass der christliche Glaube auf das Heil der Menschen gerichtet ist. Er lädt den Menschen in den Erfahrungsraum der göttlichen Gnade ein. Er will Bedingungen dafür schaffen, dass Menschen erfahren können, was Jesus den Blinden und Lahmen sagt: «Dein Glaube hat dir geholfen» (Lukas 17,19; 18,42 u. ö.).

Mit dem Begriff der «Option» ist also nicht eine Verdünnung des Glaubens zu einer beliebigen Wahlmöglichkeit gemeint. Hans Joas kennzeichnet die erweiterten Handlungsmöglichkeiten, vor denen die Einzelnen stehen, in Anknüpfung an den bis ins frühe 20. Jahrhundert wirkenden Theologen und Philosophen Ernst Troeltsch durch den Begriff der Kontingenz. Er unterstreicht, dass unser Handeln weder einer inneren Zwangsläufigkeit noch dem bloßen Zufall ausgeliefert ist. Angesichts gesteigerter Optionen suchen Menschen ihr Leben verantwortlich zu gestalten. Zu dieser Gestaltungsaufgabe gehört die Integration des Unerwarteten und Unerwartbaren in das eigene Leben – und zwar so, dass dieses Leben in seiner Kontingenz als sinnvolles und gutes Leben angenommen werden kann.

Für eine starke Vorstellung vom «Glauben als Option», als einer dem Leben dienlichen und es fördernden Lebenshaltung ist es wichtig, dass das Christentum nicht nur die sozialen Wandlungen, sondern auch die kulturellen Herausforderungen der Gegenwart wahrnimmt. Es geht darum, die christliche Lebenshaltung sowohl sozial erfahrbar als auch intellektuell plausibel zu machen.

Es geht darum, dem christlichen Liebesethos praktische Gestalt zu geben; aber ebenso wichtig ist es, das christliche Bild von der menschlichen Person in ihren Relationen zu Gott, zum Mitmenschen, zur Umwelt wie zu sich selbst nachvollziehbar zu entfalten. Gewiss ist es gut, den christlichen Glauben in seinen Konsequenzen für Gerechtigkeit, Frieden und den Umgang mit der Natur auszulegen und auszuleben; aber es ist von vergleichbarem Gewicht, sich um ausstrahlungsstarke Gottesdienste und eine überzeugende Spiritualität zu bemühen. Das gehört zu den programmatischen Erwartungen an die Präsenz des christlichen Glaubens in einer Gesellschaft, die auch religiös zu einer Multioptionsgesellschaft geworden ist.

Abkehr von der Resignation

Insbesondere in Deutschland ist es nicht leicht, den selbstbewussten Ton aufzunehmen, der in der Formel vom «Glauben als Option» mitschwingt, denn viele blicken auf den Weg der Kirchen mit Skepsis, ja Resignation. Der 2012 verstorbene Mailänder Kardinal Carlo Maria Martini hat diesen Ton geradezu mit dem Charakter eines Vermächtnisses versehen. Er beginnt das letzte Interview vor seinem Tod mit der Feststellung: «Die Kirche in den Wohlstandsländern Europas und Amerikas ist müde geworden. Unsere Kultur ist alt, unsere Kirchen sind groß, Häuser sind leer, die Organisation wuchert, unsere Riten und Gewänder sind prächtig. Doch drücken sie das aus, was wir heute sind? Dienen die Kulturgüter, die wir zu pflegen haben, der Verkündigung und den Menschen? Oder binden sie zu sehr unsere Kräfte, so dass wir uns nicht bewegen können, wenn eine Not uns bedrängt? Der Reichtum belastet uns. Wir stehen da wie der reiche Jüngling, der traurig wegging, als ihn Jesus zur Mitarbeit gewinnen wollte. Ich weiß, dass wir nicht leicht alles verlassen können. Doch wir könnten zumindest Menschen suchen, die frei und den Menschen nahe sind. Wie es Erzbischof Romero und die Jesuitenmärtyrer von El Salvador waren. Wo sind die Helden bei uns, auf die wir schauen können? Keinesfalls dürfen wir sie mit den Fesseln der Institution behindern.» (Martini 2012; vgl. Huber 2015)

Diesem «Klartext vor dem Tod» kann man sich nur schwer entziehen. Doch zugleich wissen wir, dass wir unsere Hoffnung nicht
nur auf «Helden», «Märtyrer» oder «religiöse Virtuosen» setzen
können. Zuversicht für den Weg der Kirchen speist sich vielmehr
daraus, dass das Evangelium diejenigen erreicht, die in keinem
Geschichtsbuch erwähnt werden. Durch deren Treue im Glauben
an Gott und in der Liebe zum Nächsten wird das Evangelium
an die nächste Generation weitergegeben; sie halten durch ihr all-
tägliches Handeln im Vorletzten den Raum dafür offen, dass das
Letzte sich ereignen kann. Um ihretwillen ist es ungerecht, in
Europa nur ein Verdunsten aller christlichen Substanz am Werk
zu sehen.

Ich will dem resignativen Votum des Mailänder Kardinals eine
andere römisch-katholische Stimme entgegensetzen, in der ein
zuversichtlicher und beherzter Ton anklingt. In seiner Rede zur
Eröffnung des II. Vatikanischen Konzils am 11. Oktober 1962 berichtete der charismatische Papst Johannes XXIII. davon, dass
«Stimmen solcher Personen unser Ohr betrüben, die zwar von
religiösem Eifer brennen, aber nicht genügend Sinn für die rechte
Beurteilung der Dinge noch ein kluges Urteil walten lassen. Sie
meinen nämlich, in den heutigen Verhältnissen der menschlichen
Gesellschaft nur Untergang und Unheil zu erkennen. … Wir aber
sind völlig anderer Meinung als diese Unglückspropheten, die
immer das Unheil voraussagen, als ob die Welt vor dem Untergang stünde. In der gegenwärtigen Entwicklung der menschlichen
Ereignisse, durch welche die Menschheit in eine neue Ordnung
einzutreten scheint, muss man viel eher einen verborgenen Plan
der göttlichen Vorsehung anerkennen. Dieser verfolgt mit dem
Ablauf der Zeiten, durch die Werke der Menschen und meistens
über ihre Erwartungen hinaus sein eigenes Ziel, und alles, auch die
entgegengesetzten menschlichen Interessen, lenkt er weise zum
Heil der Kirche» (Johannes XXIII., 1962/63).

Gewiss ist es in den Jahrzehnten, die seit dieser Äußerung
vergangen sind, nicht gerade leichter geworden, in der «Entwicklung der menschlichen Ereignisse … einen verborgenen Plan der
göttlichen Vorsehung» zu erkennen. Aber von Theologie und
Kirche der Zukunft kann man heute noch weniger als vor einem
halben Jahrhundert in einer Weise sprechen, in der man Europa

vom Rest der Welt trennt und meint, eine unaufhaltsame Säkularisierung sei eine unabwendbare Begleiterscheinung eines Modernisierungsprozesses, der die ganze Welt ergriffen habe (vgl. Joas 2014).

Ein wichtiger Lackmustest dafür liegt in der Frage, ob die Vorstellung von einem allmählichen Verschwinden des Christentums aus Europa sich inzwischen in den Kirchen selbst festsetzt. Dass diese Frage nicht abwegig ist, lässt sich an einer Äußerung Papst Benedikts XVI. verdeutlichen. In seiner Ansprache zum fünfzigjährigen Jubiläum der Eröffnung des II. Vatikanischen Konzils auf dem Petersplatz in Rom sagte Benedikt XVI. zur Entwicklung des letzten halben Jahrhunderts: «In diesen Jahrzehnten ist eine geistliche ‹Verwüstung› vorangeschritten. Was ein Leben, eine Welt ohne Gott bedeutet, konnte man zur Zeit des Konzils bereits aus einigen tragischen Vorfällen der Geschichte entnehmen, heute aber sehen wir es leider tagtäglich in unserer Umgebung. Es ist die Leere, die sich ausgebreitet hat.» (Benedikt XVI.: 2012)

Viele Leserinnen und Leser werden Beobachtungen und Erfahrungen im Sinn haben, in denen ihnen selbst schon eine solche sich ausbreitende Leere begegnet ist. Aber besteht der Auftrag der Kirchen darin, diese Leere zu beschreiben, zu beschwören, zu bestätigen? Trifft die Zeitdiagnose wirklich zu, die ein unaufhaltsames Voranschreiten eines unumkehrbaren Bedeutungsverlusts von Glauben und Religion zum Signum unserer Epoche erklärt, wenn nicht in der ganzen Welt, so doch jedenfalls in Europa?

Wer so argumentiert, geht, um Hans Joas zu zitieren, «meist von einer völligen Überschätzung der tatsächlichen Religiosität in Europa vor dem Beginn der Prozesse aus», die man als einen solchen Verfall deutet (Joas 2012: 40). Verkannt wird dabei aber ebenso die Glaubensintensität, die es auch und gerade in Zeiten des Umbruchs immer wieder gegeben hat – nehmen wir nur die Erweckungsbewegungen im 18. und 19. Jahrhundert, den christlichen Widerstand gegen die Diktaturen des 20. Jahrhunderts und die prägende Rolle christlicher Initiativen für die friedliche Revolution im Osteuropa der achtziger Jahre, vor allem in Polen und in der DDR. Statt die Fortschrittstheoreme der Neuzeit verfallstheoretisch umzudeuten, sollten wir die Geschichte des Christentums in ihrem unabgeschlossenen und unabschließbaren Charak-

ter wahrnehmen und die Frage nach der Zukunft von Religion
und Kirche in den Horizont des verheißenen Reiches Gottes
rücken. Für die Frage nach dem Auftrag der Kirche in der pluralistischen Gesellschaft ist dies, theologisch betrachtet, der entscheidende Ausgangspunkt.

Von großer Bedeutung ist dieser Ausgangspunkt auch im Blick
auf den von den Kirchen zu erwartenden Beitrag zur Zukunfts-
fähigkeit einer freiheitlichen Gesellschaft. Denn dieser Beitrag ist
von den dramatischen Verschiebungen in der Kirchlichkeit und
im Verhältnis zu den Kerngehalten des christlichen Glaubens unmittelbar betroffen. Empirische Untersuchungen haben gezeigt,
dass sich der Bezug zu klaren Inhalten des christlichen Glaubens
verflüchtigt, aber die Berufung auf – in der Regel nicht näher defi-
nierte – christliche Werte wächst. Der Glaube an Jesus Christus
als Gottes Sohn oder an Gott als den Schöpfer der Welt erodiert,
während gleichzeitig der Glaube an Schutzengel explodiert. Den
Wunderglauben braucht man als Theologe heute nicht mehr zu
verteidigen, denn er befindet sich ebenso im Aufwind wie der
Glaube an die Seelenwanderung; aber das Bekenntnis zur Auferweckung Christi und zur Auferstehung der Toten wird unseren
Zeitgenossen immer unverständlicher. Dass unsere politische
Kultur christlich geprägt ist, glaubt die Mehrheit der Deutschen,
auch in den östlichen Bundesländern; hier hält sogar eine überwältigende Mehrheit der Bevölkerung den Gedanken, einen christlichen Feiertag zu opfern, um Platz für einen islamischen Feiertag
zu schaffen, für absurd. Aber was der Inhalt der christlichen Feiertage ist, versinkt immer mehr ins Schemenhafte. Die spezifische
Form der deutschen Zivilreligion scheint darin zu bestehen, Religion auf ihre Funktion als vermeintlicher Kitt einer Multioptionsgesellschaft zu reduzieren.

Nüchterner Blick auf die Wirklichkeit

In einer Situation schwammig gewordener Glaubensvorstellungen schlägt die Stunde öffentlicher Theologie. Sie kann sich nicht
hinter Schutzwällen gelehrter Bücher verschanzen, sondern muss
die Gehalte des christlichen Glaubens verständlich unter die Leute

bringen, so dass Glaubende auskunftsfähig werden, Ungläubige sich am Inhalt des Glaubens reiben können – und nicht nur am Versagen des «Bodenpersonals» – und Suchende Orientierung finden. Öffentliche Theologie hat heute zu verdeutlichen, dass der Glaube nicht nur das Gefühl eines unbestimmten Transzendenzbezugs ist, sondern dass er einen Inhalt hat, den es zu verstehen gilt.

Der christlichen Theologie kommt heute eine neue Verantwortung für verstandenes und verständliches Glaubenswissen zu; das ist ihr entscheidender Beitrag zur Sprachfähigkeit der Glaubenden. Zugleich muss sie sich angesichts des Rückfalls in eine vorkritische, fundamentalistische Form von Religiosität ihrer religionskritischen Aufgabe aufs Neue bewusst werden. Sie wird nach wie vor die politische Dimension des Glaubens und die gesellschaftliche Verantwortung der Glaubenden zum Thema machen. Aber sie kann den Glauben an Gott nicht länger als eine selbstverständliche Voraussetzung solcher Haltungen betrachten. Sie muss die Auskunftsfähigkeit darüber stärken, wie das Nachdenken über die Welt und der Glaube an Gott miteinander zusammenhängen. In der beschriebenen Situation haben die Kirchen Erfahrungsräume für den christlichen Glauben zu schaffen, aber zugleich auch dessen Inhalte neu zu verdeutlichen. Der Vorrang des Glaubens als Vertrauensakt macht dessen inhaltliche Bestimmtheit nicht unwichtig. Das lässt sich am christlichen Grundsymbol des Kreuzes verdeutlichen, das, weithin zu einem bloßen Schmuckstück entleert, neu in seiner Bedeutung verstanden werden muss (siehe unten Kap. 8).

Inmitten einer in weiten Teilen säkular geprägten, ja in manchen Regionen auch entkirchlichten Gesellschaft entsteht heute in Ortsgemeinden oder Gemeinden auf Zeit, in geistlichen Gemeinschaften oder informellen Netzwerken ein neues Gespür dafür, dass ein komplett diesseitiges, rein wirtschaftstaumeliges und radikal konsumzentriertes Leben zu banal, zu äußerlich und zu oberflächlich ist. Mit einer neuen Zuwendung zur Religion rebelliert die Seele der Menschen gegen ihre kommerzielle Reduktion.

Kritiklos kann diese neue Aufmerksamkeit für die Religion jedoch nicht hingenommen werden. Religion, die nur vertröstet, stellt den prophetischen Impuls der biblischen Botschaft still. Religion, die das Bündnis mit der Aufklärung aufkündigt, verweigert sich einem kritischen Wahrheitsanspruch. Fanatismus und Gewaltbereitschaft, die sich der Religion bedienen, fordern Widerspruch heraus.

Werkstätten der Toleranz

Zu den wichtigen Gründen, sich mit Religion zu beschäftigen, gehört die religiöse Pluralität, die sich mit den Wanderungsbewegungen und Flüchtlingsströmen unserer Zeit dramatisch verstärkt. Die Begegnung mit dem Fremden fordert zum Verstehen des Eigenen heraus. Wer Brücken zum andern Ufer bauen will, muss sich darum kümmern, dass der Pfeiler auf der eigenen Seite stabilen Grund hat. Menschen fangen wieder an zu fragen, wo sie denn zu Hause sind. Auch nach dem eigenen Glauben wird so gefragt. Und dabei merken viele, wie fremd ihnen das ist, wo sie sich doch zu Hause wähnten. «Irgendwie sind wir doch alle christlich geprägt», sagen sie. Das «irgendwie» signalisiert, dass «irgendetwas» nicht stimmt. Das Eigene ist unvertraut; dadurch wirkt das Fremde erst recht bedrohlich.

Dabei kann es nicht bleiben. Deshalb machen sich viele auf einen Weg, auf dem ihnen der eigene Glaube wieder zur Lebensgewissheit werden kann. Dazu ist zweierlei erforderlich: dass er geübt und dass er verstanden wird (vgl. Huber 2005). Dem Geheimnis des Glaubens nähert man sich nur durch Übung, durch Begegnung mit wichtigen Texten der christlichen Überlieferung und Gebet, allein und gemeinsam mit anderen. Die Gewissheit des Glaubens kann mein Leben nur bestimmen, wenn sie sich in diesem Leben verwurzelt. Wer nicht betet, denkt schließlich, er könne das nicht. Wer nie an Gottesdiensten teilnimmt, empfindet Kirchen als eine ferne Welt.

Die evangelische Gestalt des christlichen Glaubens steht in besonderer Weise für verstandenen Glauben. Viele wollen verstehen, was am christlichen Glauben bleibend wichtig ist und wie er auf die Fragen unserer Zeit antwortet. Viele wollen ihrem Glauben mit eigenen Worten Ausdruck geben. Zum Glauben gehört, dass er nach Verstehen fragt, ja auf Verstehen drängt. In den Worten des mittelalterlichen Theologen Anselm von Canterbury: *fides quaerens intellectum* – der Glaube, der nach Verstehen fragt.

Einen Menschen verstehe ich, wenn ich erfasst habe, was ihn als Person ausmacht; dann kann ich seine Reaktionen einordnen und unter Umständen sogar voraussagen. Meine Sympathie bleibt ihm erhalten, obwohl mir manches an ihm unbegreiflich ist. Ähnlich ist es mit dem Verstehen des Glaubens. Wenn es mir gelingt, den inneren Kern des christlichen Glaubens zu erfassen, kann ich eigenständig nachvollziehen, was er für die großen Fragen meines Lebens bedeutet. Meine Sympathie für diesen Glauben bleibt lebendig, auch wenn mir manches an ihm rätselhaft ist. Das Verstehen des Glaubens zeigt sich also nicht an der Menge der Glaubenssätze, die ich für mich selbst als richtig anerkenne. Es zeigt sich an der Gewissheit, in der dieser Glaube mein eigenes Leben bestimmt.

Die Erstarrung des Glaubens in Doktrinen dient dem Verstehen des Glaubens also gerade nicht. So stark die reformatorische Bewegung in ihren Anfängen auch durch Motive des Aufbruchs geprägt war, so war auch ihr eine solche Erstarrung nicht fremd. Dazu trugen schon die Lehrstreitigkeiten des Reformationsjahrhunderts bei; auf sie folgte eine Phase, die durch die Herrschaft einer lehrmäßigen Orthodoxie bestimmt war. Die Aufklärungstheologie und der Neuprotestantismus setzten sich dagegen zur Wehr. Die Neubesinnung auf den Kern protestantischer Lehre in der Dialektischen Theologie in den zwanziger Jahren und die Bekennende Kirche in den dreißiger Jahren des 20. Jahrhunderts sollten zwar darüber hinausführen; aber bisweilen war der Eindruck übermächtig, man falle dahinter in eine neue Orthodoxie zurück. An diesem Beispiel zeigt sich: Der Aufbruch zu lebendigem Verstehen muss immer wieder neu gewagt werden.

Ohne Verstehen gibt es keine Toleranz. Sie gehört zu den großen Forderungen unserer Zeit. Wer diese Forderung ernst meint, muss Möglichkeiten zum Verstehen schaffen. Man muss den inneren Kern in den Überzeugungen eines andern begreifen, wenn man wirkliche Toleranz für ihn aufbringen will. Alles andere ist verschleiertes Desinteresse.

Das hat Auswirkungen bis hin zum Religionsunterricht. Im Blick auf die religiöse Pluralität galt es lange Zeit als ausreichend, dass er als evangelischer und katholischer Religionsunterricht erteilt wurde. Dann trat das Fach «Ethik» für diejenigen hinzu, die nicht am konfessionellen Religionsunterricht teilnehmen wollten. Inzwischen beanspruchen atheistische Weltanschauungsgemeinschaften das Recht, ihre «Lebenskunde» an den Schulen zu vermitteln; zugleich stellt sich die Frage, welche Religionsgemeinschaften die Verantwortung für einen islamischen Religionsunterricht übernehmen können. Jede Stufe in der religiösen Pluralisierung der Gesellschaft spiegelt sich früher oder später in der Pluralität des Religionsunterrichts an den öffentlichen Schulen.

Neuerdings wird der Versuch unternommen, diese Pluralität nicht durch eine Mehrzahl von Unterrichtsangeboten, sondern in einem einzigen Fach für Ethik und Religionskunde abzubilden. Doch die Vorstellung, man könne der religiösen Vielfalt dadurch gerecht werden, dass alle Religionen aus dem gleichen Abstand betrachtet werden, führt in die Irre. Denn so bildet sich keine echte, nämlich auf eigener Überzeugung beruhende Toleranz. Das Verstehen von Religion kann in der Schule nur dann gefördert werden, wenn der Unterricht von Lehrkräften erteilt wird, denen Religion selber wichtig ist. Eine Mehrzahl von Unterrichtsfächern im Bereich von Religion und Ethik ist dafür der richtige Weg; wenn sie in einer Fächergruppe miteinander verbunden sind und in thematischen Projekten zusammenwirken, können in den Schulen Werkstätten der Toleranz entstehen. Für eine durch Migration und Flucht bestimmte Gesellschaft sind solche Werkstätten der Toleranz unentbehrlich.

Glauben und Verstehen

«Glauben und Verstehen»: so hieß um die Mitte des 20. Jahrhunderts ein epochales Thema der Theologie. Der große Theologe Rudolf Bultmann, bekannt geworden als Urheber des Programms der «Entmythologisierung», hatte dieses Begriffspaar auf seine Fahnen geschrieben. Den Glauben zu verstehen hieß für ihn: seine Quellen zu deuten und zugleich das Selbstverständnis der Glaubenden zu erhellen. Existenzdeutung und Quellenauslegung standen in einem inneren Zusammenhang.

In der Phase sozialethischer Aufbrüche in Kirche und Theologie wurde es still um dieses Programm. «Glaube und Handeln» hieß nun das Stichwort. Mit dem Glauben die Welt zu verändern erschien als die entscheidende Aufgabe. Die weltweite Ökumene gab dazu entscheidende Anstöße; die selbständig werdenden Kirchen in der südlichen Hälfte des Globus drängten auf durchgreifende Veränderungen. Auch die evangelischen Kirchentage in den siebziger und achtziger Jahren wurden von dieser Neuorientierung geprägt. Sie standen für einen Glauben, der zur Aktion drängt. Ein Nein ohne jedes Ja zu Massenvernichtungsmitteln, eine klare Absage an die Politik der Apartheid, das Eintreten für Gerechtigkeit, Frieden und die Bewahrung der Schöpfung waren die Kristallisationspunkte für dieses Christentum der Tat.

Um solche großen Kontroversen ist es stiller geworden. Die großen Herausforderungen unserer Zeit sind von hoher Komplexität: Die Regelung der Weltwirtschaft, die Eindämmung des Klimawandels, die Digitalisierung der Kommunikation, die Bewältigung ungeahnter Flüchtlingsströme, die Suche nach Antworten auf den demographischen Wandel – mit der Formel «Ein Nein ohne jedes Ja» kann man keines dieser Probleme bewältigen. Dennoch kann von der Zuwendung des christlichen Glaubens zur Wirklichkeit der Welt nichts zurückgenommen werden. Immer wieder sind auch deutliche Worte gefordert: Wenn das Geld zum Götzen wird, duldet das auch heute kein Schweigen. Wenn Vorurteile gegen Fremde politisch instrumentalisiert werden, ist Klarheit vonnöten.

Doch erneut und mit Nachdruck meldet sich auch die Frage nach «Glauben und Verstehen». Sie stellt sich allerdings in einer veränderten Weise. Unter unübersichtlichen Bedingungen wird nach persönlicher Gewissheit und nach verlässlichen Formen des gemeinsamen Lebens gefragt. Der Abbruch vertrauter Traditionen macht es schwer, einfach an Vorgegebenes anzuknüpfen. In der Vielfalt religiöser und weltanschaulicher Haltungen braucht jede und jeder Klarheit über den eigenen Ort. Da der Glaube für viele seine Selbstverständlichkeit verloren hat, geht es darum, ihn neu zu verstehen. Aber auch die Religion der anderen will verstanden sein. Oft führt der Weg zum eigenen Glauben über die Annäherung an den Glauben anderer. Menschen müssen sich in ihrer Unterschiedlichkeit verstehen, wenn sie in ein und derselben Gesellschaft zusammen leben wollen. Heute gehört beides zusammen: den Glauben verstehen und aus Glauben handeln.

Deshalb wird heute vorrangig danach gefragt, welche Orientierung sich aus dem Glauben ergibt und an welchen Werten sich ein Handeln aus Glauben orientieren kann.

3. QUELLEN DES GLAUBENS

Die Bibel als Quelle

Ad fontes – zurück zu den Quellen! So hieß ein Wahlspruch unter Humanisten des 16. Jahrhunderts. Sie forderten die Hinwendung zu den Texten der Antike, die in ihren Originalsprachen gelesen und interpretiert werden sollten. Besonders markant vertrat Erasmus von Rotterdam diese Forderung. Programmatische Bedeutung hatte sie auch für Philipp Melanchthon, der diesem Thema 1518 seine Antrittsvorlesung als Wittenberger Professor widmete. Melanchthons Haltung wurde für seinen Kollegen Martin Luther ein entscheidender Maßstab für die Übersetzung der biblischen Texte aus dem hebräischen und griechischen Urtext. Parallel zu Luthers Übersetzung schuf auch die Schweizer Reformation ihre eigene Übersetzung der Bibel in deutsche Sprache: die Zürcher Bibel, an deren Erarbeitung neben dem Zürcher Reformator Huldrych Zwingli vor allem sein Freund Leo Jud beteiligt war. 1531 wurde sie als erste vollständige deutsche Bibelübersetzung der Reformationszeit veröffentlicht. Bis heute hat sie ihre unverwechselbare Bedeutung behalten; die letzte Überarbeitung erschien 2007.

So wurde der Bibel-Humanismus zu einer starken Antriebskraft für die Reformation. Der Übersetzung maßen die Reformatoren unter anderem deshalb eine so große Bedeutung zu, weil sie den biblischen Text auch für diejenigen unmittelbar zugänglich machen wollten, denen die Sprachen der Bibel fremd waren. Zur Mündigkeit der Glaubenden gehörte der selbständige Zugang zum Text der Heiligen Schrift. Ebenso wichtig wie die philologische Exaktheit war deshalb die treffende und anschauliche Wiedergabe in der Volkssprache. So genau Luther auf den Originalwortlaut der biblischen Texte achtete, so intensiv wollte er auch den eigenen Zeitgenossen «aufs Maul schauen» (Luther 1982: 5,148). Mit der Zürcher Übersetzung und der Lutherbibel entstanden auf diese Weise Werke, die innerhalb kürzester Zeit alle älteren deutschen Bibeln in den Schatten stellten.

«Zurück zu den Quellen» war für die Reformatoren nicht nur eine sprachliche Forderung. Es ging auch darum, den Inhalt der biblischen Botschaft neu zum Leuchten zu bringen und der biblischen Botschaft als maßgeblichem inhaltlichen Bezugspunkt für den Glauben Geltung zu verschaffen. Nur so konnte sie als kritische Instanz gegenüber kirchlichen Traditionen wirksam werden.

Was man später das «Schriftprinzip» nannte, hatte ursprünglich eine herrschaftskritische Funktion. Dass allein die Schrift herrschen solle, ist die früheste Fassung, in der bei Luther die Formel «sola scriptura – allein die Schrift» begegnet. Luther beruft sich auf diesen unvergleichbaren Herrschaftsanspruch der Heiligen Schrift in seiner Erwiderung auf die Bannandrohungsbulle Papst Leos X. von 1520, und zwar gleich in deren erstem Abschnitt (Luther 2006: 1,76 ff.). Auf vergleichbare Weise dient sie ihm als Prellbock bei seiner Verteidigung vor Kaiser Karl V. auf dem Reichstag in Worms. Gegenüber dem Herrschaftsanspruch der kirchlichen wie der staatlichen Gewalt macht Luther die Herrschaft der Schrift geltend: *Solam scripturam regnare* – allein die Schrift regiert (Luther 2006: 1,84 f.).

Damit ist freilich nicht gemeint, dass der biblische Wortlaut als solcher über das Leben des Christen herrschen soll, wie dies später von einem biblizistischen Fundamentalismus vertreten wurde, denn Luthers grundlegende Erfahrung war es gerade, dass die biblischen Texte der Auslegung bedürfen. Nur durch die Arbeit der Interpretation hatte sich ihm die Einsicht in die Gerechtigkeit Gottes und dadurch in das Verhältnis zwischen dem gnädig gebenden Gott und dem empfangenden Menschen erschlossen. Weil er darin das Sinnzentrum der biblischen Botschaft insgesamt erkannt hatte, sah er sich zu einer nicht nur philologischen Kritik, sondern auch zu einer Sachkritik biblischer Texte genötigt. Er fragte nach dem Bezug biblischer Texte zu diesem Sinnzentrum; ihr Gewicht zeige sich darin, «ob sie Christum treiben» (Luther 1979: 1,404).

Die Bibel als Kanon

Durch diese reformatorische Deutung der Bibel wurde die kanonische Geltung der biblischen Texte von dem Missverständnis befreit, dass alle in ihnen auffindbaren Aussagen in gleicher Weise normative Geltung beanspruchen können. Vielmehr wird die Heilige Schrift in ihren beiden Teilen, dem Alten und dem Neuen Testament, als maßgebliches Zeugnis von der Selbstoffenbarung Gottes angesehen. Die entscheidende Konsequenz heißt, dass anstehende Fragen im Verständnis des Glaubens auf Grund der biblischen Schriften zu entscheiden sind; in diesem Sinn gibt es keine externen Kriterien für die Auslegung der Bibel, sie ist vielmehr aus sich selbst zu interpretieren. Kirchliche Bekenntnisse und theologische Lehren treten hinter die Schrift als zeitbedingte Auslegungen zurück und müssen auf ihre Übereinstimmung mit den biblischen Aussagen überprüft werden.

Mit dieser Beschreibung der Funktion des Kanons ist noch nichts über seinen Umfang gesagt. Die wichtigste Frage in diesem Zusammenhang heißt: Lässt es sich rechtfertigen, die Bibel des Judentums als «Altes Testament» in die christliche Bibel aufzunehmen?

Damit verbindet sich allerdings die Vorfrage, ob es ohne die Bibel des Judentums überhaupt eine christliche Bibel gäbe. Die historische Entwicklung gibt Grund zu der Vermutung, dass es ohne die Prozesse der Kanonbildung in Israel auch nicht zu einem christlichen Kanon gekommen wäre. Der Ägyptologe Jan Assmann hat in diesem Zusammenhang auf den Unterschied der Traditionsbildung in Ägypten und Israel aufmerksam gemacht. Im Fall Ägyptens hat der Zufall der Erhaltung bestimmter Dokumente darüber entschieden, welche Überlieferungen unser Bild der alten ägyptischen Kultur bestimmen. In Israel dagegen war schon sehr früh eine «bewusste kanonische Engführung der Überlieferung am Werk» (Assmann 2015: 80). Dabei unterscheidet Assmann zwischen zwei Ebenen der Kanonisierung: der Festlegung der Textgestalt sowie der Bestimmung des Textbestands (Assmann 2015: 88). Die Fixierung des Wortlauts bestimmter ritueller Texte hat eine sehr lange Tradition; die Auswahl besonders verbindlicher Texte aus der Gesamtheit einer Überlieferung folgt erst später. Diese Auswahl bahnt sich in der Überlieferung Israels schon mit der Zusammenstellung der fünf Bücher Mose an; in der Zeit des Hellenismus, in der die griechischen Klassiker kanonisiert werden, bemüht man sich auch in Israel um eine weitergehende Klärung des für den Glauben an den einen Gott verbindlichen Textbestands.

Obwohl die Kanonisierung der christlichen Schlüsseltexte ohne die vorausgehende Kanonisierung der Glaubenstexte Israels kaum vorstellbar ist, war von Anfang an umstritten, ob die Texte der Hebräischen Bibel zur Bibel der Christen gehören können und mit dem Neuen Testament zusammen als verbindliche Quelle des christlichen Glaubens anzuerkennen seien. Um auf dieses Problem hinzuweisen, wird das Alte Testament heute in der christlichen Theologie im Anschluss an die gebräuchliche Ausgabe des hebräischen Urtextes («Biblia Hebraica») auch «Hebräische Bibel» genannt. Doch das Nebeneinander der Ausdrücke «Hebräische Bibel» und «Neues Testament» wirkt wenig überzeugend; die Unterscheidung zwischen «Erstem» und «Zweitem Testament» hat sich noch weniger durchgesetzt. Im Folgenden verwende ich den Ausdruck «Hebräische Bibel», wenn es um den Gebrauch der entsprechenden Schriften durch die jüdische Glaubensgemeinschaft geht; von «Altem Testament» spreche ich, wenn diese Schriften zusammen mit dem «Neuen Testament» als Teil der christlichen Bibel gemeint sind.

Dabei ist zu bedenken: Für Jesus und die von ihm ausgehende Bewegung war ebenso wie für die frühe Christenheit die Bibel des jüdischen Volkes eine entscheidende Glaubensquelle. So etwas wie das «Neue Testament» gab es noch nicht. Die erste Predigt Jesu, von der die ersten drei Evangelien (die wegen des hohen Anteils gemeinsamer Quellen sogenannten «synoptischen Evangelien») berichten, fand in der Synagoge seiner Heimatstadt Nazareth statt; sie folgte auf die Verlesung eines prophetischen Abschnitts (Jesaja 61,1 f.) und begann mit den programmatischen Worten: «Heute ist dieses Wort der Schrift erfüllt vor euren Ohren.» (Lukas 4,21) Die Verkündigung eines Gnadenjahres Gottes erfüllt sich in der Gegenwart Jesu. Nach der Darstellung der Evangelien flehte Jesus am Kreuz zu seinem Vater mit Worten aus dem Psalter: «Mein Gott, mein Gott, warum hast du mich verlassen?» (Psalm 22,2; Matthäus 27,46) Auch die Missionspredigt der frühen Christenheit knüpft an die Botschaft der Hebräischen Bibel an. Besonders einprägsam wird das am Beispiel des Kämmerers aus Äthiopien geschildert, der bei der Rückkehr von Jerusalem, auf seinem Wagen sitzend, laut Sätze aus dem 53. Kapitel des Jesajabuchs über den leidenden Gottesknecht liest, der wie ein Schaf zur Schlachtung geführt wird (Jesaja 53,7 f.). Der neben dem Wagen laufende Apostel Philippus, der ihn lesen hört, spricht ihn an und stellt die berühmte Frage: «Verstehst du auch, was du liest?» Der Reisende bittet Philippus, auf seinen Wagen aufzusteigen und mit ihm über diese Stelle zu sprechen. Aus dem Gespräch entwickelt sich eine Missionspredigt, die mit der Taufe des Reisenden endet (Apostelgeschichte 8,26–40). Auch über diese Beispiele hinaus zeigen die zahlreichen Bezugnahmen auf Texte der Hebräischen Bibel: Die frühe Christenheit hat mit dieser Bibel gelebt und ihren eigenen Glauben daran gebildet. Der christliche Glaube ist ohne diese Bildungsgeschichte nicht zu verstehen.

Der Kanon der Hebräischen Bibel hat sich im Verlauf eines halben Jahrtausends in einem allmählichen Prozess gefestigt; im ersten Jahrhundert der christlichen Zeitrechnung war dieser Prozess weitgehend abgeschlossen. Allerdings wurden in die griechische Übersetzung der Hebräischen Bibel, die sogenannte «Septuaginta», einige Schriften aufgenommen, die im hebräischen Kanon fehlen, und die später vom Judentum als «Apokryphen» bezeichnet wurden. Während die lateinische Kirche weiter dem Kanon der Septuaginta gefolgt ist, haben Luther und Zwingli in ihren Übersetzungen die jüdische Zuordnung als Apokryphen übernommen.

Die Hebräische Bibel gliedert sich in drei Teile: die «Tora» (Weisung, Gesetz), zu der die fünf Bücher Mose gehören, die «Nebi'im» (Propheten), die sowohl die Geschichtsbücher als auch die Schriftpropheten umfassen, sowie die «Ketubim» (Schriften), zu denen neben weiteren Texten insbesondere die Psalmen, die weisheitlichen Schriften und das Buch Hiob zählen. Aus den Anfangsbuchstaben dieser drei Teile wurde für diese Schriftensammlung insgesamt der Name «Tanach» gebildet, der seit dem Mittelalter verwendet wird.

Schon in den Briefen des Paulus begegnet der Ausdruck «alter Bund», den die lateinische Bibelübersetzung mit «vetus testamentum» wiedergibt (2. Korinther 3,14). Bereits im 2. Jahrhundert wird dieser Ausdruck auf die Schriftensammlung der Hebräischen Bibel angewandt. Dem tritt der «neue Bund» zur Seite, von dem zum ersten Mal in den Worten Jesu bei der Einsetzung des Abendmahls die Rede ist: «Dieser Kelch ist der neue Bund in meinem Blut» (1. Korinther 11,25; vgl. Lukas 22,20). Den neuen Bund übersetzt die lateinische Bibelübersetzung als «novum testamentum».

Es dauerte geraume Zeit, bis diese Ausdrücke auf die verbindliche Sammlung der biblischen Schriften angewandt wurden. Dem ging voraus, dass, beginnend mit den Paulusbriefen, auch Texte aus den Anfängen des Christentums gesammelt, in den gottesdienstlichen Zusammenkünften vorgelesen und weitergegeben wurden. Noch die frühchristlichen Schriftsteller des 2. Jahrhunderts, die man als «Apostolische Väter» bezeichnet, verwandten den Ausdruck «die Schrift» nur für das Alte Testament und beriefen sich daneben auf frühchristliche Traditionen, die ihnen aber offenkundig noch nicht in einem fertigen Kanon vorlagen. Doch bis zum Ende des 2. Jahrhunderts hatten sich neben den Paulusbriefen auch die vier Evangelien als maßgebliche Glaubensurkunden durchgesetzt.

Darin kann man frühe Schritte eines «kanonischen Prozesses» sehen, der die ganze Christentumsgeschichte prägt. Auch wenn der Kernbestand des neutestamentlichen Kanons und seine Zusammengehörigkeit mit dem Alten Testament im 4. Jahrhundert weitgehend feststanden, wurde die formale Autorität des biblischen Kanons in verschiedenen Epochen der Christentumsgeschichte unterschiedlich gewertet. Das geschah wohl in keiner anderen Epoche kompromissloser als in der Zeit der protestantischen Reformation und der auf sie antwortenden katholischen Reformbewegungen. Das reichte so weit, dass die protestantische Orthodoxie jener Zeit das «Wort Gottes» mit dem geschriebenen Bibelwort gleichsetzte. Dagegen wandte sich die Aufklärungstheologie, zu deren fundamentalen Aussagen die Unterscheidung zwischen der Heiligen Schrift und dem Wort Gottes gehörte (Luz 2014: 125 unter Verweis auf Johann Salomo Semler). Auf den darin liegenden Ansatz zu einer «Dekanonisierung» antwortete die neuere Theologie mit Versuchen einer «Rekanonisierung». In ihr ging es darum, die Autorität des biblischen Kanons zu erneuern. Da dies ohne Sachkritik nicht als möglich erschien, fragte man nach dem «Kanon im Kanon». Die Verbindlichkeit des Kanons wurde mit dem zentralen Inhalt der biblischen Botschaft, der «Mitte der Schrift» begründet. Freilich weichen die Auffassungen davon, worin diese Mitte zu sehen ist, zum Teil erheblich voneinander ab. Unterschiedliche Interpreten verstehen «diese Mitte als Person, als Botschaft, als Erzählung, als Horizont und Rahmen, als Lehre oder als innere Wahrheit» (Luz 2014: 463). Daran zeigt sich, dass der Prozess der Kanonisierung – Phasen der Dekanonisierung und der Rekanonisierung eingeschlossen – weitergeht. In ihm wird auch die Unentbehrlichkeit des Kanons deutlich; denn ohne ihn würde das religiöse Bewusstsein einer Zeit zum maßgeblichen Kriterium des Glaubens werden; die biblische Botschaft würde ihre eigenständige Bedeutung als Glaubensquelle verlieren (Körtner 2015: 52 ff.).

So früh wie erste Abgrenzungsprozesse ist der Widerspruch gegen den Kanon. Auf besonders radikale Weise wurde er bereits gegen die Mitte des 2. Jahrhunderts von Markion formuliert, einem Schiffseigner und Seehändler aus Sinope am Schwarzen Meer. Er entwickelte in Rom ein eigenes Verständnis des Glaubens an Christus als reine Erlösungsreligion. Das führte ihn zu der Unterscheidung zwischen zwei Göttern: einerseits einem Weltschöpfer, der aus der schlechten Materie eine unvollkommene Welt und einen der Sünde ausgelieferten Menschen erschafft, über die er zugleich als gerechter Richter unbarmherzig richtet, und andererseits einem guten Gott, der Christus als Boten seines Erbarmens in die Welt sendet, um alle Menschen, die an ihn glauben, zu erlösen. Aus dieser Zwei-Götter-Lehre folgt eine Ablehnung des Alten Testaments und eine Konzentration der Quellen für das Wirken Christi auf das Lukasevangelium und die – von vermeintlichen späteren Zusätzen gereinigten – Paulusbriefe. Mit der These, in der Bibel der Juden und der Christen begegneten zwei verschiedene Götter, verband sich die Überzeugung, dass die Schöpfung, zu der auch das Böse gehörte, und die Erlösung, die sich mit der Christusoffenbarung verbindet, zwei getrennte Wirklichkeiten bilden. Die Preisgabe des Alten Testaments war also nicht nur mit einer Zwei-Götter-Lehre, sondern auch mit einer Spaltung im Wirklichkeitsverständnis verbunden.

Die Haltung des Markion hat sich zwar nicht durchgesetzt, doch einen entscheidenden Anstoß dazu gegeben, dass es zu «Idee und Wirklichkeit einer christlichen Bibel» kam (Campenhausen 1968: 174). In der neuzeitlichen Theologie wurde Markions Vorstoß zur Aussonderung des Alten Testaments neu belebt. Besonders markant geschah das zu Beginn des 20. Jahrhunderts durch den evangelischen Kirchenhistoriker Adolf von Harnack. Für ihn war die weitere Beibehaltung des Alten Testaments im christlichen Kanon «die Folge einer religiösen und kirchlichen Lähmung» (Harnack 1924: 217). Der Formulierung ist anzumerken, dass Harnack an der Verwirklichung seines Vorschlags angesichts der kirchlichen Situation seiner Zeit zweifelte. Erst recht lag ihm der Gedanke fern, dass dieser Vorschlag aus judenfeindlichen Motiven übernommen würde.

Das aber geschah in Deutschland während der Zeit des Dritten Reichs. In einer extrem radikalisierten Form wurde die Absage an das Alte Testament durch den Plan der «Glaubensbewegung Deutsche Christen» aufgegriffen, ein «Evangelium im Dritten Reich» zu schaffen, das von allen jüdischen Einflüssen gereinigt sei. Das hieß freilich, zu Ende gedacht, Jesus selbst aus der Bibel zu entfernen. Denn Jesus von Nazareth war Jude.

Dies war einer der entscheidenden Konfliktpunkte zwischen den «Deutschen Christen» und der Bekennenden Kirche, die an der kanonischen Geltung des Alten Testaments festhielt. Nach dem Ende des Zweiten Weltkriegs verhinderte das Erschrecken über den Genozid am europäischen Judentum die Wiederbelebung solcher Vorschläge.

Dass eine kritische Diskussion über die Rolle des Alten Testaments zwangsläufig mit antijüdischem Denken verbunden sei, wird heute aus nachvollziehbaren Gründen bestritten. Man erkenne durch die Aussonderung aus dem christlichen Kanon vielmehr, so wird argumentiert, die eigenständige Bedeutung der Hebräischen Bibel für die Juden an. Im christlichen Glauben könnten die Schriften des Alten Testaments nur dann eine kanonische Bedeutung haben, wenn sich ihre Texte auf Christus hin interpretieren ließen, was jedoch mit den Einsichten historisch-kritischer Forschung nicht vereinbar sei. Außerdem sei ein Gebrauch des Alten Testaments als vollgültiger Teil der christlichen Bibel nur unter der Voraussetzung möglich, dass die Kirche sich durch diesen Text unmittelbar angeredet wisse (Slenczka 2013: 86). Die Voraussetzungen dafür seien aber entfallen, seit die religionsgeschichtliche Forschung zweifelsfrei ermittelt habe, dass die Hebräische Bibel nicht an die Kirche, sondern an eine andere Religionsgemeinschaft adressiert sei. Es handle sich daher bei diesen Texten nur um eine «religionsgeschichtliche Voraussetzung» des christlichen Glaubens, sie stellten aber keine «normative Instanz in der Kirche» dar (Slenczka 2013: 99 f., 105 f.). Deshalb wird unter Berufung auf liberale Traditionen der evangelischen Theologie vorgeschlagen, das Alte Testament auf der Ebene der Apokryphen anzusiedeln. Von ihnen meinte Luther, sie seien nicht ebenso zu achten wie die Heilige Schrift, aber doch «nützlich und gut zu lesen» (Luther 1972: 1674).

Die Bedeutung der biblischen Texte beschränkt sich jedoch nicht darauf, dass die Lehre in der Kirche an ihnen geprüft werden kann, sondern sie sind zuallererst Glaubenszeugnisse, die zu eigenem Glauben inspirieren, und Überlieferungen, die dem eigenen Glauben Sprache verleihen. Von der unverzichtbaren Bedeutung der biblischen Schöpfungserzählungen für das Bekenntnis zu Gott als dem Schöpfer, von der Rolle des Psalters als Gebetbuch der Bibel, von der Anregungskraft der prophetischen Texte dafür, in der eigenen Gegenwart Wege zu Frieden und Gerechtigkeit zu suchen, ist in derartigen Überlegungen kein Raum. Unberücksichtigt bleibt auch, dass die Frage nach dem biblischen Zeugnis von Gottes gnädiger Offenbarung in Christus («was Christum treibet») als Maßstab auch auf das Neue Testament anzuwenden ist. Sollte die Konsequenz sein, dass auch die Teile des Neuen Testaments, die unter einem solchen Gesichtspunkt als problematisch erscheinen – etwa Vorstellungen vom göttlichen Gericht als einem Ereignis endzeitlicher Gewalt –, auf die Stufe der Apokryphen herabgestuft werden, wie immerhin kein Geringerer als Martin Luther das im Blick auf den Jakobusbrief ernsthaft erwogen hat? Zwar ist es richtig, dass die «Selbstbekundung Gottes in Jesus Christus» im Neuen Testament in direkter Weise zum Thema wird; doch eine grundsätzlich andere kanonische Stellung des Neuen im Verhältnis zum Alten Testament braucht daraus nicht abgeleitet zu werden.

Zu fragen ist auch, ob die religionsgeschichtliche Einordnung der Hebräischen Bibel und liberal-theologische Erwägungen über ein an der Universalität der Gottesbeziehung orientiertes religiöses Bewusstsein eine zureichende Grundlage dafür sein können, dass sich die evangelische Kirche in Deutschland aus dem ökumenischen Konsens über den Kanon verabschiedet. In der Frage ist schon die Antwort enthalten: Die Tatsache, dass die theologische Rezeption, der kirchliche Gebrauch und die persönliche Aneignung der biblischen Botschaft immer Elemente der Auswahl und der Schwerpunktbildung in sich tragen, rechtfertigt nicht, all das, was nicht zu dieser zeitgebundenen Schwerpunktbildung passt, mit einer niedrigeren kanonischen Geltung auszustatten. Im Kanon spiegelt sich die Vielgestaltigkeit des Glaubens; gerade in seiner Weite ist der Kanon gegen seine Kritiker zu verteidigen, denn die Vielfalt der Kirchen und die Vielfalt des Kanons gehören zusammen. Der Kanon bewahrt «in der Vielzahl der Konfessionen bzw. kirchlichen Richtungen die Einheit der Kirche» (Härle 1995: 134).

Damit der christliche Glaube auch weiterhin das Ja zum «Leben auf der Erde» (Bonhoeffer 1998: 500) bewahrt und Dankbarkeit wie Hoffnung, Leid wie Freude zum Ausdruck bringt, kann ich dem Vorschlag nichts abgewinnen, das Alte Testament in einer Bibel zweiter Klasse unterzubringen, nützlich zu lesen, aber ohne Bedeutung für den Glauben. Ich halte es lieber mit dem Reformator Calvin, der davon überzeugt war, Gott selber habe seinem Volk die Psalmen in den Mund gelegt (Calvin 1997: 159). Er wollte damit den Sprachlosen Worte geben und den Unmusikalischen Lieder. Den Verkniffenen wollte er die Lippen öffnen; den allzu Eifrigen wollte er eine Zeit der Besinnung schenken.

Nicht zuletzt ist zu bedenken, was eine Absage an die Bedeutung des Alten Testaments für den christlichen Kanon für das Verhältnis der christlichen Kirche zum Volk Israel bedeutet, das sich zum Gott Abrahams, Isaaks und Jakobs und damit zum Vater Jesu Christi bekennt. Diesem Verhältnis wenden wir uns deshalb in einem nächsten Schritt zu.

Die Bibel und das Verhältnis von Juden und Christen

Heute fragen wir mit Selbstverständlichkeit nach der «jüdisch-christlichen Tradition». Doch über lange Zeit wurde nur in Ausnahmefällen so gefragt. Weitgehend wurde die Beziehung zwischen dem christlichen und dem jüdischen Glauben verdrängt, ja verleugnet. Erst nach den Schrecken der Schoah, des durch den nationalsozialistischen Staat betriebenen und von vielen Menschen mitgetragenen Völkermords am europäischen Judentum, begann an dieser Stelle ein Umdenken. Die Evangelische Kirche in Deutschland thematisierte diese Frage zum ersten Mal auf einer Synode in Berlin-Weißensee im Jahr 1950 (EKD 2002: 56). Daran schloss sich in der evangelischen Theologie das Bemühen um eine «Theologie nach Auschwitz» an. Mit dem II. Vatikanischen Konzil (1962–1965) brachte die römisch-katholische Kirche eine neue Verhältnisbestimmung zwischen der Kirche und dem Volk Israel in Gang (Brechter u. a. 2014: 2, 490–495). Das Schuldbekenntnis von Papst Johannes Paul II. vom 12. März 2000 und der daran anschließende Besuch in Yad Vashem verdeutlichten diesen Schritt auf bewegende Weise. In den verschiedenen Spielarten orthodoxer Theologie stößt man viel seltener auf vergleichbare Ansätze, die nicht darüber hinwegtäuschen können, dass die Rede von der «jüdisch-christlichen Tradition» eher auf eine noch immer offene Wunde hinweist als auf ein bereits geklärtes Verhältnis.

Das Verhältnis zwischen jüdischer und christlicher Tradition, zwischen dem Volk Israel und den christlichen Kirchen ist auf verschiedene Weise gedeutet worden. Dietrich Ritschl hat die religionsgeschichtliche Sicht, ein Substitutionsmodell, ein heilsgeschichtliches Modell der Kontinuität und das Modell der zwei Wege voneinander unterschieden (Ritschl 2003: 71–76).

Die *religionsgeschichtliche Sicht* sollte genauer als eine Deutung bezeichnet werden, die in der Religionsgeschichtlichen Schule des 19. Jahrhunderts verbreitet war. Sie geht von der These aus, das Judentum der letzten Jahrhunderte vor Christi Geburt sei erlahmt und verkrustet gewesen. Dagegen habe das frühe Christentum eine Gegenbewegung gebildet; es habe eine Erneuerung des Glau-

bens an den einen Gott bewirkt und zugleich eine Grenzüber-
schreitung über das jüdische Volk hinaus. Auch zuvor gab es innerhalb des Judentums wichtige Erneuerungsbewegungen, etwa
den Pharisäismus. Doch die Jesusbewegung brachte einen Neu-
aufbruch von anderer Reichweite in Gang. Jesu Gesetzesausle-
gung in der Bergpredigt oder die Deutung des Geschicks Israels,
die der Apostel Paulus in den Kapiteln 9 bis 11 seines Römerbriefs
vorlegt, illustrieren dies. Eine solche Sichtweise hat Konsequenzen für den Umgang mit der Geschichte des Christentums. Verkrustungen und Neuaufbrüche wechseln auch in dieser Geschichte miteinander ab. Von einer jüdisch-christlichen Tradition
kann, folgt man diesem Gedanken, überhaupt nur dann die Rede
sein, wenn der Prozess stetiger Erneuerung mitbedacht wird. Dabei trägt diese Erneuerung nicht nur den Charakter eines «aggior-
namento», eines Eingehens auf die Erfordernisse der Zeit, sondern
sie ist zugleich durch eine Rückkehr zu den Ursprüngen geprägt,
ein «zurück zu den Quellen», eine Reformation in dem Sinn, den
die Aufbrüche des 16. Jahrhunderts diesem Wort gegeben haben.

Neben diese Sicht, sich teilweise mit ihr überschneidend, tritt
das *Substitutionsmodell*, das man bisweilen auch als ein Modell
der Enterbung bezeichnet hat. Dieses Modell knüpft theologisch
an den Gedanken des Bundes an, den Gott mit den Menschen
schließt. Im Schöpfungsbund Gottes, der sich nach der Sintflut
im Bund Gottes mit Noah erneuert, hat diese Vorstellung ihren
Grund. Mit dem Sinaibund wird das Volk Israel in einem exklu-
siven Sinn als Gottes Bundesvolk auserwählt und anerkannt. Die
Tora und in ihrer Mitte die Zehn Gebote, der Dekalog, werden
zur Urkunde dieses Bundes. Doch Israel selbst verliert dem Gedanken der «Enterbung» zufolge seine Sonderstellung als Gottes
Bundesvolk, indem es sich nicht für das Kommen des Messias öffnet, sondern von Jesus als dem Messias abwendet. Seitdem ersetzt
die christliche Kirche Israel als Bundespartnerin Gottes. Sie wird
in den «neuen Bund» berufen, der an die Stelle des «alten Bundes»
tritt. Sie setzt sich als «neues Gottesvolk» an die Stelle des alten.
Die Hebräische Bibel wird als «Altes Testament» bezeichnet, weil
sie nun durch das «Neue Testament» überboten wird. Beide treten
zueinander in das Verhältnis von Verheißung und Erfüllung oder
von Gesetz und Evangelium.

Man muss sich dieses Deutungsschema vergegenwärtigen, um eine Diskussionslage zu verstehen, deren Aktualität durch Mel Gibsons Film über «Die Passion Christi» aus dem Jahr 2004 deutlich wurde. Es geht um die Frage, ob in der biblischen Darstellung des Prozesses Jesu der damaligen jüdischen Lokalaristokratie sowie der Volksmenge mit ihrem Ruf «Kreuzige ihn!» eine Schuld an der Verurteilung Jesu gegeben wird, die es rechtfertigt, vom Ende des von Gott mit dem jüdischen Volk geschlossenen Bundes zu sprechen. Die kritische Auseinandersetzung mit einem solchen Antijudaismus erscheint heute schon deshalb als dringlich, weil sie dem Rassenantisemitismus in die Hände gearbeitet hat, auf den sich Hitlers Vernichtungsplan gegen das europäische Judentum stützte.

Die Entgegensetzung von «alt» und «neu», die in dem Konzept der Enterbung benutzt wird, begegnet bereits in der Hebräischen Bibel. In der christlichen Theologie wurde sie auf das Nacheinander von Israel und Kirche als einander ablösenden Bundespartnern Gottes übertragen. Eine radikale Deutung, die uns am Beispiel Markions bereits begegnet ist, ging darüber hinaus und verlegte den zu Grunde liegenden Dualismus in den Gottesbegriff selbst. Im Gegeneinander zwischen Israel und Kirche sollte sich der Gegensatz zwischen zwei verschiedenen Göttern spiegeln.

Die Konsequenz einer Zwei-Götter-Lehre, die zwischen dem Gott der Juden und dem der Christen unterscheidet, zeigt die Unhaltbarkeit des Substitutionsmodells. Aus christlicher Perspektive muss daran festgehalten werden, dass das besondere Bundesverhältnis, das Gott mit dem Volk Israel eingegangen ist, durch die Offenbarung Gottes in Christus nicht aufgelöst, sondern bestätigt wird. Und ebenso ist daran festzuhalten, dass die christliche Kirche die jüngere Schwester dieses Bundesvolkes Gottes ist, zu dem sie sich infolgedessen in einem Verhältnis dankbarer Abhängigkeit und nicht im Verhältnis der Konkurrenz befindet.

Gegenläufig zum Gedanken der Substitution hebt ein *heilsgeschichtliches Konzept* den Gedanken der Kontinuität hervor. Diese Kontinuität kann so stark betont sein, dass die Vorstellung ausgeschlossen ist, die Kirche trete an die Stelle Israels. Die Bundesschlüsse Gottes im «alten Bund» bleiben nach dieser Vorstellung gültig. In diesem Konzept zeigt sich freilich ein Hang zu einem heilsgeschichtlichen Fortschrittsdenken, nach welchem der Bund Gottes in Christus die anderen Bundesschlüsse in seiner Endgültigkeit und Universalität überbietet und damit relativiert. Dann aber stellt sich die Frage, wie aus einer christlichen Perspektive die Existenz des nachbiblischen Judentums überhaupt zu beurteilen ist.

Die zweifache Nachgeschichte der Hebräischen Bibel in ihrer jüdischen und christlichen Auslegung ist infolgedessen erst sehr spät ins christliche Bewusstsein getreten. Lange Zeit hat die christliche Bibelauslegung das Judentum der letzten vorchristlichen Jahrhunderte als «Spätjudentum» bezeichnet. Man ordnete Altes und Neues Testament einander in der Vorstellung von «Verheißung» und «Erfüllung» zu; für die Fortexistenz der jüdischen Glaubensgemeinschaft hatte man dagegen kein Verständnis. Insofern konnte auch dieses heilsgeschichtliche Konzept, trotz der in ihm behaupteten Kontinuität, den latenten oder manifesten Antijudaismus der christlichen Theologie nicht überwinden.

Ihn zu überwinden ermöglicht wohl allein ein *Modell der zwei Wege,* wie es von jüdischen Religionsphilosophen entwickelt wurde. Es geht auf Franz Rosenzweig zurück und wurde von Martin Buber in der Formel von «zwei Glaubensweisen», also zwei Wegen zu dem einen Gott aufgenommen (Buber 1962: 651–782). Juden gehen den Weg zu Gott mit Mose und der Tora, Christen gehen ihn mit Jesus und dem Evangelium. Einschneidend können die Folgen dieses Modells jedoch für die Wahrnehmung der Person Jesu Christi sein, gerade dann, wenn es von Christen übernommen wird. Denn manche christlichen Interpretationen verstehen die zwei Wege so, dass auch aus christlicher Perspektive Jesus nicht als der Messias der Juden anzusehen sei. Das allerdings ist eine Folgerung, die zu neutestamentlichen Aussagen, insbesondere in den Briefen des Paulus, aber auch in den Evangelien, in offenkundiger Spannung steht.

Geht man von den Überlegungen aus, die Paulus in dem großen Israel-Abschnitt des Römerbriefs (Kapitel 9–11) darlegt, dann rücken die getrennten Wege in endzeitlicher Perspektive zusammen. Dass das Volk Israel jetzt noch, so sagt Paulus, vom Evangelium getrennt ist, ändert nichts daran, dass auch die Glieder dieses Volkes «nach der Erwählung Geliebte um der Väter willen» sind. «Denn Gottes Gaben und Berufung können ihn nicht gereuen.» (Römer 11,28 f.) Den Gedanken, dass die Trennung zwischen der Kirche aus den Heiden und dem Volk Israel um Christi willen überwunden wird, führt der Epheserbrief weiter. In dem Bekenntnis, dass «Christus unser Friede» ist, sieht der Verfasser den Grund für die Gewissheit, dass der Zaun der Feindschaft niedergerissen wird, der Juden und Christen bisher noch voneinander trennt (Epheser 2,11–22). Nicht Feindschaft, sondern Versöhnung, nicht Vernichtung, sondern Konvivenz bilden also die Perspektive, aus der das Verhältnis zwischen Juden und Christen zu betrachten ist.

An die Stelle eines Abbruchs der Mauer, die Juden und Christen voneinander trennt, sind historisch jedoch Pogrome und die Schoah getreten. Umso dringlicher stellt sich die Aufgabe, das Verhältnis zwischen Juden und Christen theologisch neu zu bestimmen. Der Respekt vor den zwei Wegen und die Pflicht zur Versöhnung sind deshalb heute als konstitutive Merkmale einer christlichen Theologie anzusehen. Nur unter dieser Voraussetzung kann christliche Theologie es heute wagen, von einer «jüdisch-christlichen Tradition» zu sprechen.

Hören, Feiern, Leben

«Der Glaube kommt aus der Predigt» (Römer 10,17). So lautet die kürzeste biblische Aussage über die Quellen des Glaubens. Diese Aussage knüpft an die Erfahrung an, dass der Mensch ein hörendes und antwortendes Wesen ist. Der Dichter Friedrich Hölderlin hat dieses Charakteristikum der menschlichen Existenz in seiner «Friedensfeier» in den Satz gefasst:

> Viel hat von Morgen an,
> Seit ein Gespräch wir sind und hören voneinander,
> Erfahren der Mensch; bald aber sind wir Gesang.

Die irdische Existenz der Menschen ist durch das Gespräch geprägt; das Hören ist die Form, in der Menschen Erfahrungen in sich aufnehmen; die noch ausstehende, endzeitlich, ja himmlisch gedachte Friedensfeier wird das Gespräch der Menschen in eine musikalische Gestalt aufheben. Luthers reformatorischer Weggefährte Melanchthon hat schon lange vor Hölderlin gesagt, wir Menschen seien «dazu geboren, uns im Gespräch einander mitzuteilen» (Melanchthon 1997: 2,27). Im Hören erreicht uns jedoch nicht nur die Stimme anderer Menschen, sondern in und mit dieser Stimme auch die Stimme dessen, von dem wir durch unsere Geschöpflichkeit unterschieden sind: der Schöpfer, dem wir unser Leben verdanken, Gott, ohne den alles Nichts wäre.

Weil wir Menschen zum Hören geboren sind, können wir das Wort Gottes auch nicht allein als geschriebenes Wort verstehen. Die Rede vom Christentum als einer «Schriftreligion» ist missverständlich, weil in der «Heiligen Schrift» Gottes lebendiges Wort zur Geltung kommt. Das ist gemeint, wenn die biblische Botschaft auf die göttliche Offenbarung bezogen und Jesus Christus als Gottes geoffenbartes Wort bezeichnet wird (Johannes 1,14). Das geschriebene Wort ist nicht nur Ausdruck des lebendigen, offenbarten Worts; sondern es ist zugleich darauf angewiesen, zum lebendigen Wort zu werden. Es muss verkündigt, weitergegeben, angeeignet werden. Deshalb hat der Schweizer Theologe Karl Barth von einer dreifachen Gestalt des Wortes Gottes gesprochen: dem verkündigten, dem geschriebenen und dem offenbarten Wort (Barth 1955: 89ff.).

Zwischen diesen drei Gestalten des Wortes Gottes besteht ein innerer Zusammenhang. Die schriftlich fixierten Texte der Bibel sind einerseits transparent dafür, dass sich in ihnen Gott selbst bezeugt. Andererseits werden sie durch auslegende Aneignung und Weitergabe lebendig. Das geschieht exemplarisch in der Predigt; sie wiederum ist auf Theologie angewiesen. Aus diesem Grund hat die Reformation den christlichen Gottesdienst pointiert als Predigtgottesdienst verstanden und das Pfarramt im Kern als Predigtamt aufgefasst. Entscheidender Maßstab für die Predigt ist ihre Schriftgemäßheit. Daraus ergaben sich die Schlüsselbedeutung theologischer Kompetenz für die Ausübung des Pfarramts und die zentrale Stellung der exegetischen Arbeit an den biblischen Texten für das Verständnis der evangelischen Theologie. Luther verstand sich als «Doktor der Heiligen Schrift».

In der Predigt muss das biblische Wort nicht nur exegetisch

angemessen ausgelegt, sondern auch auf die Lebenssituation der Hörerinnen und Hörer bezogen werden. Das Wort muss Menschen in ihrem Leben erreichen, wenn es gehört werden soll.

Der hörende Glaube ist eingebettet in Erfahrungen mit allen Sinnen. Wir hören nicht nur auf Worte, sondern auch auf Klänge. Zum evangelischen Gottesdienst gehören darum auch die Musik und das Lied; er ist keineswegs nur Predigtgottesdienst. Wir hören aber nicht nur Worte und Klänge, sondern auch das Schweigen. Wir empfinden den Unterschied zwischen dem Schweigen und einer tonlosen Stille. Auch wer als überwiegend auditiv geprägter Mensch dem Hören einen Vorrang vor anderen Sinnen einräumt, weiß, dass darüber hinaus Sehen, Fühlen, Riechen und Schmecken für das Leben von elementarer Bedeutung sind. In der sinnlichen Erfahrung des Gottesdienstes geht es also um mehr als nur um das Hören. Wie immer im Leben sind alle Sinne beteiligt.

Doch die Wahrnehmung des gottesdienstlichen Geschehens mit anderen Sinnen als dem Gehör spielt im evangelischen Bereich eine geringe Rolle. Ein Grund dafür liegt in der Überzeugung, dass Riten und Zeremonien nicht heilsnotwendig sind. Vielmehr sollen für den Zugang zum Glauben die angemessene Verkündigung des Evangeliums und die evangeliumsgemäße Feier von Taufe und Abendmahl ausreichen. Daraus eine Gleichgültigkeit gegenüber dem Erleben des Gottesdienstes mit allen Sinnen abzuleiten, wäre jedoch unangemessen. Schon die Sakramente Taufe und Abendmahl haben es auch mit dem Sehen, Fühlen und Schmecken zu tun. Zum Gebet gehören Gebärden, die in den verschiedenen religiösen und konfessionellen Traditionen von höchst unterschiedlicher Art sind. Zur Liturgie gehört die Bewegung des Liturgen im Raum, und zwar in der Regel in einem besonderen – nämlich einem gottesdienstlichen – Raum. Nach einer in der Reformation stark hervorgehobenen christlichen Einsicht kann es keine Trennung zwischen einem weltlichen und einem sakralen Bereich geben, denn in Jesus Christus ist Gott «Fleisch», man könnte auch sagen: «Welt» geworden. Das Eingehen der Wirklichkeit Gottes in die Wirklichkeit der Welt prägt den christlichen Glauben. Gottesdienstliche Räume sind nicht von der Welt abgesondert. Das Besondere an ihnen ist, dass sie für die Anwesenheit

Gottes in der Welt öffnen. An dieser Begegnung mit dem Heiligen in der Welt können alle Sinne beteiligt sein.

Es bestanden also gute Gründe dafür, dass die reformatorischen Kirchen an der besonderen Bedeutung von Kirchengebäuden und gottesdienstlichen Räumen festhielten. Obwohl, wie Luther meinte, das Evangelium an allen Orten, also auch von einer Elbbrücke, gepredigt werden kann, wurden auch nach der Reformation Kirchen in ihrem besonderen Charakter geachtet und neue Gebäude dem Gottesdienst gewidmet. Man wusste, dass die Aura gottesdienstlicher Gebäude die Sinne für die Begegnung mit dem göttlichen Wort öffnen kann, so dass Sehen und Hören zu einer Einheit verschmelzen.

Doch die bildliche Ausgestaltung des Kircheninneren trat dahinter zurück. In den reformierten Kirchen wurde das Bilderverbot des Dekalogs als eine Absage an alle bildlichen Darstellungen verstanden. Ebenso wie das zeichenhafte Verständnis des Abendmahls zur Folge hatte, dass an die Stelle des Altars ein einfacher Tisch trat, hatte auch ein Kreuz auf diesem Tisch nichts zu suchen. In der Wittenberger Reformation führte eine solche Anknüpfung an das Bilderverbot für kurze Zeit zu einem veritablen Bildersturm, dem Luther im März 1522 durch eine Serie von acht Predigten ein Ende setzte (Luther 1982: 270ff.). Damit konnte schrittweise auch ein reformatorisches Bildprogramm in die Gestaltung des Kircheninneren Einzug finden. Es wurde, vor allem zu Beginn, eng an die Grundauffassungen der Reformation angeschlossen. Die Konzentration auf die Rechtfertigungsbotschaft in Lucas Cranachs Bild «Gesetz und Gnade» (Germanisches Nationalmuseum 1982: 87, 356) ist dafür genauso charakteristisch wie die Orientierung am evangelischen Verständnis des Gottesdiensts in dem Reformationsbild desselben Künstlers für die Wittenberger Stadtkirche (Diwald/Jürgens 1983: 8, 50).

Trotz solcher Bemühungen und trotz Luthers Hochschätzung des gestalteten Gottesdienstes, wie sie sich in seiner Deutschen Messe von 1526 zeigt, wurde über lange Zeit im Protestantismus das Sehen gegenüber dem Hören abgewertet. Das schwächte den Sinn für die liturgische Gestaltung des Gottesdienstes und für gottesdienstliche Zeichen. Ritenkompetenz wird infolgedessen häufig als Kennzeichen für ein priesterliches Verständnis des geistlichen Amts angesehen, das für den Vorrang des Predigtgottesdienstes als schädlich gilt. Soweit sie als Mittel zur Versöhnung mit Gott dienen sollen, widersprechen gottesdienstliche Feste und Feiern nach einer noch immer verbreiteten Auffassung dem reformatorischen Rechtfertigungsverständnis (Augsburger Bekenntnis von 1530, Art. 15, in: Mau 2008: 1,44).

So berechtigt der theologische Vorbehalt gegen die Vorstellung einer unmittelbar von Gott gestifteten Liturgie auch ist, durch deren Vollzug die feiernde Gemeinde eine besondere Nähe zu Gott erreichen kann, so unbefriedigend ist das liturgische Desinteresse, das im Protestantismus immer wieder aus diesem Vorbehalt abgeleitet wird. Denn auch für den Gottesdienst gilt eine Einsicht, die der Theologe Fulbert Steffensky auf die einprägsame Formel bringt: «Der Mensch erbaut sich nicht nur von innen nach außen. Er wird auch von außen nach innen gebaut.» Er fügt hinzu: «Der Geist, der seinen Ort nicht findet, ist wie eine Musik, die Partitur bleibt und nicht aufgeführt wird.» (Steffensky 2006: 28) In der Regel erkennen und lernen wir von außen nach innen: Wir nehmen Gesicht und Gestalt eines Menschen wahr, bevor wir etwas von seinem Wesen erfassen. Wir bewegen uns in einem Raum, bevor wir etwas von seinem Geist spüren. Wir werden in den Ritus eines Gottesdienstes hineingenommen, bevor uns dessen Botschaft erreicht. Gleichgültigkeit gegenüber der äußeren Gestalt kann deshalb den Zugang zu dem versperren, was in dieser Gestalt und durch sie vermittelt werden soll. Der Einwand, dass die Form sich in einer Weise verselbständigen kann, dass der Inhalt dadurch gleichgültig wird, berechtigt nicht zur Formlosigkeit. Der Gottesdienst bedarf vielmehr der Form, wenn er den ganzen Menschen erreichen soll.

So wichtig wie die Form des gefeierten Gottesdienstes ist der Gottesdienst im Alltag des Lebens. Christlicher Glaube wird daran erfahrbar, wie er von einzelnen Christen und von christlichen Gemeinden gelebt wird. Die Ausbreitung des Christentums vollzog sich seit seinen Anfängen vor allem dadurch, dass sich der christliche Glaube als eine plausible Lebensform erwies (Harnack 1924: 170ff.; Markschies 2004: 42ff.). Er prägte die Lebensgestaltung der Einzelnen, er schuf überzeugende Beispiele der Zuwendung zum Mitmenschen, er entwickelte Formen gelebter Nächstenliebe. In der reformatorischen Gestalt des christlichen Glaubens wird diese Zusammengehörigkeit zwischen der gottesdienstlichen Feier und dem praktischen Gottesdienst des täglichen Lebens besonders hervorgehoben. Wenn dabei nur das eigene Leben in den Blick tritt, dem Glaubwürdigkeit abverlangt wird, kann damit die Gefahr der Überforderung oder, nicht weniger schlimm, der Selbstgerechtigkeit verbunden sein. Wenn am Leben von Menschen sogar abgelesen werden soll, dass sie «wiedergeboren» sind, gilt beides erst recht. Zur plausiblen christlichen Lebensform gehört, dass das eigene Handeln den Blick auf Gottes Gnade nicht verstellt, sondern eröffnet.

Wo das geschieht, können wir von Vorbildern im Glauben sprechen. In ihnen verbindet sich eine überzeugende Lebensform mit dem Hinweis auf die Gnade Gottes. Solche beispielhaften Lebensgeschichten machen den christlichen Glauben erlebbar; wenn sie zum Nachvollzug einladen, dann nicht in der Form der Imitation, sondern in der Ermutigung dazu, den eigenen Weg zu finden. Wer beispielsweise Martin Luther King oder Dorothee Sölle als Vorbild versteht, wird damit nicht selbst zum amerikanischen Bürgerrechtler oder zu einer dichterisch-prophetischen Theologin. Auf die Ermutigung zum eigenen Glaubensweg kommt es an.

Solche Ermutiger als Heilige zu bezeichnen, ist im Bereich der evangelischen Kirchen zwar ungewöhnlich; aber es ist möglich. Das Augsburger Bekenntnis von 1530 sagt zu diesem Thema: «Von der Verehrung der Heiligen lehren sie, dass ein Gedenken an die Heiligen öffentlich stattfinden kann, damit wir so wie sie glauben und Gutes tun. … Aber die Schrift lehrt nicht, dass man Heilige anrufen oder von Heiligen Hilfe erbitten soll. Denn sie stellt uns den einen Christus als Mittler, Versöhner, Priester und Fürsprecher vor Augen. Den soll man anrufen, und er hat verheißen, dass er unsere Bitten erhören werde.» (Art. 21, in: Mau 2008: 1,57) Heilige nicht als Vermittler oder Versöhner neben Christus, sondern als Vorbilder im Glauben an ihn – darin könnte eine verheißungsvolle ökumenische Perspektive liegen.

Bekennen

Neben die Prozesse der Kanonisierung der Glaubensquellen, denen wir im ersten Teil dieses Kapitels begegnet sind, treten Prozesse der Verlebendigung des Glaubens, von denen gerade die Rede war. Wir begegnen ihnen im sonntäglichen Gottesdienst, in der alltäglichen Glaubenspraxis oder durch Vorbilder. In unterschiedlichen Gestalten tritt uns der Glaube entgegen. Schon der biblische Kanon bezeugt eine Pluralität von Glaubensüberzeugungen und Glaubensweisen; auch der gelebte Glaube ist durch eine solche Pluralität geprägt. Umso wichtiger ist, dass zentrale Einsichten immer wieder in bündigen Formulierungen zusammengefasst werden. Das ist die Aufgabe von Bekenntnissen, die von Anfang an für den christlichen Glauben eine große Rolle spielten. Der Sinn solcher Bekenntnisse kann in einer doktrinären Engführung geradezu verfehlt werden; dafür gibt es auch in der nachreformatorischen Entwicklung Beispiele genug. Aber ihr Sinn ist, durch die Summierung von Glaubenseinsichten dem eigenen Glauben Halt und Orientierung zu geben.

Dabei eignet dem Wort «Bekenntnis» ein Doppelsinn. Zum einen ist damit das Sündenbekenntnis gemeint, mit dem der Glaubende vor Gott tritt, um die Vergebung der Sünde zu erbitten und dank der Gnade Gottes in Jesus Christus einen neuen Anfang zu machen. Zum anderen ist damit das Glaubensbekenntnis gemeint, in dem die Gemeinde sich über ihren Glauben verständigt und das der Einzelne sich – zum Beispiel bei der Taufe oder der Konfirmation – zu eigen macht. Gemeinsam ist beiden Grundformen des Bekenntnisses, dass es entscheidend auf den Vollzug des Bekennens ankommt. Feststehende Formulierungen von Sünden- oder Glaubensbekenntnissen stehen im Dienst des Bekenntnisvollzugs.

Angesichts der Pluralität des Christentums und der Auseinandersetzung mit problematischen Glaubensauffassungen ist die Bedeutung der bekenntnisförmigen Glaubensregeln gewachsen. Die altkirchlichen Glaubensbekenntnisse haben dabei eine zentrale Bedeutung gewonnen. Unter ihnen ragt das «Apostolische Glaubensbekenntnis» hervor. Seit seiner Entstehung aus dem altrömischen Bekenntnis hat sich die Vorstellung durchgehalten, es repräsentiere das Bekenntnis der Apostel. Das wurde dadurch unterstrichen, dass man in ihm neben der offenkundigen, dem trinitarischen Bekenntnis folgenden Dreigliederung eine Gliederung in zwölf Abschnitte aufspürte, die den zwölf Aposteln zugeschrieben wurden. Diese Vorstellung hat sich inzwischen weitgehend aufgelöst, aber die Vorrangstellung des Apostolischen Glaubensbekenntnisses gegenüber den beiden anderen altkirchlichen Bekenntnissen – dem Bekenntnis des Athanasius und dem Bekenntnis der Konzilien von Nicaea (325 n. Chr.) und Konstantinopel (381 n. Chr.) – ist geblieben (siehe Mau 2008: 1,15 ff.). Vor allem im Bekenntnis von Nicaea und Konstantinopel schlägt sich der Versuch nieder, die intensive Auseinandersetzung über das Verständnis Christi als wahrer Gott und wahrer Mensch durch konziliare Entscheidungen zum Abschluss zu bringen. Dennoch hielt diese Debatte noch weitere altkirchliche Konzilien in Atem.

Die Reformation brachte Bekenntnisse eigener Art hervor. Besonders charakteristisch sind die Katechismen, die das reformatorische Glaubensverständnis für die Unterweisung in Familien, Schulen und Gemeinden zusammenfassten. Luthers *Großer* und *Kleiner Katechismus* sowie der *Heidelberger Katechismus* auf reformierter Seite ragen unter diesen Katechismen heraus. Einen Versuch, das die römische Kirche und die Protestanten Verbindende zusammenzufassen, stellt das *Augsburger Bekenntnis* dar, das auf dem Reichstag von 1530 verhandelt wurde, doch er scheiterte. So wurde das Bekenntnis zur Grundlage für die Gemeinschaft der lutherischen Reichsstände; in einer 1540 durch den Hauptautor Philipp Melanchthon veränderten Fassung stimmten ihm auch reformierte Reichsstände zu. Innerprotestantische Auseinandersetzungen der folgenden Jahrzehnte fanden in weiteren lutherischen Bekenntnisdokumenten ihren Niederschlag. Zugleich kam es in einer Reihe von reformiert geprägten Ländern zu ausgeformten Bekenntnissen, die neben den *Heidelberger Katechismus* traten. Während für die lutherischen Kirchen der Prozess der Bekenntnisbildung mit dem Konkordienbuch von 1580 als abgeschlossen galt, kam es im reformierten Bereich nicht zu einer vergleichbaren Zusammenfassung; der Prozess der Bekenntnisbildung setzte sich vielmehr auch im 17. Jahrhundert fort und wird im Grundsatz als unabgeschlossen und unabschließbar betrachtet.

Auch für die römisch-katholische Kirche bildete die Reformation eine Herausforderung, das Bekenntnis zu klären. Zwar berief das Konzil von Trient sich nur auf die fortdauernde Geltung der altkirchlichen Bekenntnisse; doch nach dessen Ende proklamierte Papst Pius IV. im Jahr 1564 ein neues Bekenntnis, auf das sich Priester und Lehrer verpflichten mussten; zu dessen Besonderheiten gehören Aussagen über die Tradition, die verbindliche Auslegung der Heiligen Schrift durch das kirchliche Lehramt, die Sakramente und die Heilsnotwendigkeit der römischen Kirche (Denzinger-Schönmetzer 1965: 1862 ff.).

Für den deutschsprachigen Protestantismus entstand mit dem Kirchenkampf des Dritten Reichs eine neue Situation. Die grundsätzlichen, zum Teil bekenntnisartig formulierten Überzeugungen, mit denen die Bekennende Kirche den Deutschen Christen und den unter ihrem Einfluss stehenden Kirchenleitungen entgegentrat, fanden 1934 in der Theologischen Erklärung von Barmen eine bündige Zusammenfassung (Mau 2008: 2,255 ff.). Sie wurde von einer Bekenntnissynode verabschiedet, der lutherische, reformierte und unierte Synodale angehörten. Zwar vermied man die Bezeichnung als «Bekenntnis»; doch für viele gewann diese Erklärung gleichwohl Bekenntnisrang. Als es nach 1945 um die Frage ging, welche bleibende Bedeutung der Erklärung von 1934 zukomme, erkannten die unierten und reformierten Landeskirchen ihr eine Verbindlichkeit zu, die der Anerkennung der reformatorischen Bekenntnisse vergleichbar war; die lutherischen Landeskirchen dagegen bekannten sich nur zu den Sätzen, mit denen in Barmen die Irrlehren der Deutschen Christen verurteilt worden waren, nicht dagegen zu den positiven Aussagen der Theologischen Erklärung.

Die Frage, ob die evangelischen Kirchen unterschiedlicher Bekenntnistradition in Deutschland durch die geschichtlichen Erfahrungen des 20. Jahrhunderts wie durch neue ökumenische Herausforderungen sich auf eine gemeinsame Bekenntnisgrundlage berufen können, blieb also weiterhin offen. Mit den Arnoldshainer Abendmahlsthesen von 1957 wurden die theologischen Voraussetzungen dafür geklärt, dass zwischen den lutherischen, reformierten und unierten Gliedkirchen der Evangelischen Kirche in Deutschland Abendmahlsgemeinschaft bestand; die wechselseitige Anerkennung der Ordination ergab sich daraus mit innerer Notwendigkeit. Seitdem ist theologisch nicht mehr zweifelhaft, dass die Ordination in einer Gliedkirche der EKD auch von den anderen Gliedkirchen anerkannt wird. Diese Erfahrung wurde in den folgenden Jahren auch mit weiteren reformatorischen Kirchen in Europa diskutiert. Das Ergebnis dieser Arbeit liegt in der Leuenberger Konkordie von 1973 vor, mit der die Kirchengemeinschaft der reformatorischen Kirchen in Europa theologisch begründet und bekräftigt wurde (Mau 2008: 2,283 ff.). Kirchen in anderen Kontinenten haben sich dieser Verständigung angeschlossen.

Auch die Leuenberger Konkordie wird formal nicht als Bekenntnis bezeichnet. Aber sie erfüllt eine Bekenntnisfunktion, und zwar nicht durch konfessionelle Abgrenzung, sondern durch die Beschreibung eines Konsenses in grundlegenden Glaubensfragen, der eine Kirchengemeinschaft zwischen den beteiligten Kirchen begründet. Diese Klärungsprozesse hatten auch Rückwirkungen auf die Evangelische Kirche in Deutschland, in der das Fortbestehen besonderer bekenntnisbestimmter Zusammenschlüsse – auf lutherischer wie auf unierter und reformierter Seite – dem Selbstverständnis der Evangelischen Kirche in Deutschland als Kirche nicht mehr im Wege steht.

In Prozessen der Bekenntnisbildung werden wichtige Glaubenseinsichten summarisch zusammengefasst, die in der Auseinandersetzung mit den Herausforderungen der Gegenwart gefunden wurden. Sie führen nicht notwendigerweise zu Abgrenzungen von anderen Konfessionskirchen, sondern können auch dazu beitragen, bisherige Grenzen zu überschreiten und die Kirchengemeinschaft zwischen bisher voneinander getrennten Kirchen zu ermöglichen. Damit schließt sich der Kreis zur ökumenischen Bedeutung der altkirchlichen Bekenntnisse.

Doch im evangelischen Verständnis treten diese Bekenntnisse nicht gleichrangig neben die Heilige Schrift, sondern erschließen den Zugang zu ihr. Daraus ergibt sich, dass der Prozess der Bekenntnisbildung niemals als abgeschlossen gelten kann. Neue Bemühungen um das kirchliche Bekenntnis haben ihre Aufgabe darin, Christinnen und Christen in ihrem persönlichen Bekennen zu stärken. In diesem Sinn steht das kirchlich fixierte Bekenntnis im Dienst des persönlich angeeigneten und vollzogenen Bekenntnisses.

Während nach evangelischem Verständnis das Zeugnis der Kirche im Dienst der göttlichen Offenbarung steht, wird im lehramtlichen römisch-katholischen Verständnis die Lehre der Kirche mit der göttlichen Offenbarung gleichgesetzt. In den Worten von Gerhard Ludwig Müller, dem Präfekten der päpstlichen Glaubenskongregation: «Die Glaubenslehre ist keine von Menschen konstruierte Theorie. ... Die Glaubenslehre bedeutet nichts anderes als das Wort Gottes – im Bekenntnis und im Leben der Kirche.» (Müller 2016) Damit wird der kirchlichen Glaubenslehre eine unmittelbare Offenbarungsqualität zuerkannt. Es ist folgerichtig, dass Müller sich eine ökumenische Gemeinschaft der christlichen Kirchen nur in Form einer institutionellen Einheit vorstellen kann, die durch ein gemeinsames Glaubensbekenntnis, die Einheit in den sakramentalen Zeichen und die Anerkennung der bischöflichen Verfassung unter dem Primat des Papstes gekennzeichnet ist.

Nach einer solchen Vorstellung kann die Pluralität der Glaubensweisen innerhalb der Christenheit nur deshalb hingenommen werden, weil die Kirche selbst stellvertretend für ihre Glieder den Glauben in einer der göttlichen Offenbarung gemäßen Weise definiert. Das kirchliche Lehramt bürgt dafür, dass die Kirche kein «Philosophenclub» ist, «der sich der Wahrheit annähert», sondern dass sie die ihr gegebene Offenbarung «bewahr[t] und treu ausleg[t]» (Müller 2016).

Auch wenn diese Auffassung im Namen der vatikanischen «Kongregation für die Glaubenslehre» ausgesprochen wird, die die katholische Lehre vor Irrtümern zu bewahren hat, kann man nicht davon ausgehen, dass diese Gleichsetzung zwischen der kirchlichen Lehre und der göttlichen Offenbarung von allen katholischen Bischöfen und Theologen geteilt wird. Aber in ihrer profilierten Klarheit verdeutlicht sie, warum sich die ökumenischen Probleme der Gegenwart auf die Frage nach dem Verhältnis der kirchlichen Lehrautorität zur göttlichen Offenbarung auf der einen und dem persönlichen Bekenntnis auf der anderen Seite konzentrieren. Im evangelischen Verständnis ist das kirchliche Bekenntnis immer nur eine im Menschenwort formulierte Annäherung an die göttliche Wahrheit. Da die Kirche dem Glauben des Einzelnen dient und nicht über ihn verfügt, steht das kirchliche Bekenntnis nicht über dem persönlichen Bekenntnis, sondern in dessen Dienst.

Aus diesem hohen Rang des persönlichen Bekenntnisses erklärt sich auch, warum es in den evangelischen Kirchen keine eigenständigen, mit kirchlicher Verbindlichkeit ausgestatteten Dogmen gibt, wie sie in der römisch-katholischen Kirche vom Papst mit dem Anspruch auf Unfehlbarkeit verkündet werden können. Die reformatorischen Kirchen bejahen dagegen im Vertrauen auf die Wirksamkeit des göttlichen Geistes die Vielfalt von Stimmen, in denen das eine Evangelium aufgenommen und beantwortet wird. In der Bereitschaft, aufeinander zu hören, suchen sie immer wieder neu nach einem Zeugnis, das sie gemeinsam vertreten kann. Das gehört zu der besonderen Art und Weise, in der die evangelischen Kirchen auch im Bekennen die Freiheit des Gewissens und die Eigenständigkeit des persönlichen Glaubens wahren.

4. DEN SCHÖPFER LOBEN

Mit dem Staunen fängt alles an. Weil es staunen kann, beginnt das Kind zu begreifen – und sei es nur einen Ring, den es mit seinen Fingern umfasst. Nicht nur die Philosophie, sondern jedes Verhältnis zur Welt, die uns umgibt, beginnt mit dem Staunen (Hersch 1981). Verbreitet ist die Auffassung, das Wesen des Staunens liege darin, dass es eine emotionale Reaktion auf Überraschendes, Unerwartetes sei. Das verleitet zu der Meinung, was wir schon kennen, biete keinen Anlass mehr zum Staunen. Aber Staunen kann sich aus gleichen oder ähnlichen Anlässen wiederholen. Ein bestimmter Berggipfel, den ich schon seit meiner Kindheit kenne, zieht mich immer wieder an; jedes Mal staune ich neu über den Reichtum der Bergwelt, an der ich mich nicht sattsehen kann. Ein bestimmtes Musikstück lässt mich immer wieder erstaunen, sogar in ein und derselben Interpretation. Wo uns das Glück einer mit allen Sinnen erlebten Liebe begegnet, kann das Staunen alles gewohnte Maß überschreiten. Wo uns auf die eine oder andere Weise Schöpferisches begegnet, ist das Staunen nah. Staunen ist eine Emotion, die uns über uns selbst hinausträgt; es ist eine Weise der Selbsttranszendenz.

Am dankbaren Staunen über die Welt, in der sich der Mensch vorfindet, bildet sich das Schöpferlob. Das dankbar über sich selbst hinausgetragene und hinausfragende Staunen sucht sich einen Adressaten und findet ihn in Gott, dem man nicht genug danken kann für das eigene wie für fremdes Leben, für das Gegebensein des Lebens wie für seinen Fortbestand. Der Rhythmus von «Saat und Ernte, Frost und Hitze, Sommer und Winter, Tag und Nacht» (1. Mose 8,22) weckt das Zutrauen dazu, dass dem Leben eine gute Zukunft mitgegeben ist – auch wenn kein Mensch diese Zukunft als sicheren Besitz in der Hand hält. Der guten Gabe der Schöpfung, so lehrt schon der erste staunende Blick, haftet das Element des Unverfügbaren an. Umso mehr Grund besteht zum Dank. Denn der Dank richtet sich immer auf etwas,

was nicht mit Sicherheit erwartet werden kann. Das aber nennt man ein Geschenk.

Das Geschenk des Lebens

Erntedank. Auf die Natur als gute Gabe Gottes weist im christlichen Jahreslauf kein Fest so nachdrücklich hin wie das Erntedankfest. Es trägt eine so bezwingende Logik in sich, dass es sich sogar dort hält, wo der christliche Bezug weithin verschwunden ist. In der DDR beispielsweise strich man aus dem *Erntedankfest* einfach den *Dank* und behielt das *Erntefest* zurück. Die Freude an der eingefahrenen Ernte wollte man auch noch zum Ausdruck bringen, als nicht mehr davon die Rede sein durfte, wem man dafür zu danken habe.

Die Industrialisierung der Landwirtschaft und die Verstädterung des Lebens haben viele traditionelle Wurzeln des Schöpfungslobs gekappt, die im Erntedankfest zum Ausdruck kommen. Dennoch hat dieses Fest viel von seiner Attraktivität behalten; immer wieder gelingt es auch, es auf neue Weise attraktiv zu machen. Das Evangelische Johannesstift zum Beispiel, eine große, im ehemaligen Westteil Berlins gelegene diakonische Einrichtung, verlegte das Erntedankfest einfach um einen Sonntag vor, um den Gemeindegottesdiensten zu diesem Anlass zuvorzukommen. Zehntausende treffen sich nun Jahr für Jahr, zumeist am letzten Sonntag im September, auf dem weiträumigen Gelände des Johannesstifts zu munterem Treiben. Ein Gottesdienst zu Beginn verdeutlicht, wem wir Menschen für das tägliche Brot zu danken haben. Weltliches und Geistliches stehen unmittelbar nebeneinander, wie auf andere Weise beim amerikanischen *Thanksgiving*, bei dem der Dank für die guten Erfahrungen eines Jahres in einem üppigen Truthahnessen zum Ausdruck kommt.

Ich glaube, dass mich Gott geschaffen hat. Zum Schöpfungslob steht das nicht im Widerspruch. Denn von der Schöpfung zu reden heißt: das eigene Leben zu feiern, sich wahrzunehmen als Leben inmitten von Leben. Martin Luther erläutert diese persönliche Seite des Glaubens an den Schöpfer in seinem *Kleinen Kate-*

chismus folgendermaßen: «Ich glaube, dass mich Gott geschaffen hat mit allen Geschöpfen, mir Leib und Seele, Augen, Ohren und alle Glieder, Vernunft und alle Sinne gegeben hat und noch erhält; dazu Kleider und Schuhe, Essen und Trinken, Haus und Hof, Frau und Kind, Acker, Vieh und alle Güter; mit allem Bedarf und Nahrung dieses Leibes und Lebens mich reichlich und täglich versorgt, in allen Gefahren beschirmt und vor allem Übel behütet und bewahrt; und das alles aus lauter väterlicher, göttlicher Güte und Barmherzigkeit, ohne all mein Verdienst und Würdigkeit. Für all das habe ich ihm zu danken und zu loben und dafür zu dienen und gehorsam zu sein. Das ist gewisslich wahr.» (Mau 2008: 2,19 f.)

Diese Sätze gehören zu den wirkungsmächtigsten Texten der Reformation. Sie verdeutlichen, dass die Reformation bei aller Konzentration auf die Christusbotschaft die Weite des Schöpfungsglaubens bewahrt und persönlich in der Lebenserfahrung der Einzelnen verankert hat. Dass der Glaube an Gott die Gestalt persönlichen Daseinsvertrauens trägt, wird an diesen Sätzen sehr anschaulich. Zugleich zeigen sie, dass der reformatorische Bezug auf die Schöpfung nicht so sehr im Beharren auf bestimmten «Schöpfungsordnungen» – Ehe und Familie, staatliche Autorität, Arbeit werden als Beispiele dafür häufig genannt – zum Ausdruck kommt; er zeigt sich vielmehr zuallererst darin, dass der Ort des einzelnen Menschen in Gottes guter Schöpfung beschrieben wird.

Ein Beispiel für die Wirkungsgeschichte dieses Textes findet sich in Thomas Manns Roman *Buddenbrooks*. An einer frühen Stelle dieses Buchs hört Johann Buddenbrook seiner Enkeltochter Antonie zu, wie sie nach einigen vergeblichen Anläufen Luthers Erklärung zum Ersten Glaubensartikel fehlerfrei aufsagt. Doch je länger es dauert, desto heiterer ist Konsul Buddenbrook gestimmt. «Haus und Hof, Weib und Kind, Acker, Vieh und alle Güter»: Ihn amüsiert, worüber das kleine Mädchen bereits verfügt; und er schlägt Antonie vor, Geschäfte mit ihr zu machen (Mann 1965: 5 f.). Der kleine Wortwechsel macht darauf aufmerksam, dass der Katechismus ebenso wie das Glaubensbekenntnis selbst oder auch die Zehn Gebote ursprünglich nicht für Kinder, sondern für Erwachsene formuliert ist. Was für deren Leben wichtig ist, wird in der Aufzählung genannt. Dank für das Leben in seiner Fülle kommt zum Ausdruck. Beschäftigen Kinder und Jugendliche sich mit einem solchen Text, so bereiten sie sich auf diese Fülle des Lebens vor; die Aneignung der Katechismussätze ist ein Vorgriff auf die erhoffte Fülle des Lebens.

Vor allem aber enthält der Katechismustext keine abstrakte Schöpfungslehre, sondern handelt von der konkreten Erfahrung der Geschöpflichkeit. Diese fängt immer mit mir selbst an. Wenn mir bewusst wird, dass ich mein Leben als Geschenk empfange, öffne ich mich für die eigene Geschöpflichkeit. Die Frage, wem ich dieses Leben verdanke, öffnet die Tür dazu, mich zu Gott als dem Schöpfer zu bekennen: «*Ich* glaube, dass *mich* Gott geschaffen hat.» Das ist kein blanker Individualismus, wie er der Reformation häufig unterstellt wurde. Vielmehr tritt die Einzigartigkeit des eigenen Lebens nur dann vor Augen, wenn ich sie zur Fülle des Lebens in Beziehung setze: «... samt allen Kreaturen».

Schöpfungserzählungen. Der Dank für die Gaben der Schöpfung und in ihnen für das eigene Leben ist der ursprüngliche Ort für die Rede vom Schöpfer, dem Geber dieser guten Gaben. Doch diese Rede suchte nach Anschaulichkeit und Plausibilität. So entstanden Schöpfungserzählungen und Schöpfungsmythen. Sie nutzten die Weltbilder ihrer Zeit, wie sie auch sonst die Sprache ihrer Zeit nutzten. Auch in den biblischen Schöpfungserzählungen geschieht das. Für sie gilt wie für die Bibel generell: Sie sind Gotteswort im Menschenwort. Auch demjenigen, der in seinem Vertrauen auf Gott in der Bibel Gottes Offenbarung erkennt, begegnet diese Offenbarung in menschlichen Worten. Deshalb hat der Umgang mit ihnen seinen Sinn nicht darin, sie wortwörtlich für wahr zu halten, sondern in ihnen eine Wahrheit zu entdecken, die über ihre zeitgebundene Gestalt hinausweist.

Die biblischen Schöpfungserzählungen haben für Juden und Christen die gläubige Sicht der Welt geprägt; dies bedeutet nicht, dass man im Bild von der Welt bei ihnen stehen bleiben muss. Deshalb soll zunächst von der Sicht der Welt in den biblischen Schöpfungserzählungen, dann von unserem heutigen Bild der Welt die Rede sein; daran schließt sich die Frage an, wie sich beides zueinander verhält.

Die biblische Sicht der Welt

Die ersten Kapitel der Bibel fügen zwei Schöpfungserzählungen zusammen. Sie werden in der kirchlichen Tradition gern als «Schöpfungsberichte» oder – beide zusammenfassend – als «Schöpfungsgeschichte» bezeichnet. Damit verbindet sich der Anschein, es handle sich um eine Darstellung über die Entstehung der Welt und des Menschen, die mit dem konkurriert, was wir heute wissenschaftlich über diese Vorgänge sagen können. Um diesem Missverständnis gar nicht erst Raum zu geben, spreche ich nicht von der «Schöpfungsgeschichte» oder den «Schöpfungsberichten», sondern von «Schöpfungserzählungen».

Die erste Schöpfungserzählung. Die erste der beiden, am Beginn der Bibel nebeneinander gestellten Schöpfungserzählungen (1. Mose 1,2–2,4) wird als die jüngere angesehen und der sogenannten *Priesterschrift* zugeordnet. Diese entstand um 500 v. Chr.; den Hintergrund bildeten babylonische Weltentstehungsmythen der damaligen Zeit. Vieles verbindet diese Darstellung mit dem babylonischen Denken. Wie dieses konfrontiert sie uns mit dem Bild eines Himmelsozeans, dessen Wasser wie eine Sintflut auf die Erde stürzen könnten, wenn sie nicht durch das Firmament daran gehindert würden. Doch anders als diese Mythen lässt der Text der Priesterschrift die Welt nicht aus einem Kampf rivalisierender Götter hervorgehen, sondern aus der Schöpfertat des einen Gottes. Er versteht die Gestirne nicht als Gottheiten, sondern als von Gott geschaffene Himmelslichter. In den Menschen sieht er nicht Diener der Götter, sondern Gottes Ebenbild. Die Welt betrachtet er nicht als Chaos, sondern als eine von Gott diesem Chaos abgerungene Ordnung. Die Souveränität des Schöpfers, die Würde des Menschen und die Einheit der Schöpfung treten uns als bestimmende Züge dieser Erzählung entgegen.

Vielen ist sie allerdings eher aus einem andern Grund in Erinnerung. Sie gliedert das Schöpfungshandeln Gottes in ein Sechstagewerk; die Ruhe des siebten Tages gibt dem Wirken Gottes seine Vollendung. Das Bild der Woche als Raum menschlichen Tätigseins wird also auf das Schöpfungshandeln Gottes übertragen; man mag darin einen frühen Beleg für die Projektion menschlicher Kategorien auf das Handeln Gottes sehen. Doch es geht nicht darum, das schöpferische Handeln Gottes auf die Zeit von sechs Tagen zu begrenzen. Der Sinn dieser Gliederung besteht auch nicht darin, Perioden in der Entwicklung des Kosmos voneinander zu unterscheiden, deren Vereinbarkeit mit unserem heutigen Wissen von der Entstehung der Welt dann zu prüfen wäre. Sondern in zweimal drei «Tagen» werden grundlegende Erfahrungen beschrieben, mit denen der Mensch als Teil der Schöpfung konfrontiert ist (Küng 2005: 134).

Die Erfahrung des Lichts in seiner Unterscheidung von der Finsternis, die Bewahrung der Welt vor den chaotischen Mächten des Himmelsozeans und die Beheimatung des Menschen auf der Erde als Raum der Fruchtbarkeit sind die drei Erfahrungen, die in der Beschreibung der drei ersten Schöpfungstage zum Ausdruck kommen.

In der zweiten Gruppe von drei Schöpfungstagen werden diese Erfahrungsräume ausgestaltet. Der erste Tag stand unter der Aufforderung «Es werde Licht»; der vierte Tag ermöglicht dem Menschen durch die Erschaffung der Sterne, der Sonne und des Monds Orientierung. Der zweite Tag hatte die Welt in ihrer Weite im Blick; die Tiere, die den Himmel wie das Meer bevölkern, sind das Thema des fünften Tags. Der dritte Tag war der Erde in ihrer Fruchtbarkeit gewidmet; die Tiere auf der Erde werden am sechsten Tag geschaffen – und in ihrer Mitte der Mensch, den Gott zu seinem Ebenbild bestimmt. Das alles klingt weniger nach einer Theorie der Weltentstehung als nach einer Beschreibung der Welt, in welcher der Mensch sich vorfindet, die er sich aneignet und die er darin als Gottes Schöpfung achtet.

Besonders beeindruckend ist, dass diese Welt durch Gottes schöpferisches Wort ins Leben gerufen wird – «und Gott sprach», heißt es immer wieder. Dem entspricht, dass jedem Schöpfungselement die Formel «und es geschah so» zugeordnet ist. Verschiedentlich begegnet bei der Beschreibung der einzelnen Schöpfungstage der Hinweis: «Und Gott sah, dass es gut war.» Beim Abschluss des sechsten Schöpfungstages aber heißt es zusammenfassend: «Gott sah an alles, was er gemacht hatte, und siehe, es war sehr gut.» (1. Mose 1,31)

Von Anfang an ist Gott mit der Güte der Schöpfung verbunden; diese Güte erschließt sich als der innere Sinn der Schöpfung. Von Anfang an ist Gott als der verstanden, der es mit seiner Welt und dem Menschen in ihr gut meint. Der Mensch soll in einer Welt Heimat finden, die von Gott nicht einem satanischen Gegenspieler abgerungen, sondern gut geschaffen ist. Deshalb kann dem Bösen keine gleichrangige und gleichgewichtige Bedeutung zukommen. Es gehört zur Realität der Welt; aber es hat keinen gottgleichen Rang.

Die zweite Schöpfungserzählung (1. Mose 2,4–25) führt uns in eine ältere Zeit; ihr Verfasser wird gewöhnlich *Jahwist* genannt, weil er von Anfang an das Tetragramm JHWH für Gott verwendet, das freilich erst bei der Begegnung Gottes mit Mose im brennenden Dornbusch ausdrücklich mitgeteilt wird (2.Mose 3,15). Seine Erzählung ist ganz auf die Erschaffung des ersten Menschenpaars ausgerichtet. Nicht *wie* die beiden geschaffen werden, sondern *als was* sie geschaffen werden, ist dabei entscheidend. Sie werden einander zum Gegenüber geschaffen, so wie sie miteinander Gott gegenüberstehen. Sie werden einander zu Gehilfen bestimmt, weil das Leben nur gemeinsam gelingen kann.

Der Auftrag zur Herrschaft über die Erde, von dem in der ersten Schöpfungserzählung die Rede ist, erfährt in der älteren zweiten eine klärende Verdeutlichung. «Sich die Erde untertan zu machen» (1. Mose 1,28) bedeutet nicht – wie es überhaupt erst unter neuzeitlichen wissenschaftlichen und technischen Voraussetzungen vorstellbar wird –, die Natur der Herrschaft des Menschen zu unterwerfen und in seinem Interesse auszubeuten, sondern die Erde zu bebauen und zu bewahren (1. Mose 2,15).

Damit wird schon in diesem frühen Text einem idyllischen Naturverständnis eine Absage erteilt. Die Vorstellung, die Natur sei dort am schönsten, wo sie unberührt geblieben ist, ist ja in einem schlechten Sinn abstrakt, denn sie lässt sich gar nicht überprüfen – ist doch die Natur, wo immer wir sie sehen können, zumeist auch schon von uns Menschen mitgestaltet. Ein Raum des gemeinsamen Lebens wird die Natur nur dadurch, dass wir sie kultivieren. Wir sind also immer schon schöpferisch in ihr tätig, wenn wir Gottes Schöpfung als Basis unseres eigenen Lebens fruchtbar machen. In dieser Einsicht stimmen die beiden Schöpfungserzählungen am Anfang der Bibel überein. Wenn der eine dieser beiden Texte sagt: «Macht euch die Erde untertan» (1. Mose 1,28), dann unterstreicht er die Notwendigkeit, die Natur zu bearbeiten. Wenn der andere sagt, es komme darauf an, den Garten Eden «zu bebauen und zu bewahren» (1. Mose 2,15), dann wird damit genauso nüchtern deutlich gemacht, dass der Mensch die Natur bewahren muss, wenn er sie langfristig nutzen will.

Unser heutiges Bild der Welt

Noch immer ist es leichter, frühere Weltbilder zu beschreiben, als das Bild von der Welt kurz und bündig zu skizzieren, das sich aus dem heutigen Stand naturwissenschaftlicher Einsichten und Hypothesen ergibt. Wir konzentrieren uns auf die drei Fragen, wie die Entstehung der Welt erklärt wird, was wir über den Anfang des Lebens wissen und wie der Übergang zum Menschen zu verstehen ist.

Zunächst also die Entstehung der Welt. Vieles spricht dafür, dass wir uns das Universum zeitlich nicht ewig und auch räumlich nicht statisch vorstellen dürfen. Es hat einen zeitlichen Anfang, der mit der Hypothese eines «Ur-Atoms» oder mit dem Bild von einem «Urknall» beschrieben wird. In räumlicher Hinsicht dehnt das Universum sich kontinuierlich aus. Die heutige Kosmologie geht von einer zeitlichen Schätzung aus, nach welcher das Universum vor ungefähr 13,7 Milliarden Jahren entstand. In unvorstellbar kurzer Zeit bildete sich mit der Schwerkraft, dem Elektromagnetismus sowie den Kernkräften die physikalische Voraussetzung für die Strukturen des Kosmos. Dann entstand mit den Elementarteilchen das «Material der Materie».

Vieles bleibt dabei weiterhin unbekannt. Unbekannt ist beispielsweise, ob es vielleicht viele andere Urknalle gegeben hat, die nicht dazu geeignet waren, eine Welt entstehen zu lassen, weil – beispielsweise infolge einer zu starken Gravitation – das sich bildende Universum sofort wieder in sich zusammenfiel. Andere Kosmologen gehen davon aus, dass es eine Vielzahl von Universen gibt, von denen sich eines für die Ausbildung von Leben als besonders günstig erwiesen hat. Martin Rees verdeutlicht diesen Gedanken durch den Vergleich mit einem großen Bekleidungsgeschäft: «Wenn ein sehr großer Vorrat von Kleidungsstücken vorhanden ist, wundert man sich nicht, wenn man einen passenden Anzug findet. Findet man viele Universen, … dann gibt es auch eines, dessen Kombination sich für das Leben eignet. Und in diesem einen befinden wir uns.» (Bryson 2005: 29)

Zwei Fragen schließen sich an diese Überlegung an, die sich auf die zeitliche und die räumliche Struktur des Universums beziehen.

In zeitlicher Hinsicht lautet die Frage: Muss man sich, da unsere Welt einen Anfang hat, auch vorstellen, dass sie auf ein zeitliches Ende zugeht? *Eine* Antwort auf diese Frage besagt, dass die Schwerkraft sich auf lange Zeit vielleicht als zu stark erweisen könnte, so dass die Ausdehnung des Universums schließlich doch an ein Ende kommt und es in sich zusammenbricht. Daraus könnte eine neue Singularität entstehen, die vielleicht den Ausgangspunkt zur Bildung einer anderen Welt darstellen könnte. Eine *andere,* gegenläufige Überlegung geht von der Vermutung aus, die Gravitation könnte sich als zu schwach erweisen und alles strebe unaufhaltsam auseinander – bis dahin, dass die Wechselwirkungen zwischen den Teilen des Universums zum Stillstand kommen. Aber es ist *schließlich* auch möglich, dass sich die Gravitation auf Dauer als richtig erweist; das würde eine Fortexistenz des Universums auf unabsehbare Zeit zur Folge haben. Versucht man, diese drei Möglichkeiten zusammenzudenken, liegt der Schluss nahe, dass die zeitliche Entwicklung des Universums offen, aber nicht ewig ist.

In räumlicher Hinsicht ist zu fragen, ob es denn überhaupt denkbar ist, an den Rand des Universums zu gelangen und sogar über diesen Rand hinauszuschauen. Die Antwort lautet: Da das Universum, Einsteins Relativitätstheorie zufolge, gekrümmt ist, ist es zwar endlich, aber grenzenlos. Wenn wir uns vornehmen würden, uns in diesem Universum so lange wie denkbar in gerader Richtung zu bewegen, um an seinen Rand zu geraten, würden wir nicht etwa diesen Rand erreichen, sondern irgendwann an den Ausgangspunkt zurückkommen.

Sodann die Entstehung des Lebens.   Wer von der Entstehung des Lebens sprechen will, muss sagen, was er unter Leben versteht. Stoffwechsel, Vermehrungsfähigkeit und Veränderbarkeit gelten nach dem heutigen Stand naturwissenschaftlicher Erkenntnis als Kennzeichen des Lebens. In diesem Sinn beginnt Leben auf der Ebene der Protein-Moleküle. In jüngster Zeit ist das an den Prionen zum Bewusstsein gekommen, die Erreger des Rinderwahnsinns sind. Für alles Leben sind drei Stoffe grundlegend: die Nukleinsäuren, in denen die genetische Information enthalten ist, auf der die identische Selbstreproduktion beruht, die Proteine, denen die Steuerung des Stoffwechsels zu verdanken ist, und die Lipide, die einen Elementarorganismus entstehen lassen.

Der Begriff des Lebens, der Stoffwechsel, Vermehrungsfähigkeit und Veränderbarkeit als seine Kennzeichen hat, ist so elementar, dass auch das Leben von Bakterien in ihn eingeschlossen ist. Wie gewaltig der Schritt von der unbelebten Natur zum Leben ist, zeigt sich daran, dass es noch nicht gelungen ist, ihn künstlich zu wiederholen. In mikrofossilen Überresten von Bakterien können wir diesen Schritt nachweisen, der sich auf der Erde vor mindestens 3,5 Milliarden Jahren vollzogen hat. Derzeit geht die Forschung davon aus, dass das Leben auf der Erde selbst entstand und nicht etwa von außen zur Erde transportiert wurde. Aber offen ist nach wie vor, ob es Leben nur auf der Erde oder auch in anderen Teilen des Universums gibt.

Die Erforschung des Lebens richtet sich besonders auf seine Geschichte. Die Aufgabe, diejenigen Mutationen zu rekonstruieren, aus denen höhere Stufen des Lebens hervorgegangen sind, weckt die Leidenschaft vieler Forscherinnen und Forscher. Unter jeweils zufälligen Mutationen, so heißt die vorherrschende wissenschaftliche Auskunft, hat sich jeweils diejenige durchgesetzt, die am leistungsfähigsten war. Das bedeutet aber nicht, dass schon die Mutationen selbst in einer erkennbaren Weise zielgerichtet gesteuert waren. Doch im Ergebnis sehen wir eine Entwicklung zu immer höheren Formen des Lebens. Das bloße Leben geht über in ein Leben, das seiner bewusst ist und sich darüber mit dem Mittel der Sprache Rechenschaft ablegen kann.

Schließlich der Mensch. In der endlichen, aber grenzenlosen Welt entsteht Leben. Das ist das Wunder, das unsere Existenz bestimmt. Doch es gibt keinen Grund, die Existenz des Menschen zu überschätzen. Bescheidenheit drängt sich vielmehr auf, wenn man das Auftreten des Menschen in die Geschichte des Kosmos einzeichnet. Vor 13,7 Milliarden Jahren ist das Universum entstanden; seit etwa 4,5 Milliarden Jahren gibt es den Planeten Erde. Vor ungefähr 3,5 Milliarden Jahren haben sich die ersten komplexen Lebensformen ausgebildet; aber die ersten Frühmenschen mit aufrechtem Gang und der Möglichkeit zum Präzisionsgriff lassen sich erst vor 2 bis 1,5 Millionen Jahren nachweisen. Der *Homo sapiens* entstand erst vor rund 200 000 Jahren. Würde man sich die 13,7 Milliarden Jahre Geschichte des Kosmos auf dem Zeitstrahl eines einzigen Jahres vorstellen, dann wären die ersten Formen komplexen Lebens erst im zehnten Monat, der Mensch aber erst in den letzten Stunden des letzten Tages einzutragen.

Vom Gedanken einer Geschichte des Kosmos ist es nur ein kleiner Schritt zur der Vorstellung, dass sich auch die Entstehung des Menschen einem evolutionären Prozess verdankt. Dennoch löste Charles Darwin mit seinen Büchern über die *Entstehung der Arten* (1859) und die *Abstammung des Menschen* (1871) eine tiefe Erschütterung des menschlichen Selbstbewusstseins aus. Dass der Mensch, Krone und Herr der Schöpfung, sich aus niedrigeren Stufen des Lebens heraus entwickelt habe und «vom Affen abstamme», wurde als kränkend empfunden. Sigmund Freud hat deshalb Darwins Evolutionstheorie neben der Entdeckung von Nikolaus Kopernikus, dass die Erde nicht den Mittelpunkt der Welt bildet, und neben der Entdeckung der Psychoanalyse, dass der einzelne Mensch nicht «Herr im eigenen Hause» ist, als eine der drei großen Kränkungen des menschlichen Selbstbewusstseins durch die moderne Wissenschaft bezeichnet (Freud 1966: 6f., 11).

Darwin ließ sich von dem Gedanken leiten, dass es im «Kampf ums Dasein» – oder besser: im Ringen um Existenz – zu einer natürlichen Auswahl derjenigen komme, die sich am besten in die jeweiligen Lebens- und Umweltbedingungen einfügen. Er nannte dies «survival of the fittest» und war davon überzeugt, dass auf diesem Weg immer besser angepasste Lebewesen entstehen.

Die Ambivalenz dieser Betrachtungsweise trat hervor, als seine Gedanken auf das Zusammenleben der Menschen und die Konkurrenz der Nationen übertragen wurden. Der «Sozialdarwinismus» behauptete im Blick auf gesellschaftliche Gruppen wie auf ganze Gesellschaften, dass nur der Stärkste überleben solle, erhob damit Darwins Beschreibung zur Norm und rechtfertigte auf diese Weise rücksichtslosen Wettbewerb oder kalte Machtpolitik. Seitdem ist die Beschäftigung mit der Evolutionstheorie immer von dem Argwohn begleitet, dass sie zur Rechtfertigung für die Durchsetzung des Stärkeren missbraucht wird.

Doch mit der Kritik am Sozialdarwinismus hat man Darwins Entdeckung selbst keineswegs widerlegt. Ihr Kern lässt sich so formulieren: Geschichtlich zu sein, ist ein Teil der menschlichen Natur, denn der Mensch erfährt nicht nur das eigene Leben als Geschichte. Er ist auch nicht nur als Individuum in die Geschichte verflochten, sondern die Gattung Mensch ist das Produkt einer Geschichte.

Kann man dann noch so hoch vom Menschen reden, wie es die biblischen Schöpfungserzählungen tun? Lässt er sich dann noch als Gottes Ebenbild beschreiben, wenn er doch in einer kontinuierlichen Linie mit anderen, noch nicht menschlichen Lebewesen verbunden ist?

Schöpfungsglaube und Naturwissenschaft

Unser heutiges Bild der Welt haben wir im Blick auf die Entstehung der Welt, des Lebens und des Menschen betrachtet. Nun müssen wir uns der Frage zuwenden, in welchem Verhältnis dieser heutige Kenntnisstand zum Schöpfungsgedanken steht. Weder die zeitliche und räumliche Endlichkeit der Welt noch der Gedanke, dass diese Welt unter allen möglichen diejenige ist, in der Leben entstehen konnte, bilden eine hinreichende Begründung für einen Glauben an die Erschaffung der Welt. Aber unser Wissen über die Geschichte des Universums schließt das Bekenntnis zu Gott als dem Schöpfer auch nicht aus. Im Gegenteil: In einer bestimmten Hinsicht tritt die Berührung zwischen beiden deutlicher hervor.

Beide berühren sich in der Einsicht: Alles Geschaffene ist endlich, also vergänglich. Deutlicher als die Menschen in früheren Zeiten kennen wir heute Gründe dafür, dass diese Aussage nicht nur für Lebewesen, sondern auch für die Welt im Ganzen gilt. Denn auch das Universum ist endlich, also vergänglich. Die Vorstellung von Unendlichkeit und Ewigkeit kann nicht mit der Welt verbunden werden; man muss sie vielmehr mit einem der Welt gegenüber anderen verbinden, mit Gott.

Deshalb wenden wir uns noch einmal den biblischen Schöpfungserzählungen zu. Wir richten unsere Aufmerksamkeit jetzt auf das in ihnen vorausgesetzte Weltbild, denn entscheidende Schwierigkeiten im Umgang mit ihnen haben mit ihren weltbildhaften Voraussetzungen zu tun.

Wandel der Weltbilder.   Mit der neuzeitlichen Einsicht, dass der Mensch sein Verstehen der Welt nicht an vorgegebenen Dogmen ausrichten, sondern es von der eigenen Beobachtung ableiten muss, gerieten die Bilder ins Wanken, die sich mit dem Schöpfungsglauben scheinbar unlöslich verknüpft hatten. Der Umsturz begann, als man erkannte, dass die Erde keine Scheibe, sondern eine Kugel ist. Dennoch ging man weiterhin davon aus, dass die Erde das Zentrum des Universums bildet; unwillkürlich sah sich der erkennende Mensch im Zentrum der Welt. Entsprechend dramatisch war der Einschnitt, als Nikolaus Kopernikus (1473–1543) diesem nach Ptolemäus benannten Weltbild den Abschied gab. Die «kopernikanische Wende» rückte die Sonne ins Zentrum und setzte ein offenes Weltmodell an die Stelle des geschlossenen. Die Präzisierung dieses neuen Modells durch Johannes Kepler (1571–1630) und seine Verteidigung durch Galileo Galilei (1564–1642) verhalfen ihm zu einem Siegeszug, der sich durch keinerlei kirchliche Einsprüche aufhalten ließ. Doch gerade sie trugen dazu bei, dass zwischen dem biblischen Schöpfungsgedanken und dem naturwissenschaftlichen Weltbild eine Konkurrenz entstand, in der sich – so schien es – der Schöpfungsgedanke unweigerlich in der Defensive befand. Die Schöpfung der Welt wurde zur Weltentstehung; und die Erschaffung der Lebewesen – mit dem Menschen als «Krone der Schöpfung» – zur Evolution.

Glaube und Wissen. Der grundlegende Fehler, der in dieser Entgegensetzung zum Ausdruck kommt, liegt darin, dass der Schöpfungsgedanke mit den Weltbildern gleichgesetzt wird, in denen die biblischen Texte ihn präsentieren. Die Schöpfung wird nicht als Thema des Glaubens, sondern des Wissens angesehen. Der Glaube richtet sich auf die Wirklichkeit im Ganzen; er hat es mit dem Grund der Welt wie des persönlichen Lebens zu tun, dem die Einzelnen die Weltgewissheit wie die Daseinsgewissheit verdanken, die ihrem Leben Sinn verleihen. Unter Wissen ist dagegen das Erfahrungswissen zu verstehen, das mit den Mitteln von Beobachtung und Experiment erworben wird. Während dieses an die Bedingungen von Raum und Zeit gebunden ist, richtet sich der Glaube auf die Wirklichkeit Gottes, die Raum und Zeit umgreift und übersteigt. Zwar bleibt der Glaube auf das Wissen bezogen, ja angewiesen. Aber er ist nicht mit ihm identisch. Für das Verhältnis von Glauben und Wissen ist nicht zuletzt der Umstand bedeutsam, dass alles Wissen eine Gewissheit des In-der-Welt-Seins und der persönlichen Existenz voraussetzt, die auch dann den Charakter eines Glaubens trägt, wenn sie sich gegen religiöse Deutungen dieses Glaubens sperrt (Gerhardt 2015: 173 ff.). Ein Bewusstsein von dieser Selbsttranszendenz, die das Wissen begründet, ist nicht auf religiöse Formen des Selbstverständnisses begrenzt; doch diese können der Selbsttranszendenz, in der sich Welt- und Daseinsgewissheit bilden, zu Ausdruck und Klarheit verhelfen (Joas 2004: 17 ff.).

Das Verhältnis von Glauben und Wissen und die mit ihm häufig verbundenen Unklarheiten spiegeln sich in den Debatten über Schöpfung und Evolution. Einen praktischen Niederschlag findet dies in den häufigen Diskussionen darüber, ob im Biologieunterricht auf den biblischen Schöpfungsglauben und ob im Religionsunterricht auf die Evolutionstheorie Bezug zu nehmen sei. Am günstigsten wäre es ohne Zweifel, wenn das Verhältnis zwischen beiden Betrachtungsweisen in interdisziplinären Unterrichtsprojekten geklärt würde. Dann könnten biologische und theologische Perspektiven in ihrer Eigenbedeutung zur Geltung gebracht und aufeinander bezogen werden. Man könnte lernen, dass man die Beziehung zwischen diesen beiden Betrachtungsweisen nur dann zureichend bestimmen kann, wenn man sie voneinander zu unterscheiden versteht. Das aber setzt voraus, dass sowohl hinsichtlich der biologischen als auch hinsichtlich der theologischen Fragen die gebotene Sachkenntnis gegeben ist und man einen Sinn für die jeweilige Fragerichtung entwickelt.

Wer aus biologischer Perspektive über den biblischen Schöpfungsglauben spricht, braucht dafür theologische Kenntnisse. Insbesondere muss er es vermeiden, die biblischen Schöpfungserzählungen zu konkurrierenden Welterklärungsmodellen zu machen und das eine gegen das andere auszuspielen. Sowohl das Ergebnis «Darwin beweist, dass es Gott nicht gibt» als auch das Ergebnis «Gott beweist, dass Darwin Unrecht hat» wäre eine unterrichtliche Fehlleistung. Ebenso klar ist, dass der Biologieunterricht die Grenze zur weltanschaulich-religiösen Bildung nicht überschreiten darf; er darf nicht unter der Hand zum Religionsunterricht – auch nicht in einem antireligiösen Sinn – werden.

Wer aus theologischer Perspektive über die Evolutionstheorie reden will, braucht dafür naturwissenschaftliche Kenntnisse. Insbesondere muss er vermeiden, die Evolutionstheorie zu einer konkurrierenden Weltanschauung oder gar Glaubenslehre zu machen. Die Aussage «Wir glauben an Gott, nicht an Darwin» wäre ebenso eine unterrichtliche Fehlleistung wie die Aussage «Wir glauben an Darwin, nicht an Gott». Klar ist auch, dass der Religionsunterricht nicht zum Biologieunterricht werden darf, in dem Texte zur Evolutionstheorie ausführlicher analysiert werden als die biblischen Schöpfungserzählungen.

Nun gibt es keineswegs nur die Forderung, den Unterricht über die Evolutionstheorie und denjenigen über den biblischen Schöpfungsglauben miteinander zu verbinden. Weiter geht die Forderung, das eine durch das andere zu ersetzen. Wenn in deutschen Bundesländern, in denen das Fach «Ethik» (beziehungsweise «Lebensgestaltung – Ethik – Religionskunde, LER») einen Vorrang vor dem Fach «Religion» genießt (wie in Brandenburg und in Berlin), dieser Unterricht den Darwinismus als die richtige und den christlichen Glauben als die falsche Weltanschauung darstellt, geschieht genau dies. Soweit allerdings umgekehrt gefordert wird, dass in den Schulen nicht die Evolutionstheorie, sondern eine biblische Weltanschauung, «Kreationismus» genannt, unterrichtet wird, geschieht das Gleiche mit umgekehrten Vorzei-

chen. Der Glaube an den Schöpfer wird dann zu einer pseudowis-
senschaftlichen Weltanschauung.

Mit dieser Verkehrung des Glaubens an den Schöpfer in eine
Form der Welterklärung hat die Christenheit immer wieder
Schiffbruch erlitten. Deshalb ist aus Gründen des Glaubens ein
klarer Widerspruch notwendig, wenn die biblischen Schöpfungserzählungen in einem solchen Sinn missbraucht werden.

Intelligent Design. Seit einiger Zeit wird der Evolutionstheorie
eine Auslegung der Schöpfungslehre entgegengesetzt, der man
den Namen «Intelligent Design» gibt. Weil man die innere Folge-
richtigkeit der Evolution nicht anders begründen könne, müsse
man aus wissenschaftlichen Gründen, so wird gesagt, einen Welt-
urheber annehmen, der die Welt von Anfang an so intelligent
konzipiert hat, dass es zur Entstehung des Lebens und zur Entwicklung des Menschen als der Krone der Schöpfung kam. Man
hält also nach «Intelligenzsignalen» («signs of intelligence») Aus-
schau, die als Auswirkungen «intelligenter Ursachen» («intelligent causes») verstanden werden müssen (Dembski 1999). Vertreter des «Intelligent Design» wollen sich nicht damit abfinden, dass
die Mutationen, die zu neuen Arten führen, zufällig sein sollen.
Man hält stattdessen daran fest, dass die Schritte in der Entwicklung des Lebens vom Ergebnis her, also teleologisch gesteuert
sind.

In den Denkweisen von Kreationismus und «Intelligent Design» wird Gott mit den Ursachen in Raum und Zeit gleichgesetzt, wie sie sich mit Hilfe empirischer Forschung ermitteln
lassen. Gott wird zum Gegenstand des Erfahrungswissens, das
seinerseits zwingend an die Kategorien von Raum und Zeit gebunden ist. Solchen Vorstellungen liegt eine Denkweise zu
Grunde, die der Philosoph Immanuel Kant (1724–1804) gerade
überwinden wollte, als er in der Vorrede zu seiner *Kritik der
reinen Vernunft* erklärte, er habe «das Wissen aufheben» müssen,
«um zum Glauben Platz zu bekommen» (Kant, KrV: 33). Er
wollte den Gottesbegriff aus der Umklammerung durch das Erfahrungswissen befreien, um so den Begriff Gottes als der alles
umfassenden Wirklichkeit überhaupt wieder zur Geltung zu bringen. Hinter diese Befreiung Gottes fällt man wieder zurück, wenn

man versucht, die Notwendigkeit des Gottesbegriffs auf der Ebene des Erfahrungswissens festzuhalten oder zu beweisen. Ein solcher Versuch führt unweigerlich zu Inkonsequenzen.

Von solchen Inkonsequenzen sind, wie Kant im Einzelnen nachgewiesen hat, alle Arten von Gottesbeweisen, ganz besonders aber der kosmologische Gottesbeweis geprägt. Er legt das Kausalprinzip zu Grunde und schließt aus der Existenz dessen, was ist, auf eine erste Wirkursache, der sich alles verdankt. Warum diese erste Wirkursache Gott genannt werden soll, lässt sich durch eine solche kausale Erklärung jedoch nicht begründen. Der Wissenschaft kann niemand verbieten, die Entstehung der Welt in anderen Kategorien zu erklären. Der Glaube an Gott aber muss so gefasst werden, dass er an solchen Erklärungen nicht zerschellt. Deshalb kann er sich nicht auf einen kosmologischen Gottesbeweis stützen.

Die Theorie des »Intelligent Design« ist nichts anderes als eine neue Spielart des kosmologischen Gottesbeweises. Ihre Inkonsequenzen zeigen sich beispielhaft daran, dass man zwar den Übergang zum kopernikanischen Weltmodell akzeptiert, aber aus weltanschaulichen Gründen die Zustimmung zur Darwin'schen Evolutionstheorie verweigert.

Neuer Atheismus. Es kann nicht verwundern, dass dem ideologischen Missbrauch des christlichen Schöpfungsglaubens, wie er im Kreationismus und in der Lehre vom «Intelligent Design» vorliegt, spiegelbildlich ein Missbrauch entspricht, der meint, aus den Einsichten der modernen Naturwissenschaften zwingend eine Leugnung Gottes und die Verpflichtung auf einen kämpferischen Atheismus ableiten zu können. Beispielhaft ist dafür der Evolutionsbiologe Richard Dawkins, der sich mit seinem Buch *Der Gotteswahn (The God Delusion)* an die Spitze dieser Bewegung gesetzt hat. Im Vorwort erklärt der Autor seine Absicht, mit wissenschaftlichem Material zum Atheismus zu bekehren oder Atheisten zumindest ein «Coming out» zu ermöglichen (Dawkins 2007: 11 ff.). In gewisser Weise arbeitet eine solche Argumentation den Kreationisten in die Hände, denn sie wollen gerade beweisen, dass die Evolutionstheorie über die Grenzen der Wissenschaft hinausgeht und selbst den Charakter einer weltanschaulichen Ideologie trägt. Dawkins fügt damit, wie ein Kritiker bemerkt hat, der Evolutionstheorie den denkbar schwersten Schaden zu (McGrath 2007: 59 ff.).

Sein Vorgehen ist ein anschauliches Beispiel dafür, wie religiöser Fundamentalismus und militanter Atheismus sich wechselseitig hochschaukeln können. Teile des kämpferischen Atheismus sammeln sich seit dem Beginn des 21. Jahrhunderts unter dem Namen «The Brights» («Die Aufgeweckten»). Der «Ausgang des Menschen aus seiner selbst verschuldeten Unmündigkeit», als den Kant die Aufklärung bezeichnet hat (Kant, Aufklärung: 53), muss nach Auffassung dieser «Aufgeweckten» notwendigerweise eine Absage an den Glauben an Gott einschließen. Ein Weltbild wird restauriert, nach welchem Religion einem vorwissenschaftlichen Zeitalter angehört und mit dem Siegeszug des wissenschaftlichen Bewusstseins verschwindet. Da sie das nicht von selbst tut, muss sie durch einen weltanschaulichen Kampf in die Enge getrieben werden; für diesen Kampf sucht man die Unterstützung prominenter Wissenschaftler. Doch diese überschreiten damit die Grenzen der Wissenschaft. Sie werden dadurch zu dem, was sie verachten: zu Vertretern eines Glaubens, ja zu dessen Priestern und Propheten.

Wenn derartige Kontroversen hinter uns liegen, konzentrieren sich die Schwierigkeiten mit dem Bekenntnis zu Gott als dem Schöpfer auf drei Fragen. Sie betreffen die zeitliche Deutung der Schöpfung, den Gedanken einer eigenständigen Erschaffung des Menschen und schließlich den Gottesbegriff.

Schöpfung und Zeit

Die erste Schwierigkeit bezieht sich auf die Vorstellung von einer Schöpfung, die innerhalb von sechs Tagen entsteht und mit dem siebten Tag, dem Ruhetag, vollendet wird. Deren Sinn wurde bereits an früherer Stelle erläutert. Hier ist ein weiterer Gesichtspunkt hinzuzufügen.

Die Darstellung des Schöpferwerks Gottes in sieben Tagen verdeutlicht in einem Sinnbild, dass Gott mit der Welt auch die Zeit geschaffen hat. Deshalb schildert die erste der beiden bibli-

schen Schöpfungserzählungen das Schöpfungswerk in der Zeitstruktur des Tages – mit der Unterscheidung von Tag und Nacht –
sowie in der Zeitstruktur der Woche, in der auf sechs Arbeitstage
als siebter Tag der Sabbat, der Tag der Arbeitsruhe, folgt. Damit
wird anschaulich gemacht, was der Kirchenvater Augustin
(354–430) abstrakter ausgedrückt hat: Die Welt wird nicht *in* der
Zeit *(in tempore)*, sondern *mit* der Zeit *(cum tempore)* geschaffen.
Insofern braucht man auch nicht danach zu fragen, welche Zeit
der Erschaffung der Welt vorausgeht. Vielmehr ist es allein Gottes
Ewigkeit, die jenseits der mit der Schöpfung geschaffenen Zeit
liegt. Augustin sagt das in der Form einer Anrede an Gott: «Nein,
Du gehst den Zeiten nicht in der Zeit voraus; sonst gingest du
nicht all und jeder Zeit voraus. Sondern Du gehst allen vergangenen Zeiten voraus durch die zeitlose Erhabenheit stets gegenwärtiger Ewigkeit, und Du stehst auch über allen Zukunftszeiten»
(Augustin 1980: 627).

Freilich erweckt die Darstellung der Schöpfung in Gestalt eines
Sechstagewerks den Eindruck, als sei die Schöpfung mit der Erschaffung des Menschen ein für allemal abgeschlossen. Manche
Denker haben dies dahingehend gesteigert, dass sie sich den
Schöpfergott wie einen Uhrmacher vorstellten, der seine Tätigkeit
damit beendet, dass er das Uhrwerk in Gang setzt; von nun an ist
es beständig ohne sein weiteres Zutun in Betrieb. Man bezeichnet
diese Auffassung als Deismus: man wollte mit Hilfe dieser Konzeption ein «Christentum ohne Geheimnis» zu Wege bringen, wie
John Toland (1670–1722) im Jahr 1696 programmatisch erklärte
(Toland 1908). Vor allem auch in der französischen Aufklärung
fand diese Auffassung ein breites Echo; Voltaire (1694–1778) und
Denis Diderot (1713–1784) verhalfen ihr zu weiter Verbreitung.

Doch diese deistische Auffassung von einem Uhrmacher-Gott
ist weder mit dem biblischen Schöpfungsverständnis noch mit
naturwissenschaftlicher Einsicht zu vereinbaren. Beiden kommt
eine theologische Konzeption näher, die zwischen der Schöpfung
am Anfang *(creatio originalis)*, der fortgehenden Schöpfung *(creatio continua)* und der neuen Schöpfung am Ende der Zeit *(creatio
nova)* unterscheidet. Der schöpferische Prozess umfasst die Welt-
zeit im Ganzen; er kommt erst zum Ende, wenn auch diese Welt-
zeit zu Ende geht. Dieser Aspekt des Schöpfungsgedankens ist

durch die moderne Kosmologie leichter zugänglich geworden, weil sie gezeigt hat, dass nicht nur der Mensch, sondern auch die Natur eine Geschichte hat.

Was tritt zu den naturwissenschaftlichen Erkenntnissen unserer oder einer anderen Epoche hinzu, wenn wir die Welt als Schöpfung verstehen? Wir gewinnen einen Zugang zu ihrem inneren Sinn, der sich nicht aus den naturwissenschaftlichen Einsichten selbst erschließt und den Raum des unserem Wissen Zugänglichen überschreitet. Der Glaube an Gott als den Schöpfer vermittelt die Gewissheit, dass diese Welt die Möglichkeit zum Guten in sich enthält; er erschließt einen Zugang zur Welt, der sich auf diese Güte verlässt und zu ihr beizutragen bereit ist. Dass Gott es mit der Welt im Ganzen ebenso wie mit dem persönlichen Leben jedes Einzelnen gut meint, ist der Grundsinn des Schöpfungsglaubens.

Das Bekenntnis zu Gott als dem Schöpfer verbindet sich immer wieder mit der Allmacht als göttlicher Eigenschaft. Wer die Welt ins Dasein ruft, verfügt über die Macht schlechthin – nämlich über die Macht dazu, dass aus Nichts Etwas wird. Aber in der Schöpfung entfaltet sich nicht nur Gottes Allmacht, sondern in ihr zeigt sich zugleich eine Selbstbegrenzung Gottes. Unter den Theologen unserer Zeit war es vor allem Jürgen Moltmann, der in der Auslegung des Schöpfungsgedankens an die jüdische Lehre vom Zimzum anknüpfte (Moltmann 1985: 98ff.). Diese in der Kabbala entwickelte Lehre besagt in ihrem Kern, dass zur Freiheit Gottes auch der Verzicht, die freiwillige Selbstzurücknahme gehört. In der Schöpfung legt Gott sich auf diese bestimmte Welt fest; er verzichtet auf die Verwirklichung anderer möglicher Welten. Er bindet sich zugleich an diese Welt, an ihre Gesetzmäßigkeiten wie an die Freiheit, die er ihr anvertraut. Gottes schöpferischer Geist bleibt dieser Welt zugewandt; er bleibt ihr innerer Sinn.

Der Ort des Menschen in der Schöpfung

Die erste Schöpfungserzählung stellt die Erschaffung des Menschen an das Ende des Schöpfungsprozesses. Seit uns bewusst ist, wie jung die Gattung *Homo sapiens* ist, muss man dieser Anordnung sogar eine hohe Plausibilität zuerkennen. Die zweite Schöpfungserzählung konzentriert sich sogar ganz auf die Erschaffung des Menschen und stellt dabei in besonderer Weise die Zweiheit von Mann und Frau ins Zentrum. Fragt man nun, warum in beiden Erzählungen dem Menschen ein so hoher Rang eingeräumt wird, dann treten drei Gesichtspunkte in den Vordergrund: Der Mensch ist ein antwortendes Wesen; sein Leben gewinnt in der Beziehung Gestalt; er trägt Verantwortung für die Welt, in der er lebt.

Der Gott entsprechende Mensch.   Zunächst wird der Mensch als *antwortendes Wesen* beschrieben. Er gilt als dasjenige Lebewesen, das auf Gottes Anrede antworten und seinem Wort entsprechen kann. In dieser Fähigkeit zu entsprechen liegt die Gottebenbildlichkeit des Menschen begründet (1. Mose 1,26 f.). Weil Gott den Menschen nach seinem Bilde erschafft, ist er das Gott entsprechende Wesen. Damit ist von vornherein auch die Möglichkeit gegeben, dass der Mensch das darin liegende Verhältnis zu Gott verfehlt. Er kann Gott auch die Antwort verweigern, wie die Geschichte vom Sündenfall (1. Mose 3) darlegt. Er kann zu einem Gott widersprechenden Wesen werden. Die Freiheit des Menschen trägt beide Möglichkeiten in sich: die Möglichkeit zur Entsprechung wie die Möglichkeit zum Widerspruch.

Immer wieder hat sich die christliche Theologie mit der Frage beschäftigt, *was* den Menschen als Gottes Ebenbild auszeichnet. Dabei lag die Vernunftbegabung des Menschen als Antwort nahe. Schon seit früher Zeit hat man zugleich die Frage gestellt, ob die Gottebenbildlichkeit des Menschen trotz seiner Sünde erhalten bleibt. Welche Folgen hat es für die Gottebenbildlichkeit, wenn der Mensch Gott widerspricht? Seit dem frühchristlichen Theologen Irenäus von Lyon (ungefähr 140–200) machte man bei der Beantwortung dieser Frage davon Gebrauch, dass der biblische Text die Erschaffung des Menschen zum Bild Gottes nicht nur mit einem, sondern mit zwei Wörtern beschreibt. «Gott schuf den Menschen zu seinem Bilde, zum Bilde Gottes schuf er ihn.» Was in der deutschen Übersetzung wie eine bloße Wiederholung klingt, ist mehr als dies. Denn der hebräische Text verwendet zwei verschiedene Wörter, die in der lateinischen Übersetzung mit

imago und *similitudo*, also mit *Bild* und *Ähnlichkeit* wiedergegeben werden. Schon Irenäus leitete daraus ab, durch den Sündenfall habe der Mensch zwar die Ähnlichkeit mit Gott verloren, aber
Bild Gottes sei er geblieben. Aus der Entsprechung zu Gott sei er
herausgefallen; aber die Vernunft sei ihm erhalten geblieben.

Diese Auffassung beruht jedoch auf einer ziemlich kühnen
Deutung des biblischen Satzes: Dessen ursprünglicher Sinn liegt
darin, dass er das Außerordentliche der Gottebenbildlichkeit
des Menschen steigernd unterstreicht, nicht dass er «Bild» und
«Ähnlichkeit» kontrastiert. Zugleich ist zu bezweifeln, dass die
Gottebenbildlichkeit sich an einem bestimmten Merkmal des
Menschen festmachen lässt. Wenn man dafür die Vernunft des
Menschen in Anspruch nimmt, liegt die Folgerung nahe, dass
Menschen, die nicht über Vernunft verfügen, auch nicht Eben-
bilder Gottes sind. Der nächste Schritt besteht darin, ihnen das
Menschsein abzusprechen.

Das ist alles andere als eine abstrakte Überlegung. Menschen,
die ohne Gehirn geboren werden – sogenannten «Anenzepha-
len» –, wird häufig auf Grund einer solchen Hochschätzung der
menschlichen Vernunftbegabung das Menschsein abgesprochen.
Das ist aber mit der Vorstellung von der Gottebenbildlichkeit des
Menschen unvereinbar; denn in ihr geht es um eine Auszeichnung, die Gott dem Menschen verleiht, die deshalb auch nicht auf
Grund menschlicher Beobachtung abgesprochen werden kann.

Ein anderes Beispiel führt in die Geschichte. Je stärker die
Christenheit davon überzeugt war, dass ein angemessener Gebrauch der menschlichen Vernunft zu keiner anderen Konsequenz
als zur Anerkennung des christlichen Glaubens führen könne,
desto massiver neigte sie dazu, Menschen, die sich dem Christentum verweigerten, das Menschsein abzusprechen. Diese Vorstellung steht im Hintergrund der mittelalterlichen Exzesse im Umgang mit Ungläubigen oder Irrgläubigen, also mit Heiden und
Häretikern. Dieselbe Frage bestimmte auch die Diskussionen, die
mit der Entdeckung Amerikas aufkamen. In diesem für Europäer
bisher unbekannten Kontinent wurden Einwohner vorgefunden,
die weder in einer für Europäer verständlichen Weise sprachen
noch den christlichen Glauben teilten. Ob es sich dann überhaupt
um Menschen oder nicht doch um Tiere handelte, war eine leiden-

schaftlich debattierte Frage. Bartolomé de Las Casas (ungefähr 1484–1566), der sogenannte «Apostel der Indianer», trat in dieser Debatte nachdrücklich für das Menschsein der amerikanischen Ureinwohner ein. Allmählich setzte sich der Gedanke durch, dass die Gottebenbildlichkeit jedem Menschen in gleicher Weise zuerkannt ist. Nun begann man, in einem alle Menschen in gleicher Weise umfassenden Sinn von der «Würde» des Menschen zu sprechen, die als unantastbar anzuerkennen und zu achten ist.

Von der Gottebenbildlichkeit des Menschen kann überhaupt nur unter der Voraussetzung die Rede sein, dass sie jedem Menschen in gleicher Weise zuerkannt wird. Dann aber erweist es sich als problematisch, die Gottebenbildlichkeit an bestimmten Merkmalen des Menschen festzumachen. Will man den erörterten Aporien entgehen, muss die Gottebenbildlichkeit als eine Beziehung betrachtet werden, in welcher der Mensch existiert.

Zu einem solchen relationalen Bild vom Menschen hat die Reformation den Weg gebahnt. Martin Luther hat das an dem Streit um die Definition des Menschen deutlich gemacht. Während die Philosophie seiner Zeit erklärte, der Mensch sei das mit Vernunft begabte Wesen, sagte Luther, der Mensch werde durch Glauben gerechtfertigt (Luther 1982: 2,296f.).

Das klingt zunächst so, als hätten diese beiden Definitionen gar nichts miteinander zu tun. Man möchte einwenden, Luthers Definition stamme von einem anderen Stern. Doch das ist nicht der Fall. Während der eine Definitionsvorschlag ein bestimmtes Merkmal am Menschen hervorhebt und von ihm das Menschsein abhängig macht, blickt der andere Vorschlag auf die Beziehung, an der sich das Menschsein des Menschen entscheidet. Wenn das Menschsein in der Gottebenbildlichkeit begründet ist, dann entscheidet sich dieses Menschsein an der Gottesbeziehung des Menschen. Der Mensch gelangt zum Menschsein nicht durch seine Eigenschaften oder sein Handeln. Er lebt davon, dass dieses Menschsein ihm als eine Gabe verliehen wird, die niemand ihm zu rauben vermag. Diese Gabe behält sogar Bestand, wenn ein Mensch sie ausschlägt. Er bleibt auch dann von Gott geliebt – und eben darin ein Mensch. Allem Widerspruch zum Trotz bleibt der Ruf zur Entsprechung, zum Einstimmen in den Dank für eine Existenz als Gottes Geschöpf. Darin liegt der große Atem des Bildes vom Menschen, das im biblischen Schöpfungsgedanken seine Wurzeln hat und in der reformatorischen Wiederentdeckung der Gerechtigkeit, die vor Gott gilt, neu entfaltet wurde.

Der Mensch als Beziehungswesen. Darin, dass der Mensch ein *antwortendes* Wesen ist, besteht die erste Einsicht über den Menschen, die sich aus dem biblischen Schöpfungsgedanken ergibt. Dass er *in Beziehungen lebt,* tritt dem als zweite Einsicht zur Seite. Exemplarisch zeigt sich das in der zweiten biblischen Schöpfungserzählung. Sie wurde in einer Zeit verfasst, für die der Vorrang des Mannes vor der Frau selbstverständlich war. Höchst plastisch kommt das in der Vorstellung zum Ausdruck, dass die Frau erst geraume Zeit nach dem Mann aus dessen Rippe erschaffen wird. Die göttliche Begründung dafür heißt: «Es ist nicht gut, dass der Mensch allein sei; ich will ihm eine Hilfe machen, die ihm entspricht.» (1. Mose 2,18)

Während frühere Fassungen der Lutherbibel von einer «Gehilfin» sprachen, die «um ihn sei», hält sich die gerade zitierte Wiedergabe dieses häufig zitierten Satzes in der Lutherbibel 2017 genauer an den hebräischen Urtext. Sie zeigt damit, dass sich der biblische Schöpfungsgedanke keineswegs zwangsläufig mit der Vorstellung von der Vorherrschaft des Mannes über die Frau verbindet, denn entscheidend ist die wechselseitige Beziehung zwischen Mann und Frau: Sie sollen einander beistehen. Der Mensch wird als Beziehungswesen verstanden. Zu seiner Freiheit gehört es, zu anderen Menschen in Beziehung zu treten und für sie Verantwortung zu übernehmen. Die Polarität zwischen Mann und Frau ist das wichtigste Bewährungsfeld für die Berufung des Menschen zur Beziehung. Die dauerhafte Verbundenheit von Mann und Frau in der Ehe ist deshalb über alle kulturellen Veränderungen hinweg das bleibende Urbild für das wechselseitige Angewiesensein, in dem sich menschliches Leben vollzieht.

Doch diese urbildhafte Bedeutung der Ehe bedeutet nicht, dass sich die Berufung des Menschen dazu, ein Beziehungswesen zu sein, nur in der Ehe verwirklicht. Die Beziehung zwischen den Generationen tritt daneben. Die Verantwortung der Eltern für ihre Kinder, die Liebe der Kinder zu den Eltern und besonders die Verantwortung der Erwachsenen für ihre alt gewordenen Eltern werden in den biblischen Texten von Anfang an hervorgehoben. Von diesem Thema handelt das vierte Gebot: «Du sollst deinen Vater und deine Mutter ehren, auf dass du lange lebest in dem Lande, das dir der Herr, dein Gott, geben wird.» (2.Mose 20,12)

Verantwortungsgemeinschaften zwischen Menschen gleichen Geschlechts spielen auch in der Bibel eine Rolle – und zwar unabhängig von den biblischen Urteilen zur Homosexualität. Aber die Beziehung zwischen Mann und Frau steht im Zentrum; die Entstehung neuen Lebens aus ihrer Gemeinschaft hat einen hohen Rang.

Der Mensch als Träger von Verantwortung.   Der Mensch ist ein *antwortendes* Wesen; sein Leben vollzieht sich *in Beziehungen* – das sind die beiden Aspekte, die wir bisher betrachtet haben. Dem tritt als dritter Aspekt zur Seite, dass der Mensch *Verantwortung für die Welt* trägt, in der er lebt. Die biblischen Schöpfungserzählungen lenken dabei die Aufmerksamkeit vor allem auf die Verantwortung des Menschen für die Natur; die Verantwortung für das, was wir heute Gesellschaft nennen, tritt demgegenüber zurück. Das liegt daran, dass der Mensch als Geschöpf Gottes in einer Art von paradiesischem Urzustand geschildert wird, in dem sich die Frage nach der Gestaltung des gemeinsamen Lebens nicht so dringlich stellt wie die Frage danach, wie die Natur zum Lebensraum des Menschen werden kann.

Das Verhältnis des Menschen zur Natur wird in den biblischen Schöpfungserzählungen auf zwei Weisen bestimmt: Er wird mit der Herrschaft über die Erde beauftragt, und ihm wird aufgetragen, die Erde zu bebauen und zu bewahren.

In der ersten Schöpfungserzählung verbindet sich Gottes Absicht, Menschen zu schaffen, sogleich mit der Bestimmung, dass sie «herrschen über die Fische im Meer und über die Vögel unter dem Himmel und über das Vieh und über die ganze Erde und über alles Gewürm, das auf Erden kriecht» (1.Mose 1,26). Dem entspricht der Auftrag des Menschen, der zusammen mit dem göttlichen Segen eingewiesen wird in das, was er zu tun hat: «Seid fruchtbar und mehret euch und füllet die Erde und machet sie euch untertan und herrschet über die Fische im Meer und über die

Vögel unter dem Himmel und über alles Getier, das auf Erden kriecht.» (1. Mose 1,28)

Vor allem die Ausdrücke, die den Menschen zur Herrschaft über die Natur, ja zu ihrer gewaltsamen Unterjochung zu berechtigen scheinen, haben in neuerer Zeit Aufmerksamkeit gefunden, ja Widerspruch erregt. Der Herrschaftsauftrag über die Erde – das sogenannte *dominium terrae* – wurde sogar zum Ursprung der ökologischen Krise erklärt, denn er ermächtige dazu, die Erde und ihre Ressourcen auszubeuten.

Freilich muss man die Bestimmung des Menschen zum Herrscher über die Natur in einer Zeit verorten, in der die Kräfte der Natur als übermächtig erlebt wurden. Vielen Naturgewalten standen die Menschen hilflos gegenüber. Vor Kälte und Hitze, Regen und Trockenheit konnten sie sich nur unzureichend schützen. Dem Ackerboden mussten sie die tägliche Nahrung abringen; Naturkatastrophen waren sie ohne Gegenwehr ausgesetzt. Wenn der Mensch dieser Natur gegenüber zum Herrn erklärt wird, so liegt der Gedanke hemmungsloser Ausbeutung fern. Eher geht es um die Bändigung der Natur und das Recht dazu, ihr das Lebensnotwendige abzuringen. Die Herrschaft des Menschen über die Natur ergibt sich weniger aus dem Ausmaß seiner Gestaltungsmöglichkeiten als aus dem göttlichen Auftrag, also aus dem Gottesverhältnis.

Genau in dieser Hinsicht haben sich jedoch tiefgreifende Wandlungen vollzogen. In der europäischen Entwicklung verband sich der biblische Geist des Schöpfungsdenkens mit dem griechischen Geist wissenschaftlicher Neugier. Renaissance und Reformation stellten definitiv klar, dass es keinen Widerspruch zwischen dem Verständnis der Welt als Schöpfung und dem Willen gab, sie wissenschaftlich zu erforschen. Die neuzeitliche Naturwissenschaft entschlüsselte Schritt für Schritt die Geheimnisse des Kosmos und stellte mit wachsender Geschwindigkeit die Mittel dafür bereit, die Ressourcen der Erde menschlichen Interessen dienstbar zu machen. Rohstoffe, die über Jahrmillionen aufgebaut worden waren, wurden nun in Jahrzehnten oder Jahrhunderten erschlossen und genutzt, ja oft aufgebraucht. Immer deutlicher sehen wir die Schattenseiten dieser Form menschlicher Bemächtigung. Wie steht es um den Herrschaftsauftrag des Menschen?

Sein Verständnis hat sich im Übergang zur Neuzeit tatsächlich tiefgreifend verwandelt. Nach manchen Vorstufen, die sich schon im späten Mittelalter finden, bringt der Philosoph und Staatsmann Francis Bacon (1561–1626) diesen Wandel in seinem *Novum Organum Scientiarum* klar zum Ausdruck. Beobachtung und Erfahrung sieht er als die einzigen Mittel eines verlässlichen wissenschaftlichen Fortschritts an; und das Ziel dieses Fortschritts erblickt er darin, in der Beherrschung der Natur voranzuschreiten und dadurch die menschliche Kultur vollkommener zu machen. In dem Maß, in dem dies gelingt, erringt der Mensch die Ebenbildlichkeit mit Gott. Die Vorstellung, diese Ebenbildlichkeit sei infolge der menschlichen Sünde verloren gegangen, rückt damit in einen ganz neuen Zusammenhang. Nicht mehr die Sehnsucht nach Erlösung ergibt sich aus diesem Verlust; vielmehr folgt aus ihm ein Auftrag an den Menschen, selbst wieder zu erlangen, was er verloren hat. Der Auftrag zur Herrschaft über die Erde – das *dominium terrae* – wird nicht als Folge der Gottebenbildlichkeit verstanden; sondern das *dominium terrae* wird umgekehrt zum Mittel, um die Gottebenbildlichkeit wiederzuerlangen.

Reformation und Renaissance hatten die Erforschung der Natur mit dem Gedanken der «Weltlichkeit der Welt» begründet. Die Welt als Schöpfung ist von Gott als dem Schöpfer unterschieden; deshalb hat die Welt nichts Mysteriöses, was dem forschenden Zugriff des Menschen entzogen bleiben müsste. An diese Betrachtungsweise schließt sich ein Verständnis der Wissenschaft an, das ihr selbst eine religiöse Bedeutung beimisst. Später wird sich daraus das Vorhaben entwickeln, den Glauben durch die Wissenschaft abzulösen und den Wissenschaftsglauben selbst zur Religion zu machen. Als «Szientismus» bezeichnet man diese Haltung, die bis zum heutigen Tag verbreitet ist und immer wieder neue Anhänger findet.

Besonders anschaulich zeigen dies vielfältige Mythen, die sich an die Wissenschaft anschließen und den Anschein erwecken, als ließen sich die letzten Fragen des menschlichen Lebens mit erfahrungswissenschaftlichen Mitteln beantworten. So soll die Kontingenz menschlichen Lebens wissenschaftlich eliminiert werden, indem nichts dem «Zufall» überlassen bleibt; das reicht vom Erstellen von Horoskopen bis zur genetischen Prognose der im Lauf eines Lebens auftretenden Krankheiten. Auch das andere große Problem menschlichen Lebens, seine Endlichkeit, soll wissenschaftlich gelöst werden. Das medizinische Ausschöpfen der menschlichen Lebensspanne bis zum Ende oder die eigenmächtige Bestimmung des Todeszeitpunkts rücken ins Zentrum der Diskussion. Noch weiter gehen Vorhaben zur «Verewigung» des Menschen – beispielsweise in Gestalt eines identischen Klons oder auch nur eines plastinierten Leichnams.

Dem Auftrag zur Herrschaft über die Erde tritt in der zweiten Schöpfungserzählung die Aufforderung zur Seite, die Erde zu bebauen und zu bewahren. Unter ökologischen Gesichtspunkten hat man dieser Formulierung in der neueren Diskussion zu Recht den Vorzug gegeben. Freilich ändert sie nichts an der zentralen Stellung, die dem Menschen auch in diesem zweiten Text zuerkannt wird. Diese Anthropozentrik unterscheidet sich von der neuzeitlichen Denkweise gleichen Namens dadurch, dass es sich nicht einfach um eine Anthropozentrik des Interesses handelt; es geht also nicht einfach darum, wie der Mensch sich die Welt, deren Mittelpunkt er bildet, zu Nutze machen kann. Vielmehr enthalten die biblischen Überlieferungen eine Anthropozentrik der Verantwortung. Sie betrachten den Menschen als das Wesen, das zur Rechenschaft über sein Handeln fähig ist. Deshalb muss er sich nicht nur fragen, ob sein Handeln dem eigenen Leben dient; er muss auch fragen, ob es den Mitgeschöpfen gerecht wird.

Das wird in der zweiten biblischen Schöpfungserzählung auch dadurch deutlich gemacht, dass der Mensch das Recht erhält, den Tieren Namen zu geben. «Und Gott der Herr machte aus Erde alle die Tiere auf dem Felde und alle die Vögel unter dem Himmel und brachte sie zu dem Menschen, dass er sähe, wie er sie nennte; denn wie der Mensch jedes Tier nennen würde, so sollte es heißen.» (1. Mose 2,19) Das Recht, den Namen zu bestimmen, ist ein ursprünglicher Akt der Verantwortungsübernahme. Eltern, die den Namen ihres Kindes bestimmen, übernehmen damit eine unwiderrufliche Verantwortung; deshalb hat sich bisher noch nirgendwo der Gedanke durchgesetzt, es könne eine Scheidung zwischen Eltern und Kindern geben. Ähnlich unwiderruflich ist nach biblischer Vorstellung die Verantwortung des Menschen für die Geschöpfe, mit denen er den Lebensraum der Erde teilt. Er –

als einziges unter den Geschöpfen – kann sie benennen und sich auf diese Weise zu ihnen verhalten. Er trägt die Verantwortung dafür, dass für alle Lebewesen erträgliche Lebensbedingungen erhalten und die Ressourcen der Erde bewahrt werden. Mit einem Ausdruck, der ursprünglich der Forstwirtschaft entstammt, bezeichnet man den Grundsatz, an dem sich diese Verantwortung orientieren soll, als «Nachhaltigkeit». Dieses Prinzip verweist auf eine alte, wenn auch lange Zeit verschüttete biblische Einsicht.

Man hat die biblische Grundlage für dieses Prinzip häufig mit der Formel von der «Bewahrung der Schöpfung» beschrieben; damit hat man sie auf einen ziemlich unglücklichen Begriff gebracht. Dass man sogar die Aufnahme dieser Formel in die Verfassung gefordert hat, macht die Sache nicht besser; der deutsche Gesetzgeber hat sich dann darauf beschränkt, dem Staat die Aufgabe zuzuweisen, «auch in Verantwortung für die künftigen Generationen die natürlichen Lebensgrundlagen und die Tiere» zu schützen (Art. 20a Grundgesetz). Das ist schon anspruchsvoll genug. Doch die «Bewahrung der Schöpfung» als Staatsziel ginge darüber noch weit hinaus. Bei nüchterner Betrachtung muss man darin eine ziemlich anmaßende Beschreibung menschlichen Handelns sehen. Zudem gibt es das Bewahren nicht ohne das Bebauen, das Erhalten nicht ohne den Wandel.

Unabhängig von der richtigen Wortwahl für die Beschreibung der Aufgabe stellt sich die Frage, welches Ausmaß an Veränderung mit dem Ziel des Schützens oder Bewahrens als vereinbar erscheint. Lange betraf diese Frage vor allem den Umgang des Menschen mit der nichtmenschlichen Natur. Heute drängt sie sich auch im Blick auf den Umgang des Menschen mit seiner eigenen Natur auf. In der Kombination zwischen Gentechnologie und Reproduktionsmedizin bahnen sich Möglichkeiten an, die wohl schon bald alles überschreiten werden, was wir uns heute vorstellen können. Eine kluge Beobachterin hat in dieser Situation ein Menschenrecht postuliert, das darin besteht, im Leib einer Mutter Mensch werden zu dürfen. Ein «Schutz der Menschwerdung» wurde ausgerufen (Kohler-Weiß 2003: 351 ff.).

Seit es Menschen gibt, wirken sie gestaltend auf die Natur ein. Als Lebensgrundlage und Lebensraum lässt sie sich jedoch nur bewahren, wenn in ihr etwas Unantastbares geachtet wird. Auch von der Natur lässt sich deshalb sagen, dass sie niemals nur als Mittel zum Zweck behandelt werden darf, sondern zugleich als Zweck in sich selbst zu achten ist. Insofern ist auch die Würde der Natur unantastbar. Von der Natur unterscheidet der Mensch sich also nicht dadurch, dass er Würde hat; er unterscheidet sich von ihr dadurch, dass er um seine wie um ihre Würde weiß.

Die Forderung, die Vielfalt und Verschiedenheit tierischen und pflanzlichen Lebens zu erhalten, ist eine der Formen, in denen der Respekt vor der Würde der Natur zur Sprache kommt. Dies geschieht in einer Situation, in der die größten Gefährdungen für die Zukunft des Lebens vom Menschen ausgehen. Von einem neuen geologischen Zeitalter wird gesprochen, dem «Anthropozän»; es ist dadurch gekennzeichnet, dass das Handeln des Menschen im Guten wie im Bösen tiefgreifende Veränderungen in der Biosphäre auslöst (Crutzen 2011; kritisch Manemann 2014). Die gewaltigen Fortschritte in der wissenschaftlich-technischen Beherrschung der Natur verbinden sich mit einer gewaltigen Steigerung der Gefahr. Seit der Entwicklung von Massenvernichtungswaffen verfügt der Mensch über die Möglichkeit, die Gattung Mensch auszurotten. Durch Ressourcenverbrauch und Umweltbelastung kann das Ökosystem zusammenbrechen. Das Klimasystem, in dem sich der Wechsel von Frost und Hitze, Sommer und Winter, Saat und Ernte vollzieht, gerät durch anthropogene Einflüsse aus den Fugen.

Kann man sich in einer solchen Situation mit der Gewissheit beruhigen, dass die Schöpfungsordnung unverbrüchlich ist? Die Verheißung, dass die Güte der Schöpfung Gottes sich auch zukünftig im wiederkehrenden Rhythmus der Natur erfahren lässt, kann nicht so verstanden werden, dass menschliche Eingriffe in die Natur folgenlos bleiben. Vielmehr trägt der Mensch selbst die Verantwortung dafür, seine Eingriffe so abzuwägen und zu gestalten, dass sie mit der Güte der Schöpfung vereinbar bleiben. Der Klimawandel ist im 21. Jahrhundert die zentrale Herausforderung menschlicher Schöpfungsverantwortung. Ob die sich abzeichnenden katastrophalen Entwicklungen bis zum Ende des 21. Jahrhunderts abgewendet oder wenigstens auf ein erträgliches Maß reduziert werden können, hängt davon ab, ob die Zahl derer wächst, die ihre persönliche, professionelle und institutionelle

Verantwortung in diesem Horizont sehen und daraus Konsequenzen ziehen.

Im biblischen Schöpfungsglauben tritt uns eine Haltung gegenüber Gottes Schöpfung entgegen, die von Demut und Verantwortungsbereitschaft geprägt ist. Heute geht es darum, die Ehrfurcht vor der Güte der Schöpfung zu erneuern, die bewusste Freude an ihren Gaben mit der Bereitschaft zum Schutz dieser Gaben zu verbinden und in die Verantwortung für die Zukunft des Lebens einzutreten. Die Größe der Aufgaben sollte niemanden davon abhalten, den ihm möglichen Beitrag zu leisten.

So zeigt sich, dass das Bekenntnis zu Gott als dem Schöpfer in unseren Umgang mit der Wirklichkeit der Welt eine besondere Perspektive einbringt. Wer von der Welt als Gottes Schöpfung spricht, nimmt wahr, dass das Gute in dieser Welt dem Bösen gegenüber den Vorrang hat. Er lobt Gott für den Überfluss an Gutem, der ihm in seinem Leben begegnet. Martin Luther hat das in seiner oben zitierten Erklärung zum Ersten Glaubensartikel deutlich getan. Die rhythmische Aufzählung, in der er die guten Gaben der Schöpfung preist – beginnend mit Leib und Seele, Augen, Ohren und allen Gliedern, Vernunft und allen Sinnen – trägt ihn fort bis hin zu Gegenständen, die im üblichen Verständnis nicht der Sphäre der Schöpfung zugerechnet werden: «Kleider und Schuhe, Essen und Trinken, Haus und Hof, Weib und Kind, Acker, Vieh und alle Güter». Die Wahrnehmung der Welt als Schöpfung gipfelt in einem Überschwang der Dankbarkeit. Doch das Lob der Schöpfung verstellt nicht den Blick auf die dunklen, bedrohlichen Seiten der Welt; es leitet vielmehr dazu an, auch sie wahrzunehmen.

Gott als Schöpfer

Der Philosoph Kurt Flasch ist nicht der erste, der auf den epochalen Wandel von einer teleologischen zu einer kausalen Erklärung der Natur aufmerksam gemacht hat. Aber er hat den Unterschied in besonders einprägsamer Weise erläutert: Gemäß der *teleologischen* Betrachtungsweise hat Gott «die ganze Natur zweckmäßig eingerichtet. Er hat Regen und Pflanzenwuchs final aufeinander

abgestimmt. Menschen sahen das früher so. Gott habe die Flüsse
Täler bilden lassen, damit die Menschen Städte an Flussufern
gründen konnten. Er habe den Regen erdacht, damit Pflanzen
wachsen. Aber Pflanzen wachsen, weil es geregnet hat. Das ist die
kausale Erklärung, die sich gegenüber der teleologischen durchgesetzt hat. Lange Jahrhunderte hat die teleologische Sichtweise
die erfolgreichste Naturforschung, nämlich die kausale Untersuchung, verhindert oder erschwert» (Flasch 2013: 168 f.).

Die Ausrichtung der Welt auf ein Ziel ist die eine Denkrich-
tung, die Frage nach den Ursachen ist die andere. Muss man zwischen beiden wählen – oder haben sie beide in ihren jeweiligen
Grenzen einen guten Sinn? Der Übergang zu einer kausalen Erklärung der Natur begründete die gewaltigen Fortschritte der
modernen Naturwissenschaften; aber er vollzog sich nicht ohne
einen Bezug auf teleologische Deutungen dieses Übergangs, etwa
wenn Francis Bacon kühn behauptete, der Mensch erringe auf
diese Weise durch eigene Kraft die Ebenbildlichkeit mit Gott.
Sogar Charles Darwin verband mit dem Prozess der Evolution
einen bestimmten Sinn, nämlich die Erhaltung der individuellen
Existenz und die Sicherung der Fortpflanzung. Offenbar kommt
es nicht darauf an, die eine Denkweise gegen die andere auszuspielen, sondern beide sorgfältig genug voneinander zu unterscheiden. Dann lassen sie sich komplementär aufeinander beziehen und haben an ihrem jeweiligen Ort ihr gutes Recht.

Umso erstaunlicher ist die Unbefangenheit, mit der ein Autor
wie Kurt Flasch die kausale Betrachtungsweise auf den Begriff
Gottes anwendet. Obwohl die biblischen Schöpfungserzählungen, wie er selbst hervorhebt, aus Zeiten stammen, in denen das
teleologische Denken herrschte, fragt er danach, ob sie uns wider-
spruchsfreie kausale Erklärungen über die Entstehung der Welt
anbieten. So erkennt er beispielsweise in der ersten Schöpfungserzählung, nämlich in dem Teil über den Sündenfall, «etwas Philo-
sophisches»: «Sie erklärt ... Grundgegebenheiten des menschlichen Lebens: Warum wir sterben müssen und die Landarbeit
schwer ist. Warum Frauen Schmerzen leiden bei der Geburt eines
Kindes» (Flasch 2013: 185 f.). Wäre es nicht konsequenter, solche
Zusammenhänge daraufhin zu befragen, welchen Sinn sie mit diesen Zügen des menschlichen Lebens verbinden, statt ihnen vorzu-

halten, dass sie widersprüchliche Erklärungen anbieten und sich nicht auf der Höhe heutiger naturwissenschaftlicher Erkenntnisse befinden?

Die biblischen Schöpfungserzählungen beschreiben den Ort des Menschen in seiner Welt – als antwortendes, in Beziehungen lebendes, zur Verantwortung fähiges Wesen. Sie schildern, dass zum Menschen Verweigerung und Scheitern gehören: Er entzieht sich Gott, er vergeht sich am Mitmenschen, er verkehrt seine Verantwortung in Streben nach Macht um ihrer selbst willen. Sie laden dazu ein, angesichts dieser Ambivalenz am Vertrauen auf das Gute festzuhalten, um dessentwillen die Erde besteht und Menschen ihr Leben führen. In einem Bild von Hans Küng gesprochen: Sie motivieren dazu, schwimmen zu lernen, und zwar, «vielleicht von anderen geholfen, durch das Wagnis, sich mit Haut und Haar auf das rätselhafte Wasser einzulassen, das nur den trägt, der sich ihm anvertraut und nicht steif verhält, sondern sich bewegt» (Küng 2005: 98).

Wenn der Glaube an Gott als Vertrauen verstanden wird, das eine Daseinsgewissheit erschließt, dann geht es darum, ein Verhältnis zur Welt zu finden, das über die Möglichkeiten kausaler Erklärungen hinausgeht. Es ermöglicht eine Orientierung in der Welt, mit deren Hilfe wir auch den kausalen Erklärungen dieser Welt einen Sinn geben können. Voraussehbares wie Unvorhergesehenes gewinnt für uns einen Sinn dadurch, dass wir es mit dem Grund und der Bestimmung unseres Lebens in Gott in Beziehung setzen.

Die Bilder, in denen wir von Gott reden, sind deshalb Beziehungsbilder. Für diese Beziehung werden sowohl personale Bilder – Vater, Mutter, Herr, Schöpfer, Richter – als auch apersonale Bilder – Sonne, Licht, Weltvernunft, absolutes Nichts – verwendet. In der christlichen Tradition haben personale Gottesbilder einen Vorrang, der insbesondere durch das Bekenntnis zu Jesus Christus als Gottes Sohn bestärkt wird. Sie stehen dafür, dass Gott nicht als «Sache» gedacht und betrachtet werden kann. Weil der Mensch zu Gott in Beziehung tritt, betrachtet er ihn – bei aller Unvergleichbarkeit – als «nicht weniger als Person» (Küng 2005: 125 f.). Aber auch apersonale Gottesbilder begegnen in den Traditionen der christlichen Frömmigkeit. Sie stehen für Gottes umfassende Wirklichkeit, die nicht – wie alles uns bekannte personale Leben – an einen bestimmten Ort und eine bestimmte Zeit gebunden ist. Die Wirklichkeit Gottes geht weder in der einen noch in der anderen Art von Bildern auf. Martin Luther hat deshalb von zwei Seiten Gottes gesprochen, nämlich dem offenbarten und dem verborgenen Gott (Luther 2006: 1,405 ff.).

Personale wie apersonale Gottesbilder werden auch in der Religionskritik aufgenommen. Die personalen Gottesbilder haben, besonders prägnant bei Ludwig Feuerbach, den Einwand ausgelöst, Vorstellungen vom Menschen würden auf Gott projiziert. Apersonale Gottesbilder spielen beispielsweise in Friedrich Nietzsches Rede vom «Tod Gottes» eine entscheidende Rolle. In einer berühmten Parabel schildert er einen «tollen Menschen», der sich am hellen Vormittag mit einer Laterne auf den Weg macht, um Gott zu suchen. Die Suche erweist sich als vergeblich. Was er sucht, kleidet Nietzsche in so umfassende Bilder wie «Meer», «Horizont», «Sonne», «Nichts»: «Wie vermochten wir das Meer auszutrinken? Wer gab uns den Schwamm, um den ganzen Horizont wegzuwischen? Was taten wir, als wir diese Erde von ihrer Sonne losketteten? Wohin bewegt sie sich nun? Wohin bewegen wir uns? Fort von allen Sonnen? Stürzen wir nicht fortwährend? Und rückwärts, seitwärts, vorwärts, nach allen Seiten? Gibt es noch ein Oben und ein Unten? Irren wir nicht wie durch ein unendliches Nichts?» (Nietzsche 1980: 481)

Nietzsche bezeichnet diesen Gottsucher als einen «tollen Menschen», weil er sich vorstellt, die umfassende Wirklichkeit Gottes an einem besonderen Ort «dingfest» machen zu können. Dass diese Art, nach Gott zu suchen, unzureichend ist, unterstreichen religiöse Traditionen, die Bibel zumal, dadurch, dass sie Gott als Geist verstehen, der die Wirklichkeit durchdringt, aber nicht neben und unabhängig von ihr aufgefunden werden kann. Das Unendliche wirkt im Endlichen; aber das Endliche kann das Unendliche nicht in sich einschließen.

Immer wieder wird die Sonne oder das Licht zur Veranschaulichung dieser Zusammengehörigkeit von Transzendenz und Immanenz herangezogen. Beispielhaft geschieht das in Ingeborg Bachmanns Gedicht *An die Sonne*, in dem es heißt (Bachmann 1982: 1,136 f.):

Viel schöner als der feurige Auftritt eines Kometen
Und zu weit Schönrem berufen als jedes andre Gestirn,
Weil dein und mein Leben jeden Tag in ihr hängt, ist die Sonne.
...
Schönes Licht, das uns warm hält, bewahrt und wunderbar
sorgt,
Dass ich wieder sehe und dass ich dich wiederseh!

Nichts Schönres unter der Sonne als unter der Sonne zu sein ...

5. MIT GOTT KLAGEN

In dem uckermärkischen Ort Groß Fredenwalde, im Nordosten Deutschlands, wurde 2014 das älteste Grab eines Kleinkinds aufgefunden, das in ganz Mitteleuropa bislang entdeckt wurde. Vor ungefähr 8400 Jahren wurde hier ein Kind beigesetzt, dessen Alter auf sechs Monate geschätzt wird; die Forscher glauben, auch den Grund des frühen Todes erkennen zu können. An Mangelernährung sei das Kind gestorben, es sei offenbar nicht ausreichend gestillt worden. Unter großer Anteilnahme wurde das Baby beigesetzt, wie der ockerfarbene Sand zeigt, der für die Grabstätte herbeigeschafft wurde. Die Menschen beklagten den frühen Tod. Denn Böses hatte in ihr Leben eingegriffen; Leid hatte sie betroffen.

Seit es Menschen gibt, gibt es auch Grund zur Klage. Im Klagen gerät der Mensch außer sich, er wendet sich in seiner Verzweiflung an Gott. Wie Staunen und Lob sind auch Verzweiflung und Klage elementare Vollzüge menschlicher Selbsttranszendenz. Die Anklage richtet sich nicht nur gegen Gott; das Göttliche wird dafür in Anspruch genommen, dass aller Jammer über Elend und Tod wahrgenommen wird. Es handelt sich um einen Vorgang, den Eva Harasta als «Mit Gott klagen» bezeichnet hat (Harasta 2008).

Heute ist es um die Klage still geworden. Gejammert wird viel, aber geklagt wird selten. Natürlich ist damit nicht die Klage gemeint, die vor Gericht erhoben wird. Es geht um die Klage, die sich gerade deshalb an Gott richtet, weil er es doch mit seiner Welt und dem Menschen in ihrer Mitte gut meint. Die Klage ist der Notschrei der Leidenden. Bevor sie ihre Klage gegen Gott richten, wenden sie sich in ihrer Klage an Gott, in dem Vertrauen darauf, dass sie ihm klagen, ja: mit ihm klagen können.

Leiderfahrungen

Worte finden. Wo das Lob laut wird, muss auch für die Klage Raum sein. Wo die Güte der Schöpfung gepriesen wird, muss auch zur Sprache kommen, was diese Güte verdunkelt. So sprachlos wir im Klagen auch geworden sind, so eindeutig suchen wir doch nach einer Sprache für die Klage, wenn uns Unfassbares zustößt, der Tod eines nahen Menschen, eine lebensgefährliche Erkrankung oder das Zerbrechen einer Partnerschaft. Dann ist der Ritus der Klage unentbehrlich; ihm eignet eine befreiende Kraft. Die Psalmen bilden in der biblischen Überlieferung einen besonders kostbaren Schatz, weil sie der Klage zur Sprache verhelfen. Nur noch wenige können von sich aus sagen, welchen Psalm sie beten wollen, um ihrer Not Ausdruck zu verleihen. Doch Psalmworte wie diejenigen des 39. Psalms können zu einem rettenden Anker werden: «Herr, lehre mich doch, dass es ein Ende mit mir haben muss und mein Leben ein Ziel hat und ich davon muss. Siehe, meine Tage sind eine Handbreit bei dir, und mein Leben ist wie nichts vor dir. Wie gar nichts sind alle Menschen, die doch so sicher leben. Sie gehen daher wie ein Schatten und machen sich viel vergebliche Unruhe; sie sammeln und wissen nicht, wer es einbringen wird.» (Psalm 39,5–7)

Mit solchen Worten wird das Leiden nicht erklärt; es wird weder verkleinert noch überhöht. Es wird vor Gott gebracht. Das ist das erste, ja in gewisser Weise das einzige, was in einer solchen Lage geschehen kann. Die Sehnsucht danach wird zwar oft unterdrückt; aber sie ist keineswegs verstummt.

Ebenso wie persönliche Schicksalsschläge rufen auch Tragödien, die viele Menschen betreffen, nach Formen der Klage. Dass es auch der öffentlichen Klage bedarf, ist in der jüngsten Vergangenheit wieder verstärkt bewusst geworden. Ein Eisenbahnunglück, ein schwerer Lastwagenunfall, der heimtückische Mord an Kindern, ein terroristischer Anschlag: Bei solchen Ereignissen leihen sich auch Menschen, die damit nicht vertraut sind, die Sprache der biblischen Klage. Die Kirche wird dann zum Zufluchtsort für den gemeinsamen Schmerz. In solchen Situationen bekennen sich Menschen zur Kraft des Gebets, die davon über lange Zeiten ihres Lebens nichts wussten.

Innere und äußere Gefährdung kann dem Bekenntnis zu Gott neue Klarheit und Festigkeit geben. Ein einprägsames Beispiel dafür sind Dietrich Bonhoeffers Sätze über «das Walten Gottes in der Geschichte», die er an der Jahreswende 1942/43 niederschrieb und die vielen Menschen als persönliches Glaubensbekenntnis wichtig und vertraut sind: «Ich glaube, dass Gott aus allem, auch aus dem Bösesten, Gutes entstehen lassen kann und will. Dafür braucht er Menschen, die sich alle Dinge zum Besten dienen lassen. Ich glaube, dass Gott uns in jeder Notlage soviel Widerstandskraft geben will, wie wir brauchen. Aber er gibt sie nicht im Voraus, damit wir uns nicht auf uns selbst, sondern allein auf ihn verlassen. In solchem Glauben müsste alle Angst vor der Zukunft überwunden sein. Ich glaube, dass auch unsere Fehler und Irrtümer nicht vergeblich sind, und dass es Gott nicht schwerer ist, mit ihnen fertig zu werden, als mit unseren vermeintlichen Guttaten. Ich glaube, dass Gott kein zeitloses Fatum ist, sondern dass er auf aufrichtige Gebete und verantwortliche Taten wartet und antwortet.» (Bonhoeffer 1998: 30 f.)

Jesus als Urbild des Leidenden. Leiderfahrungen können auch einen neuen Zugang zur Person Jesu erschließen. «Mein Gott, mein Gott, warum hast du mich verlassen?», ruft Jesus am Kreuz, in unmittelbarer Todesnähe, mit den Worten eines Psalms (Psalm 22,2; vgl. Markus 15,34). Dem geht Jesu Gebet im Garten Gethsemane voraus, in dem er Gott darum bittet, der Kelch möge an ihm vorübergehen, um, wie es scheint, mit äußerster Kraft hinzuzufügen: «Doch nicht wie ich will, sondern wie du willst.» (Matthäus 26,39) Dass Jesus selbst, der Gottessohn, in der Stunde des Todes über seine Gottverlassenheit klagt, zeigt, dass er ganz bei den Leidenden ist. Weil Gott dem leidenden Menschen in Jesu Weg zum Kreuz selbst nahe kommt, ja sich mit ihm identifiziert, ist auch Gott selbst bei den Leidenden und hält sich nicht unbeteiligt von ihnen fern.

Der Blick auf den leidenden Christus auf seinem Kreuzweg kann das Zutrauen wachrufen, dass Gott dem menschlichen Leiden nicht gleichgültig zuschaut, sondern dieses Leiden mitleidet.

Gegenüber dem Bild vom unnahbaren Gott über den Wolken, mit dem manche aufgewachsen sind, ist das eine heilsame Korrektur. Das christliche Gottesbild folgt nicht dem Axiom, dass Gott seinem Wesen gemäß zum Leiden nicht fähig ist. Es ist vielmehr geprägt durch das Vertrauen auf Gottes Mitleiden, auf seine Empathie. Deshalb ist es nicht sinnlos, sich im Leiden an ihn zu wenden.

Hiob. Dafür gibt es in der Gestalt Hiobs ein großes biblisches Beispiel. Das Buch Hiob beginnt mit einer grausigen Abfolge von «Hiobsbotschaften»: Hiobs Herden werden geraubt oder getötet und seine Knechte erschlagen; über seinen Söhnen und Töchtern stürzt ein Haus ein. Doch das Unglück trifft Hiob auch ganz direkt; er wird von einem Aussatz befallen, der den ganzen Körper ergreift. Die Prüfungen für seinen Glauben gehen tief; sie werden noch durch Hiobs drei Freunde verschärft. Diese bringen beispielsweise vor, dass jedes Unglück eine Ursache habe; denn es handle sich um eine Strafe für geschehenes Unrecht. Sie fordern Hiob geradezu zur Klage heraus und fragen höhnisch, ob er wohl Antwort finden werde.

Hiob wird in seinem Leiden zum Sinnbild für die Endlichkeit des menschlichen Lebens und für die Vergeblichkeit aller Bemühungen, dieses Leben aus eigener Kraft der Vergänglichkeit zu entreißen. «Der Mensch, vom Weibe geboren, lebt kurze Zeit und ist voll Unruhe, geht auf wie eine Blume und welkt, flieht wie ein Schatten und bleibt nicht. Doch du tust deine Augen über einen solchen auf, dass du mich vor dir ins Gericht ziehst. Kann wohl ein Reiner kommen von Unreinen? Auch nicht einer! Sind seine Tage bestimmt, steht die Zahl seiner Monde bei dir und hast du ein Ziel gesetzt, das er nicht überschreiten kann: so blicke doch weg von ihm, damit er Ruhe hat, bis sein Tag kommt, auf den er sich wie ein Tagelöhner freut.» (Hiob 14,1–6)

In welche Einsamkeit das Unglück einen Menschen führen kann, beschreibt Hiob mit bewegten und bleibenden Worten. Aber inmitten dieser Klage erklingt der Aufschrei: «Aber ich weiß, dass mein Erlöser lebt, und als der Letzte wird er über dem Staub sich erheben. Nachdem meine Haut noch so zerschlagen ist, werde ich doch ohne mein Fleisch Gott sehen. Ich selbst werde ihn sehen, meine Augen werden ihn schauen und kein Fremder. Danach sehnt sich mein Herz in meiner Brust» (Hiob 19,25 ff.). In einer Kantate Georg Philipp Telemanns, die lange Zeit Johann Sebastian Bach zugeschrieben wurde, ist diese Gewissheit zu einem Teil evangelischer Frömmigkeit geworden, verdichtet in der Sprache der Musik: «Ich weiß, dass mein Erlöser lebt.»

Die Passion Jesu und die Gestalt Hiobs sind die beiden wichtigsten biblischen Sinnbilder für den Umgang mit dem Leiden. Die Frage, wie Gott das Leiden zulassen und dem Unglück Raum geben kann, wird in diesen beiden Sinnbildern nicht theoretisch erörtert, sondern durch die Gewissheit aufgenommen, dass Gott auf die Seite des Leidenden tritt und sich seiner Not annimmt. Man kann diese Antwort – im Unterschied zu einer lehrmäßigen, «doktrinalen» Theodizee – als authentische Theodizee bezeichnen (Kant, Theodizee: 118; Huber 1990: 99 ff.; Dalferth 2008: 255 ff.). Die Frage nach der Rechtfertigung Gottes angesichts des Leidens – also die Theodizee-Frage – wird dadurch beantwortet, dass Gott selbst das Leiden auf sich nimmt und sich mit dem Leidenden identifiziert.

Die Theodizeefrage

Trotz dieser biblischen Antwort ist die Theodizeefrage immer wieder als eine grundsätzliche, also als eine theoretische Frage gestellt worden. Der Philosoph Gottfried Wilhelm Leibniz (1646–1716) hat ihren Namen geprägt. Er hat die Frage aufgegriffen, die der Apostel Paulus «nach Menschenweise» so formuliert: «Ist Gott … ungerecht, wenn er zürnt?» (Römer, 3,5) Die griechischen Ausdrücke für «Gott» *(theos)* und «Gerechtigkeit» *(dike)* sind in dem von Leibniz geprägten Kunstwort «Theodizee» zusammengefügt. Im Kern geht es um die Frage, wie der Glaube an einen allmächtigen und gütigen Gott angesichts des Übels in der Welt Bestand haben kann. Wenn er allmächtig ist, geht auch das Übel von ihm aus und er ist nicht gütig; wenn er aber in seiner Güte dem Übel in der Welt nicht zustimmt, kann er nicht allmächtig sein.

Vielfältige Antworten. Auf die Frage, wie das Übel in die Welt kommt und mit Gott vereinbar ist, wurden in der Geschichte der Religionen und der Philosophie unterschiedliche Antworten gegeben. Die hinduistische Vorstellung beispielsweise geht dahin, der materiellen Welt, in der das Übel auftritt, keine Realität zuzuerkennen. Die materielle Welt (Maya) wird vielmehr nur so lange als real angesehen, solange das Brahman, also die durch nichts Materielles bedingte Weltseele, noch nicht als die eigentliche Wirklichkeit erkannt ist. Dualistische Denkweisen – wie beispielsweise der Parsismus oder die Gnosis – beschreiben die Welt als den Kampfplatz zwischen zwei widerstreitenden Prinzipien. Übel und Leiden sind Zeichen für den zeitweiligen Erfolg des bösen über das gute Prinzip. Die religiöse Hoffnung richtet sich darauf, dass die eigenen Seelenkräfte aus der Macht des Bösen gerettet werden. Die monotheistischen Religionen sehen die Ursache des Bösen darin, dass der Mensch von der ihm anvertrauten Freiheit einen verkehrten Gebrauch macht und dadurch die Sünde in die Welt bringt; der Gedanke der «Erbsünde» soll dabei die Erfahrung zum Ausdruck bringen, dass die Macht des Bösen einen überpersonalen Charakter trägt.

Schon Leibniz hat gegen diese Überlegung eingewandt, mit ihr könne nur das moralische Übel, nicht aber das physische und das metaphysische Übel erklärt werden. Nur das Übel, das seine Ursache in einer Tat des Menschen hat, kann auch der menschlichen Freiheit zugerechnet werden. Lange Zeit hat man deshalb das Unglück, das Menschen zustößt, insbesondere Krankheit und Tod, als Folge verkehrten Handelns angesehen. Auch die biblische Überlieferung ist in weiten Teilen von der Vorstellung eines unmittelbaren Zusammenhangs zwischen Tun und Ergehen geprägt.

In der Verkündigung Jesu meldet sich ein klarer Widerspruch gegen diese Denkweise. Jesus verdeutlicht ihn am Beispiel der Menschen, die unter dem zusammenstürzenden Turm von Siloah begraben wurden. «Meint ihr – so fragt er –, dass die achtzehn, auf die der Turm in Siloah fiel und erschlug sie, schuldiger gewesen seien als alle andern Menschen, die in Jerusalem wohnen?» (Lukas 13,4)

Das Erdbeben von Lissabon. Leibniz hat versucht, auch noch große Unglücksfälle so zu erklären, dass er der Güte Gottes kein Prinzip des Bösen gegenüberstellen musste. Auch wenn er neben dem moralischen und dem physischen Übel ein metaphysisches Übel anerkannte, sah er darin keine eigenständige Macht des Bösen, sondern einen Mangel an Gutem; dieser werde von Gott als Mittel der Prüfung und der Bewährung zugelassen, damit schließlich auch aus ihm Gutes entspringen könne. Das Böse, das in der Schöpfung begegnet, ändert deshalb nach der Auffassung von Leibniz nichts daran, dass uns in der gegebenen Wirklichkeit die «beste aller denkbaren Welten» begegnet (Sparn 1980: 27 ff.).

Doch große Unglücksfälle haben diese scheinbar so glatt aufgehende philosophische Konstruktion immer wieder in Frage gestellt. Exemplarisch geschah das im Jahr 1755, als das gewaltige Erdbeben von Lissabon Tausende von Menschen in den Tod riss. Dieses Ereignis löste in ganz Europa eine gewaltige Erschütterung aus. Goethe schildert, wie es seinen Kinderglauben in Frage stellte: «Gott, der Schöpfer und Erhalter Himmels und der Erden ... hatte sich, indem er die Gerechten mit den Ungerechten gleichem Verderben preisgab, keineswegs väterlich bewiesen.» (Goethe 1961: 30 f.) Voltaire, der französische Skeptiker, wandte die Katastrophe von Lissabon gegen den Fortschrittsoptimismus seiner Zeit. Er sah sich durch dieses Ereignis zudem in der Vorstellung bestärkt, dass man Gott allenfalls dafür in Anspruch nehmen könne, dass die Welt existiert; über den aktuellen Weltlauf übe er ganz offenkundig keine Herrschaft aus (Voltaire 1970: 705).

Eine Folgerung aus dem Erdbeben von Lissabon hieß, man müsse Naturkatastrophen als unvermeidlich hinnehmen, ohne sie als «böse» zu kennzeichnen. Auch heute wird im Blick auf das natürliche Böse argumentiert, es sei die Folge derselben Naturgesetze, die die Evolution zum Menschen hin ermöglichen (Stosch 2013: 56 ff.). Die Allmacht Gottes kann man daher nicht so interpretieren, dass er das natürlich Böse als Auswirkung der Naturgesetze verhindern, aber die Freiheit des Menschen gleichwohl zulassen könne.

Einer solchen Betrachtungsweise zufolge konzentriert sich die Problematik der Theodizee auf das moralisch Böse, also auf menschliches Handeln, das moralischer Beurteilung zugänglich ist. Man geht dabei von der Vorstellung aus, böse Handlungen seien das Resultat individuell zurechenbarer böser Absichten.

Die Schoah. Doch auch diese Vorstellung hat sich als unzureichend erwiesen. Sie zerschellte am schrecklichsten Beispiel des Bösen, das die neuzeitliche Geschichte hervorgebracht hat: der Vernichtungsmaschinerie des nationalsozialistischen Deutschland. Gewiss handelte es sich dabei um ein böses Handeln, das bösen Absichten entstammte. Der Völkermord an Juden, an Sinti und Roma und anderen war zunächst im Kopf Adolf Hitlers und in den Köpfen anderer, die in Deutschland herrschten, entstanden, bevor er in die Tat umgesetzt wurde. Doch die Verwirklichung fügte ihm etwas hinzu, was sich der scheinbaren Rationalisierung entzieht; das unvorstellbare Grauen nahm eine Dimension an, die jedes Kalkül der handelnden Personen überstieg. An ihm waren ungezählte Menschen beteiligt, für deren Mitwirkung als Akteure oder Mitwisser, als Zuschauer oder Wegschauer man auf höchst «banale» Motive zurückgreifen muss.

«Verbrechen aus Gehorsam» gehören zu den besonderen Kennzeichen des 20. Jahrhunderts (Kelman/Hamilton 1989); die Bereitschaft, aus Feigheit, Karrieresucht oder vergleichbaren Motiven zum Bestandteil einer Vernichtungsmaschinerie zu werden, trug zu jener Banalität des Bösen bei, die Hannah Arendt (1906–1975) zu beschreiben versuchte. Die aus Deutschland vertriebene jüdische Philosophin berichtete 1961 über die Verhandlung gegen Adolf Eichmann in Jerusalem. Eichmann, der Leiter des «Judenreferats» im Reichssicherheitshauptamt und Organisator der massenhaften Todestransporte, versuchte bis zum Schluss den Eindruck zu erwecken, er habe nur seine Pflicht getan. Das nannte Hannah Arendt die «Banalität des Bösen» (Arendt 1964). Die Sozialpsychologen Herbert Kelman und Lee Hamilton stellen diese Erscheinungsform des Bösen nicht nur an den Verbrechen der Nazizeit, sondern auch an weiteren Beispielen dar. Zu ihnen gehören die Massaker während des Krieges der USA in Vietnam und die Ungerechtigkeiten der Rassendiskriminierung in den Vereinigten Staaten, gegen die sich die Bürgerrechtsbewegung auflehnte. Solche Beispiele zeigen, wie verbreitet die Banalität des Bösen ist. Doch einen unvergleichbaren Ausdruck hat sie in der

nationalsozialistischen Vernichtungspolitik gefunden. Die amerikanische Philosophin Susan Neiman hat das Abgründige dieses
Geschehens in die Feststellung gefasst, dass das nationalsozialistische Regime «auf jeder Ebene … mehr Böses mit weniger Bösar-
tigkeit» erzeugte, «als die Zivilisation es je gesehen hatte» (Neiman 2004: 396).

Auch heute gibt es viele Gründe dafür, sich die Abgründigkeit
des Bösen an Beispielen vor Augen zu führen, in denen Menschen durch das Handeln anderer Menschen massenhaft zu Tode
kommen. Auch dabei reicht es oft nicht, das Unheil auf die bösen
Absichten des Einen oder des Anderen zurückzuführen. Kriege
entstehen schrecklich oft aus einer verhängnisvollen Verkettung.
Sie führt zu einer grauenhaften Eskalation, weil keiner bereit oder
im Stande ist, den Knoten der Gewalt auf gewaltfreie Weise zu
lösen. Die Erosion des staatlichen Gewaltmonopols, die sich in
afrikanischen oder asiatischen *failing states* vollzieht, zeigt auf
ihre Weise, wie Menschen im Strudel ungebändigter Gewalt un-
tergehen können. Aber auch Naturereignisse ziehen Menschen in
unvorstellbares Leid.

Der Tsunami und Fukushima.   Nach dem Seebeben, das an der
Jahreswende 2004/2005 die Region um den Indischen Ozean er-
schütterte, fragten viele Menschen so wie Goethe nach dem Erdbeben von Lissabon. Nur einen Langstreckenflug von Europa
entfernt zeigte sich in einer der schönsten Urlaubsregionen der
Welt die grausamste Verwüstung. Die Spuren der Zerstörung
zogen sich von Sumatra über Thailand, Sri Lanka, Indien bis hin
nach Somalia rund um den Indischen Ozean. Eine riesige Hilfs-
aktion kam in Gang, begleitet von fassungslosem Entsetzen. Weil
der Tsunami die tötende Gewalt des Wassers hatte spüren lassen,
fühlten sich viele an die Sintflut erinnert. Sie waren mit einem
grauenerregenden Geschehen konfrontiert, in dem die Natur ihre
unbändige Gewalt zeigte. Viele fragten vorwurfsvoll, wie Gott das
zulassen konnte.

Ein Erdbeben war der Auslöser für die Nuklearkatastrophe,
die am 11. März 2011 in den Kernreaktoren nahe bei der japani-
schen Stadt Fukushima begann. Erschütternd war die Serie
schwerster Störfälle, die große Mengen radioaktiven Materials

freisetzten und Luft, Boden, Wasser und Lebensmittel kontaminierten; infolge der Katastrophe wurden 170 000 Menschen evakuiert, mehrere hunderttausend Tiere verendeten. 610 Menschen starben allein durch den Reaktorunfall; man schätzt die Zahl der auf längere Frist zu befürchtenden Todesfälle auf 10 000. Nach der Nuklearkatastrophe in Tschernobyl 1986 hatte man noch angenommen, dergleichen könne sich nur in technologisch weniger fortgeschrittenen Ländern ereignen. Nun hatte ein katastrophaler Unfall eine der fortgeschrittensten Industrienationen getroffen, zudem diejenige, die wie keine andere unter dem militärischen Einsatz der Atomenergie – 1945 über Hiroshima und Nagasaki – gelitten und sich gleichwohl zur zivilen Nutzung dieser Energieform entschlossen hatte. Ein Naturereignis verband sich in verheerender Weise mit dem Risiko der Nuklearenergie. Erneut stellte sich die Frage, ob die Nutzung der Kernenergie auf Dauer mit der Pflicht zur Vorsicht – dem sogenannten *precautionary principle* – vereinbar ist (Huber 2012; Huber 2016: 251 ff.).

Solche Ereignisse nötigen dazu, bedachtsam von der göttlichen Allmacht zu sprechen. Man kann sie sich nicht so vorstellen, dass Gott alles Böse und Unbegreifliche im Vorhinein aus dem Lauf der Dinge herausschneidet. Die Frage nach dem Leiden ist nicht mit einem allgemeinen, metaphysischen Gottesbegriff – «Gott als die alles bestimmende Wirklichkeit» – zu beantworten, sondern von der Offenbarung Gottes im Menschsein Jesu Christi her zu bedenken (Welker 2012: 238 ff.). Von hier aus betrachtet zeigt sich Gottes Allmacht in der Ohnmacht Jesu am Kreuz (Bonhoeffer 1998: 533 ff.), nämlich in der Schutzlosigkeit seiner Liebe. Gottes Allmacht zeigt sich in der Liebe, mit der er sich den Menschen zuwendet, damit sie sich auch angesichts des Unbegreiflichen an ihr orientieren. Sie zeigt sich im prophetischen Einspruch gegen die Mächte, die der Liebe in den Weg treten, weil sie den Geschöpfen Gottes die Luft zum Atmen nehmen; diesen Mächten wird nicht das letzte Wort zuerkannt, denn dieses letzte Wort gebührt der Verheißung eines göttlichen Friedens, in dem alles Leiden ein Ende findet. Gottes Allmacht ist keine abrufbare Kausalität, sondern eine Kraft, die in der Suche nach Wahrheit, in Taten der Liebe, im prophetischen Einspruch gegen eine unversöhnte Wirklichkeit Gestalt annimmt. Die Unterscheidung zwischen Ursache und Sinn, die uns im Nachdenken über Schöpfung und Weltent-stehung beschäftigte, muss auch in der Auseinandersetzung mit unfassbarem Leid bedacht werden (vgl. oben S. 98 ff.).

Immer wieder können sich Erdteile so gegeneinander verschie-ben, dass ein Beben auch das Meer zum Toben bringt. Mit dem Bekenntnis zu Gottes Allmacht kann nicht die Vorstellung ver-bunden sein, dass Gott die Naturgesetze außer Kraft setzt, um ein drohendes Unheil abzuwehren. Dennoch ist es von elementarer Bedeutung, ob das Unheil als kontingentes Geschehen ohne er-kennbaren Sinn angesehen oder zu Gott in Beziehung gesetzt wird, der im Leiden Christi seine Solidarität mit den Leidenden offenbart und in der Auferweckung Christi die Hoffnung auf die Überwindung von Leiden und Tod weckt (siehe unten S. 158 ff.).

Wahrnehmungsweisen. Der Literaturwissenschaftler Hermann Kurzke hat den Unterschied, um den es mir geht, folgendermaßen beschrieben: «Ob das unvorhergesehen Eintreffende, Krebs und Scheidung, der 11. September und die nicht bestandene Prüfung, ein Unfall oder der verlorene Autoschlüssel als Kette sinnloser Kränkungen oder als Gelegenheit zu Bewährungen verstanden wird, ist eine fundamental wichtige Frage der Lebens-Kunst» (Kurzke/Wirion 2005: 20).

Entscheidend ist, aus welcher Perspektive wir mit Unglück und Glück umgehen. Ob ich im Glück der Liebe oder in der Übernahme einer wichtigen Verantwortung einen bloßen Zufall oder Fügung, vielleicht sogar ein Zeichen göttlicher Gnade sehe, wird meinen Umgang damit prägen. Ob ich in einer leidvollen Erfahrung ein sinnloses Geschehen oder eine Prüfung, vielleicht sogar eine Herausforderung zu verantwortlichem Tun sehe, wird mein Empfinden ebenso bestimmen wie mein Handeln. Doch wer meint, Leiden, das ihm selbst widerfährt, so klar mit einem guten Sinn verbinden zu können, dass es für ihn nicht mehr un-begreiflich ist, muss im Umgang mit dem Leiden anderer auf Deutungen verzichten, durch die über deren Schmerz hinwegge-gangen oder deren Leiden fremden Zwecken dienstbar gemacht würde (Stosch 2013: 22). Die Solidarität mit den Leidenden und die Achtung ihrer Würde verwehren jede Instrumentalisierung ihres Leidens.

Eine abschließende Antwort auf die Theodizeefrage kann es nicht geben. Die Präsenz des Übels bleibt das Rätsel jeder Gegenwart. Über die authentische Theodizee führt keine Spekulation hinaus. Diese authentische Theodizee, wie sie uns in der Person Jesu und am Beispiel Hiobs begegnet, hilft dabei, auch im eigenen Leben mit der Erfahrung des Leidens umzugehen. Die Wahrnehmung des Glaubens ist darauf gerichtet, dass vermeidbares Leiden vermieden und unvermeidbares Leiden ertragen wird. Der Beistand für die Leidenden und ihre Bewahrung vor vermeidbarem Leid sind Grundformen der Liebe zum Nächsten. Die Hoffnung, dass Gott auch aus dem Bösesten Gutes entstehen lassen kann und will, bildet dafür einen entscheidenden Horizont. Dietrich Bonhoeffer hat sich in dunkelster Zeit von dieser Hoffnung leiten lassen. Sie kann uns auch heute bestimmen.

Leiden, Übel, Böses

Leiden, Übel und Böses waren wichtige Wörter in unseren bisherigen Überlegungen. Sie lassen sich in ihrem Gebrauch nicht leicht gegeneinander abgrenzen; in der Art, in der wir solche Wörter verwenden, schwingt zudem immer auch persönliche Erfahrung mit. Trotzdem ist es hilfreich, Unterschiede zwischen diesen drei Wörtern bewusst zu machen. Der Züricher Theologe und Religionsphilosoph Ingolf U. Dalferth hat dazu wichtige Anstöße gegeben (Dalferth 2006, 2008, 2011).

Das Leiden. Zur Grundverfassung des Menschen gehört es, dass er ein verletzliches Wesen ist. Ihm kann Schmerz zugefügt werden. Er erfährt Trauer. Er kann seelisch gefoltert werden. Ihm widerfährt Unrecht. Er kann sich selbst verfehlen. Das sind Grundformen des Leidens. Menschen leiden an sich selbst und an der Welt. Ihr Leiden kann durch sie selbst oder durch andere verursacht sein. Aber der Grund ihres Leidens braucht nicht nur in dem zu liegen, was ihnen selbst widerfährt, denn zur Empfindungsfähigkeit des Menschen gehört der Sinn für das Leiden anderer. Dass uns die Tränen kommen, wenn wir andere leiden sehen, ist ein elementarer Ausdruck von Menschlichkeit.

Sosehr Leiden zum Menschsein gehört, so wenig gibt es einen Grund, das Leiden zu verherrlichen. Sosehr die Bereitschaft zum Leiden Zeugnischarakter annehmen kann, so wenig lässt sich die willkürliche Provokation des Leidens rechtfertigen. Denn nicht nur gegenüber anderen, sondern auch gegenüber sich selbst hat der Mensch eine Pflicht dazu, mit dem Leben sorgsam umzugehen. Das Gebot der Nächstenliebe schließt die Liebe zu sich selbst ein. Zu einer religiösen Verklärung des Martyriums gibt es deshalb keinen Anlass. Die um ihres Glaubens willen verfolgten, gemarterten oder getöteten Christen wurden zu Zeugen ihres Glaubens; deshalb zeichnete man die Geschichte ihres Lebens und Leidens auf. Doch dass man in ihnen Vorbilder sieht, hat seinen entscheidenden Grund in der Standhaftigkeit ihres Glaubens, der auch durch Gefangennahme und Bedrohung mit dem Tod nicht ins Wanken geriet; dass man sie deshalb als Zeugen des Glaubens verehrt, kann nicht bedeuten, dass ihr Leiden verherrlicht oder gar dessen Nachahmung empfohlen wird.

Vermeidbares Leiden soll vermieden beziehungsweise überwunden werden. Diese Aussage gehört zu den Axiomen des christlichen Glaubens. Sie hat ihren stärksten Anhaltspunkt am Wirken Jesu selbst. Kaum etwas prägt seine öffentliche Wirksamkeit mehr als der Wille und die Fähigkeit, unnötigem Leiden entgegenzutreten. Dass er Menschen die Vergebung ihrer Sünden zusprach, sie von Krankheit befreite und zur Umkehr ermutigte, waren Schritte der Befreiung aus dem Leiden. Jesus sah darin nach dem Zeugnis des Lukasevangeliums die Erfüllung einer zentralen prophetischen Verheißung.

Sie hat zum Inhalt, dass den Armen das Evangelium verkündigt und den Gefangenen die Freiheit gepredigt wird, den Blinden, dass sie sehen sollen, und den Zerschlagenen, dass sie frei und ledig sein sollen (Lukas 4,18; vgl. Jesaja 61,1 f.). Grundsituationen des Leidens werden hier genannt, aus denen Jesus befreit. Soziales, körperliches, seelisches und geistliches Leiden werden dabei miteinander angesprochen; diese Dimensionen des Leidens sollten deshalb auch in der Perspektive des christlichen Glaubens nicht gegeneinander ausgespielt werden.

Wenn das Wirken Jesu so ausdrücklich belegt, dass vermeidbares Leiden vermieden beziehungsweise überwunden werden soll, ergibt sich daraus eine Folgerung, die schon hier festzuhalten ist: Der Sinn des Leidens Jesu selbst muss damit zusammenhängen, dass es ein unvermeidbares Leiden ist.

Das Übel. Leiden ist etwas, was dem Menschen widerfährt. Die Stärke, in der er es erlebt, die Hilfe, die der Trost anderer ihm bieten kann, die Kraft, dem Leiden standzuhalten – all das ist von Person zu Person sehr unterschiedlich ausgeprägt. Das Übel scheint im Vergleich dazu eher den Charakter des Objektiven zu tragen. Als Übel bezeichnen wir eine Handlung oder ein Ereignis, die nicht Gutes bewirken, sondern Schlechtes. Auch das Ergebnis der Handlung oder des Ereignisses kann in der Folge als Übel bezeichnet werden.

Man kann nicht jedes Übel auf einen Täter zurückführen, vielmehr entstehen Übel auch durch Ereignisse, für die keine einzelne Person verantwortlich gemacht werden kann, etwa das Unwetter, das eine Ernte zunichtemacht. Doch auch wer meint, solche Ereignisse seien Strafen für Übeltaten, stößt mit diesem Erklärungsversuch an Grenzen. Denn man muss auch Übel in den Blick nehmen, die sich nicht als göttliche Strafen verstehen lassen.

Gleichwohl verbindet sich mit dem Begriff des Übels bis zum heutigen Tag die Unterscheidung zwischen Täter und Opfer. Es gibt Situationen, in denen man ein Übel, wie der Volksmund sagt, in Kauf nehmen muss. Das freilich ist auf der Seite des Opfers wesentlich eher überzeugend als auf der Seite des Täters. Von ihm wird man erwarten, dass er die Verursachung eines Übels in jedem Fall unterlässt.

Doch es gibt Grenzsituationen, in denen triftige Gründe dafür sprechen können, ein Übel zu verüben, um dadurch ein größeres Übel zu verhüten. Die Situationen von Nothilfe und Notwehr bieten ebenso Beispiele dafür wie Widerstand und Tyrannenmord. Auch die Diskussion über die Vertretbarkeit kriegerischer Gewaltanwendung ist von einer vergleichbaren Fragestellung geprägt.

Lange Zeit waren die Grenzen, innerhalb deren die Anwendung von Gewalt als unvermeidliches Übel galt, grundsätzlich weiter gezogen als heute; die verfügbaren Gewaltmittel waren allerdings im Vergleich ungleich bescheidener. Insbesondere hielt man in früheren Epochen – wie auch heute noch in weiten Teilen der Welt – strafende Gewalt für ein unvermeidliches Übel. Das staatliche Strafhandeln galt als notwendig dafür, das Böse einzudämmen; Strafen in der Erziehung wurden damit gerechtfertigt, wer nicht hören wolle, müsse fühlen. Inzwischen wird staatliches Strafhandeln mit der Resozialisierung des Straftäters, der Rechtssicherheit und dem Schutz der Gesellschaft gerechtfertigt; der Aspekt der Strafe spielt zwar weiter eine Rolle, aber die Vergeltung ist nicht mehr das alleinige Motiv. Gewalt in der Familie, aber auch in allen Erziehungsinstitutionen gilt wie Gewalt gegen Menschen generell als Verstoß gegen die Würde und Integrität des Menschen und hat deshalb zu unterbleiben.

Die deutsche Sprache unterscheidet zwischen dem «Übel» und dem «Bösen». Andere Sprachen haben, dem lateinischen Wort *malum* folgend, für beides nur ein Wort zur Verfügung. Wer in solchen Sprachen zu Hause ist, wird es deshalb nicht leicht nachvollziehen, welche Bedeutung im Deutschen der Frage zugemessen wird, ob in der siebten Bitte des Vaterunsers die Erlösung von dem Bösen oder die Erlösung von dem Übel erbeten wird. Mit Martin Luthers Bibelübersetzung hatte sich «Erlöse uns von dem Übel» als Übersetzung eingebürgert; bei der Vereinbarung eines gemeinsamen ökumenischen Textes für das Vaterunser im Jahr 1971 dagegen verständigte man sich auf die Übersetzung: «Erlöse uns von dem Bösen».

Das Böse. Es ist verständlich, dass manche evangelische Christen sich mit dieser Veränderung des Wortlauts bis zum heutigen Tag schwer tun. Aber mit ihr verbindet sich ein nachvollziehbarer Sinn. Im Begriff des Bösen klingt unmittelbar an, dass diesem eine destruktive Energie, eine Kraft der Trennung innewohnt. Das Böse wird als etwas erfahren, das Leben schädigt, einschränkt oder zerstört, Beziehungen untergräbt und nicht zuletzt: zwischen die Menschen und Gott tritt.

Das Böse kann als Teil eines Herrschaftsapparats auftreten und mechanisch verübt werden; es verträgt sich mit unauffälligen und gut bürgerlichen Verhaltensweisen. Seine Durchsetzungsmacht beruht auf der Verführbarkeit des Menschen; er lässt sich zum

Bösen verleiten, wenn er sich davon einen Vorteil erhofft, wenn die Verweigerung gegenüber dem Bösen Mut erfordert oder wenn die Macht auf der Seite des Bösen steht. Klare moralische Einsicht kann sich demgegenüber als unterlegen erweisen. Das ist eine der Dimensionen dessen, was der christliche Glaube als Sünde bezeichnet.

Während wir das Wort «gut» sowohl beschreibend als auch wertend verwenden, ist das Wort «böse» ganz auf die wertende Seite festgelegt. Wenn wir von Übel sprechen, sehen wir sowohl die Seite des Täters als auch die des Opfers. Wenn wir vom Bösen sprechen, tritt dagegen die Seite in den Vordergrund, die das Böse verursacht. Diese aktive Dimension führt dazu, *das* Böse zu personifizieren, so dass aus ihm *der* Böse wird.

Menschen können so sehr von der Aktivität des Bösen fasziniert sein, dass sie sogar dann noch am Personsein des Bösen festhalten, wenn sie den Glauben an das Personsein Gottes verloren haben. Das zeigt sich an modernen Formen des Satanismus; in ihnen vollzieht sich eine religiöse Verklärung des Bösen – gegebenenfalls bis hin zu Satansmessen –, verbunden mit einer bewussten Entwertung geltender ethischer Prinzipien. Aber die Personifizierung des Bösen zeigt sich auch in kritischen Auseinandersetzungen über Fehlentwicklungen der jeweiligen Gegenwart. Auch noch in der dämonisierenden Beschreibung beunruhigender Entwicklungen – der Nutzung der Atomenergie beispielsweise oder der Globalisierung – zeigt sich bisweilen eine Tendenz dazu, dem Bösen eine personale Macht zuzuerkennen.

Die christliche Tradition hat der Personifizierung des Bösen – vor allem in Gestalt des Teufels – Vorschub geleistet. Nicht nur als Versucher wurde er gesehen, wofür es schon in der biblischen Überlieferung wichtige Anknüpfungspunkte gibt, sondern ihm wurde auch die Herrschaft über die Unterwelt zuerkannt, aus der allein Christus zu befreien vermag. Diese mythische Deutung des Bösen überdauerte die Jahrhunderte. Viele theologische Versuche der Entmythologisierung ließen den Teufel unberührt und konzentrierten sich auf mythische Darstellungen Gottes. Das lässt sich daraus erklären, dass sich in den Vorstellungen vom Teufel, von gefallenen Engeln oder von Dämonen die Erfahrung einer überpersönlichen Macht des Bösen spiegelt, für die der Begriff der strukturellen Sünde gebräuchlich geworden ist. Doch Strukturen, die Böses fördern und hervorbringen, wehrt man nicht dadurch ab, dass man sie mythisiert oder dämonisiert. Man muss vielmehr ihre Ursachen aufklären, ihre Wirkmechanismen durchschauen und praktische, das heißt insbesondere rechtliche Maßnahmen gegen sie entwickeln. Auch im Blick auf die strukturelle Sünde ist die Personalisierung der falsche Weg. Richtig ist es, Gottes Personalität zu achten, dem Bösen aber die Würde des Personseins zu bestreiten.

Sünde und Schuld

Für die Klage lege ich in diesem Kapitel Ehre ein. Das Klagen soll zu Worte kommen, nicht nur das Jammern. Nicht das Selbstmitleid ist religiös hochzuhalten, sondern die Trauer über fremdes wie über eigenes Leid. Das Böse muss beim Namen genannt, das Übel beschrieben, das Leiden mitgeteilt werden. Zu den Einsichten des Glaubens gehört, dass Gott solche Klagen erhört. Das Gebet ist eine grundlegende Handlung des Glaubens, nicht nur im Lob Gottes, sondern auch in der Klage über das, was misslingt.

Doch die Klage bezieht den Klagenden mit ein. Der gottesdienstliche Ruf «Herr, erbarme dich» meint nicht die Fehlleistungen anderer, sondern die Fehlorientierung des Beters selbst. Es gibt keinen christlichen Gottesdienst ohne Bekenntnis der Schuld; zu jedem Gottesdienst gehört die Bitte um Vergebung der Sünde. Damit ist zugleich gesagt: Es gibt im christlichen Glauben keinen Zugang zur Sünde jenseits der Zusage der Vergebung der Sünden. Im Licht der Vergebung zeigt sich erst, was die Sünde ist.

Was ist Sünde? In der Zusage der Vergebung stellt Gott kraft seiner Gnade die Verbindung mit dem Menschen wieder her. Daran wird zugleich das Wesen der Sünde deutlich. Sünde ist Trennung des Menschen von Gott. Sünde meint eine Verkehrung in der Grundbestimmung des Menschen: seiner Bestimmung als einer Gott entsprechenden Person, die auf Gottes Anrede antwortet und zum Zusammensein mit den Mitmenschen und den Mitgeschöpfen berufen wird. Das Wesen der Sünde lässt sich darum nicht auf diese oder jene moralische Verfehlung reduzieren. Aber die Sünde lässt sich auch nicht spiritualisieren oder auf die Gottesbeziehung reduzieren. Denn diese Gottesbeziehung hat auch mit der Frage zu tun, was Menschen mit ihrem Leben anfangen und wie sie es führen.

Im Hohen Lied der Liebe, das Paulus im 13. Kapitel seines 1. Korintherbriefs aufgezeichnet hat, werden die Wirkungen des Geistes Gottes als Glaube, Hoffnung und Liebe bezeichnet. Ein Leben wird beschrieben, in dem Menschen im Glauben in einer lebendigen Beziehung zu Gott, in der Hoffnung in einer lebendigen Beziehung zur Zukunft und in der Liebe in einer lebendigen Beziehung zu ihren Nächsten wie zu sich selbst stehen. In dieser Beschreibung eines vom Geist Gottes bestimmten Lebens wird zugleich deutlich, was das Wesen der Sünde ist. Sie ist eine Haltung, die sich dem Glauben, der Hoffnung und der Liebe entzieht. Das Wort «Sünde» beschreibt eine menschliche Grundsituation, die durch Unversöhntheit, Hoffnungslosigkeit und Lieblosigkeit bewirkt und bestimmt ist (Brandt, in: Brandt/Suchocki/Welker 1997: 28 f.). In ihr zerbricht die lebendige Beziehung zu Gott, zur Zukunft, zu den Mitmenschen wie zu sich selbst. Sie ist ein Verhängnis, das nach Befreiung ruft.

In der Geschichte des Christentums wurden immer wieder die Zehn Gebote oder deren Zusammenfassung im Doppelgebot der Liebe als Beichtspiegel verwendet, an dem Christen sich die lebensgeschichtliche Befangenheit in der Sünde vor Auge führen konnten. In dieser Praxis kommt der umfassende Charakter der Sünde als Verkehrung von Lebensverhältnissen anschaulich zur Geltung.

Die traditionelle christliche Lehre von Sünde und Gnade, von Schuld und Vergebung, von Werkgerechtigkeit und göttlicher Rechtfertigung war durch die Intention geprägt, die Alleinwirksamkeit der rechtfertigenden Gnade Gottes in den Vordergrund zu rücken. Diese Zielsetzung bestimmte die in der westlichen Tradition lange Zeit dominierende Sündenlehre des Kirchenvaters Augustin genauso, wie sie die reformatorische Rechtfertigungslehre prägte. Wenn die Befreiung von der Sünde allein von der göttlichen Gnade erwartet wird, kann es unter den Menschen – von Jesus Christus abgesehen – keine Ausnahme von der Verfallenheit an die Sünde geben; denn nur wenn alle Sünder sind, kann die Überwindung der Sünde allein von Gott erwartet werden. Diese Überzeugung wurde zum einen durch die Vorstellung von einer «Ursünde» verdeutlicht, die in einer «geschichtsmythischen Konstruktion» mit dem Sündenfall Adams und Evas verbunden wurde (Dalferth 2008: 247). Das Fortwirken dieser Ursünde wurde an die Vorstellung der «Erbsünde» gebunden, der zufolge die Menschheitsgeschichte insgesamt durch eine von Generation zu Generation weitergegebene Unfähigkeit, nicht zu sündigen, geprägt ist. Martin Luther hat diese These dadurch besonders radikal ausgedrückt, dass er dem Menschen in seinem Verhältnis zu Gott jeden freien Willen absprach; dass er ihn im Verhältnis zu den Mitmenschen zu konzedieren bereit war, minderte das Erschrecken über diese Radikalität keineswegs. Diese Radikalität förderte eine Auffassung, nach der alle Übel entweder als Folgen des sündigen Handelns oder als Strafe für dieses Handeln angesehen wurden. Damit belastete sich die traditionelle Sündenlehre mit einer Hypothek, die einzulösen unmöglich war. Denn es ist unmöglich, alles Übel in der Welt auf das sündige Handeln des Menschen oder die göttliche Strafe für dieses Handeln zurückzuführen. Das Übel als kosmisches Ereignis oder unverschuldetes Widerfahrnis sollte jedoch nicht ignoriert werden. Wer das Unglück, das einer Person widerfährt, als Strafe für deren Sünde interpretiert, muss sich die Frage gefallen lassen, wie sich eine solche Wertung zu dem unverdienten Glück dessen verhält, der nicht weniger Grund hätte, sich zu seiner Sündhaftigkeit zu bekennen.

Besonders verfehlt an der Idee einer «Erbsünde» war die Vorstellung, dass die Sünde von den Eltern an die Kinder vererbt werde. Sie führte dazu, die sexuelle Vereinigung von Mann und Frau als einen in sich selbst sündigen Akt zu verstehen, weil er doch die Weitergabe der Erbsünde einschließe. Das sexuelle Verlangen – die sogenannte Begierde – wurde dann sogar als die Grundgestalt der Sünde bezeichnet.

Gewiss kann auch die menschliche Sexualität unter den Bann der Sünde geraten. Das geschieht dann, wenn sie selbstsüchtig ausgelebt wird. Es gibt verantwortungslose Formen der Sexualität; in den Zehn Geboten ist von ihnen exemplarisch im Verbot des Ehebruchs die Rede. Doch es entspricht dem biblischen Menschenbild nicht, die menschliche Sexualität insgesamt mit dem Odium des Sündigen zu umgeben. Die oft behauptete Leibfeindlichkeit kann auf keinen Fall als ein Grundzug des christlichen oder gar des biblischen Menschenbilds ausgegeben werden, denn das biblische und mit ihm auch das christliche Menschenbild hat gerade den *ganzen Menschen* im Blick. Dass der Mensch nicht nur einen Körper *hat*, sondern Körper *ist*, gehört zu den grundlegenden Einsichten eines vom Glauben geprägten Lebens. Deshalb ist auch die leibfeindliche Unterdrückung und Verteufelung der Sexualität ein Ausdruck der Sünde.

Den Vorstellungen von Sündenfall und Erbsünde muss man aus den beschriebenen Gründen deutlich widersprechen. Doch der Einsicht, dass zur menschlichen Freiheit die Erfahrung gehört, an etwas schuld zu sein, kann man nicht ausweichen, denn zur Endlichkeit der menschlichen Freiheit gehört auch, dass ihr fehlerfreier Gebrauch keinem Menschen gelingt. Vor Gott kann kein Mensch durch seine Taten auftrumpfen; er kann Gott nur begegnen, indem er für alles Gute dankt, das ihm widerfährt, über eigenes und fremdes Leiden klagt, für alles Ungenügen um Vergebung bittet und sich die Kraft für das wünscht, womit Gott ihn beauftragt.

Die unlösliche Verknüpfung von Freiheit und Schuld ist eine tragische Grundsituation, die keinem Menschen unbekannt ist. Die Tragik verstärkt sich dadurch, dass es weithin als verpönt gilt, von der Sünde zu sprechen. Begründet wird diese Zurückhaltung oft mit dem Argument, mit Sündenbekenntnissen seien Menschen klein gehalten und mit Bußübungen eingeschüchtert worden. Sie wurden auf ihre Sünde festgelegt und dadurch unfrei gemacht. Die Lebensfreude wurde verpönt; aus der Angst vor der Sünde wurde ein zwanghaftes Pflichtbewusstsein abgeleitet. Dem übermächtigen Gott stand der sündige Mensch wie ein kleiner, unscheinbarer Zwerg gegenüber.

Das ist der Stoff, aus dem «ekklesiogene Neurosen» entstehen können. «Ekklesiogen» bedeutet: kirchengemacht. Kirchliche Erziehung kann angstbesetzt sein; die Freiheitsbotschaft des Evangeliums kann in eine Botschaft der Unfreiheit verkehrt werden, die «Frohbotschaft» wird zur «Drohbotschaft». Aus dem Bild des den Sünder strafenden zornigen Gottes können sich dauerhafte psychische Störungen ergeben. Als «Gottesvergiftung» hat der Psychoanalytiker Tilman Moser diese Erfahrungen bezeichnet; vom «Gotteskomplex» hat der Psychoanalytiker Horst Eberhard Richter gesprochen (Moser 1976; Richter 1979). Ihre Analysen haben vielen Menschen geholfen, von solchen zwanghaften Vorstellungen Abschied zu nehmen. Doch leider haben sie sich dabei in vielen Fällen von der Gottesbeziehung selbst verabschiedet.

Manche dachten, mit der Kritik an einer problematischen Fixierung auf die Sünde könne man auch das Nachdenken über sie hinter sich lassen. Bis in die jüngste Vergangenheit hinein gilt manchen Autoren – wie dem Soziologen Gerhard Schulze – die Abrechnung mit der Sünde als einem vermeintlich total überflüssigen, die Menschen unterjochenden Konzept als der große Durchbruch zur Freiheit (Schulze 2006). Doch der vermeintliche Freiheitsgewinn ist mit einem Verlust an Wirklichkeitssinn erkauft.

Inzwischen gehört für die meisten der «Gotteskomplex» der Vergangenheit an. Nicht in neurotischen Schuldfixierungen, sondern in narzisstischen Störungen sehen viele Psychoanalytiker ein großes Problem unserer Zeit. Die Verstrickung in die Sünde der Beziehungslosigkeit ist keine leere und überholte Behauptung. Sie nimmt vielmehr beklemmende neue Formen an. Radikalisierung und Extremismus sind Beispiele dafür. Menschen versteigen sich in ideologische Verhärtungen und fanatische Einseitigkeiten; damit verbindet sich häufig eine pauschale Abwertung von Menschen anderer Herkunft, anderer Religion oder anderer Überzeugung. Wer so die Offenheit für andere Menschen verliert, nutzt unter Umständen die virtuellen Welten von Computerspielen, Internet oder Fernsehen, um sich immer tiefer in einer Scheinwelt einzuspinnen. Jugendliche fliehen aus einer Gesellschaft, in der sie sich nicht in Anspruch genommen und gewürdigt fühlen. Sie flüchten sich in nationalistische Ideologien, deren Gewaltphantasien leicht in Gewalttaten umschlagen. Menschen hängen ihr Herz an die Spekulation mit frei um den Globus rotierendem Kapital, das im wahrsten Sinn des Wortes zu ihrem Gott wird, angebetet und verehrt. Paare verfehlen einander, weil sie den Genuss der eigenen Sexualität an die Stelle der sinnlich erlebten Liebe stellen und sich dem anderen deshalb nur so lange zuwenden, wie es «Spaß macht». Ältere Menschen lassen sich zu unbeugsamen Urteilen über andere verleiten, die in gruppenbezogene Menschenfeindlichkeit münden können.

Jeder kennt aus der eigenen Lebensgeschichte solche Situationen unentrinnbarer Verstrickung. Martin Luther beschrieb den Sünder als ein in sich selbst verkrümmtes Wesen, dem die Möglichkeit des freien Blicks genommen ist. Das ist eine sehr realistische Beschreibung. Es ist höchste Zeit, dass wir das Wort «Sünde» nicht mehr nur für den Verstoß gegen Diätvorschriften oder Verkehrsregeln verwenden.

Die Sünde lässt sich in ihrer Tiefe von der Vergebung her verstehen. Weil in Christus der Glanz Gottes in die Welt zurückkehrt, können wir das Dunkel der Sünde erkennen und die Befreiung aus diesem Dunkel dankbar annehmen (Gestrich 1989). Dafür brauchen wir Worte und Zeichen der Vergewisserung. Der Zuspruch der Sündenvergebung ist ein Grundvollzug des christlichen Glaubens. Er schließt die Einsicht in die Sünde und deren Bekenntnis ein. Dem dienen die Beichte und die mit ihr verbundene Lossprechung von den Sünden, die Absolution. In der römisch-katholischen Tradition hat sich die Einzelbeichte als regelmäßige Übung erhalten; ihre praktische Bedeutung ist jedoch zurückgegangen. In den Kirchen der Reformation ist an ihre Stelle eine Haltung getreten, die das ganze menschliche Leben als Buße betrachtet, wie Martin Luther in der ersten seiner 95 Thesen von 1517 formuliert (Luther 1982: 1,28). Doch auch wenn Buße und Umkehr im Alltag ihren Ort haben, brauchen sie immer wieder eine eigenständige, deutlich hervorgehobene Gestalt. Deshalb gewinnt auch im evangelischen Gottesdienst das gemeinsame wie das persönliche Sündenbekenntnis an Bedeutung; in der Seelsorge erhalten Beichte und Freisprechung von der Schuld wieder mehr Raum. Diese Entwicklung ist zu begrüßen. Der Mut zu einem evangelischen Ritus ist gerade hier angebracht; er kann dabei helfen, dass die Botschaft von der Rechtfertigung des Sünders allein aus Gnade zur erlebten Gewissheit wird. Damit das geschieht, bedarf es geprägter Worte und gestalteter Zeichen.

Lange Zeit hatte im evangelischen Gottesdienst das Heilige Abendmahl diese Funktion. Es wurde selten begangen und in einer Form gestaltet, in der das Sündenbewusstsein und das

Angewiesensein auf Vergebung deutlich zur Geltung kamen. Verglichen mit dieser Tradition hat die Abendmahlsfrömmigkeit in der evangelischen Kirche in den letzten Jahrzehnten eine beeindruckende Entwicklung durchlaufen. Die Beschränkung der Abendmahlsfeier im Gottesdienst auf wenige Sonntage im Jahr und ihre Verbannung in einen Anhang zum Predigtgottesdienst sind in weiten Regionen der evangelischen Kirche unvorstellbar geworden. Dass am Tisch Jesu das Mahl des Herrn gefeiert und die Gemeinschaft mit Christus erfahren wird, tritt in der Gestaltung der Abendmahlsfeier deutlicher als früher hervor. Doch die Gewissheit der Sündenvergebung tritt dahinter zurück, obwohl auch sie ihr unaufgebbares Recht hat. Dadurch wird das Mahl des Herrn nicht zu einer düsteren, freudlosen Angelegenheit. Gefeiert wird vielmehr «die Wiederkehr des Glanzes in die Welt». Diese Feier ermutigt gerade dazu, die Rede von der Sünde zu erneuern. Denn sie ist auch heute vonnöten.

Was ist Schuld? In der christlichen Sprache sind die Worte «Sünde» und «Schuld» nahe zusammengerückt. Das geschah insbesondere dadurch, dass das Vaterunser in der Überlieferung des Matthäus die Bitte um die Vergebung der Schulden (*opheilemata;* Matthäus 6,12) enthält. Damit wird offenkundig nicht um den Erlass von Verbindlichkeiten nachgesucht; sondern es wird eine Vergebung durch Gott erbeten, die dazu bereit macht, auch mit den Nächsten in ein neues Verhältnis zu treten. Dass das Wort «Schulden» hier in denkbar größter Nähe zur Sünde verstanden ist, zeigt sich daran, dass der Evangelist Lukas, der das Vaterunser ebenfalls überliefert, statt von Schulden von Sünde (*hamartia;* Lukas 11,4) spricht.

Doch schon im Neuen Testament bildet diese Gleichsetzung eine Ausnahme; im Allgemeinen werden Sünde und Schuld deutlich voneinander unterschieden. Schuld meint dabei eine – häufig finanzielle oder materielle – Verpflichtung, die noch nicht eingelöst ist. Aber auch die Verletzung einer moralischen Verpflichtung gegenüber einem Mitmenschen wird mit diesem Wort bezeichnet. Wenn dem Mitmenschen verweigert wird, was ihm gebührt, kann dies eine Zerstörung der Beziehung zur Folge haben, die auf der zwischenmenschlichen Ebene durchaus dem entspricht, was in der Gottesbeziehung durch den Begriff der Sünde zum Ausdruck kommt. Daraus erklärt sich, warum Sünde und Schuld nahe zusammenrücken.

Gibt es eine Kollektivschuld?   In einer Hinsicht sind Schuld und Sünde deutlich voneinander unterschieden. Schuld – das ist im Lauf der Geschichte immer deutlicher hervorgetreten – ist unlösbar an die einzelne menschliche Person gebunden. Als schuldig lässt sich nur bezeichnen, wer auch als Person für ein Geschehen haftbar gemacht werden kann. Insbesondere nach den kollektiven Verbrechen der nationalsozialistischen Zeit ist die Frage intensiv erörtert worden, ob es möglich ist, von einer Kollektivschuld zu sprechen. Das Ergebnis dieser Überlegungen war eindeutig: Schuld ist immer individuell zurechenbar; es gibt keine Kollektivschuld.

Das war auch wichtig, um das Verhältnis späterer Generationen zur Schuld ihrer Vorfahren zu klären. Wenn es keine Kollektivschuld gibt, kann es auch keine Kollektivhaftung über die Generationsgrenzen hinweg geben. Sehr wohl aber gibt es eine gemeinsame Scham für Verbrechen, die im eigenen Land und im Namen des eigenen Volkes verübt wurden; und es gibt eine gemeinsame Verantwortung für die Folgen, die sich aus diesen Verbrechen ergeben.

Ohne an zurückliegenden Taten selbst schuld zu sein, werden wir doch in einer Weise in sie verstrickt, der wir uns nicht entziehen können. Daraus entsteht eine Verantwortung dafür, Missständen entgegenzutreten, die wir nicht selbst verursacht haben. Der katholische Theologe Karl Rahner (1904–1984) hat diese Art der Verstrickung an einem banal klingenden Beispiel verdeutlicht. Das Essen einer Banane ist in sich selbst in keinem Sinn anrüchig. Doch wer sich klar macht, unter welchen entwürdigenden Umständen Plantagenarbeiter Bananen ernten und welche Auswirkungen der Transport von Bananen auf die Umwelt hat, sieht sich sogar durch das Essen von Bananen in Verfehlungen verstrickt, aus denen er sich nicht aus eigener Kraft befreien kann (Rahner 1976: 117).

Wir sind in Übles verstrickt, ohne uns entziehen zu können. Wir bleiben in unserem Verhalten hinter den Erwartungen zurück, die wir ehrlicherweise selbst an uns richten. Wir können uns nicht beherrschen, obwohl wir das wollen. Martin Luther beschreibt den Menschen in solchen Zusammenhängen als ein Reittier, das entweder vom Teufel geritten wird oder von Gott.

«Erlöse uns von dem Bösen.» Für unser Leben kommt alles darauf an, dass uns weder die eigene Schwäche noch das Verhängnis um uns herum von Gott trennt, denn er ist die Kraft, die uns vor der Unterwerfung unter das Böse bewahrt. Unserer Schwäche halten wir nur stand, weil Gott uns annimmt, dieser Schwäche zum Trotz. So erleben wir, dass wir als Menschen mehr sind, als wir selbst aus uns zu machen vermögen. Dem Verhängnis um uns herum halten wir nur stand, weil wir auf Gott vertrauen, diesem Verhängnis zum Trotz. Darin wird uns bewusst: Das Böse gewinnt über die Welt und über uns nicht die endgültige Macht.

Wenn uns auf diese Weise Gottes Gnade begegnet, verstehen wir, warum wir das Böse als Macht ernst nehmen, aber auch in seine Schranken weisen müssen, denn das Böse ist die Macht, die uns von Gott trennen will. Übles werden wir immer wieder erleben; aber dem Bösen brauchen wir uns nicht zu unterwerfen. «Erlöse uns von dem Bösen»: Die Bitte des Vaterunsers richtet sich darauf, dass wir schon jetzt, in unserem Leben, von der Macht frei werden, die uns von Gott trennen will. Das Übel, das uns widerfährt, das Leiden, dem wir unterworfen sind, die Sünde, die uns anficht – sie brauchen uns nicht von Gott zu trennen. Denn er kommt uns in Christus nahe und zeigt uns sein menschliches Gesicht.

6. DER WEG JESU

Nichts ist mehr selbstverständlich

«Wer ist der Mann am Balken da?» So können Schüler heute fragen, die zum ersten Mal eine Kirche betreten und die Darstellung des gekreuzigten Christus sehen (Wischnath 1999). Aber auch für Menschen, die sich als Christen verstehen oder im christlichen Glauben beheimatet sind, ist das Verhältnis zu Jesus Christus nicht mehr selbstverständlich. Dazu muss man wissen, wer er war – und worin seine Bedeutung für den christlichen Glauben besteht.

Die Antwort auf solche Fragen wird durch die Diskussionslage der Gegenwart erschwert. Drei Themen sind dafür von exemplarischer Bedeutung: Manchen gilt es angesichts des religiösen Pluralismus politisch als unkorrekt, an der zentralen Bedeutung Jesu für den christlichen Glauben festzuhalten. Andere fragen, wie ein Christusbekenntnis nach Auschwitz, also nach den Verbrechen am europäischen Judentum durch das nationalsozialistische Deutschland, möglich sein soll. Schließlich wird geltend gemacht, es sei nicht geschlechtergerecht, Jesus Christus als Herrn und Heiland zu bekennen.

Wenn Klarheit darüber entstehen soll, wer Jesus Christus war und was seine Person für den Glauben bedeutet, reicht schlichte Information nicht zu. Sie muss im Bewusstsein solcher Einwände erfolgen. Die drei genannten Einwände seien knapp erläutert.

Zunächst der interreligiöse Dialog und die politische Korrektheit. In amerikanischen Buchhandlungen sind Regale für religiöse Themen zwar mit «Judentum» und «Islam» gekennzeichnet; aber dort, wo man das Christentum erwartet, findet man nur den Titel «Western Religion». Von Jesus Christus oder der christlichen Religion zu sprechen, gilt als anstößig, weil damit eine Überlegenheit des Christentums über andere Religionen oder gar ein

Absolutheitsanspruch nahegelegt werde. Aus einer vergleichbaren Überlegung heraus schlagen manche vor, man solle Glück-
wünsche am Jahresende nicht auf das Weihnachtsfest beziehen,
sondern neutral «schöne Festtage» wünschen.

Es stimmt: Durch das Christusbekenntnis unterscheidet sich
der christliche Glaube von den anderen monotheistischen Religionen. Gäbe es das Christusbekenntnis nicht, so denken manche
Christen, ließe sich ein Einvernehmen dieser Religionen einfacher
erzielen. Sie lassen deshalb das an ihrem eigenen Glauben zurücktreten, wovon sie vermuten, es könnte das Gespräch behindern:
das Bekenntnis zu Christus.

Doch von einem interreligiösen Dialog kann im Ernst nur die
Rede sein, wenn der Glaubenskern der beteiligten Religionen
nicht verschwiegen, sondern zur Sprache gebracht wird. Der
aufmerksame, respektvolle und gegebenenfalls kritische Umgang
mit den Unterschieden zwischen den beteiligten Religionen ist ein
unabdingbarer Bestandteil jedes Gesprächs, das diesen Namen
verdient.

Sodann das Christusbekenntnis und die Schoah. Das Bekenntnis zu Jesus Christus hat sich in der Geschichte des Christentums
immer wieder mit einer Abkehr von den jüdischen Wurzeln des
christlichen Glaubens verbunden. Im beharrlichen Bekenntnis des
Volkes Israel zu dem Gott, der mit ihm einen unverbrüchlichen
Bund geschlossen hat, sahen viele Christen nur den Ausdruck
eines «verstockten» jüdischen Neins zu Jesus Christus. An die
Verweigerung gegenüber der Messianität Jesu knüpften sie den
Vorwurf, die Juden trügen die Schuld am Kreuzestod Jesu. Dass in
der Darstellung des Matthäusevangeliums das jüdische Volk die
Hinrichtung Jesu mit den Worten fordert: «Sein Blut komme über
uns und unsere Kinder» (Matthäus 27,25), galt als Rechtfertigung
für die Verfolgung der Juden. Aus dem innerjüdischen Konflikt,
den das Neue Testament schildert, entwickelten sich festgefügte
antijüdische Stereotypen.

Immer wieder wurde das Christusbekenntnis zum Dreh- und
Angelpunkt des christlichen Antijudaismus. Er bahnte den Weg
zu einem Antisemitismus, der seit dem 19. Jahrhundert – scheinbar fern von allen Glaubenskonflikten – rassistisch begründet

wurde, und mündete schließlich in die unvergleichlichen Verbrechen des Völkermords an den Juden.

Nach Auschwitz musste deshalb ein Neuansatz gesucht werden. Die Frage stellte sich, wie das Bekenntnis zu Jesus Christus nach der Schoah zu fassen sei, ja: ob ein solches Bekenntnis überhaupt noch möglich sei.

Ein Christusbekenntnis nach Auschwitz muss einbeziehen, dass Jesus selbst Jude war; schon deshalb kann es nicht maßgeblich durch die Abgrenzung vom Judentum bestimmt sein. Vielmehr muss das Bekenntnis zur Heilsbedeutung Jesu Christi in einer Weise zum Ausdruck kommen, die mit der Anerkennung des ungekündigten Bundes Gottes mit dem Volk Israel vereinbar ist.

Schließlich das Bekenntnis zu Jesus Christus und die Geschlechtergerechtigkeit.   Die Sprache, in der das Bekenntnis zu Jesus Christus zum Ausdruck kommt, weckt Widerstand. Wer sich um eine geschlechtergerechte Sprache bemüht, stößt sich unter Umständen bereits am einfachen Wortlaut des ältesten christlichen Bekenntnisses: «Herr ist Jesus.» Widerspruch wecken auch die anderen Hoheitstitel, mit denen das Neue Testament die Einzigartigkeit Jesu beschreibt: «Menschensohn», «Gottessohn» – alles Titel, die einer männlich dominierten Sprache entstammen oder zumindest darauf abheben, dass Jesus ein Mann war. Und ist es beim Titel «Messias» und damit dem Namen «Jesus Christus» anders?

Die kritische Auseinandersetzung mit den patriarchalen Überformungen des christlichen Glaubens gehört zu den wichtigen geistlichen und theologischen Fortschritten unserer Zeit. Die Aufmerksamkeit dafür, dass überlieferte christliche Lebens- und Glaubensformen Frauen einen minderen Status gegenüber Männern zuweisen, war überfällig. Ebenso wichtig war die konstruktive Gegenbewegung. Die Rolle von Frauen in biblischen Texten wurde entdeckt; bedeutende Frauen wurden als Vorbilder im Glauben gewürdigt; die besonderen Formen weiblicher Spiritualität fanden Beachtung. In den evangelischen Kirchen vollzog sich der Durchbruch zur Ordination von Frauen und damit zur vollen Teilhabe von Frauen am Verkündigungsauftrag der Kirche und an kirchlichen Leitungsämtern.

Was bedeuten diese Entwicklungen für die Sprache, in welcher der christliche Glaube bezeugt wird? Wie kann diese Frage so geklärt werden, dass nicht die eigenen Deutungsinteressen dem, was bezeugt werden soll, übergeordnet werden? Diese Frage wurde deutlich, als 2006 eine «Bibel in gerechter Sprache» veröffentlicht wurde. Die Kontroverse über diese Bibelübersetzung darf nicht für die Aufgabe blind machen, die Perspektive von Frauen auf das christliche Bekenntnis zu Jesus Christus ernsthaft und intensiv einzubeziehen.

Im Zentrum das Kreuz. In all dem steht mehr auf dem Spiel als Fragen der politischen Korrektheit, der interreligiösen Dialogfähigkeit, des jüdisch-christlichen Verhältnisses oder der geschlechtergerechten Sprache. Es geht darum, ob und wie die Heilsbedeutung Jesu zur Sprache kommen kann. Der Streit richtet sich auf das Kernsymbol des christlichen Glaubens: auf das Kreuz.

Die Heilsbedeutung des Kreuzestodes Jesu wird seit alters in der Sprache der Sühne und des Opfers ausgedrückt. Dass Jesus für die Sünden der Menschen gestorben ist und das Kreuz stellvertretend für sie auf sich genommen hat, löst die Rückfrage aus, was das für ein Gott sei, der auf ein solches Opfer und eine derartige Sühne angewiesen ist. Wie verträgt sich die Konzentration des christlichen Glaubens auf eine gewaltsame Hinrichtung mit der Verkündigung Jesu, zu deren Zentrum die Aufforderung zu Gewaltfreiheit und Versöhnung gehören?

Herr ist Jesus. Die Konzentration des christlichen Bekenntnisses auf Jesus Christus, so zeigen diese Überlegungen, versteht sich nicht mehr von selbst. Doch darin liegt eine große Chance. Wenn sich etwas nicht mehr von selbst versteht, kann man sich neu um sein Verständnis bemühen.

Dass Menschen sich bis zum heutigen Tag an Jesus orientieren und in ihm den entscheidenden Halt für ihr Leben finden, hat zunächst mit der Botschaft von Jesu Kreuz und Auferweckung zu tun. Weil diese Botschaft über Jesu Tod hinaus Glauben gestiftet hat, wurden die Berichte über sein Leben weitererzählt und aufbewahrt; die vier Evangelien tragen deshalb den Charakter einer ausführlichen Hinführung zu dem Geschehen von Kreuzestod und Auferstehung. Das Einmalige schließlich, das den Menschen in diesem Geschehen begegnete, wurde zusammenfassend als Menschwerdung Gottes gedeutet. Es mündete in das Bekenntnis: «Herr ist Jesus.»

Dieses Bekenntnis bildet die Brücke zwischen dem historischen Jesus und dem Christus des Glaubens. Wir fragen in diesem Kapitel danach, ob diese Brücke auch heute begehbar ist.

Wahrnehmungsgestalten Jesu

Das Apostolische Glaubensbekenntnis endet mit dem Bekenntnis zur Vergebung der Sünden, zur Auferstehung der Toten und zum ewigen Leben. Damit wird zum Abschluss dieses Bekenntnisses zusammengefasst, was die Heilsbedeutung Jesu Christi ausmacht. Es wird ein neues Verhältnis zur Schuld und zum Bösen, zum Tod und zur Vergänglichkeit eröffnet. Eine Tür wird aufgetan zu dem Sinn des menschlichen Lebens, der vor Gott gilt.

Weil es darauf ankommt, übergehen die frühen christlichen Bekenntnisse das Leben Jesu, wie es scheint, wie mit einem Federstrich. Von der Geburt Jesu gehen sie in einem Schritt zu seinem Leiden unter Pontius Pilatus, seinem Kreuzestod, seiner Auferstehung und seiner Erhöhung zur Rechten Gottes über. Sie signalisieren damit, worin das Bekenntnis zu Jesus seinen Grund hat: nicht in seinem irdischen Wirken und auch nicht in seiner Verkündigung, sondern in der Heilsbedeutung seines Todes und seiner Auferweckung.

Heute liegt es vielen Menschen näher, von der Verkündigung Jesu auszugehen und die Vorbildlichkeit seines Wirkens herauszustellen. Dass er Kranke heilte und Versöhnung stiftete, erscheint für sein Wirken als entscheidend. Doch vorbildliches Verhalten allein kann die Stellung nicht begründen, die das christliche Bekenntnis Jesus Christus zuerkennt. Sie wird im Neuen Testament auch anders begründet. Das Johannesevangelium erklärt fanfarenartig: «Also hat Gott die Welt geliebt, dass er seinen eingeborenen Sohn gab, auf dass alle, die an ihn glauben, nicht verloren werden, sondern das ewige Leben haben.» (Johannes 3,16) Die Gottes-

sohnschaft ist hier der entscheidende Bezugspunkt für die besondere Bedeutung Jesu.

*Die Gottessohnschaft Jesu als Zugang zum historischen Je-
sus?* Joseph Ratzinger (Papst Benedikt XVI.) vertritt in seinem
Buch «Jesus von Nazareth» die Auffassung, dass man das Leben
Jesu überhaupt nur von seiner Gottessohnschaft aus verstehen
könne; erst dadurch gewinne es logische und historische Stimmig-
keit (Ratzinger 2007: 10 ff.).

So plausibel der Versuch auch ist, Jesus von dem Bekenntnis zu
seiner Gottessohnschaft aus zu deuten, so liegt doch in der Behauptung, dies sei der einzig denkbare Weg, eine Engführung, da
die neutestamentlichen Schriften für eine Mehrzahl von Deutungen des Weges Jesu offen sind. Es ist deshalb legitim, wenn Historiker das, was wir über das Leben Jesu wissen, von dem Bekenntnis zu seiner Gottessohnschaft unterscheiden. Aber wenn man das
christliche Bekenntnis verstehen und den christlichen Glauben
entschlüsseln will, muss man zugleich davon ausgehen, dass die
Christenheit im Kreuzestod und in der Auferstehung Jesu die
Antwort auf die bedrängenden Fragen des menschlichen Lebens
findet – eben auf Sünde und Schuld, auf Tod und Vergänglichkeit.
Man kann deshalb die Unterscheidung zwischen historischem
Jesus und Gottessohn nicht zu einer Trennung steigern und das
Leben Jesu so schildern, als hätte es mit der Heilsbedeutung von
Kreuz und Auferstehung nichts zu tun. Beide gehören zusammen.

Konzentration auf Tod und Auferstehung Jesu. Das Bildprogramm christlicher Kirchen war jahrhundertelang weitgehend auf
Kreuz und Auferstehung Jesu konzentriert. Gewiss gibt es mittelalterliche Glasfenster, die das Leben Jesu in vielen Szenen darstellen. Doch schon an ihnen fällt auf, dass sie sich neben der Ge-
burts- und vielleicht noch der Kindheitsgeschichte weitgehend
auf die Passionsgeschichte sowie auf Auferweckung und Himmelfahrt Jesu konzentrieren. Noch deutlicher aber ist das im Bildprogramm der Altäre. So vielfältig ihre Gestaltung auch ist, so
deutlich stehen oft das letzte Abendmahl Jesu, seine Kreuzigung
und seine Auferstehung im Zentrum. Dieses Geschehen vergegenwärtigt jeder christliche Gottesdienst in der Abfolge von Sün-

denbekenntnis und Gnadenzusage; und wann immer am Altar die Eucharistie gefeiert wird, erinnert man sich an die Einsetzung des Abendmahls durch Jesus, die – oft in der Predella – auf dem Altar dargestellt ist.

Die Entwicklung dieses Bildprogramms vollzog sich allmählich, aber dass es im Christusbekenntnis auf Kreuz und Auferstehung ankommt, war von Anfang an bewusst. Einer der frühen Texte des Neuen Testaments, der von Paulus vermutlich aus einer älteren Vorlage in seinen Brief an die Philipper übernommene Hymnus macht das besonders deutlich. Er sagt von Christus: «Er, der in göttlicher Gestalt war, hielt es nicht für einen Raub, Gott gleich zu sein, sondern entäußerte sich selbst und nahm Knechtsgestalt an, ward den Menschen gleich und der Erscheinung nach als Mensch erkannt. Er erniedrigte sich selbst und ward gehorsam bis zum Tode, ja zum Tode am Kreuz. Darum hat ihn auch Gott erhöht und hat ihm den Namen gegeben, der über alle Namen ist, dass in dem Namen Jesu sich beugen sollen aller derer Knie, die im Himmel und auf Erden und unter der Erde sind, und alle Zungen bekennen sollen, dass Jesus Christus der Herr ist, zur Ehre Gottes, des Vaters.» (Philipper 2,6–11) Aber auch die Evangelien, die erst später als die Briefe des Paulus schriftlich fixiert wurden, rücken den Weg Jesu von Anfang an in das Licht von Kreuz und Auferstehung.

Joseph Ratzinger zeigt das in seinem Jesus-Buch eindrucksvoll an der Taufe Jesu, also an jenem Ereignis, das seinem öffentlichen Wirken vorausgeht. Zur Taufe gehört das Bekenntnis der Schuld. Deshalb sagt der Täufer Johannes nach dem Bericht des Matthäusevangeliums: «Ich bedarf dessen, dass ich von dir getauft werde, und du kommst zu mir?» Jesus antwortet: «Lass es jetzt zu! Denn so gebührt es uns, alle Gerechtigkeit zu erfüllen.» (Matthäus 3,14 f.) Jesus lässt den Umkehrruf des Täufers für sich selbst gelten und unterzieht sich dem Reinigungsbad; schon darin zeigt er seine Solidarität mit den Sündern und macht deutlich, dass er ihnen den Weg zu einem neuen Anfang eröffnen will.

Wer an dieser frühen Stelle darauf aufmerksam geworden ist, wie der Kreuzestod und die Auferweckung Jesu die Evangelien prägen, der stößt unablässig auf weitere Belege dafür. Dazu gehören natürlich die Leidensweissagungen Jesu, die sein Leben von der Erwartung seines Todes bestimmt sein lassen (vgl. Matthäus 16,21; 17,22 f.; 20,17 ff. und Parallelen). So wie diese Ankündigungen auf seinen Kreuzestod vorausweisen, lenkt die Verklärung Jesu den Blick schon auf seine Auferstehung: Sein Gesicht scheint wie die Sonne, seine Gewänder werden weiß wie Licht, und aus einer Wolke, die sie überschattet, ertönt die Stimme: «Dies ist mein lieber Sohn, an dem ich Wohlgefallen habe; den sollt ihr hören.» (Matthäus 17,5) Die Befreiung von der Furcht bildet den Abschluss dieses Vorgangs, genau wie bei der Auferstehung.

Wahrnehmungsgestalten. An der Wahrnehmung der Person Jesu lässt sich von Anfang an die Wechselwirkung zwischen Geschehnissen und ihrer Deutung zeigen. Bereits Gegenstände nehmen wir nicht einfach nur für sich selbst wahr; sondern wir sehen sie in der Beziehung, die wir zu ihnen haben. Erst recht gilt das von Personen, denen wir begegnen. Je mehr uns eine Geschichte mit ihnen verbindet, desto stärker prägt sie auch unsere Wahrnehmung. Zwar können wir unsere Wahrnehmung mit derjenigen anderer vergleichen, um dadurch ein Gespür für die subjektive Einfärbung des eigenen Bildes zu entwickeln, doch die Vorstellung, dass wir auf diese Weise ein objektives Bild des Geschehens gewinnen, ist trügerisch. Wir müssen vielmehr affektive Komponenten unserer Wahrnehmung so weit wie möglich bewusst machen – uns selbst, aber auch den Menschen, mit denen wir uns austauschen.

Wenn wir uns mit einer Sache, einer Person oder einem Geschehnis intensiv befassen, entwickeln wir davon eine «Wahrnehmungsgestalt», wie der Theologe Klaus-Peter Jörns das im Anschluss an den Mediziner Viktor von Weizsäcker nennt (Jörns 2007: 55 ff.). In einer «Wahrnehmungsgestalt» verbindet sich das, was uns begegnet, mit den Wahrnehmungsmustern, die wir selbst in unserem Inneren dafür entwickelt haben. Der Vergleich unterschiedlicher Wahrnehmungsgestalten führt unausweichlich zu der Frage, welche dieser Wahrnehmungsgestalten eher angemessen und welche weniger angemessen sind. Ein solcher Vergleich hilft dabei, mit den eigenen Wahrnehmungsmustern selbstkritisch umzugehen. Das Wechselspiel zwischen der selbstkritischen Prüfung der eigenen Wahrnehmungsmuster und dem respektvollen Um-

gang mit den Wahrnehmungsmustern anderer hilft dabei, gemeinsame Wahrnehmungen zu entwickeln und doch zugleich persönliche Akzente zu setzen. An den Wahrnehmungsgestalten, die
sich mit der Person Jesu verbinden, lässt sich das gut veranschaulichen.

Wahrnehmungsgestalten Jesu im Neuen Testament. Wir stoßen
bereits im Neuen Testament auf unterschiedliche Wahrnehmungsgestalten Jesu. Das ergibt sich schon daraus, dass im Neuen Testament nicht nur *ein* Evangelium, sondern *vier* Evangelien überliefert sind. Alle Versuche, diese Texte in einer Evangelien-Harmonie
zusammenzufassen, sind gescheitert. Die Pluralität der Wahrnehmungsgestalten Jesu gehört zu den bleibenden Grundlagen
des christlichen Glaubens.
     Unter den vier Evangelien sind die drei ersten besonders nah
miteinander verwandt. Man kann eine «Zusammenschau» (griechisch: *synopsis*) von ihnen erstellen; diese Synopse macht deutlich, worin sie übereinstimmen, worin sie sich ergänzen, und
worin sie voneinander abweichen. Man nennt diese drei Evangelien des Matthäus, des Markus und des Lukas deshalb die «synoptischen Evangelien». Ihnen ist gemeinsam, dass Jesus in ihnen zum
Lehrer wird, der durch den Eindruck seiner Persönlichkeit in
Wort und Tat Menschen für seine Botschaft gewinnt. So geht er
seinen Weg zur Passion, der in Kreuzigung und Auferweckung
mündet. Das Johannesevangelium dagegen geht davon aus, dass
das «Wort» von allem Anfang an bei Gott war und als Mensch in
die Welt kommt. Jesus begegnet uns in diesem Evangelium von
Anfang an als das Mensch gewordene, «inkarnierte» (wörtlich:
Fleisch gewordene) Wort.
     Noch weiter zurück in die Anfänge des Christentums führen
uns die Briefe des Apostels Paulus; sie umfassen einen Teil des im
Neuen Testament unter diesem Namen enthaltenen Briefkorpus
und wurden zwischen 50 und 56 n. Chr. geschrieben. Diese Briefe
reflektieren eine rund zwanzigjährige Missionstätigkeit des Apos-
tels und konzentrieren sich dabei ganz auf die Bedeutung Jesu
Christi für den Glauben. Das «Wort vom Kreuz» steht in ihrem
Zentrum; sie enthalten zugleich das früheste Zeugnis für den
Glauben an Jesu Auferstehung. Doch über Geburt und Kindheit

oder über das Wirken Jesu in Wort und Tat schweigen sie. Nur vereinzelt wird einmal ein Jesuswort zitiert (vgl. 1. Korinther 7,10 f.; 9,14; 14,37); dabei handelt es sich ausschließlich um knappe ethische Weisungen.

Schon diese drei Beispiele – die synoptischen Evangelien, das Johannesevangelium und die Briefe des Paulus – zeigen, dass uns im Neuen Testament unterschiedliche Wahrnehmungsgestalten Jesu begegnen. Die theologische Lehre über Person und Werk Jesu Christi kann von hier aus unterschiedliche Wege gehen; das zeigt die Geschichte der «Christologie», wie man das später mit einem Kunstwort nannte.

Solche Entwicklungsmöglichkeiten wurden schon in der frühen Christenheit erprobt und teilweise verworfen. So entwickelte sich beispielsweise im Anschluss an die synoptischen Evangelien die Vorstellung, dass Jesus erst im Lauf seines Lebens zum Sohn Gottes wurde. Man schloss das aus dem Bericht über die Taufe Jesu durch Johannes den Täufer, in dem sich das Gotteswort findet: «Du bist mein lieber Sohn, an dir habe ich Wohlgefallen.» (Markus 1,11) Dieser Satz wurde als göttliche «Adoption» des Menschen Jesus von Nazareth gelesen. Aus dem Johannesevangelium aber wurde die Vorstellung abgeleitet, dass Jesus auch als Menschgewordener ganz bei Gott blieb, ohne von seiner Göttlichkeit etwas abzugeben; diese Vorstellung konnte zu der Ansicht führen, er habe das Menschsein nur «zum Schein» («doketisch» von griechisch *dokein*, scheinen) angenommen.

Doch solche «adoptianischen» oder «doketischen» Auffassungen wurden schließlich verworfen. Stattdessen setzte sich die Vorstellung durch, Jesus sei zugleich wahrer Gott und wahrer Mensch, er habe in einer Person zwei Naturen vereinigt. Damit verband sich sogleich die Frage, ob Christen denn damit den Glauben an den *einen* Gott aufgeben und stattdessen an *mehrere* Götter glauben. Diese Frage beantwortete die altkirchliche Lehre von der Trinität – der Dreieinigkeit – Gottes in der Aussage, Gott sei eine Substanz in drei Personen, dem Vater, dem Sohn und dem Heiligen Geist.

Dabei nutzten die frühen Christen eine Denkform, die sie aus der griechischen Metaphysik übernahmen, nämlich die Vorstellung vom «Wesen» oder der «Substanz» einer Sache oder einer

Person. Den Einfluss dieser Denkform auf die Entwicklung des christlichen Menschenbilds haben wir schon an einer früheren Stelle beobachtet (oben S. 88); auch die Entfaltung der Christologie ist in ihren Leistungen wie in ihren Grenzen dadurch geprägt.

Gottessohnschaft und Jungfrauengeburt. Die Glaubensaussage, dass Jesus zugleich wahrer Gott und wahrer Mensch ist, hatte weitreichende Konsequenzen, denn mit dieser Betrachtungsweise gewann ein bestimmter Zug in den Erzählungen der Evangelien über die Kindheit Jesu eine herausgehobene Bedeutung.

Im Matthäusevangelium wird zur Geburt Jesu gesagt, dass Maria «schwanger war von dem Heiligen Geist» (Matthäus 1,18), noch bevor sie mit ihrem Verlobten Joseph zusammengekommen war. Das Matthäusevangelium verbindet diese Aussage mit einem als Weissagung gedeuteten Satz aus dem Buch des Propheten Jesaja: «Siehe, die Jungfrau wird schwanger werden und einen Sohn gebären.» Damit ist nicht notwendigerweise eine Jungfrauengeburt gemeint, weil der Satz auch so wiedergegeben werden kann: «Seht, die junge Frau ist schwanger und sie gebiert einen Sohn.» (Jesaja 7,14; beide Übersetzungen nach der Zürcher Bibel) Die Fassung, die das Matthäusevangelium diesem Zitat gibt, geht auf die griechische Übersetzung der Hebräischen Bibel, die Septuaginta, zurück. Das Wort, das im hebräischen Text verwendet wird *(almah)*, wird dort mit dem griechischen Wort für Jungfrau *(parthenos)* wiedergegeben. Man kann sich nur schwer einen Text vorstellen, bei dem der Übergang vom hebräischen Text zu seiner griechischen Übersetzung schwerer wog als hier; denn so übersetzt gibt dieses alttestamentliche Zitat der Vorstellung von der Jungfrauengeburt eine Basis in der biblischen Überlieferung.

Die nächste Parallele zu den gerade besprochenen Sätzen aus dem Matthäusevangelium findet sich im Lukasevangelium. Hier wird Maria die Geburt Jesu durch den Engel Gabriel angekündigt. Der Einwand der Maria: «Wie soll das zugehen, da ich doch von keinem Mann weiß?», wird von dem Engel mit dem Hinweis auf das Wirken des Heiligen Geistes beantwortet: «Der Heilige Geist wird über dich kommen, und die Kraft des Höchsten wird dich überschatten; darum wird auch das Heilige, das geboren wird, Gottes Sohn genannt werden.» (Lukas 1,35) Zur Bekräftigung wird auf die Schwangerschaft der für unfruchtbar gehaltenen Elisabeth, der Mutter Johannes des Täufers, verwiesen; «denn bei Gott ist kein Ding unmöglich» (Lukas 1,37).

Die besondere Verknüpfung zwischen der Lebensgeschichte Jesu und dem Bekenntnis zu seiner Gottessohnschaft gewann in der Entwicklung der frühen Christenheit zentrale Bedeutung; mit ihr wuchs Maria als der Jungfrau, die den Gottessohn zur Welt brachte, eine unvergleichliche Stellung als «Gottesmutter» zu. Von entsprechend hohem Rang sind die Worte im Apostolischen Glaubensbekenntnis: «empfangen vom Heiligen Geist, geboren von der Jungfrau Maria». Bis zum heutigen Tag scheiden sich die Geister an diesem Thema. Für die einen hängt das Bekenntnis zu Jesus Christus als Gottes Sohn daran, dass man die Jungfrauengeburt als historisches Ereignis bejaht. Für die anderen liegt darin ein gewichtiges Glaubenshindernis. Einen Glauben, der sich auf ein derartiges Wunder stützt, empfinden sie als befremdlich. Aber auch für viele Christen, die den Glauben an Jesus als Gottes Sohn ernst nehmen, ist mit der Vorstellung einer jungfräulichen Empfängnis und einer auf sie folgenden übernatürlichen Geburt eine Grenze überschritten. Sie sehen darin geradezu einen Widerspruch zu der Überzeugung, dass Gott Mensch wurde und sich auf die menschliche Wirklichkeit einließ.

Zentral für den christlichen Glauben ist das Bekenntnis zu Jesus als Heiland und Herrn; die Vorstellung von der Jungfrauengeburt dient der Entfaltung dieses Bekenntnisses. Es gibt keinen zureichenden Grund dafür, die physische Jungfräulichkeit Marias auch für diejenigen als verpflichtenden Glaubensinhalt ins Zentrum zu rücken, für die darin ein Glaubenshindernis liegt.

Die Freiheit, Jesus zu verstehen. Die innere Pluralität der neutestamentlichen Wahrnehmungsgestalten Jesu wird nicht zureichend gewürdigt, wenn man so vorgeht, wie gerade am Beispiel der Jungfrauengeburt geschildert wurde. Das Neue Testament enthält «Erlaubnisse» für unterschiedliche Christusverständnisse, die man in der Sprache der Theologie auch «Christologien» nennt (Ritschl 2009: 90). Die Wahrnehmungsgestalten Jesu, die sich bei verschiedenen neutestamentlichen Autoren finden, enthalten das Potential für unterschiedliche christologische Konzeptionen. Die

Christus-Dogmen, die von den Konzilien der ersten christlichen Jahrhunderte formuliert wurden, sollten den dadurch entstandenen Streit schlichten. Zumindest für den Bereich der westlichen Christenheit gelang das; auch die Reformation schloss sich den grundlegenden altkirchlichen Dogmen an, dass Christus eine Person mit zwei Naturen sei, und dass Gott eine Substanz in drei Personen sei.

Mit dem Aufkommen der historisch-kritischen Forschung im Gefolge der Reformation wurde der Versuch unternommen, hinter die Christus-Dogmen zurückzugehen und das ursprüngliche Bild des historischen Jesus freizulegen. Doch der Optimismus, mit dem dieses Vorhaben unternommen wurde, sah sich bald enttäuscht. Die unterschiedlichen Jesusbilder, die auf diese Weise zutage traten, sagen mindestens so viel über den Zeitgeist, durch den sie geprägt waren, wie über den historischen Jesus selbst. Aus einigem Abstand betrachtet, lernt man an ihnen mehr über die Wahrnehmungsmuster der Autoren als über Jesus von Nazareth selbst. Albert Schweitzer, der als Arzt von Lambarene weltberühmt wurde, hat das im Jahr 1906 in einem bahnbrechenden Buch über die *Geschichte der Leben-Jesu-Forschung* herausgestellt (Schweitzer 1984). Auch die inzwischen dreihundertjährige Jesusforschung belegt, dass Jesus von Nazareth uns nur in den verschiedenen Wahrnehmungsgestalten der neutestamentlichen Jesusbilder wie ihrer späteren Deutungen zugänglich ist.

Annäherungen an den historischen Jesus.   Gibt es also gar keinen Weg zur Gewissheit darüber, was der historische Jesus gesagt und getan hat? Absolute Gewissheit ist in historischen Fragen ohnehin schwer; da die neutestamentlichen Texte als Glaubenszeugnisse und nicht als historische Berichte abgefasst sind, gilt das hier ganz besonders. Dennoch wurden nachvollziehbare Kriterien dafür entwickelt, wann wir mit hoher Wahrscheinlichkeit davon ausgehen können, dass wir dem historischen Jesus «auf der Spur» sind (vgl. Theißen/Merz 2011). Das ist insbesondere dann anzunehmen, wenn unterschiedliche Überlieferungen gemeinsame Züge zeigen. Das gilt beispielsweise für den Kreuzestod Jesu unter Pontius Pilatus, von dem nicht nur das Neue Testament, sondern auch der Historiker Josephus berichtet; ebenso wird die Botschaft von seiner Auferstehung in großer Breite bezeugt, auch wenn es sich dabei um ein Geschehen handelt, das die Kategorien des historischen Begreifens sprengt. Bestimmte Weisungen Jesu, die in unterschiedlichen Typen der neutestamentlichen Literatur zitiert werden, führen uns mit hoher Wahrscheinlichkeit nah an den historischen Jesus heran. Ein Beispiel ist Jesu Weisung zur Ehescheidung, in der er die herrschende Ehescheidungserlaubnis für Männer zu Lasten der Frauen in Frage stellt und die Unauflöslichkeit der Ehe für Männer wie Frauen einschärft (1. Korinther 7,10 f.; vgl. Markus 10,11 f.).

Dass wir dem historischen Jesus «auf der Spur» sind, ist ferner dann zu vermuten, wenn Jesus sich in seinem Verhalten und Reden deutlich von seiner religiösen und politischen Umgebung abhebt, dies aber zugleich in seinem historischen Kontext plausibel erscheint. Dafür sind die Auseinandersetzungen um die Anwendung der Sabbatgebote ein Beispiel; sie münden in die Aussage, der Sabbat sei um des Menschen und nicht der Mensch um des Sabbats willen gemacht (Markus 2,27). In denselben Zusammenhang gehört die Kühnheit, mit der Jesus in der Bergpredigt das überlieferte Ethos auslegt (Matthäus 5,17–48). Nah an den historischen Jesus führen uns auch diejenigen Züge seiner Verkündigung, in denen ein für die religiöse und kulturelle Umgebung überraschendes, ja befremdliches Verständnis Gottes begegnet. Die Gleichnisse vom «verlorenen Sohn» (Lukas 15,11–32) oder von den «Arbeitern im Weinberg» (Matthäus 20,1–16) weisen in diese Richtung.

Nah am historischen Jesus sind wir ferner auch dann, wenn Jesus als eine nach den Maßstäben seiner Zeit fragwürdige Gestalt dargestellt wird, weil er, gleichgültig gegenüber den Forderungen von Konvention und Reputation, mit «Zöllnern und Sündern» an einem Tisch sitzt (Lukas 5,29) oder dem offenen Streit mit seinen Familienangehörigen nicht aus dem Weg geht (Markus 3,31–35).

Vielleicht kommen wir auch bei den Aussagen, die deutlich vom Christusbekenntnis der frühen christlichen Gemeinde abweichen, dem historischen Jesus näher, weil sie nicht von diesem Bekenntnis überformt oder verdrängt wurden. Nach dem Zeugnis der Evangelien weist Jesus es beispielsweise weit von sich, als Gott angesehen zu werden, und lehnt deshalb sogar die Anrede «guter Meister» ab: «Was nennst du mich gut? Niemand ist gut als der eine Gott.» (Markus 10,18) Noch eindringlicher begegnet Jesu Selbstunterscheidung von Gott in seinem Beten, insbesondere im Angesicht des Todes. Wenn Jesus das, was er selbst will, zurückstellt um dessentwillen, was Gott von ihm fordert (Markus 14,36), sind wir jedenfalls in einer Überlieferungsschicht, die von der Bezeichnung Jesu als Gottes Sohn noch nichts weiß. Genauso verhält es sich bei dem Gebetsruf am Kreuz aus Psalm 22: «Mein Gott, mein Gott, warum hast du mich verlassen?»

Weiter Horizont und konzentrierte Erwartung. Das biblische Zeugnis vom Leben Jesu ist so reich und vielfältig, dass es in dem Bekenntnis zu Christus als dem Gottessohn allein nicht vollständig erfasst werden kann. Das Neue Testament enthält für das Christusbekenntnis mehr «Erlaubnisse», als in der Entwicklung des altkirchlichen Dogmas in Anspruch genommen wurden. Es öffnet für den christlichen Glauben insofern einen weiten Horizont.

Doch dieses Bekenntnis ist zugleich von einer außerordentlichen Konzentration geprägt. Es erhofft von Jesus Christus alles: das Heil und das Leben, die Freiheit von der Schuld und die Auferstehung der Toten. Die Menschen, die sich auf Jesus Christus verlassen, sind von der Hoffnung getragen, dass sie dadurch auch im göttlichen Gericht bestehen können, das unter den frühen Christen viele noch zu ihren Lebzeiten erwarteten; ja Jesus selbst hat wahrscheinlich mit dem Kommen des «Menschensohns» zu seinen Lebzeiten gerechnet.

Die Weite möglicher Deutungsformen und die Konzentration auf das schlechthin Lebensentscheidende prägen zusammen die Weise, in der Jesus uns in den Evangelien begegnet. Daraus wird verständlich, warum sich die Schilderung des Lebens Jesu und das Bekenntnis zur Heilsbedeutung Christi nicht wie zwei Schichten eindeutig voneinander abheben lassen. Den Schriften des Neuen Testaments wird man dann am ehesten gerecht, wenn man beide Sichtweisen miteinander verbindet: das Interesse an dem, was historisch gewesen ist, und die Offenheit für das Glaubenszeugnis, das sich mit diesem Geschehen verbindet.

Gottesgegenwart

Sucht man nach dem Kern des Geschehens, das im Neuen Testament mit dem Leben Jesu von Nazareth verbunden ist, so lässt es sich so beschreiben: Jesus bringt den Menschen Gott.

Programmatisch wird seine Botschaft gleich zu Beginn des Markusevangeliums so zusammengefasst: «Die Zeit ist erfüllt und das Reich Gottes ist nahe herbeigekommen. Tut Buße und glaubt an das Evangelium.» (Markus 1,15) Gemeint ist damit nicht nur, wie man lange Zeit meinte, die Gottesherrschaft stehe bevor, sondern die kühne Aussage besteht darin, dass sie mit dem, was Jesus verkündigt, da ist (vgl. Lukas 17,21). Wenn das Reich Gottes, seine Herrschaft, also das, was er für die Welt und die Menschen bewirken will, da ist, dann ist Gott selbst da: in der Fülle seiner Güte wie in der Klarheit seines Gebots. Die Grundlage des christlichen Glaubens liegt in der Gewissheit, dass Gott sich in Christus selbst offenbart. Damit erschließt sich zugleich das Wesen Gottes. Da Gott sich in Christus als Liebe erschließt, gehört zu dem Glauben an Christus die Überzeugung, dass Gott Liebe ist. Mit dieser Gewissheit verbindet sich nicht der Anspruch, dass Gott sich vom Menschen «definieren», also abschließend in seinem Sein bestimmen lasse; die bleibende Verborgenheit Gottes wird nicht dadurch geleugnet, dass Menschen sich an das halten, was ihnen von Gottes Sein erschlossen ist, eben seine Selbsterschließung in Christus. Es wird auch nicht bestritten, dass Entsprechungen zu dieser Selbsterschließung Gottes auf andere Weise erfahren werden und in anderen religiösen Formen präsent sein können. Doch Eindeutigkeit kommt ihnen nur durch ihren Bezug auf die Offenbarung Gottes in Christus zu.

Die auf diese Offenbarung gegründete christliche Überlieferung fügt sich in eine Fülle anderer religiöser Überlieferungen ein; die Freiheit zur eigenen Antwort und zur eigenen Glaubensentscheidung wird durch die Berufung auf die Offenbarung Gottes in Christus nicht in Frage gestellt, doch es gibt nun eine eindeutige Gegeninstanz zu der Vorstellung, Gott sei unbekannt: eben Jesus, dessen Leben und Wirken sich dadurch auszeichnen, dass er Gott gebracht hat.

Für die Gottesgegenwart in ihrer Fülle, die er verkündigt, nimmt Jesus die prophetische Botschaft der Hebräischen Bibel in Anspruch. Daran zeigt sich die bleibende Bedeutung seiner Herkunft: Er wird als Jude geboren und wächst in der Gemeinschaft des jüdischen Glaubens auf. Die Sprache, die er spricht, ist das nordgaliläische Aramäisch; diese Sprache verbindet ihn mit der Glaubenssprache der Hebräischen Bibel. Das Lukasevangelium hebt das in programmatischer Weise durch die Schilderung der ersten Predigt Jesu hervor (siehe oben S. 45). Dass er selbst die Nähe Gottes bringt, die er verkündet, erfahren diejenigen, die in seinen Umkreis geraten. Er befreit sie aus den Verhängnissen ihres Lebens und eröffnet ihnen den Weg in die Zukunft.

Das ist der gemeinsame Kern der Krankenheilungen, von denen die Evangelien berichten. Dieser Kern liegt nicht in dem wunderhaften Charakter der geschilderten Ereignisse, sondern in der Zusage von Sündenvergebung und Glaubensgewissheit. Sie versetzt die Erstarrten wieder in Bewegung: «Mein Sohn, deine Sünden sind dir vergeben.» (Markus 2,5) Oder: «Meine Tochter, dein Glaube hat dich gesund gemacht; geh hin in Frieden und sei gesund von deiner Plage.» (Markus 5,34)

Jesus bringt Gottes Nähe zu denjenigen, die unter ihrer Gottesferne leiden: «Ich bin nicht gekommen, Gerechte zu rufen, sondern Sünder.» (Markus 2,17) Gerade in ihnen will er das Vertrauen zu Gott wecken, in dem alle Dinge möglich werden: «Alle Dinge sind möglich dem, der da glaubt.» Es ist diese Zusage, die bei dem Hilfe suchenden Menschen die Antwort auslöst: «Ich glaube, hilf meinem Unglauben.» (Markus 9,23 f.)

In keinem Text des Neuen Testaments wird die Gottesgegenwart im Wort Jesu deutlicher als in den Seligpreisungen der Bergpredigt (Matthäus 5,3–11). Indem die Angeredeten selig gepriesen werden, werden sie in den Herrschaftsbereich Gottes hineingeholt und damit der Macht des Bösen entrissen. Diese Gewissheit gilt gerade denen, die auf den ersten Blick von Gottes Gegenwart denkbar weit entfernt sind: den Armen, den Hungrigen, den Weinenden (Lukas 6,20 f.). Menschen, die Unvertrautes erleben – arm im Geist und traurig oder verfolgt und geschmäht –, werden von der Gewissheit getragen, das Himmelreich zu besitzen. Menschen, die das Ungewohnte tun – gewaltlos handeln, Barmherzigkeit üben oder Frieden stiften –, können darauf vertrauen, dass sie zu Gott gehören.

Ein neues Bild Gottes

Indem Jesus den Menschen Gott bringt, bringt er ihnen auch ein Bild Gottes. Es ist ein Bild vom erbarmenden Gott, für das er selbst als Person einsteht.

Das Bild Gottes, das Jesus in seiner Verkündigung vor Augen stellt, knüpft an die Hebräische Bibel an. Für deren Gottesbild gilt: Gottes Sein lässt sich an seinem Wirken ablesen. Gottes Wirken wird in den Glaubenszeugnissen des Volkes Israel insbesondere als Rettung und als Segen entfaltet (Westermann 1978, 28 ff., 72 ff.). Im göttlichen Eingreifen in die Geschichte wie in der Beständigkeit seines Segens zeigt sich, was Gottes Wesen bestimmt. Deshalb erinnert die Selbstvorstellung Gottes, mit der die Zehn Gebote beginnen, an sein rettendes Handeln: «Ich bin der Herr, dein Gott, der ich dich aus Ägyptenland, aus der Knechtschaft geführt habe.» (2.Mose 20,2) Nichts anderes wird in der äußersten Verdichtung gesagt, die diese Selbstvorstellung Gottes annehmen kann: «Ich werde sein, der ich sein werde.» (2.Mose 3,14) Denn diese Formel sagt, dass Gott der ist, als der er sich zeigt, als der er handelt, als der er sich offenbart. Neben diese Identifikation mit seinem rettenden Handeln tritt Gottes Identifikation mit seinem schöpferischen und den Schöpfungssegen bewahrenden Handeln. Gott sieht an, was er geschaffen hat; und er sieht, dass es gut ist. Durch die Krise der Sintflut hindurch gibt er seiner Schöpfung Beständigkeit. Beim Weg durch die Wüste erneuert er seinen Segen; er hört auf das Klagen seines Volkes.

An diese Tradition knüpft Jesus in seiner Verkündigung an. Dass Gottes Rettungszusage nun erfüllt ist, bildet den Auftakt seines Predigens (Lukas 4,21). Die Verlässlichkeit, mit der Gott an seinem Segen festhält, verdeutlicht er an den Vögeln des Himmels und den Lilien auf dem Feld (Matthäus 6,26–30). Aber beides führt er in einer Weise zusammen, die durch den Gedanken der Barmherzigkeit Gottes bestimmt ist. Das Bild Gottes, das Jesus vor Augen stellt, ist dadurch bestimmt, wie Gott sich der Verlorenen erbarmt und die Menschen ohne Ansehen der Person annimmt.

Jesus und die große Sünderin.   Ich wähle als erstes Beispiel dafür
eine Szene, die nur selten beachtet wird. In vielen Bibelausgaben
trägt sie die Überschrift «Jesus und die große Sünderin», in anderen «Jesu Salbung durch die Sünderin» (Lukas 7,36–50). Das
Geschehen ist großartig dargestellt. Ein Drehbuch wird perfekt in
Szene gesetzt: Alle sind sie im Haus des Pharisäers versammelt,
Jesus in der Mitte der Tischgesellschaft. Der Weg der Frau über
die selbst gewählte Bühne: von hinten tritt sie an Jesus heran, dann
der Kniefall, die Tränen, die Küsse – eine unwiderstehliche Steigerung! In diese spannungsreiche Situation treffen die Worte hinein: «Dir sind deine Sünden vergeben. … Dein Glaube hat dir geholfen; geh hin in Frieden» (Lukas, 7, 48.50). Dazu der sparsame
Einsatz von Requisiten: ein Glas mit Salböl und ihre prächtigen
Haare – mehr braucht es nicht.

Aber ist es wirklich eine Inszenierung? Da hört doch jemand
auf, sich selbst und anderen etwas vorzumachen. Eine Frau löst
sich in Tränen auf. Verzweifelt und selbstvergessen, ohne Rücksicht auf die Gaffer kniet sie nieder und hält ihre Tränen nicht
zurück. Es geht um das Verlieren und Gewinnen des Lebens.
Die Frau ist verzweifelt über ihr bisher gelebtes Leben. Ihre
Heilung setzt ein, als sie die Wahrheit über sich selbst erfährt und
annimmt.

Es gibt in der Erzählung noch eine weitere Hauptperson,
Simon, der die geltenden Regeln gut kennt und anzuwenden weiß.
Er unterscheidet klar, für wen an seinem Tisch Platz ist und für
wen nicht. Er unterscheidet zwischen sich und der Sünderin. Das
Unterscheiden ist sein Lebensspiel. Er lebt aus der Differenz.
Deshalb kann er es nur schwer ertragen, wenn ein Gast Differenzen nicht gelten lässt. Das ist es, was Jesus ihm zumutet.

Das Leben der Sünderin wird wieder heil. Simon aber muss erkennen, dass sein Leben nicht so intakt ist, wie er selber annimmt.
Er begreift erst nach und nach, wie viele Begegnungen er durch
seine eingefrorenen Denkmuster verfehlt und wie viele Chancen
ungenutzt verstreichen. Es fällt ihm schwer zu erkennen, dass

nicht nur eine große Sünderin im Spiel ist, sondern auch er selbst in Sünde verstrickt ist, gefangen in der Falle des Unterscheidens, der Beziehungslosigkeit.

Die Hörer, die in dieses Geschehen einbezogen werden, sind eingeladen, sich in beide hineinzuversetzen, die große Sünderin und den großen Sünder. Im zerbrochenen Leben der Frau können sie sich erkennen, in der Erfahrung, von anderen mit scharfen Urteilen niedergemacht zu werden – und wider alles Erwarten das erlösende Wort zu hören, dass der Glaube hilft, Sünden vergeben sind, ein Weg im Frieden möglich ist. Aber auch in dem stolzen Simon können sie etwas von sich selbst wahrnehmen, in der Unterscheidungstechnik vor allem, die andere auf Abstand hält. Ohne viele Worte überführt Jesus Simon der Sünde, die darin besteht, andere zu Sündenböcken zu machen. Auch er braucht ein Wort, das ihn befreit. Es könnte vielleicht so lauten: Geh hin in Frieden und unterscheide dich nicht länger. Gründe dein Leben nicht auf den Abstand, der dir die anderen vom Leibe hält; sondern gründe es auf die Liebe, die berührt und berühren lässt.

Das Gleichnis vom verlorenen Sohn. Die Zuwendung zu den Verlorenen wird exemplarisch in drei Gleichnissen verdeutlicht, die im Lukasevangelium unmittelbar zusammengefügt sind: den Gleichnissen vom verlorenen Schaf, von der verlorenen Drachme und vom verlorenen Sohn (Lukas 15). Unter ihnen hat vor allem das Gleichnis vom verlorenen Sohn (Lukas 15,11–32) eine ungeheure Wirkung entfaltet. Es trägt eine so bezwingende psychologische Logik in sich, dass man es als Motto zu Beginn eines familientherapeutischen Buches finden kann (Stierlin 1980). Aber es ist viel mehr als eine familientherapeutische Handlungsanweisung. Am Beispiel des Vaters stellt Jesus vielmehr die liebende Zuwendung Gottes zu dem verlorenen Menschen vor Augen.

Der Vater steht im Zentrum des Gleichnisses. Es handelt vom Erbarmen des Vaters, das dem jüngeren Sohn ebenso gilt wie dem älteren.

Die Söhne allerdings verhalten sich denkbar unterschiedlich. Der jüngere Sohn fordert sein Erbteil ein, macht es zu Geld und zieht in ein fernes Land. Das Erbe ist bald aufgebraucht; er gerät in Armut. Bei der Suche nach Arbeit bringt er es nur zum Schweinehüter. In dieser Notlage erinnert er sich an seinen Vater und an die Tagelöhner, die dieser beschäftigt. Er nimmt sich vor, zu seinem Vater zurückzukehren, seine Schuld zu bekennen, auf den Sohnestitel zu verzichten und sich bei ihm als Tagelöhner zu verdingen.

Doch der Vater sieht ihn schon von weitem kommen, hat Erbarmen mit ihm und eilt ihm entgegen. Er fällt dem verloren geglaubten Sohn um den Hals und küsst ihn. Auf das Schuldbekenntnis des Sohnes reagiert er nicht mit Worten, sondern mit einer Handlung: Er lässt seinen Sohn festlich kleiden und alles für ein Festmahl vorbereiten, denn: «Dieser mein Sohn war tot und ist wieder lebendig geworden; er war verloren und ist gefunden worden.» (Lukas 15,24) Der Vater hebt die Wahrnehmung des Sohnes, er habe durch seine Schuld den Sohnestitel verwirkt, auf; er sieht in seiner Rückkehr vielmehr eine Wende vom Tod zum Leben, vom Verlieren zum Finden. Diese Wahrnehmung verändert alles; deshalb wird ein Fest gefeiert.

Kann man sich darüber wundern, dass der ältere Bruder dem nicht folgen kann? Man muss ihm Gerechtigkeit widerfahren lassen. Bei der Heimkehr von der Arbeit findet er zu Hause ein rauschendes Fest vor: Saus und Braus zum Willkommen für den missratenen jüngeren Bruder. Auf den Versuch des Vaters, ihn zu begütigen, reagiert er mit berechtigten Vorhaltungen. Ihm, der alle elterlichen Erwartungen erfüllt hatte, wurde nie ein vergleichbares Fest ausgerichtet. Aber die Wiederkehr dessen, der gegen alle Konventionen verstoßen hatte, kann nicht festlich genug begangen werden. Der Vater hält dem entgegen: «Mein Sohn, du bist allezeit bei mir und alles, was mein ist, das ist dein. Du solltest aber fröhlich und guten Mutes sein; denn dieser dein Bruder war tot und ist wieder lebendig geworden, er war verloren und ist wiedergefunden.» (Lukas 15,31 f.)

Man mag einwenden, dass der ältere Bruder durch die Erwartungen überfordert ist, die aus diesen Worten sprechen. Sollte ein Erzähler, der so viel menschliches Fingerspitzengefühl zeigt, dafür keinen Sinn haben? Jesu Gleichnis versteht man erst dann richtig, wenn man ihm ein solches Gespür für die Realität zutraut und sich vergegenwärtigt, dass es sich hier um ein Gleichnis handelt. Ein Mensch, der sich der ungebrochenen Nähe Gottes erfreuen kann, hat alles, was er braucht. Ein Mensch, der aus der Gegenwart Gottes lebt, kann sich an dem freuen, was Gott anderen zugutekommen lässt. Wer aus der Freude der Zugehörigkeit zu Gott lebt, freut sich darüber, dass das Verlorene gefunden wird. Für ihn ist die Rückkehr eines Menschen in die Geborgenheit bei Gott eine Wiedergeburt: ein Übergang vom Tod zum Leben. Deshalb gilt auch für den älteren Sohn, dass jetzt Freude angesagt ist. Die Freude gilt nicht nur der Rückkehr des Bruders, sondern mehr noch dem Blick, mit dem der Vater ihm entgegengeht: dem Blick der Barmherzigkeit.

Das Gleichnis von den Arbeitern im Weinberg. Dieser Blick zeigt sich in Jesu Gleichnissen an vielen Stellen. Nur ein Beispiel greife ich noch heraus, das als besonders schwer verständlich gilt: das Gleichnis von den Arbeitern im Weinberg (Matthäus 20,1–16).

Ein Weinbergbesitzer zieht los, um Arbeiter zu finden. Um 6.00 Uhr, dann wieder um 9.00 Uhr, um 12.00 Uhr und um 15.00 Uhr heuert er Leute an. Schließlich macht er sich sogar um 17.00 Uhr noch einmal auf den Weg, um für die allerletzte Arbeitsstunde des Tages jemanden einzustellen. Das fällt ihm nicht schwer; denn auf dem Marktplatz warten «Tagelöhner» darauf, dass sie beschäftigt werden. Je länger sie warten, desto dringlicher kann ihnen das Gebet in den Sinn kommen: «Unser tägliches Brot gib uns heute» – eine Tagelöhnerbitte.

Wird es auch für die noch zum täglichen Brot reichen, die erst um 15.00 oder gar um 17.00 Uhr eingestellt werden? Verblüffenderweise ja. Denn als es zur Lohnzahlung kommt, erhält jeder den gleichen Lohn: jeder einen Dinar für das tägliche Brot. Das ist ein höchst ungewöhnlicher Umgang mit dem Problem des gerechten Lohns. Der Streit darüber entzündet sich in aller Regel umgekehrt an der ungleichen Entlohnung für gleiche Arbeitsbelastung.

Hatte indessen nicht jeder Tagelöhner mit dem Weinbergbesitzer einen Vertrag geschlossen und per Handschlag den Lohn besiegelt? Darauf verweist denn auch der Arbeitgeber, als er von denen angegangen wird, die sich ungerecht behandelt fühlen: «Mein Freund, ich tue dir nicht Unrecht. Bist du nicht mit mir einig geworden über einen Silbergroschen?» (Matthäus 20,13) Gegen seine Berufung auf die Vertragstreue lässt sich freilich einwenden, dass die Ungleichbehandlung beim Abschluss des Vertrags gar nicht vorauszusehen war. Doch demjenigen, der sich ungerecht behandelt fühlt, hält der Besitzer des Weinbergs entgegen: «Siehst du darum scheel, weil ich so gütig bin?» (Matthäus 20,15) Jesus stellt mit dem Gleichnis das Handlungsprinzip Gottes dar: Er behandelt nicht Gleiches gleich und bezahlt jeden entsprechend seiner Arbeitsleistung, sondern erweist seine Güte. Gott rechnet nicht nach größeren oder kleineren Verdiensten. Gerade darin verleiht er allen Menschen eine Würde, die stärker ist als die Unterschiede der Leistung oder des Vermögens. So verweist das Gleichnis auf die Begründung der gleichen Würde jedes Menschen in der unermesslichen Güte Gottes.

Ein neuer Weg für die Menschen

Man hat Jesus einen «Wanderradikalen» genannt (Theißen 1977). Alles, was er hatte, gab er dran, um ganz und gar für seine Botschaft zu leben. Und er lud Menschen ein, es ihm gleichzutun. Sie konnten auf dem Weg durch Galiläa nichts mitnehmen, was sie belastete. Sie wussten am Morgen des Tages oft nicht, wo sie abends schlafen würden. Für das tägliche Brot waren sie auf Sympathisanten angewiesen, die sie zu einer Mahlzeit einluden.

Die Grenzen zwischen Nachfolgern und Sympathisanten mögen im Einzelnen fließend gewesen sein. Der Kreis derer, die sich Jesus anschlossen, wird eine wechselnde Größe gehabt haben. Sicher gehörten ihm auch Frauen an. Aber aus ihm schälte sich ein Zwölferkreis heraus, der mit seiner Zahl daran erinnerte, dass Gottes Bundestreue dem Volk Israel in seinen zwölf Stämmen galt. Gerade in Zeiten der Bedrängnis war das so, unter ägyptischer Zwangsherrschaft, im babylonischen Exil oder auch jetzt: unter der Besatzung des Römischen Reichs.

Die Orientierung auf die Zukunft, die Unabhängigkeit von jeglicher Rangfolge, die Weitergabe der Botschaft von Gottes Gegenwart und die Liebe zum Nächsten sind besondere Kennzeichen für die Gestaltung dieser Nachfolgegemeinschaft. Jedes dieser Kennzeichen hat Auswirkungen nach innen wie nach außen.

Die *Orientierung auf die Zukunft* wird in den Nachfolgeworten Jesu besonders scharf herausgestellt. Dem, der erst seinen Vater begraben will, bevor er Jesus begleitet, hält er entgegen, die Toten sollten die Toten begraben, er aber solle hingehen und das Reich Gottes verkündigen. Den, der erst von seiner Familie Abschied nehmen will, konfrontiert er mit der Feststellung: «Wer die Hand an den Pflug legt und sieht zurück, der ist nicht geschickt für das Reich Gottes.» (Lukas 9,59–62)

Das Loslassen um des Reiches Gottes willen wird auf vielfältige Weise eingeschärft. Die Unabhängigkeit von Familie und Eigentum gelten als besondere Kennzeichen des Jüngerkreises. Es kann deshalb nicht ausbleiben, dass die Jünger fragen, was sie dafür erhalten würden. Jesu Antwort heißt: «Es ist niemand, der Haus oder Frau oder Brüder oder Eltern oder Kinder verlässt um des Reiches Gottes willen, der es nicht vielfach wieder empfange in dieser Zeit und in der kommenden Welt das ewige Leben.» (Lukas 18,29f.) Was den Kreis der Jünger im Innern bestimmt, strahlt zugleich nach außen aus: «Ihr seid das Salz der Erde. Ihr seid das Licht der Welt» (Matthäus 5,13–16): Mit solchen Bildern verdeutlicht Jesus die stellvertretende Bedeutung radikaler Nachfolge.

Das zweite Kennzeichen der Nachfolgegemeinschaft ist die *Unabhängigkeit von jeglicher Rangfolge.* Das Gleichnis von den Arbeitern im Weinberg endet mit dem programmatischen Satz: «So werden die Letzten die Ersten und die Ersten die Letzten sein.» (Matthäus 20,16) Diese paradoxe Rangordnung der Gottesherrschaft wird von der Gemeinschaft der Jünger vorweggenommen. Nicht nur der Streit darüber, wer im Reich Gottes die Plätze neben Jesus erhalten soll, wird mit dem Hinweis auf diese paradoxe Rangordnung beantwortet (Matthäus 18,1–5; vgl. 20,20–28); auch die Frage, wie es zugehen soll, während sie zusammen in Galiläa unterwegs sind, erhält dieselbe Antwort: «Wenn jemand will der Erste sein, der soll der Letzte sein von allen und aller Diener.» (Markus 9,35) Diese Umkehrung der Rangfolge lässt sich auch als Rechtfertigung von Herrschaftsansprüchen missbrauchen; es gibt klerikale und politische Formen, heuchlerisch mit ihm umzugehen. Doch im Kern wird hier ein Blick von unten eingeschärft, demzufolge es zwar unterschiedliche Aufgaben, aber keine abgestufte Würde geben kann.

Das Markusevangelium verbindet diese Regel mit einer eindrucksvollen Zeichenhandlung Jesu. Er stellt ein Kind in die Mitte des Jüngerkreises und schließt es mit den Worten in die Arme: «Wer ein solches Kind in meinem Namen aufnimmt, der nimmt mich auf; und wer mich aufnimmt, der nimmt nicht mich auf, sondern den, der mich gesandt hat.» (Markus 9,37)

Jesus aufzunehmen – und damit den, der ihn gesandt hat –, bedeutet zugleich, die Botschaft weiterzugeben, die er mit seinem Wort verkündet und mit seiner Tat bezeugt. Die *Weitergabe der Botschaft von Gottes Gegenwart* gehört zu den Aufgaben der Jünger. Jesus erteilt dem Zwölferkreis einen entsprechenden Auftrag (Matthäus 10,1–15); nach dem Lukasevangelium wird auch noch ein größerer Kreis von zweiundsiebzig Jüngern ausgesandt (Lukas 10,1–12).

Die Jünger bezeugen die Herrschaft Gottes durch Wort und Tat. Auch sie verkündigen – wie ihr Meister selbst –, dass das Reich der Himmel gekommen ist, und bekräftigen das, indem sie Menschen von den bösen Geistern befreien, die sie beherrschen.

Auch wenn sie diesem Auftrag zur Verkündigung durch Wort und Tat nachgehen, bleiben die Jünger der wanderradikalen Lebensform treu. Sie ziehen los, ohne Geld und ohne einen Sack für Vorräte, ohne ein zweites Kleid oder eine besondere Wanderausstattung. Sie vertrauen darauf, dass «jeder Arbeiter seiner Speise wert» ist (Matthäus 10,10), dass sie also bei Sympathisanten Aufnahme und Nahrung finden werden. Ihr Auftrag gilt zunächst den «verlorenen Schafen aus dem Hause Israel» (Matthäus 10,6), noch nicht den Samaritanern oder den Heiden. Erst der Apostel Paulus wird diesen Auftrag auf die Heidenwelt ausdehnen.

Aber eine entsprechende Ausdehnung bahnt sich schon auf dem Weg und im Wirken Jesu selbst an. Seine Botschaft von der Gegenwart Gottes und die Zusage seines Erbarmens gelten nicht nur denen, die sich zu einer wanderradikalen Lebensform entschließen, sondern auch denen, die in ihrer gewohnten Lebensform verbleiben – unter der Voraussetzung, dass sie zu Gott umkehren und ihren Nächsten in Liebe begegnen. Die *Liebe zum Nächsten* kennt keine Grenzen; sie ist nicht an die Glieder des Volkes Israel gebunden.

Das Gleichnis vom barmherzigen Samariter. Das verdeutlicht Jesus an einer Beispielsgeschichte, dem Gleichnis vom barmherzigen Samariter. Es knüpft an ein Streitgespräch mit einem Gesetzeslehrer an, der Jesus auf die Probe stellt, indem er ihn fragt, was man tun müsse, um das ewige Leben zu erlangen. Jesus verweist den Fragenden auf das Gesetz, das dieser in der Zusammenfassung als Doppelgebot der Liebe wiedergibt: «Du sollst den Herrn, deinen Gott, lieben von ganzem Herzen, von ganzer Seele und mit all deiner Kraft und deinem ganzen Gemüt, und deinen Nächsten wie dich selbst.» (Lukas 10,27) Nachdem Jesus ihm diese Antwort bestätigt hat, fragt der Gesetzeslehrer zurück: «Wer ist denn mein Nächster?» Daraufhin erzählt Jesus die Geschichte von einem Menschen, der auf dem Weg von Jerusalem nach Jericho unter die Räuber fiel, die ihn ausraubten und halb tot liegen ließen. Ein Priester und ein Levit gingen vorüber, ohne zu helfen. Dann aber kam ein reisender Samaritaner, erbarmte sich des Hilfsbedürftigen und versorgte seine Wunden. Er brachte ihn auf seinem Reittier zu einem nahe gelegenen Wirtshaus und kümmerte sich noch über Nacht um den Kranken. Danach überließ er ihn dem Wirt, den er dafür bezahlte; sollten weitere Kosten entstehen, werde er auch dafür aufkommen. Wer unter diesen dreien, so fragt Jesus abschließend den Gesetzeslehrer, ist dem, der unter die Räuber fiel, der Nächste geworden? «Er sprach: Der die Barmherzigkeit an ihm tat. Da sprach Jesus zu ihm: So geh hin und tu desgleichen.» (Lukas 10,37)

Hatte der Gesetzeslehrer zunächst gefragt, wer sein Nächster sei, so fragt Jesus am Ende, wer dem unter die Räuber Gefallenen zum Nächsten geworden sei. Die Liebe zum Nächsten nimmt nicht dadurch Gestalt an, dass jemand einen anderen als Nächsten anerkennt, sondern dass er bereit ist, ihm zum Nächsten zu werden. Auf die Einsicht, dass Nächstenliebe nicht grenzenlos geübt werden kann, wird nicht durch das Sortieren der Menschen in solche, die auf die Hilfe des Einzelnen Anspruch hätten, und andere, die einen solchen Anspruch nicht geltend machen können, geantwortet. Sondern die Frage richtet sich an den Einzelnen selbst, an seine Bereitschaft und Möglichkeit zu helfen. Ob er dort, wo sich ihm die Möglichkeit bietet, bereit ist, dem Bedürftigen ein Nächster zu werden, ist die entscheidende Frage.

Diese Frage befreit das Gleichnis Jesu von der moralisierenden Deutung, durch die es häufig um seine Pointe gebracht wird. Immer wieder wird, bisweilen in anklagendem Ton, darauf hingewiesen, dass ausgerechnet das Tempelpersonal – ein Priester und ein Levit – vorbeigegangen sei; damit decke Jesus die Scheinheiligkeit der Kultbeamten auf. Doch er belässt es bei der Feststellung, dass die beiden vorübergingen.

Den beiden Kultbeamten wird ein Samaritaner gegenübergestellt, der Angehörige einer Gruppe, die von den Juden nicht zum Volk Israel gerechnet wurde und schon seit Jahrhunderten auf dem Berg Garizim eine eigene Kultstätte unterhielt. Ungeachtet seiner Außenseiterstellung ließ der Samaritaner sich von der Hilfsbedürftigkeit des unter die Räuber Gefallenen anrühren. Im Unterschied zu Priester und Levit hatte er ein Reittier zur Verfügung und war auch mit Öl, Wein und Verbandsmaterial ausgestattet.

So konnte er zu einem Beispiel für die Liebe zum Nächsten werden, das Weltgeschichte gemacht hat. Jesu Erzählung hat die Kultur des Helfens wie keine andere geprägt. Der barmherzige Samariter – so die ältere Bezeichnung für einen Samaritaner – ist zum Vorbild für Menschen geworden, die uneigennützig dort einspringen, wo ihre Hilfe gebraucht wird. Zum Maßstab nehmen ihn aber auch diejenigen, die beruflich den Opfern von Unfall oder Krankheit beistehen. Nicht nur in unmittelbar christlich geprägten Bereichen, sondern auch darüber hinaus beruft man sich dafür auf den barmherzigen Samariter (wie der 1888 gegründete Arbeiter-Samariter-Bund zeigt). Dank der Erzählung vom barmherzigen Samariter hat die Pflicht, dem zu helfen, der sich nicht selbst helfen kann, sogar Eingang in unsere Rechtsordnung gefunden: Sie stellt die «unterlassene Hilfeleistung» unter Strafe; jeder ist zur Hilfe bei Unglücksfällen, gemeiner Gefahr oder Not verpflichtet, wenn Hilfe erforderlich und dem Einzelnen zumutbar ist. Wer sich dem entzieht, wird, wenn die Hilfe nicht auf andere

Weise geleistet wird, mit einer Freiheits- oder Geldstrafe belegt (§ 323 c des deutschen Strafgesetzbuchs).

Die Goldene Regel und die sieben Werke der Barmherzigkeit. Die Barmherzigkeit ist tief in unserer Kultur verankert. In Jesu Predigt von der Güte Gottes und seiner Aufforderung zur Gottes- und Nächstenliebe prägt sich eine Grundhaltung aus, die Jesus auch in seiner Aufnahme der Goldenen Regel zum Ausdruck brachte: «Was ihr wollt, dass euch die Leute tun sollen, das tut ihnen auch.» (Matthäus 7,12) Wenn Jesus hier an eine weit verbreitete ethische Aussage anknüpft, ist damit nicht einfach eine kühl berechnete Reziprozität gemeint. Es geht vielmehr um eine ungeschuldete Wechselseitigkeit der Liebe und des Erbarmens. Diese Grundhaltung hat ihre kulturprägende Ausgestaltung in den sieben Werken der Barmherzigkeit gefunden, deren biblischer Anknüpfungspunkt in Jesu Predigt vom Weltgericht liegt (Matthäus 25,31–46). Wenn der Menschensohn zum Gericht kommt, wird er die Taten der Barmherzigkeit zum Maßstab nehmen. Denn er ist mehr als nur ein endzeitlicher Richter; er begegnet jedem Menschen in denen, die seiner Liebe bedürfen. An sechs Beispielen werden die Taten der Barmherzigkeit in Jesu Gerichtspredigt verdeutlicht: dem Speisen der Hungrigen, dem Tränken der Durstigen, der Aufnahme der Fremden, dem Bekleiden der Nackten, dem Aufsuchen der Kranken sowie dem Besuchen der Gefangenen. Das siebte Werk der Barmherzigkeit, Tote zu bestatten, ergänzte der altkirchliche Theologe Laktanz (geboren um 250, gestorben nach 317 n. Chr.) in Anlehnung an Tobias 1,20 um der heiligen Zahl Sieben willen.

Die Antithesen der Bergpredigt. In die so beschriebene Barmherzigkeit lassen sich auch diejenigen ethischen Weisungen Jesu einordnen, denen er die Gestalt einer verschärfenden Auslegung des alttestamentlichen Gesetzes gibt. Sie bilden ein zentrales Element der Bergpredigt. Dort wird klar festgestellt, dass damit das alttestamentliche Gesetz nicht aufgehoben werden soll. Vielmehr erklärt Jesus programmatisch, er sei gekommen, um das Gesetz zu erfüllen (Matthäus 5,17f.). Doch eine solche Beteuerung ist gerade deshalb notwendig, weil die folgenden Aussagen das alttestamentliche Gesetz relativieren. Dabei geht es allerdings nicht um eine Herabminderung, sondern um eine Überbietung. Deshalb trifft es den Sinn nicht, wenn man – wie die «Bibel in gerechter Sprache» – das «Ich aber sage euch», mit dem die Antithesen beginnen, mit den Worten wiedergibt: «Das lege ich heute so aus.»

Die Überbietungen des alttestamentlichen Gesetzes tragen, wie Hans-Richard Reuter erläutert hat, den Charakter sinnvoller Übertreibungen (Reuter 1979: 95). Sie wecken die Aufmerksamkeit für den inneren Sinn eines Gebots, indem sie dessen Geltungsbereich bis an den äußersten Rand seiner Möglichkeiten ausdehnen.

Das wird gleich an dem ersten Beispiel deutlich. Das Gebot «Du sollst nicht töten» wird so weit gefasst, dass bereits der Zorn auf Menschen oder ihre Beschimpfung als Trottel dieselbe Strafe wie der Totschlag verdient. Die Übertreibung macht darauf aufmerksam, dass die Existenzberechtigung eines Menschen nicht erst durch einen tätlichen Angriff auf sein Leben in Frage gestellt wird, sondern bereits durch Beschimpfungen, die ihn aus dem Kreis der achtenswerten Menschen ausschließen. Der Bergprediger wirbt für Versöhnung statt Entzweiung, für Verständigung statt Gegnerschaft.

Ähnlich verhält es sich mit der Antithese zum alttestamentlichen Verbot des Ehebruchs. Nach Jesu radikaler Deutung bricht ein Mann die Ehe bereits dann, wenn er eine Frau ansieht und begehrt. Man soll das Auge, das einen verführt, ausreißen, oder die Hand, die einen zu Fall bringt, abhacken. Das sind Aufforderungen zur Gewalt gegen sich selbst, die gar nicht wörtlich gemeint sein können. Daran ändert auch die Begründung nichts, in der Jesus sagt: «Es ist besser für dich, dass eins deiner Glieder verderbe und nicht der ganze Leib in die Hölle geworfen werde.» (Matthäus 5,29) Aber gerade diese Übertreibung führt zu einer Einsicht, der sich ein selbstkritischer Mensch nur schwer entziehen kann: Ein Mann, der eine Frau mit Blicken zum Objekt seines sexuellen Begehrens macht, behandelt sie schon auf diese Weise als Sache und nicht als Person; er gibt seinem sexuellen Begehren den Vorrang vor ihrer persönlichen Integrität und vor den Beziehungen, in denen sie lebt.

Auf die Antithesen zum Thema Vergeltung (Matthäus 5,38–42)

bezieht sich die geläufige Auffassung, die Bergpredigt sei auf das praktische Leben nicht anwendbar; insbesondere lasse sich mit ihr keine Politik machen. Doch diese Antithesen sind keineswegs so weltfremd, wie man oft gemeint hat.

Jesus wählt drei Beispiele. Im ersten erhält jemand einen Schlag auf die rechte Backe und soll dem Schläger nun auch noch die linke hinhalten. Man wird wohl davon auszugehen haben, dass der Schlag mit der rechten Hand ausgeführt wird, da auch zu Jesu Zeit die meisten Menschen Rechtshänder waren; dann muss er, um die rechte Backe zu treffen, mit dem Handrücken vollzogen werden – eine besonders entehrende Form der Gewaltausübung. Wer dem, der solches tut, auch noch die andere Backe hinhält, macht dadurch gerade auf diese Gemeinheit aufmerksam. Er teilt mit: Wenn Du mich schon schlägst, dann wenigstens mit offener Hand!

Das zweite Beispiel handelt von einem Pfändungsverfahren. Ein Gläubiger will seinem säumigen Schuldner durch ein Gerichtsverfahren das Gewand nehmen lassen; er soll im wahrsten Sinn des Wortes nackt dastehen. Der Schuldner überbietet dieses erniedrigende Verfahren dadurch, dass er von sich aus auch den Mantel anbietet. Der Mantel war jedoch von Pfändungen ausgenommen, weil er zugleich als Decke für kühle Nächte diente. Wer den Mantel als Pfand anbietet, macht deutlich, dass in der Ausnutzung einer Schuldsituation eine Grenze überschritten wurde.

Das dritte Beispiel schließlich hat mit dem Verhältnis zur römischen Besatzungsmacht zu tun. Die römischen Soldaten nehmen für sich in Anspruch, die einheimische Bevölkerung zum Transport ihres Gepäcks zu verpflichten. Wer einen solchen Dienst für eine Meile in Anspruch nimmt, den soll man damit überraschen, dass man aus freien Stücken eine weitere Meile mit ihm geht. Wer weiß, vielleicht entwickelt sich gerade auf der zweiten Meile ein Gespräch.

Die drei Beispiele leiten bereits zum Gebot der Feindesliebe (Matthäus 5,44; Lukas 6,27) über, das man auch als eine Einladung zur kreativen Überwindung der Feindschaft interpretieren kann. Gewiss lässt sich nicht jede feindselige Situation leicht auflösen, aber ohne Empathie mit dem Feind wird die Möglichkeit, der Feindschaft ein Ende zu machen, bestimmt verfehlt. Die Vorstellung, dass Feindschaft sich durch die bloße Anwendung von Gewalt überwinden lässt, erweist sich in der Regel als trügerisch, weil daraus nur neue Feindschaft entsteht. Die paradoxe Aufforderung, den Feind zu lieben, zeugt also von einem viel tieferen Realitätssinn, als Kritiker der Bergpredigt vermuten.

Wie diese Beispiele zeigen, trifft die Behauptung des Soziologen Peter L. Berger nicht zu, das Christentum sei als moralisches Projekt uninteressant und die moralischen Lehren Jesu seien nur ein «blasser Moralismus» (Berger 2006: 92). In der Bergpredigt wird vielmehr deutlich, dass die Gegenwart Gottes, die Jesus bezeugt, das Leben bis in den Alltag hinein verändert. Doch richtig ist zugleich: Jesus ist mehr als nur der Prediger einer neuen Moral. Er steht selbst für das ein, was er verkündet. Und das mit äußerster Konsequenz.

Kreuz und Auferstehung

Die äußerste Konsequenz ist der Tod. Das Neue Testament beschreibt diesen Tod als ein selbst gewähltes Geschick. «Er erniedrigte sich selbst und ward gehorsam bis zum Tode, ja zum Tode am Kreuz.» (Philipper 2,8) Die Ergebung in den Willen Gottes trägt den Charakter der Selbsthingabe für andere. Das ist es, was die Deutung des Todes Jesu im Neuen Testament von allem Anfang an bestimmt. Dafür wird das alttestamentliche Lied vom leidenden Gottesknecht als Interpretationshilfe benutzt, von dem es heißt, «dass er sein Leben in den Tod gegeben hat und den Übeltätern gleichgerechnet ist und er die Sünde der Vielen getragen hat und für die Übeltäter gebeten» (Jesaja 53,12; vgl. 1. Korinther 15,3).

Darüber, was die Verurteilung Jesu zum Kreuzestod ausgelöst hat, wird mit dieser Deutung nichts gesagt. Die Erklärungen für das Urteil des Pilatus schwanken zwischen einem politisch-religiösen und einem religiös-politischen Ansatz. Der politisch-religiöse Ansatz lässt sich am leichtesten durch den Hinweis auf die Kreuzesaufschrift verdeutlichen: «Jesus von Nazareth, der König der Juden». Der politische Anspruch, das jüdische Volk zu vertreten, und der damit verbundene Aufruhr gegen die römische

Herrschaft hat dieser Erklärung zufolge zum Kreuzestod geführt. Doch mit dem, was wir von Jesu Leben wissen, lässt sich diese Auffassung nicht zur Deckung bringen, denn ein politischer Aufrührer in einem unmittelbaren Sinn war Jesus nicht.

Das führt zu einem religiös-politischen Ansatz. Jesu radikale Kritik am Tempel, die Ankündigung des Gerichts über Jerusalem und die prophetische Zeichenhandlung der Tempelreinigung (Markus 11,15–19 und Parallelen) weisen auf einen Konflikt mit den Hohenpriestern und dem sadduzäischen Tempelpersonal hin. In der Tradition der leidenden Propheten hat er wohl selbst seinen Tod als unausweichlich angesehen; es ist nicht auszuschließen, dass er diesem Tod auch selbst schon in dieser prophetischen Tradition eine stellvertretende Bedeutung zuerkannt hat.

Das Drama der Erlösung. In der Verurteilung Jesu kommt ein menschheitsgeschichtliches Drama zum Ausdruck. René Girard hat dieses Drama darauf zurückgeführt, dass Menschen eine äußere Verunsicherung immer wieder dadurch beantworten, dass sie Opfer suchen (Girard 1988; 1999). Von diesem Mechanismus der Opfersuche zeugen die antiken Mythen, die Sündenbockriten aller Zeiten, Hexenjagden und Judenpogrome bis hin zur Schoah; davon zeugen aber auch Völkermorde, Terrorhandlungen und ähnliche Ereignisse unserer Zeit. Mit der Ausstoßung und Tötung eines Opfers reinigt und befriedet sich eine Gemeinschaft: Sie ist heil, das Opfer nichtswürdig. Die Passion Jesu, so Girard, folgt genau diesem Muster. Mit der Hinrichtung Jesu wird der Friede zwischen Kaiphas und Pilatus hergestellt, das Volk findet seine Ruhe. Aber die Bewertung ist Girard zufolge in den Evangelien diametral anders als in der antiken Welt: die Täter werden verurteilt, das Opfer gerechtfertigt.

Vorbereitet durch alttestamentliche Erzählungen wie die Josephsgeschichte oder die Prophetenverfolgungen, bekräftigt durch die Praxis Jesu von Nazareth, erwächst aus dieser Erzählung die Kultur einer Sorge um das Opfer. Sie hat die Grenzen der christlichen Welt längst überschritten und ist moralisches Allgemeingut geworden. Sie steht aber nach wie vor im Wettbewerb mit der archaischen Form der Selbsterlösung durch das Opfer. Das zeigt sich heute, wenn unter jungen Leuten «Loser» oder

«Du Opfer!» gängige Schimpfworte sind oder wenn gerade Menschen, die bereits Opfer sind wie Flüchtlinge, Behinderte oder Obdachlose, noch einmal zu Opfern von Angriffen werden.

Ob die Barmherzigkeit und damit die Sorge um die Opfer in einer Gesellschaft lebendig ist, hängt, so können wir folgern, davon ab, wie kraftvoll die Erzählung präsent ist, auf der sie beruht. Die Vergegenwärtigung dieser Erzählung und ihrer Bilder – im Gottesdienst, in der Meditation, im betrachtenden Gebet – hat für die Erneuerung einer Kultur der Barmherzigkeit große Bedeutung.

Weil der Kreuzestod Jesu aus der Perspektive des Opfers zu betrachten ist, kann es keinen Zweifel daran geben, dass dieses Opfer «ein für allemal» erbracht wurde (Hebräer 10,10). Das Opfer Jesu am Kreuz bedeutet das Ende jedes Opferkults; in diesem Sinn kann von einem stellvertretenden Opfer gesprochen werden.

Hinabgestiegen in das Reich des Todes.   Das christliche Glaubensbekenntnis lässt auf die Kreuzigung Jesu die Niederfahrt zur Hölle, den *descensus ad inferos* folgen; die frühe Christenheit hat dieses Element der Heilsgeschichte am Karsamstag bedacht. Dieser Weg ins äußerste Dunkel des Todes wurde eigens bedacht, weil der Triumph über den Tod, zu dem man sich mit dem ersten Licht des Ostertags bekannte, so umfassend wie irgend möglich verstanden werden sollte. Nicht nur die Lebenden und die, die ins Leben treten, werden einbezogen in den Sieg über den Tod, sondern auch diejenigen, die bereits in das Dunkel des Todes eingegangen sind; auch sie erreicht das Licht des neuen Lebens. Der Welt des Todes ist die Macht genommen. Das wird in der Erhöhung Christi zu Gott bekräftigt.

Die Auferweckung des Gekreuzigten.   Die frühe Christenheit sieht Kreuzestod und Auferweckung Christi in einem unauflöslichen Zusammenhang. Dass Jesus den Menschen Gott bringt, findet an der Todesgrenze kein Ende. Als Gekreuzigter und Auferstandener ist er der Bürge für Gottes Zuwendung zu den Menschen. In ihm vollzieht sich der Umschlag vom Tod zum Leben, von der Herrschaft des Bösen zur Herrschaft Gottes, von der Verschattung der Welt durch die Sünde zum Kommen des Glanzes Gottes in die Welt.

Das Bekenntnis zur Auferweckung Jesu von den Toten wird in allen Schichten der neutestamentlichen Überlieferung einhellig vertreten. Doch das geschieht mit unterschiedlichen Akzenten. Paulus schreibt in der Korrespondenz mit der von ihm gegründeten Gemeinde in Korinth, er habe ihr dieses Bekenntnis, das er auch selbst schon «empfangen» habe, «als erstes weitergegeben», nämlich: «Dass Christus gestorben ist für unsre Sünden nach der Schrift; und dass er begraben worden ist; und dass er auferstanden ist am dritten Tage nach der Schrift; und dass er gesehen worden ist von Kephas, danach von den Zwölfen.» (1. Korinther 15,3–5) Die Begegnung mit dem Auferstandenen wird als ein «Sehen» dargestellt, das nicht auf die ersten Auferstehungszeugen beschränkt bleibt; vielmehr ergänzt Paulus die ihm überlieferte Liste der Zeugen um fünfhundert Personen, von denen der größte Teil zu dem Zeitpunkt, als er dies schreibt (54/55 n. Chr.), noch am Leben ist. Zu ihnen gehören Jakobus, eine weitere Gruppe von Aposteln und schließlich er selbst, der «geringste unter den Aposteln». Im Zentrum dieses frühen, von Paulus weiterentwickelten Bekenntnisses steht also nicht das leere Grab, sondern die Erfahrung der lebendigen Präsenz Christi.

Die Evangelien entfalten das Bekenntnis zur Auferstehung in unterschiedlich ausgestalteten Erzählungen vom Auffinden des leeren Grabs. Sie lassen dabei erkennen, dass der Feststellung eines leeren Grabes als solcher jede Eindeutigkeit fehlt. So wird die Nachricht als unglaubwürdiges Geschwätz abgetan (Lukas 24,11); sie wird mit dem Gerücht verbunden, dass der Leichnam gestohlen worden sei (Matthäus 28,11–15); man vermutet, Jesus sei umgebettet worden (Johannes 20,2.13). Eindeutigkeit gewinnt dieses Zeichen nur durch den Glauben an den Auferstandenen.

Die Körperlichkeit des Auferstandenen, die sich mit der Rede vom leeren Grab verbindet, bringt eine Reihe von Problemen mit sich. Die wichtigste Frage ist, wo denn der Auferstandene auf Dauer seinen Ort hat. Darauf antwortet die Vorstellung von seiner Entrückung zu Gott. In einem Teil der Evangelienberichte vollzieht sich diese Entrückung in unmittelbarer Verbindung mit der Auferweckung (Markus 16,19; Lukas 24,51; Johannes 20,17);

erst in der Apostelgeschichte des Lukas findet sich eine eigenständige Datierung der Entrückung, der vierzig Tage vorausgehen, in
denen der Auferstandene sich den Aposteln zeigt und zu ihnen
vom Reich Gottes redet (Apostelgeschichte 1,3). Dem entspricht
eine vergleichbare Datierung der Begabung der Jünger mit dem
Geist Christi. Das Johannesevangelium (20,22) und das Matthäusevangelium (28,18–20) verbinden die Geistmitteilung unmittelbar mit der Auferstehung Jesu. Im Matthäusevangelium geschieht
das in der Form der Sendung der Jünger in die Welt, bei der sie
sich darauf verlassen können, dass der Auferstandene immer bei
ihnen sein wird; denn ihm ist gegeben «alle Gewalt im Himmel
und auf Erden». In der Apostelgeschichte des Lukas dagegen wird
auch für die Geistausgießung ein – symbolisches – Datum gewählt, nämlich das jüdische Wochenfest fünfzig Tage nach dem
Passa. Auf diese Weise knüpft der christliche Festkalender mit
dem Oster- und dem Pfingstfest an den jüdischen Festkalender
an. Die Historisierung von Auferstehung, Himmelfahrt und
Geistausgießung folgt einer an den Festtagen orientierten Logik.
Es handelt sich jedoch im Ursprung und im theologischen Sinn
um zusammengehörige Aspekte des Glaubens an den lebendigen
Christus, in dem sich Gott als Herr über den Tod erweist.

Die Wiedergutmachung der Sünden.   In der späteren Entwicklung der christlichen Lehre wird die Bedeutung von Tod und Auferweckung Jesu Christi stärker in rechtsförmigen Vorstellungen
erfasst. Dem liegt zu Grunde, dass man die Sünde nicht mehr als
eine Macht ansieht, in deren Bereich der Mensch hineingezogen
wird, sondern als eine Verfehlung, deren er sich im Bann der alle
verbindenden Erbsünde schuldig macht (siehe oben S. 121). Das
Erlösungswerk Jesu Christi wird nun ganz und gar vom Leitgedanken der Sühne aus interpretiert; die Sühne aber wird nicht als
Versöhnung, sondern als Wiedergutmachung, als «Satisfaktion»
verstanden.

Anselm von Canterbury (1033–1109) gibt der Menschwerdung, dem Kreuzestod und der Auferstehung Jesu Christi eine
Deutung, die ganz von diesem Satisfaktionsgedanken bestimmt
ist. Ihr Ausgangspunkt besteht darin, dass die Sünde bestraft werden muss, weil sich Gott selbst an die moralische Ordnung des

von ihm geschaffenen Kosmos gebunden hat; er kann sich nicht in einem Willkürakt von dieser Ordnung lösen. Wer kann dann die menschliche Sünde wiedergutmachen? Der Mensch, der ohne Zweifel dazu verpflichtet ist, kann es nicht, weil er durch seine eigene Sünde die Fähigkeit dazu eingebüßt hat. Gott, der ohne Zweifel die Fähigkeit dazu hat, kann es nicht, weil er sich gar keine Sünde hat zu Schulden kommen lassen. Wenn der Mensch zur Wiedergutmachung verpflichtet ist, aber nicht dazu in der Lage, Gott aber zur Wiedergutmachung im Stande ist, aber nicht dazu verpflichtet, dann kann die Satisfaktion nur von einem Wesen kommen, das zugleich wahrer Gott und wahrer Mensch ist.

So beantwortet Anselm die Frage, «warum Gott Mensch wurde» *(Cur deus homo).* Sein Verständnis von Gott steht allerdings in offenkundiger Spannung mit dem Gottesbild, für das Jesus eintritt. An die Stelle des Gottesbildes im Gleichnis vom verlorenen Sohn tritt nun ein Gottesbild, dem zufolge Gottes Zorn nur durch ein Opfer besänftigt werden kann. Das Erbarmen Gottes trägt gerade nicht den Charakter ungeschuldeter Gnade; sondern die Lossprechung der Menschen von der Sünde ist die Folge einer Wiedergutmachung. Die «Absolution» folgt auf die «Satisfaktion».

Rechtfertigung als Versöhnung. Die Vorstellung von einer «Wiedergutmachung» der menschlichen Sünde hat weitreichende Folgen. So drängt sich die Frage auf, ob der Mensch selbst etwas zu dieser Wiedergutmachung beitragen kann, etwa durch das Bereuen der eigenen Sünde, durch gute Werke oder durch den Erwerb eines Ablasses, der die Sündenfolgen schmälert. Der methodische Einbau der Buße in ein solches Satisfaktionsgeschehen ist dann ebenso folgerichtig wie die kirchliche Regulierung der Beichte oder die Erfindung des Ablasses.

Genau diese Vorgänge nötigten in der Reformation zu einer kritischen Revision der kirchlichen Praxis. Im Kern ging es darum, die Versöhnung des Menschen mit Gott durch Christus neu zu verstehen. Das wurde bisweilen dadurch verdunkelt, dass auch die Reformatoren an die rechtsförmige Sprache anknüpften, wenn sie die Rechtfertigung des Menschen durch Gott auslegten. Doch sie wollten darüber hinausgehen und die Rechtfertigung wieder als ein Geschehen der Versöhnung, des Machtwechsels, des Neubeginns deuten. Diese Wende wird dadurch möglich, dass Jesus Christus, der Gekreuzigte und Auferweckte, für Gottes Gnade bürgt und die Menschen in den Machtbereich der Gerechtigkeit hineinholt, die allein Gott zu bewirken vermag.

Jesu Tod als Opfer. Mit der Vorstellung von der Wiedergutmachung der menschlichen Sünde durch den Tod Jesu Christi hängt die Deutung dieses Todes als Opfer zusammen, auf die jetzt noch einmal zurückzukommen ist (siehe oben S. 159). In ihr liegt eine der größten Herausforderungen für das Nachdenken über die Heilsbedeutung von Tod und Auferweckung Jesu.

Für diese Deutung verwendet die frühe Christenheit Metaphern, die aus der Opfersprache Israels vertraut sind. Christus wird als «Gottes Lamm» bezeichnet, «das der Welt Sünde trägt» (Johannes 1,29); ja, er wird als Opferlamm verehrt: «Das Lamm, das geschlachtet ist, ist würdig, zu nehmen Kraft und Reichtum und Weisheit und Stärke und Ehre und Preis und Lob.» (Offenbarung 5,12) Diese Metaphern knüpfen an die Vorstellung vom leidenden Gottesknecht an. Sie führt in die Zeit des babylonischen Exils zurück, in der es keinen Opferkult am Tempel geben konnte; unter diesen Bedingungen entstand der Gedanke, dass ein besonders angesehener Mensch stellvertretend für das Volk stirbt und damit Israels Sünden sühnt.

Der Gedanke des stellvertretenden Todes gewinnt in der frühen Christenheit auch dadurch große Bedeutung, dass Christen, die zu ihrem Glauben stehen, in den Verfolgungen durch das Römische Reich ihr Leben verlieren. Ihrem Tod kann dadurch ein Sinn gegeben werden, dass er den Charakter des Glaubenszeugnisses trägt und stellvertretend für die anderen Glaubenden erlitten wird.

Als Opfer wird aber vor allem der Tod Jesu selbst dargestellt – und zwar in kultisch-ritueller Ausgestaltung. Das Teilen von Brot und Wein im Gottesdienst wird nun unmittelbar mit dem Opfertod Jesu verbunden; Brot und Wein werden dabei als Zeichen des getöteten Leibes und des vergossenen Blutes Jesu gedeutet. In der Folgezeit wird dieser liturgische Vollzug sogar als «unblutige Wiederholung» des Opfertodes Jesu aufgefasst. Es kommt zu ei-

ner festen Zuordnung von Priester und Opfer; in dieser Zuordnung wird über Jahrhunderte hin der Kern des christlichen Ritu-
als gesehen.

Doch diese Deutung des Opfergedankens ist von Anfang an
von Kritik begleitet, die freilich immer wieder mit einer Verinner-
lichung einhergeht. Gebete und Gehorsam treten an die Stelle
eines äußerlichen Opfers, das dadurch übertrumpft wird. Eine
solche verinnerlichte Opfervorstellung relativiert auf ihre Weise
die Auffassung des Hebräerbriefs, der im Kreuzestod Jesu das
letzte mögliche Opfer sieht; «ein für alle Mal» sei der Opfertod
Jesu geschehen (Hebräer 10,10). Um dies zu unterstreichen, übernimmt er die Opferkritik der Prophetie und der Psalmen; er lehnt
jede Vorstellung von einem wiederholbaren Opfer eindeutig ab.

In dieselbe Richtung weist ein Spruch Jesu, der in dem apokryphen Evangelium der Ebionäer überliefert ist. Danach sagt Jesus:
«Ich bin gekommen, die Opfer abzuschaffen, und wenn ihr nicht
ablasst zu opfern, wird der Zorn Gottes von euch nicht ablassen.»
(Markschies/Schröter 2012: 620) Gegen die Vorstellung, dass das
wiederholte Opfer den Zorn Gottes besänftigen soll, wird hier
hervorgehoben: Eine Fortsetzung des Opferkults ruft geradezu
Gottes Zorn hervor.

Angesichts der Verselbständigung des Opfergedankens in einem breiten Strom der christlichen Überlieferung ist die Feststellung wichtig, dass «Opfer» eine unter mehreren Metaphern ist, in
denen die frühe Christenheit den Tod Jesu zu deuten versuchte.
Es war eine Metapher, die ihr aus Tradition und Umwelt vertraut
war. In einer durch Opfervorstellungen geprägten Welt lag das
Verständnis des Todes Jesu als Opfer nahe. Doch im Lauf der Entwicklung verbanden sich damit Deutungen, die über alles, was das
Neue Testament über den Weg Jesu zu erkennen gibt, weit hinausgehen. Zu diesen Deutungen gehört die Vorstellung, der Tod Jesu
sei das eigentliche Ziel seines eigenen Handelns und seiner eigenen
Verkündigung; zu ihnen gehört ebenso der Gedanke, Jesus habe
dieses Leiden auf sich genommen, um dadurch den Zorn Gottes
zu besänftigen, und Gott selbst habe das Opfer Jesu gefordert,
weil sein Zorn anders nicht zu stillen war.

Diese Deutungen hatten für das Verständnis des christlichen
Glaubens höchst problematische Folgen, die nicht zu vermeiden

sein werden, solange «Opfer» als Metapher zur Deutung von Tod und Auferstehung Jesu mit einem derartigen Vorrang verbunden ist, wie dies in der Auffassung des eucharistischen Gottesdienstes als «Messopfer» zum Ausdruck kommt. Darum ist eine theologische Neuorientierung an zwei zentralen Punkten notwendig: dem Verständnis von Tod und Auferstehung Jesu wie dem Verständnis des Abendmahls.

Dabei ist zwischen dem Opfer, das ich selbst bringe (im Englischen *sacrifice*), und dem Opfer, das ich von einem anderen fordere oder zu dem ich ihn mache *(victim)*, zu unterscheiden. In welchem Sinn kann man dann den Tod Jesu als ein Opfer bezeichnen? Ganz gewiss am ehesten im Sinn der Selbsthingabe, der freiwilligen, aus einem tiefen Gehorsam Gott gegenüber geborenen Preisgabe des eigenen Lebens. Für eine solche Deutung des Todes Jesu bietet der Christushymnus im 2. Kapitel des Philipperbriefs einen wichtigen Anknüpfungspunkt; als Schlüssel für eine solche Deutung aber erweist sich Jesu einsamer Kampf im Garten Gethsemane. Jesu Widerstand gegen den Weg, der vor ihm liegt, tritt in dieser Szene genauso hervor wie die Bereitschaft, sich dem Geschick zu fügen, das Gott ihm zugedacht hat. Dass es sich dabei um eine von ihm selbst – wenn auch widerstrebend – übernommene Selbsthingabe handelt, zeigt sich in Jesu Aussage: «Der Geist ist willig, aber das Fleisch ist schwach.» (Markus 14,38) Es zeigt sich aber ebenso in der Feststellung, mit der Jesus aus dem Garten aufbricht, seinen Häschern entgegen: «Es ist genug; die Stunde ist gekommen. Siehe, der Menschensohn wird überantwortet in die Hände der Sünder. Steht auf, lasst uns gehen! Siehe, der mich verrät, ist nahe.» (Markus 14,41 f.) Es ist diese dem eigenen Widerstreben abgerungene freiwillige Selbsthingabe, die auch dem Verständnis des Kreuzestodes Jesu als Opfer einen guten theologischen Sinn gibt.

Von ihr aus lassen sich Kreuzestod und Auferstehung als Akte der Versöhnung begreifen – einer Versöhnung der Welt und des Menschen mit Gott (2. Korinther 5,19 f.). Es geht in ihr um die Erneuerung einer – zerbrochenen – Beziehung zwischen Mensch und Gott. Jesu Kreuzestod ist also nicht eine zwangsläufig geschuldete Sühneleistung zur Besänftigung eines zornigen Gottes, sondern eine aus Freiheit um der Liebe Gottes willen vollzogene

Selbsthingabe. Aus deren Bestätigung durch Gott in der Auferweckung Jesu von den Toten empfängt der Glaube die Gewissheit
der Versöhnung mit Gott. Eine Deutung des Abendmahls als
Wiederholung des Opfers Jesu ist mit diesem Sinn von Kreuz und
Auferstehung nicht vereinbar. Darüber ist ein ökumenisches Ein-
verständnis möglich; denn auch in der katholischen Theologie
wird heute die Überzeugung vertreten, dass das einmalige Kreu-
zesopfer Jesu «weder fortgesetzt noch wiederholt, noch ersetzt,
noch ergänzt werden» kann (Lehmann/Pannenberg 1986: 102).
Darum kann der Kreuzestod Jesu im Abendmahl nur erinnert,
aber nicht wiederholt werden.

Das ist auch dann ausgeschlossen, wenn man vom Verständnis
des Todes Jesu als Sühnopfer für die menschliche Sünde ausgeht.
Denn dabei kann nicht gemeint sein, dass eine menschliche Sühneleistung erbracht wird; vielmehr geht nach biblischer Auffassung die Sühne immer von Gott selbst aus. Deshalb kommt es
auch im Abendmahl darauf an, was Gott an den Menschen tut –
und nicht darauf, was die Menschen Gott gegenüber tun. Dass
Gott die freiwillige Selbsthingabe Jesu am Kreuz annimmt und
so die Macht menschlicher Sünde überwindet, wird im Abendmahl vergegenwärtigt; dadurch wird die Gemeinschaft mit Gott
und untereinander erneuert. Dabei handelt es sich nicht nur um
eine geistige Zusammengehörigkeit; sondern das ganze irdische
Leben wird in diese neue Gemeinschaft hineingenommen, so wie
Jesus sein ganzes Leben um dieser Gemeinschaft willen dahin-
gab.

Jesus als Vorbild. Problematisch ist auch die moralische Deutung der Versöhnung durch Jesus Christus, in der Jesus als exemplarischer Mensch verstanden wird. Er hat ein Leben gelebt, wie es
vor Gott sein sollte; deshalb kann Gott in ihm, der von keiner
Sünde weiß, auch die sündige Menschheit annehmen. Zugleich
weist er den Menschen die Richtung zu Gott; denn an seinem Beispiel können Menschen erkennen, welchen Weg sie gehen sollen.

Immer dann, wenn der Protestantismus sich von der Klarheit
seiner reformatorischen Ursprünge entfernt und die Botschaft
von der Rechtfertigung allein aus Gnade aus dem Zentrum seiner
Verkündigung rückt, wird er für eine derartige moralische Deu-

tung Jesu anfällig. In dieser Deutung aber verliert der Kreuzestod Jesu jede Bedeutung für das Heil der Menschen; auch Jesu Auferstehung von den Toten hat dann für den Glauben keine zentrale Bedeutung mehr. Das mag für ein Denken, das Leiden vor allem als Scheitern versteht und in der Auferstehung nur eine wunderhafte Überwindung des Todes, aber nicht die Annahme des Toten durch Gott sieht, naheliegen. Dem christlichen Glauben aber nimmt es die Tiefe.

Um diese Tiefe aber ging es Paulus wie Luther, wenn sie das «Wort vom Kreuz» zum Dreh- und Angelpunkt des christlichen Glaubens erklärten. Um diese Tiefe ging es ihnen auch, wenn sie Kreuz und Auferstehung unlöslich miteinander verbanden: «Ist aber Christus nicht auferweckt worden, so ist unsre Predigt vergeblich, so ist auch euer Glaube vergeblich. Hoffen wir allein in diesem Leben auf Christus, so sind wir die elendesten unter allen Menschen. Nun aber ist Christus auferweckt von den Toten als Erstling unter denen, die entschlafen sind» (1. Korinther 15,14.19 f.).

Jesus im interreligiösen Gespräch

Was bedeutet Jesus für das interreligiöse Gespräch? So fragten wir am Beginn dieses Kapitels. Diese Frage ist abschließend noch einmal aufzunehmen.

Ein ernsthafter Dialog der Religionen muss den Kern der jeweiligen Glaubensweise in den Blick nehmen: die messianische Erwartung im Judentum, das Bekenntnis zu Jesus als dem Messias im Christentum, die zentrale Stellung des Koran im Islam. Man pflegt einer solchen Konzentration auf zwei Wegen auszuweichen. Der eine Weg besteht darin, dass man einen Allgemeinbegriff der Religion entwickelt und ihm die verschiedenen Glaubensweisen zuordnet. Doch ein solcher Allgemeinbegriff erweckt den Anschein, als wären die unterschiedlichen Glaubensweisen nur Spielarten der einen, in sich selbst unbestimmten Religion. Die Ringparabel in Gotthold Ephraim Lessings Dramatischem Gedicht *Nathan der Weise* weist in eine solche Richtung (Lessing 1967: 531 ff.). Sie rückt die Wahrheitsfrage ins zweite Glied. Sie

meint, es genüge, eine Religion von ihren Wirkungen her zu beurteilen; auf ihren Inhalt komme es demgegenüber gar nicht an.
Doch eine Betrachtungsweise, die die Religion von der Frage nach
der Wahrheit trennt, tritt jedenfalls zum Wesen des Christentums
in einen unauflösbaren Widerspruch.

Der andere Weg, einen interreligiösen Dialog an den mög-
licherweise kontroversen Wahrheitsfragen vorbei in Gang zu
bringen, konzentriert sich auf die drei monotheistischen, «abraha-
mitischen», Religionen, die sich auf Abraham als den Stammvater
des Glaubens berufen, und stellt fest, das, was diese drei Religionen verbinde, sei wichtiger als das Trennende. Die Verbundenheit
von Judentum, Christentum und Islam lässt sich in einer absteigenden oder in einer aufsteigenden Linie interpretieren. In einer
absteigenden Linie betrachtet, verweisen Christentum und Islam
zurück auf ihren Ursprung im jüdischen Glauben. In einer aufsteigenden Linie wird die jeweils ältere durch die jeweils jüngere
Religion überboten. Die religiöse Wahrheit schlechthin ist dann
im Islam zu sehen, wie er dem Propheten Mohammed im Koran
offenbart wurde. Nur der Islam ist in diesem strikten Sinn eine
Religion des Buchs; denn für Judentum und Christentum *bezeugen* die Heiligen Schriften die göttliche Offenbarung; für den
Islam *ist* der Koran die Offenbarung. «Der Koran ist weder Rede
von Gott noch zu Gott. Er ist dem eigenen Anspruch nach direkte
Rede Gottes» (Kermani in: Dalferth/Lehmann/Kermani 2011:
91). Da diese Offenbarung letztgültig ist, enthält der Koran in sich
selbst, unabhängig von jeder Interpretation, die abschließende
religiöse Wahrheit.

Auch im Christentum gibt es Deutungen der Religionsgeschichte, die in eine «Absolutheit des Christentums», also
eine Überlegenheit über alle anderen Religionen münden (vgl.
Troeltsch 1998). Doch diese Absolutheit kann – insbesondere
nach reformatorischem Verständnis – nicht in der Offenbarungs-
urkunde oder in der die Offenbarung bezeugenden Kirche, sondern nur in dem sich offenbarenden Gott verankert sein. Deshalb
hat sich in der neuzeitlichen Entwicklung des Christentums immer stärker die Einsicht durchgesetzt, dass der Titel der «Absolutheit» keiner bestimmten Religion, sondern nur Gott selbst zuerkannt werden kann. Bezogen auf seine Absolutheit vertritt jede

Religion, auch jede christliche Konfession, eine eigene Perspektive. Sie zeugt von der Wahrheit, verfügt aber nicht über sie.

Die notwendige Beschäftigung mit den unterschiedlichen Vorstellungen von religiöser Wahrheit in Judentum, Christentum und Islam wird durch den Hinweis darauf, dass alle drei Religionen sich auf Abraham beziehen, keineswegs gegenstandslos, denn auch die Person Abrahams wird in ihnen höchst unterschiedlich gedeutet (vgl. Frankemölle 2016). Für den jüdischen Glauben ist Abraham der Mensch, der auf Gottes Ruf antwortet, seiner Segensverheißung folgt und sein Vertrauen auf ihn setzt (1. Mose 12,1–9). Das frühe Christentum sieht in Abraham das Urbild der Glaubenden, die – sei es als Juden, sei es als Heiden – ihr Vertrauen allein auf Gott setzen; dies wird ihnen wie schon Abraham «zur Gerechtigkeit gerechnet» (Römer 4,3; vgl. 1. Mose 15,6). Die Segensverheißung für Abraham gilt deshalb als Vorzeichen für die Zusage der göttlichen Gnade, die den Heiden genauso gilt wie den Juden; die Zugehörigkeit zu Christus ist die entscheidende Voraussetzung dafür, sich auf die Segenszusage an Abraham berufen zu können (Galater 3,29). Für den Islam ist Abrahams Sohn Ismael der Stammvater der Araber; Abraham selbst trägt den Ehrentitel «Freund Gottes» (Sure 4: 125). Er hat zu der vergessenen reinen Lehre zurückgefunden und ist deshalb der erste Zeuge des Islam, des unveränderlichen und unbeugsamen Bekenntnisses zu dem einen Gott. Auf ihn geht auch die Wiedererrichtung der Kaaba in Mekka als zentrales islamisches Heiligtum sowie die Pflicht zur Pilgerschaft dorthin zurück (Sure 14:35–41; Sure 22:26). Mohammed bezeugt also den Glauben, zu dem sich schon Abraham bekannt hat.

Die Bezugnahme auf Abraham in Judentum, Christentum und Islam fügt sich also in die unterschiedlichen Profile dieser drei Religionen ein und lässt sie keineswegs hinter sich. Diese Differenzen wiederholen sich in einer vergleichbaren Weise, wenn es um die Gestalt Jesu Christi geht. Für das Judentum ist Jesus ein jüdischer Lehrer, der aber weder als Messias anerkannt noch als Gottes Sohn betrachtet werden kann. Jüdische Religionswissenschaftler heben hervor, dass er den Glauben an JHWH über das Judentum hinaus auch für die Heiden zugänglich gemacht habe; solche Interpreten leisten wichtige Beiträge zum

Verständnis der Verkündigung Jesu aus ihrem jüdischen Hintergrund.

Auch der Koran kennt keine Heilsbedeutung Jesu Christi. Er bezeichnet Jesus als «Sohn der Maria» und weist damit seine Bezeichnung als «Sohn Gottes» eindeutig ab. Er fügt ihn in die Reihe der Propheten ein; doch Mohammed, das «Siegel der Propheten» (Sure 33:40), steht klar über Jesus. Einen eigenen Weg geht der Koran auch im Umgang mit Kreuzigung und Auferstehung Jesu. Die Kreuzigung Jesu wird im Koran geleugnet; denn sie wäre eine schmachvolle Niederlage gewesen, aus der sich niemals eine Erlösung hätte ergeben können. Deshalb wurde Jesus nach islamischer Vorstellung wie Elia durch Gott von seinen Feinden entrückt; ein anderer – am häufigsten werden Judas Ischarioth und Simon von Kyrene genannt – sei an seiner Stelle gekreuzigt worden. Viele Muslime nehmen deshalb an, dass Jesus am Ende der Zeit auf die Erde zurückkehren und sich als gläubiger Muslim bekennen wird.

Der Widerspruch gegen die Heilsbedeutung Jesu hat auch mit einem Unterschied im Heilsverständnis selbst zu tun. «Muslime glauben», so fasst der katholische Theologe Christian W. Troll diesen Unterschied zusammen, «dass der Mensch stets in der Lage ist, das Gute zu tun, und dass er durch das Einhalten der Gebote die Gunst und Belohnung Gottes erwirbt. Die Sünde des Menschen kann Gott nichts anhaben, ‹berührt› ihn persönlich nicht.» (Troll 2008: 34) Im christlichen Verständnis dagegen reißt die Vorstellung, der Mensch könne aus eigener Kraft seine Stellung vor Gott sichern und seine Schuld selbst wiedergutmachen, nur umso tiefer in die Sünde hinein. Die Befreiung aus der Macht der Sünde erfolgt kraft der Gnade Gottes, die in Christus offenbar ist, nicht kraft der eigenen Leistung des Menschen. Im Zentrum des christlichen Glaubens – insbesondere in seinem reformatorischen Verständnis – steht die rechtfertigende Gnade Gottes.

Auch der Muslim, der seine Sünde bereut, hofft auf Gottes Gnade und Barmherzigkeit. Er kann aber darüber in seinem Leben keine letzte Gewissheit erlangen. Eine solche Gewissheit gibt es nur für die Muslime, die im Kampf für die Sache Gottes ihr Leben geopfert haben; daraus erklärt sich die besondere Stellung der Märtyrer im muslimischen Verständnis. Der christliche Glaube hält dagegen daran fest, dass der Opfertod Jesu Christi ein für allemal geschehen ist. Der Tod von Märtyrern kann deshalb nur die Bedeutung eines Zeugnisses haben; eine unmittelbare Heilsbedeutung kommt ihm nicht zu.

Der evangelische Theologe Martin Stöhr stellt zusammenfassend fest: «Wer aus dem gemeinsamen Bezug auf Abraham auf eine Unterschiedslosigkeit der drei ‹abrahamischen› Religionen schließt, übersieht, dass der Eine Gott, zu dem alle drei auf verschiedene Weise beten, sich unterschiedlich in der Welt profiliert: durch Mose, den Führer aus der Sklaverei, den ‹Gesetz›geber und Propheten; durch Jesus, dessen Leben, Botschaft und Geist die messianische Zeit eröffnen; durch Mohammed, den Propheten und Leiter auf dem Weg der Gerechtigkeit und Barmherzigkeit.» (Hübener/Orth 2007: 21)

7. DER GEIST DER FREIHEIT

Komm, Schöpfer Geist

Komm, heil'ger Geist, du Schöpfer du,
sprich deinen armen Seelen zu,
erfüll mit Gnaden, süßer Gast,
die Brust, die du geschaffen hast!

Mit diesen Zeilen beginnt eines der berühmtesten Lieder der Christenheit. Es geht auf Hrabanus Maurus (783–856) zurück, der zur Zeit Karls des Großen Abt von Fulda war und zu den theologischen Beratern des Kaisers gehörte. Für eine Synode, die sich im Jahr 809 in Aachen versammelte, schrieb er den Hymnus «Veni Creator Spiritus: Komm, Schöpfer Geist».

Seit dem 9. Jahrhundert ist das Lied bis zum heutigen Tag ohne Unterbrechung in Gebrauch. Immer wieder singen es die Kardinäle der römisch-katholischen Kirche, wenn sie zur Papstwahl in die Sixtinische Kapelle einziehen. Der Hymnus wurde in viele Sprachen übersetzt. In der Übertragung Martin Luthers gehört er zum Kernbestand des evangelischen Liedguts (Evangelisches Gesangbuch Nr. 126). Ich zitiere das Lied in diesem Kapitel nach der Übersetzung von Angelus Silesius (eigentlich Johannes Scheffler, 1624–1677), einem schlesischen Arzt und religiösen Schriftsteller (Silesius 1923: 281).

Der von dem Vater und dem Sohn ausgeht. Das Lied von Hrabanus Maurus diente zu seiner Entstehungszeit nicht nur der religiösen Erbauung, sondern auch der theologischen Klärung. In einem tiefreichenden Streit zwischen östlicher und westlicher Christenheit ergriff es Partei. Es ging um die Frage, ob der Heilige Geist nur von Gott dem Vater oder auch von Gott dem Sohn ausgeht. Hrabanus Maurus beantwortet diese Frage in der sechsten Strophe seines Hymnus eindeutig:

Lehr uns den Vater kennen wohl
und wie den Sohn man ehren soll;
im Glauben mache uns bekannt,
wie du von beiden bist gesandt.

Die westlichen Vertreter dieser engen und unauflösbaren Zusammengehörigkeit von Vater, Sohn und Geist konnten für ihre Auffassung starke biblische Belege anführen. Nach dem Johannesevangelium beispielsweise sendet der auferstandene Christus seine Jünger, haucht sie an und sagt zu ihnen: «Nehmt hin den heiligen Geist.» (Johannes 20,22)

Eines der wichtigsten Bekenntnisse aus der Frühzeit des Christentums, das Bekenntnis der Konzilien von Nicaea (325) und Konstantinopel (381), erklärte allerdings eindeutig, dass der Heilige Geist (nur) vom Vater ausgeht. Diese Bindung an den Vater soll nicht nur sicherstellen, dass die Lehre von der Dreifaltigkeit Gottes nicht im Sinn einer Drei-Götter-Vorstellung missverstanden wird, sondern zugleich deutlich machen, dass der Heilige Geist unmittelbar an der schöpferischen Kraft und Wirksamkeit Gottes Anteil hat und deshalb keinesfalls dem Sohn Gottes untergeordnet ist.

Die Theologen im Umkreis Karls des Großen konnten die Trennung zwischen Christus als dem Sohn Gottes und dem Heiligen Geist, die sie in der östlichen Denkweise vermuteten, nicht akzeptieren. In westlichen Bekenntnissen war schon seit dem fünften Jahrhundert formuliert worden, dass der Geist aus dem Vater «und dem Sohn» *(filioque)* hervorgeht. Auf der Synode in Aachen 809, für die Hrabanus Maurus seinen Hymnus dichtete, wurde das altkirchliche Glaubensbekenntnis von Nicaea und Konstantinopel um diesen Zusatz erweitert. Dass sich dabei ein theologischer Zwist mit dem politischen Konflikt zwischen den beiden Kaisern in Aachen und Konstantinopel verband, war nicht zu verkennen. Von nun an war zusammen mit dem Primat des Papstes das *Filioque* ein Kernpunkt im Konflikt zwischen Ost- und Westkirche, der im Jahr 1054 zu dem heute noch andauernden Schisma zwischen östlicher und westlicher Christenheit führte. Erst 1215 erhob das 4. Laterankonzil den Zusatz zum Bekenntnis von Nicaea und

Konstantinopel in aller Form zum Dogma der katholischen Kirche.

Noch heute gilt der Unterschied in der Formulierung des Bekenntnisses zum Heiligen Geist als eine der wesentlichen Ursachen für die Trennung zwischen östlicher und westlicher Christenheit. Im westlichen Text des Bekenntnisses von Nicaea und Konstantinopel heißt es nun: «Wir glauben an den Heiligen Geist, der Herr ist und lebendig macht, der aus dem Vater und dem Sohn hervorgeht, der mit dem Vater und dem Sohn angebetet und verherrlicht wird, der gesprochen hat durch die Propheten.» Die im Osten geltende Fassung bekräftigt auch, dass der Heilige Geist «mit dem Vater und dem Sohn angebetet und verherrlicht wird»; doch in der vorangehenden Passage heißt es lediglich, dass der Geist «aus dem Vater hervorgeht». Trotz vieler Bemühungen hat sich die Differenz um die Worte «und dem Sohn» noch nicht überwinden lassen. Viele sind der Auffassung, die Zeit sei über diese Kontroverse hinweggegangen; doch andere weisen darauf hin, dass sich unterschiedliche Vorstellungen von der göttlichen Trinität bis in die Praxis der Spiritualität hinein auswirken. Der Reichtum des gottesdienstlichen Lebens und die Fülle der «göttlichen Liturgie», so argumentieren östlich-orthodoxe Theologen, hänge mit der Hochschätzung des Geistes als der dritten Person der Trinität zusammen; zugleich diagnostizieren sie eine geistliche Verarmung der westlichen Christenheit, für die sie die Unterordnung des Geistes unter die zweite Person der Trinität, Christus als Sohn Gottes, verantwortlich machen. Während in der römisch-katholischen Kirche das Wirken des Geistes eng an das kirchliche Amt gebunden wird, wird in den evangelischen Kirchen das Wirken des Geistes an den Einzelnen gebunden, der sich auf seine unmittelbare Gottesbeziehung beruft. Institutionalisierung auf der einen, Individualisierung auf der anderen Seite tragen nach der Auffassung orthodoxer Gesprächspartner die Gefahr einer spirituellen Verarmung in sich. Auch in dieser Hinsicht gehört es zur ökumenischen Verantwortung der Kirchen, aus der Pluralität der Konfessionskulturen zu lernen (Oberdörfer 2001: 14). Die Erinnerung an den Streit um das *Filioque* kann sich in einen Anstoß dazu verwandeln, neu über Grundlagen, Gestaltungsformen und Weiterentwicklung christlicher Spiritualität nachzudenken.

So wichtig der Anstoß durch die orthodoxe Leidenschaft für die Gleichrangigkeit des göttlichen Geistes mit dem Gottessohn ist, so wichtig ist auch der Nachdruck, mit dem die westliche Christenheit den göttlichen Geist als den Geist Christi betrachtet. Dafür sprechen schon starke biblische Gründe. Nicht nur der schon erwähnte Beleg aus dem Johannesevangelium lässt sich dafür heranziehen. Aussagen des Apostels Paulus weisen in dieselbe Richtung. Besonders programmatisch heißt es im 2. Korintherbrief (3,17): «Der Herr ist der Geist; wo aber der Geist des Herrn ist, da ist Freiheit.» Wenn hier vom «Herrn» gesprochen wird, ist Christus gemeint. Er wird mit dem «Geist» geradezu gleichgesetzt. Damit wird gesagt: Der zu Gott erhöhte Jesus Christus ist als Geist gegenwärtig und bewirkt in den Glaubenden die Freiheit des Glaubens. Weil der erhöhte Christus mit Gott, dem Vater, in einer unauflösbaren Verbindung steht, wird auch Gott selbst mit diesem Geist gleichgesetzt; daran schließt sich die Aufforderung an, ihn im Geist und in der Wahrheit anzubeten (Johannes 4,24).

Vom Heiligen Geist kann demnach nur in der engsten Verbindung zwischen Vater, Sohn und Geist die Rede sein. Das war der tiefste Sinn für die Reflexionen, in denen sich in der Geschichte der christlichen Theologie die Lehre von der Dreieinigkeit Gottes – die sogenannte Trinitätslehre – entfaltete. Manches an ihr ist uns heute fremd geworden; die in ihr vorgenommene Unterscheidung zwischen der einen göttlichen Substanz und den drei göttlichen Personen wirkt auf moderne Menschen spekulativ. Eher leuchtet es ein, dass die enge Verbindung zwischen Vater, Sohn und Geist uns dabei hilft, Gottes Sein als lebendige Beziehung zu verstehen. Der Abschied von einem statischen Gottesbild wird dadurch erleichtert.

Im Bekenntnis zu Gott als dem Heiligen Geist drückt sich die Überzeugung aus, dass Gott an keine Grenzen des Raumes oder der Zeit gebunden ist. Wer Gott als Geist versteht, ehrt die Freiheit Gottes, der wirkt, «wo und wann er will» (Augsburger Bekenntnis, Art. 5; Mau 2008: 1,37). Der Geist Gottes ist nicht nur darin ein Geist der Freiheit, dass er die Menschen in die Freiheit ruft. Ein Geist der Freiheit ist er vor allem darin, dass er Gottes Freiheit bezeugt.

Ausgießung des Geistes. Die enge Verbindung zwischen Jesus Christus und dem Heiligen Geist bestimmt vor allem die biblische Erzählung von der Ausgießung des Heiligen Geistes an Pfingsten. Sie ist in der Apostelgeschichte des Lukas aufs engste mit dem Bericht von der Himmelfahrt Christi verknüpft (vgl. oben S. 162). Die Himmelfahrtserzählung des Lukas hat ihren Gipfelpunkt in der Zusage des Auferstandenen: «Ihr werdet die Kraft des heiligen Geistes empfangen, der auf euch kommen wird, und werdet meine Zeugen sein in Jerusalem und in ganz Judäa und Samarien und bis an das Ende der Erde.» (Apostelgeschichte 1,8) Diese Verheißung erfüllt sich am Pfingsttag: «Und es geschah plötzlich ein Brausen vom Himmel wie von einem gewaltigen Sturm und erfüllte das ganze Haus, in dem sie saßen. Und es erschienen ihnen Zungen zerteilt und wie von Feuer, und setzten sich auf einen jeden von ihnen, und sie wurden alle erfüllt von dem heiligen Geist und fingen an, zu predigen in anderen Sprachen, wie der Geist ihnen zu reden eingab.» (Apostelgeschichte 2,2–4)

Schon im Alten Testament finden sich Belege für die Vorstellung, dass der Geist Gottes über die Menschen kommt und ihnen die Kraft verleiht, das Volk Israel von seinen Unterdrückern zu befreien (vgl. die Kapitel 3, 6 und 11 des Richterbuchs). Diese Beispiele lassen jedoch fragen, für welche Handlungen man sich auf den Geist Gottes berufen kann und welche dem Geist Gottes in Wahrheit widersprechen. Von Anfang an verbindet sich deshalb mit der Rede vom Geist Gottes die Aufgabe, die Geister zu unterscheiden. Programmatisch fasst Paulus diese Aufgabe in die Worte: «Den Geist löscht nicht aus. Prophetische Rede verachtet nicht. Prüft aber alles, und das Gute behaltet. Meidet das Böse in jeder Gestalt.» (1.Thessalonicher 5,19–22)

Die Geschichte des Christentums bietet viele Beispiele dafür, dass das Prüfen der Geister unterblieb oder misslang – mit schrecklichen Folgen. Kreuzzüge und Inquisitionen, das Verbrennen von Hexen und Häretikern, Judenfeindschaft und Judenpogrome bis hin zur Schoah, die Inanspruchnahme Gottes für die eigene Seite in Krieg und Gewalttat – all das steht im Widerspruch zu der Überzeugung, dass von Gottes Geist bestimmte Menschen das Böse in jeder Gestalt meiden.

Ebenso alt wie die Vorstellung, dass Gottes Geist Menschen die

Kraft zu befreiendem Handeln gibt, ist die Vorstellung von Gottes schöpferischem Geist. In klassischer Form kommt sie gleich zu Beginn der biblischen Schöpfungserzählungen zur Sprache: «Am Anfang schuf Gott Himmel und Erde. Und die Erde war wüst und leer, und Finsternis lag auf der Tiefe; und der Geist Gottes schwebte über dem Wasser.» (1. Mose 1,1 f.) Das Nachdenken über die schöpferische Kraft des göttlichen Geistes lässt eigentlich keinen Raum für die verbreitete Vorstellung, der Geist habe es mit dem Ungeordneten zu tun; über ihn könne man deshalb so schwer reden, weil er sich nicht fassen lasse. Nein, die erste Schöpfungserzählung sieht im göttlichen Geist die Kraft, die das Tohuwabohu (das ist der hebräische Ausdruck, den Martin Luther mit «wüst und leer» übersetzt) überwindet und eine Ordnung entstehen lässt.

Diese Ordnung manifestiert sich zuallererst in dem Entstehen von Unterscheidungen. Sie zeigt sich in der Polarität von Licht und Finsternis oder von Land und Meer. An dieses schöpferische Wirken des göttlichen Geistes knüpft der Apostel Paulus an, wenn er feststellt: «Gott ist nicht ein Gott der Unordnung, sondern des Friedens.» (1. Korinther 14,33)

Auch das Bild von einer Ausgießung des Heiligen Geistes begegnet bereits im Alten Testament. Der wichtigste Beleg dafür, der in der Pfingsterzählung der Apostelgeschichte ausdrücklich aufgegriffen wird, findet sich beim Propheten Joel (3,1–5): «Und nach diesem will ich meinen Geist ausgießen über alles Fleisch, und eure Söhne und Töchter sollen weissagen, eure Alten sollen Träume haben, und eure Jünglinge sollen Gesichte sehen. Auch will ich zur selben Zeit über Knechte und Mägde meinen Geist ausgießen. Und ich will Wunderzeichen geben am Himmel und auf Erden: Blut, Feuer und Rauchsäulen. Die Sonne soll in Finsternis und der Mond in Blut verwandelt werden, ehe denn der große und schreckliche Tag des Herrn kommt. Und es soll geschehen: wer des Herrn Namen anrufen wird, der soll errettet werden. Denn auf dem Berge Zion und zu Jerusalem wird Errettung sein, wie der Herr verheißen hat, und bei den Entronnenen, die der Herr berufen wird.»

Gleichheit und Differenz. Die Ausgießung des Heiligen Geistes ist beim Propheten Joel mit einer endzeitlichen Dramatik verbunden; Gottes Geist stellt die Menschen vor die letzten Fragen. Es geht darum, ob sie an dem «großen und schrecklichen Tag des Herrn» Bestand haben. Diejenigen, denen Gott durch seinen Geist zur Klarheit verhilft und die deshalb den Namen des Herrn anrufen, werden dem Gericht entrinnen. Das ist die endzeitliche Verheißung, die mit dem Kommen des Geistes verbunden ist.

Ebenso bemerkenswert ist, dass der Geist Gottes über Frauen und Männer, Freie und Unfreie, Junge und Alte gleichermaßen ausgegossen wird. Die Berücksichtigung von Frauen ist gerade in einer patriarchal geprägten Gesellschaft sehr ungewöhnlich. Die Spannungen, die zwischen den unterschiedlichen Gruppen bestehen, werden nicht dadurch überwunden, dass die Unterschiede zwischen den Menschen geleugnet werden. Überwunden werden sie vielmehr dadurch, dass der Geist Gottes die Menschen in ihrer Unterschiedlichkeit erreicht. Michael Welker hebt deshalb unter den Wirkungen des Heiligen Geistes die Sensibilität für Differenzen ganz besonders hervor (Welker 1993: 143 ff.). Es hängt mit solchen Gedanken zum Geist Gottes zusammen, wenn in der christlichen Ethik dem Respekt für die gleiche Würde der Verschiedenen eine maßgebliche Bedeutung zuerkannt wird (Huber 2016: 60 ff.).

Wie in der Joel-Verheißung spielen die Unterschiede zwischen den Menschen auch in der Pfingsterzählung des Lukas eine wichtige Rolle. In diesem Fall steht die Vielfalt der Sprachen exemplarisch für die Vielgestaltigkeit der menschlichen Existenz. Lang, ja beinahe ermüdend ist die Liste der zum Pfingstfest in Jerusalem versammelten Nationalitäten (Apostelgeschichte 2,9–11). Erstaunlicherweise können alle verstehen, was die Apostel sagen, und zwar jeweils in ihrer eigenen Sprache. Auch hier werden die Unterschiede zwischen den Menschen wahrgenommen; aber sie verlieren ihre trennende Wirkung.

Diese Kommunikation über Sprachgrenzen hinweg löst nicht nur Staunen, sondern auch Spott aus. Die Spötter vermuten, ein «geistiges Getränk» sei im Übermaß genossen worden – «sie sind voll süßen Weins» (Vers 13); andere staunen, ja sind sogar entsetzt und öffnen sich für die Frage, was das Erlebte zu bedeuten hat

(Vers 12). Auf diese Frage antwortet eine große Predigt des Petrus, die an die Joel-Verheißung anknüpft und das Heilsgeschehen in Christus darstellt. Auf diese Botschaft hin lässt sich nach der Erzählung des Lukas eine große Zahl von Menschen taufen (Apostelgeschichte 2,14–41).

Die Unterschiede, die zwischen den Menschen bestehen, werden bewahrt, aber zugleich so verwandelt, dass sie das Trennende verlieren. Das ist die Wirkung des Pfingstgeistes.

Die Vielfalt der Geistesgaben. Diese Überlegung lässt sich weiter zuspitzen. Der Heilige Geist ist nicht nur die Kraft der Einheit, sondern auch die Kraft der Vielfalt. An Überlegungen des Apostels Paulus lässt sich das besonders gut erläutern. Der Geist fügt die christliche Gemeinde zu einer Einheit zusammen, für die Paulus den Begriff «Leib Christi» verwendet. Doch zugleich verleiht er den Gliedern dieses einen «Leibes» unterschiedliche Fähigkeiten und Begabungen, die der Apostel als «Charismen» bezeichnet, also als Gnadengaben, die sich dem Geist Gottes verdanken (1. Korinther 12,4–31). Die Vielfalt denkbarer Funktionen in einer christlichen Gemeinde – Paulus nennt in einer höchst eigentümlichen Liste Apostel, Propheten, Lehrer, Wundertäter, Heiler, Zungenredner, Interpreten der Zungenrede – lässt sich überhaupt nur deshalb wahrnehmen, weil der Heilige Geist verschiedene Menschen mit unterschiedlichen Gaben ausstattet. Das Ganze ist nur dank solcher Unterschiede überhaupt lebensfähig.

Auch von der Gleichheit der Verschiedenen kann der Apostel in den höchsten Tönen reden, so als würden die elementarsten Unterschiede geradezu geleugnet: «Hier ist nicht Jude noch Grieche, hier ist nicht Sklave noch Freier, hier ist nicht Mann noch Frau; denn ihr seid allesamt einer in Christus Jesus.» (Galater 3,28) Diese Aussage steht im Zusammenhang eines grandiosen Loblieds auf die Freiheit des Glaubens, in der alle auf gleiche Weise dazu berufen sind, Gottes Kinder zu sein. Die Unterschiede zwischen Sklaven und Freien und zwischen Frauen und Männern wurden schon in der Joel-Verheißung genannt. Die Auseinandersetzungen in der jungen christlichen Gemeinde spielen dadurch in die Aufzählung hinein, dass der Unterschied zwischen Juden und

Griechen, also zwischen Judenchristen und Heidenchristen, hinzutritt. Auch diese Unterschiede werden nicht aufgehoben, verlieren aber ihre letztgültige Bedeutung.

Doch worin besteht der bleibende Sinn von Differenzen?

Differenz ist nicht gleich Differenz. Es gibt Differenzen, die als unerträglich empfunden werden, und andere, die dem Leben Reiz und Würze geben. Es gibt Unterschiede, die bei näherer Betrachtung mit der gleichen Würde der Menschen unvereinbar sind, und andere, die sich als kreativ erweisen können.

Man kann sich dem Problem auch von der Gleichheit aus nähern: Es gibt eine Gleichheit unter den Menschen, die eine elementare Bedingung der Menschlichkeit ist – die Gleichheit menschlicher Würde und menschlichen Rechts. Und es gibt eine Gleichheit, die tötet, weil sie das Gespräch zum Ersterben bringt und die Unterschiedlichkeit menschlicher Begabungen unterdrückt.

Der Heilige Geist hilft dazu, ungerechte Unterscheidungen zu überwinden, aber kreative Vielfalt zu fördern. Die Egalität des Kasernenhofs hat ausgedient; aber die Egalität der Würde findet Achtung.

Über geläufige politische Gleichheitsvorstellungen im Bezug auf Rechte, Einkommen, Lebenschancen oder Teilhabemöglichkeiten geht das Gleichheitsethos, das sich aus dem Glauben an den Heiligen Geist ergibt, weit hinaus, denn zu dieser Gleichheit gehört, dass Menschen ihre unterschiedlichen Gaben zum gemeinsamen Besten einsetzen können. Das Gebot der Gerechtigkeit verlangt nicht nur Egalität; es verlangt auch den Respekt vor der schöpferischen Differenz.

Männer und Frauen als Beispiel. Man kann die Stufen, um die es hierbei geht, am Verhältnis von Frauen und Männern veranschaulichen. Eine männerdominierte Gesellschaft hat Frauen den Zugang zu gleichen Rechten lange Zeit verweigert. «Gleichberechtigung von Mann und Frau» hieß die Losung, unter der solche Zustände überwunden werden sollten. Das Ziel rechtlicher Gleichheit stand im Vordergrund. Im Familienrecht, in den Bildungszugängen, im Arbeits- oder im Wahlrecht sollte die Benachteiligung von Frauen überwunden werden. Diese Schritte waren absolut notwendig, doch die gesellschaftliche Realität blieb noch lange hinter den formal zuerkannten Gleichheiten zurück. Dieses Vollzugsdefizit verband sich mit einem mangelnden Sinn für die Differenz in der Gleichheit. Weil die Differenz zwischen Männern und Frauen diskriminierend eingesetzt worden war, fiel es schwer, zu dieser Differenz ein unbefangenes Verhältnis zu entwickeln. Viele Frauen hatten auch noch nach der formalen Anerkennung ihrer Gleichberechtigung den Eindruck, dass sie als Frauen «nicht vorkamen», weil ihre Empfindungen und Einsichten öffentlich nicht so beachtet wurden, wie das für die männliche Sicht erwartet wurde. Das kann sich auch nur in dem Maß ändern, in dem nicht nur die Bereiche von Familie oder Religion, sondern auch die Bereiche von Wirtschaft, Wissenschaft und Politik, von Kultur und Medien den Erfahrungen und Erkenntnissen von Frauen einen gleichberechtigten Rang einräumen.

Das Gleichheitsethos aus der Kraft des Heiligen Geistes. Auch für den Umgang mit kulturellen oder religiösen Differenzen ist dieses Gleichheitsethos hilfreich. Es ermutigt dazu, das Gespräch mit Menschen anderer Kultur oder Religion gleichberechtigt zu führen und sich davon selbst Gewinn und Bereicherung zu erhoffen, statt die anderen nur an den eigenen Standards zu messen und die eigene Lebensform als den Maßstab zu betrachten, dem auch andere genügen sollen.

Von der Vorstellung, die eigene Lebensform setze die Maßstäbe auch für alle anderen, pflegen die meisten Menschen in reichen Industriestaaten allerdings Ausnahmen zu machen, die gerade nicht der Gleichheit dienen. Dass der eigene Lebensstandard nicht auf eine Weltbevölkerung von bald neun Milliarden Menschen übertragen werden kann, ist den meisten Bewohnern wohlhabender Länder bewusst. Dennoch zweifeln sie nicht an ihrem Recht, einen solchen Lebensstandard in Anspruch zu nehmen. Dass jeden Tag auf dem Globus durchschnittlich 16000 Kinder unter fünf Jahren, zumeist aus Mangel an Ernährung, gesundem Wasser und Hygiene, sterben, hindert die meisten Menschen im globalen Norden nicht an einem Lebensstil, der diesen Skandal verschärft. Daran zeigt sich: Das in modernen Gesellschaften verbreitete Gleichheitsdenken trägt Züge der Unaufrichtigkeit. In die Forderung nach Gleichheit werden nicht alle Menschen einbezogen.

Dieser inkonsequenten Art, mit der Gleichheit aller Menschen umzugehen, tritt in der Perspektive des Heiligen Geistes ein Gleichheitsethos entgegen, das alle Menschen einbezieht, mit Differenzen sensibel umgeht und ungerechte von schöpferischen Differenzen unterscheidet. Der Übergang zu diesem Gleichheitsethos steht der Weltgesellschaft als Aufgabe noch bevor. Christliche Kirchen haben hierbei eine Vorreiterrolle. Das ergibt sich aus ihrem Bekenntnis zu Gott, dem Heiligen Geist.

Kirche in der Kraft des Heiligen Geistes

Die Frage nach der Zukunft der Kirche. Die Zukunft hat schon begonnen. Sie ist ein mitwandernder Horizont. Jede Gegenwart gestaltet sie mit – auch durch die Erwartungen, mit der Menschen in die Zukunft schauen. Aber sie kommt zugleich auf jede Gegenwart zu – und zwar immer anders als erwartet. Zugleich bleibt sie jeder Gegenwart entzogen; denn eine Zukunft, die zur Gegenwart geworden ist, verliert dadurch ihre Zukünftigkeit. Diese Erfahrung verdichtet sich in dem Gedanken, dass die letzte, endgültige Zukunft in Gottes Hand liegt.

Wenn von der Zukunft der Kirche die Rede ist, muss die Differenz zwischen der geschichtlichen Zukunft, die allen Prognosen zum Trotz anders kommt als erwartet, und der Zukunft Gottes im Bewusstsein sein. Die Kirche ist die Fürsprecherin dieser Unterscheidung und muss sie deshalb auch für sich selbst gelten lassen. Reformatorische Kirchen bekennen sich dazu, dass «die eine heilige Kirche allezeit bleiben wird», geprägt durch das Wort Gottes und durch den Glauben, der darauf antwortet (Augsburger Bekenntnis, Art. 7; Mau 2008: 1,39). Zugleich ist jede Kirche eine menschliche Institution, mit Fehlern behaftet und keineswegs frei von Sünden; sie gehört ebenso wie die Gesellschaft um sie herum zur «noch nicht erlösten Welt» (Barmer Theologische Erklärung, These 5; Mau 2008: 2,262).

Die meisten Prognosen zur Zukunft der Kirche haben sich als falsch erwiesen. Otto Dibelius kündigte im Jahr 1927 das «Jahrhundert der Kirche» an; ganz so ist es nicht gekommen (Dibelius 1927). Günter Jacob rechnete dreißig Jahre später mit einem «Ende des konstantinischen Zeitalters», zu dessen Konsequenzen gehören werde, dass christliche Kirchen bereits innerhalb einer Generation kaum noch berufliche Mitarbeiterinnen und Mitarbeiter haben würden (Jacob 1985); auch das ist nicht eingetreten. Doch trotz aller offenkundigen Fehleranfälligkeit sind Prognosen zur Zukunft der Kirche nötig; denn mit ihnen verbindet sich die Chance, Fehlentwicklungen rechtzeitig zu erkennen und gegenzusteuern.

Unter den Prognosen, die heute vorgebracht werden, sind zwei besonders häufig zu hören: Hierzulande geht die Zahl der Menschen, die sich zum Glauben halten, zurück. Und die finanziellen Mittel der Kirche werden geringer. Viele lassen sich von diesen beiden Prognosen in den Bann ziehen, ohne gegenläufige Entwicklungen wahrzunehmen. Rückläufigen Mitgliederzahlen und erodierender Kirchlichkeit stehen neue Aufbrüche gegenüber. Religion wird wichtig, wenn auch oft in diffuser Form. In der Mitte Europas, die besonders massiv von Prozessen der Entkirchlichung betroffen ist, zeigt sich zugleich eine neue Sensibilität für die Selbsttranszendenz des Menschen.

Unverkennbar geraten die Kirchen gerade in Mitteleuropa in eine Spagatsituation: Während ihre Handlungsmöglichkeiten zurückgehen, weil ihre finanziellen Spielräume enger werden, wächst zugleich die Nachfrage nach der geistlichen Orientierung, die von ihnen ausgeht. Die Kirchen haben auf die Zeichen des Aufbruchs zu achten und den suchenden Menschen einen Ort für ihre Hoffnungen und Fragen anzubieten. Dann kann die Scheu schwinden, die bisher viele daran hinderte, mit ihren offenen Fragen und ihrem tastenden Suchen die Schwellen der Kirchen zu überschreiten. Es liegt an der einladenden Haltung der Gemeinden wie an der Qualität von Gottesdiensten und anderen Veranstaltungen, ob Menschen spüren können, dass der christlichen Kirche eine Sympathie mit den Zweifelnden eignet, mit denen, die suchen und ihrer Antwort nicht sicher sind.

Was ist Gemeinde?   Eine christliche Gemeinde entsteht dort, wo Menschen miteinander auf das schöpferische Ja Gottes mit ihrem

Amen antworten. Mit dieser Perspektive folge ich einem Hinweis
des Apostels Paulus, bei dem es heißt: «Denn der Sohn Gottes,
Jesus Christus, der unter euch durch uns gepredigt worden ist, ...
der war nicht Ja und Nein, sondern das Ja war in ihm. Denn auf
alle Gottesverheißungen ist in ihm das Ja; darum sprechen wir
auch durch ihn das Amen, Gott zur Ehre.» (2. Korinther 1,19 f.)
Diese Bewegung vom göttlichen Ja zum menschlichen Amen
beschreibt Paulus auch als die Entsprechung zwischen dem Ver-
söhnungswerk Gottes in Christus und dem Versöhnungsdienst
der Gemeinde: «Gott war in Christus und versöhnte die Welt mit
ihm selber und rechnete ihnen ihre Sünden nicht zu und hat unter
uns aufgerichtet das Wort von der Versöhnung. So sind wir nun
Botschafter an Christi Statt, denn Gott ermahnt durch uns; so
bitten wir nun an Christi Statt: Lasst euch versöhnen mit Gott.»
(2. Korinther 5,19 f.)

Das schöpferische und versöhnende Ja Gottes weiterzusagen,
ist der Auftrag jeder christlichen Gemeinde. Deshalb haben die
Reformatoren des 16. Jahrhunderts den Begriff der Kirche konsequent von der Gemeinde her entworfen. Was die Kirche ist, zeigt
sich in der Versammlung der Glaubenden, in welcher das Evangelium angemessen verkündigt und die Sakramente dem Evangelium gemäß gefeiert werden (Augsburger Bekenntnis Art. 7, Mau
2008: 1,39).

Damit der zentrale Auftrag jeder Gemeinde in verlässlicher
und geordneter Form wahrgenommen wird, werden Glieder der
Gemeinde mit der öffentlichen Verkündigung des Evangeliums
und der Verwaltung der Sakramente beauftragt. Darin liegt der
Sinn der Ordination von Pfarrerinnen und Pfarrern; deren Stellung ergibt sich aus dem Auftrag der gesamten Gemeinde und
nicht aus einem besonderen, von der Gemeinde unterschiedenen
priesterlichen Stand.

Die Konzentration auf die um Wort und Sakrament versammelte Gemeinde bedeutet zwar nicht eine Beschränkung auf sie;
und der Befund, dass der sonntägliche Gottesdienst der Ortsgemeinde das beste Kommunikationsmittel der Kirche ist, bedeutet
nicht, dass er das einzige Instrument dieser Art darstellt. Aber
die Zusammengehörigkeit von Menschen innerhalb einer Wohn-
region und die Auszeichnung des Sonntags haben sich bisher als

ein dauerhaftes Grundmodell von Gemeinde erwiesen. Auch
wenn unterschiedliche Profile sich verstärken, wird die Ortsgemeinde eine herausgehobene Bedeutung behalten. Bei allem Gewicht von Veranstaltungen während der Woche wird der Sonntagsgottesdienst das Ereignis bleiben, an dem man die Präsenz
und Vitalität einer Gemeinde ablesen wird.

Um den Sonntagsgottesdienst rankt sich ein Kranz wichtiger
Aufgaben und Veranstaltungen. Sie variieren von Gemeinde zu
Gemeinde, in der Stadt und auf dem Land. Aber bestimmte
Grundaufgaben lassen sich doch nennen: Unter einer Gemeinde
verstehen wir nicht nur eine Gemeinschaft von Christinnen und
Christen an einem Ort oder in einer Region, die miteinander Gottesdienst feiern; sondern wir sehen in ihr auch eine Gemeinschaft,
in der Kinder und Jugendliche im Glauben heranwachsen, die
sich in Diakonie und Seelsorge ihren Mitmenschen zuwendet und
in ihrem Umfeld das Evangelium weitergibt. Wir verstehen die
christliche Gemeinde also als eine Verantwortungsgemeinschaft,
die in ihrem Bereich das Evangelium in Gottesdienst und Unterweisung, in Diakonie und Seelsorge sowie im missionarischen
Dienst bezeugt.

Ob Gemeinden in ihrer Praxis einem solchen Leitbild entsprechen, ist nicht allein eine Frage der Größe. Es entscheidet sich
auch nicht nur an der Anzahl beruflicher Mitarbeiterinnen und
Mitarbeiter. Aber in beiden Hinsichten gibt es eine kritische
Grenze, unterhalb deren sich die genannten Aufgaben nicht mehr
eigenständig wahrnehmen lassen. Es gibt auch eine kritische
Grenze, die im Blick auf die Verwaltungs- und Leitungsaufgaben
in einer Gemeinde nicht unterschritten werden sollte. Auf solche
Herausforderungen ist mit organisatorischen Maßnahmen zu antworten. Doch sie allein genügen nicht; sie können vielmehr zu
Enttäuschungen führen, wenn sie nicht inhaltlich durch ein Bild
der Gemeinde gefüllt sind, für das sich auch ein neues Engagement lohnt. Ein solches Leitbild lässt sich am ehesten aus den
Bildern gewinnen, mit denen das Neue Testament beschreibt, was
eine Gemeinde Jesu Christi ausmacht. Vier derartige Bilder lassen
sich exemplarisch hervorheben.

Die Gemeinde als Gemeinschaft. Das Urbild für die Gemeinschaft der Glaubenden ist die Tischgemeinschaft Jesu. Diejenigen,
die mit ihm in Galiläa umherziehen, finden sich mit ihren Gast-
gebern und mit hinzukommenden Leuten zu einer improvisierten
Tischgemeinschaft zusammen. Drei Gruppen charakterisieren
diese Gemeinschaft: Jesu Jünger, die alles verlassen, um Jesus
nachzufolgen, seine Sympathisantinnen und Sympathisanten, die
Haus und Hof behalten und dadurch Jesus und die Seinen aufnehmen können, sowie die Ausgegrenzten und Verlassenen, die
durch Jesus Gemeinschaft finden.

Was in der Tischgemeinschaft Jesu begründet ist, wird durch
sein letztes Mahl bekräftigt und in jedem Abendmahl erneuert. In
der «Nacht des Verrats» wurde Jesu letztes Mahl gefeiert. Zeichenhaft wurde vorweggenommen – und zeichenhaft wird in
jedem Abendmahl vergegenwärtigt –, dass Jesus sich nicht nur für
einen inneren Kreis dahingegeben hat, sondern dass er sein Leben
«für die vielen» gelassen hat (Markus 10,45). Die Gemeinschaft
um den Tisch Jesu Christi grenzt nicht aus, sondern lädt die ein,
die solche Zuwendung besonders dringend brauchen.

Dieses Bild von der Gemeinschaft hat seinen Grund im Geschehen des Abendmahls: «Der Kelch des Segens, den wir segnen,
ist der nicht die Gemeinschaft des Blutes Christi? Das Brot, das
wir brechen, ist das nicht die Gemeinschaft des Leibes Christi?»
(1. Korinther 10,16) Die sakramentale Gemeinschaft bildet die
Grundlage für den besonderen Charakter, den das Miteinander
in der Gemeinde nach der Auffassung des Apostels tragen soll.
Programmatisch heißt es gleich zu Beginn des 1. Korintherbriefs:
«Gott ist treu, durch den ihr berufen seid zur Gemeinschaft seines
Sohnes Jesus Christus, unseres Herrn. Ich ermahne euch aber …
im Namen unseres Herrn Jesus Christus, dass ihr alle mit einer
Stimme redet und lasst keine Spaltungen unter euch sein, son-
dern haltet aneinander fest in einem Sinn und in einer Meinung.»
(1. Korinther 1,9f.)

Es waren vor allem die Auseinandersetzungen mit den Vertretern der Jerusalemer Urgemeinde, die dem Apostel der Heiden
Klarheit darüber verschafften, dass der christliche Glaube Gemeinschaft auch zwischen den Gemeinden schafft. Paulus ist auf
diese Weise zum Urheber der These geworden, dass die Einzelge-

meinde und die Gemeinschaft der Gemeinden gleich ursprünglich und von gleicher Bedeutung sind. Was wir heute Kirche einerseits, Gemeinde andererseits nennen, hat er deshalb mit demselben Wort – *ekklesia* – bezeichnet.

Gerade weil sie verschiedene Gemeinden verbindet, hat die Gemeinschaft der Kirche keineswegs nur einen spirituellen, sondern auch einen institutionellen Charakter. Das Wort «Gemeinschaft» kann Paulus deshalb auch unmittelbar für die Kollekte der von ihm gegründeten Gemeinden zu Gunsten der Gemeinde in Jerusalem verwenden: Die gemeinsame Gabe ist Ausdruck und Unterpfand der Gemeinschaft, in welcher die Christen an verschiedenen Orten miteinander verbunden sind (vgl. Römer 15,26f.). «Gemeinschaftsgabe» – das ist der ursprüngliche Sinn von gottesdienstlichen Sammlungen.

Was bei Paulus als Kennzeichen der Gemeinschaft zwischen den Gemeinden angesehen wird, kehrt in der Apostelgeschichte als Kennzeichen der einzelnen Gemeinde wieder. Die höchst weltliche und handfeste Bedeutung von «Gemeinschaft» zeigt sich in den zusammenfassenden Beschreibungen, die sich in der Apostelgeschichte über den Lebensstil der frühen christlichen Gemeinde finden: Die Gläubigen «blieben aber beständig in der Lehre der Apostel und in der Gemeinschaft und im Brotbrechen und im Gebet. ... Alle aber, die gläubig geworden waren, waren beieinander und hatten alle Dinge gemeinsam. Sie verkauften Güter und Habe und teilten sie aus unter alle, je nachdem es einer nötig hatte» (Apostelgeschichte 2,42–45). «Die Menge der Gläubigen aber war ein Herz und eine Seele; auch nicht einer sagte von seinen Gütern, dass sie sein wären, sondern es war ihnen alles gemeinsam. ... Es war auch keiner unter ihnen, der Mangel hatte.» (Apostelgeschichte 4,32.34)

Eine solche Lebensform bildet sich in einer Minderheitsgemeinde leichter aus als in einer Mehrheitsgemeinde, und die Darstellung der frühchristlichen Gemeinden durch Lukas trägt gewiss idealisierende Züge. Aber wichtiger als solche unumgänglichen Relativierungen ist die Bodenhaftung, mit der die Apostelgeschichte den Begriff der Gemeinschaft versieht. Das hat Folgen, die über die neutestamentliche Zeit hinausreichen. «Du sollst an allem deinem Nächsten Anteil geben und nicht sagen, dass es dein

Eigentum sei», heißt es in einem frühen christlichen Text (Barnabas 19,8). Nahezu wörtlich taucht diese Wendung auch in einer anderen Quelle wieder auf, nun aber mit dem Zusatz: «Wenn ihr nämlich Gemeinschaft im Unsterblichen habt, um wie viel mehr im Sterblichen!» (Didache 4,8)

Gemeinsame Teilhabe am himmlischen Heil und deshalb Teilen der irdischen Güter: so etwa lässt sich das neutestamentliche Bild von der Gemeinde als Gemeinschaft zusammenfassen. Sogar von einem «Liebeskommunismus» wird in diesem Zusammenhang gesprochen (Troeltsch 1923: 49 f.). Spätere Jahrhunderte haben die Verwirklichung solcher Vorstellungen an geistliche Gemeinschaften delegiert, die sich an das Gelübde der Armut banden. Doch auch sie waren vom gesellschaftlichen Reichtum nicht unabhängig, wie die Reformatoren in ihrer Kritik der Bettelorden verdeutlichten (Luther 1912, 188 ff.). Doch Lebensformen, die an den Idealen des Besitzverzichts und des egalitären Teilens orientiert sind, bleiben in der Regel auf Minderheiten beschränkt; zur christlichen Existenz im gesellschaftlichen Alltag gehört die Anpassung an das jeweilige Maß an Ungleichheit in der Verteilung von Einkommen und Wohlstand. Gerade deshalb bleiben Impulse, wie sie in den zurückliegenden Jahrzehnten von Basisgemeinden in der Dritten Welt, von vereinzelten «Integrierten Gemeinden» in Europa oder vom befreiungstheologischen Grundsatz der vorrangigen Option für die Armen ausgegangen sind, notwendig.

Auch die materielle Seite des Leitbegriffs der Gemeinschaft ist ernst zu nehmen. Ebenso wichtig ist die Einsicht, die sich mit der Erinnerung an die Tischgemeinschaft Jesu verbindet: Es handelt sich um eine Gemeinschaft der Verschiedenen, der Jüngerinnen und Jünger, der Sympathisantinnen und Sympathisanten, der Ausgeschlossenen und an den Rand Geratenen.

Die Gemeinde als Leib Christi.   Die christliche Gemeinde wird im Neuen Testament auch mit einem funktionierenden Organismus, mit einem Leib verglichen. Erneut ist der Apostel Paulus prägend. Er übernimmt dieses Bild aus der weltlichen Redeweise seiner Zeit. Das politische Gemeinwesen und andere Gemeinschaften hat man sich in der Antike so vorgestellt. Paulus aber redet vom «Leib Christi» und betont dadurch, dass die Glaubenden vor allem anderen mit Christus, ihrem gekreuzigten und auferstandenen Herrn, verbunden sind.

Die Stärke des Bildes liegt in einer Doppelaussage: Die einzelnen Glieder können ihre Funktion nur ausüben, solange sie Teil des Ganzen bleiben. Und: Als Teil des Ganzen haben sie zwar verschiedene Funktionen, sind aber grundsätzlich gleichrangig. Mit ungewöhnlicher Radikalität hat Paulus die Gleichrangigkeit mit dem schon zitierten Satz zum Ausdruck gebracht. «Hier ist nicht Jude noch Grieche, hier ist nicht Sklave noch Freier, hier ist nicht Mann noch Frau; denn ihr seid allesamt einer in Christus Jesus.» (Galater 3,28) Ebenso radikal hat er die Verschiedenheit der Gaben und Funktionen beschrieben. Dabei hatte er fest umrissene Daueraufgaben – also «Ämter» – genauso im Blick wie spontane Handlungen, die sich aller Reglementierung entziehen, beispielsweise das Reden in Zungen oder die Heilung von Kranken. Maßstab für die einen wie die anderen ist, ob sie die Gemeinde aufbauen. Sie alle sind deshalb daran zu messen, ob sie sich vom Geist Gottes bestimmen lassen (vgl. Römer 12 und 1. Korinther 12).

Das Bild von der Gemeinde als dem Leib Christi ist immer wieder gegen Verkrustungen der kirchlichen Strukturen mobilisiert worden. Im reformatorischen Kirchenverständnis ist es vor allem in der Vorstellung vom allgemeinen Priestertum der Getauften aufgenommen worden – in der Vorstellung also, dass die Getauften durch eine gemeinsame Verantwortung für das Leben der Gemeinde miteinander verbunden sind. Deshalb kann nach reformatorischer Vorstellung die Ordination zum Amt der öffentlichen Verkündigung und zur Verwaltung der Sakramente die Vielfalt der Charismen in der Gemeinde nicht einschränken. Das Amt in der Kirche soll ihnen vielmehr zur Entfaltung verhelfen; es soll dazu beitragen, dass sie dem Aufbau der Gemeinde zugute kommen. Deshalb hat es über seinen Verkündigungsauftrag hinaus einen leitenden, auf die Entfaltung der Gaben in der Gemeinde gerichteten Auftrag.

So gern der Apostel Paulus in den Kirchen der Reformation zitiert wird: Mit seinem Bild von der Gemeinde tun sie sich immer wieder schwer. Aber in der Anknüpfung an ihn liegt auch in dieser Hinsicht die besondere Chance, ja die unverwechselbare

Möglichkeit der evangelischen Kirche. Dafür dürfen sich die Gemeinden nicht in einer Betreuungsmentalität einnisten, sondern müssen den Gaben ihrer Glieder auf der Spur bleiben.

Die Gemeinde als Volk Gottes. Dieses Bild verdeutlicht den Zusammenhang der Gemeinde Christi mit dem Volk Israel, mit Gottes Bundesvolk. Davon, dass Gott das Volk der Abrahamsverheißung «heimgesucht» habe, ist im Lukasevangelium mehrfach im Zusammenhang mit der Jesusgeschichte die Rede (Lukas 1,68.78; 7,16). Der Vorstellung, Gott habe das Volk seiner ursprünglichen Erwählung verworfen, widerspricht Paulus ausdrücklich (Römer 11,1). Aber für ihn gewinnt das Gottesvolk zugleich dadurch neue Konturen, dass auch die Heiden in die Verheißung des göttlichen Bundes hineingenommen werden. Die göttliche Erwählung erstreckt sich auf alle, die durch Glaube und Taufe in «ein königliches Priestertum, ein heiliges Volk, ein Volk zum Eigentum» einbezogen sind (1. Petrus 2, 9).

Die Vorstellung von der Gemeinde als Volk verbindet sich – auch in der Erinnerung an den Auszug des Volkes Israel aus Ägypten – mit der Symbolik der Wanderschaft. Die Gemeinde Jesu Christi ist als sein Volk unterwegs; sie hat hier «keine bleibende Stadt» (Hebräer 13,14); die endgültige Ruhe ist ihr erst verheißen (Hebräer 4,9). Anfechtungen auf dieser Wanderschaft sind zu ertragen; denn sie haben keine letzte Bedeutung.

Vor allem aber hat die Gemeinde als Volk Gottes einen missionarischen Auftrag: «Alle Völker» sollen zu Jüngern gemacht werden (Matthäus 28,19 f.). Schon im Alten Testament begegnet die Vorstellung, dass alle Völker zum Tempel Gottes laufen (Micha 4,1 ff.). Kein anderes neutestamentliches Bild für die Gemeinde hat deshalb das ökumenische Denken so stark angeregt wie die Vorstellung vom «wandernden Gottesvolk».

Die Bedeutung des II. Vatikanischen Konzils der römisch-katholischen Kirche (1962–1965) liegt darin, dass es das Verständnis der Kirche vom Gedanken des Volkes Gottes aus erneuert hat. Das hat entscheidend dazu beigetragen, ein zentralistisches Kirchenbild zu korrigieren und auch im katholischen Denken über die Kirche die Vorstellung zu verankern, dass in jeder Gemeinde das Ganze der Kirche präsent ist. Zugleich weist das Bild vom

Volk Gottes über die jeweilige gemeindliche Wirklichkeit hinaus. Es ist ein notwendiges, aber auch unbequemes Gegenbild zu der Gewohnheit, mit der «Ortsgemeinde» vor allem die Sesshaftigkeit und damit das Beharren auf liebgewordenen Gewohnheiten zu verbinden.

Die Gemeinde als Haus der lebendigen Steine.   Räumliche Vorstellungen liegen als Bild für die Gemeinde nahe; das Bild vom «Tempel» drängt sich auf (1. Korinther 3,16 f.; 2. Korinther 6,16 ff.). Es erfährt allerdings in der frühen Christenheit eine wichtige, ja eine spannende Verwandlung. Der 1. Petrusbrief spricht von der Gemeinde als einem «geistlichen Haus», das aus den Gläubigen aufgebaut wird, die «lebendige Steine» genannt werden (1. Petrus 2,4 ff.). Dieses Bild ist mit dem vom Leib Christi nahe verwandt. Auch jeder einzelne der «lebendigen Steine» ist für das Haus im Ganzen, für seinen Aufbau und für seine Statik unentbehrlich.

Auch der 1. Petrusbrief hat eine plastische Vorstellung von der Vielfalt der Gaben; ausdrücklich fordert er dazu auf, sie in den Dienst am Nächsten zu stellen: «Dienet einander, ein jeder mit der Gabe, die er empfangen hat, als die guten Haushalter der mancherlei – wörtlich: der bunten – Gnade Gottes.» (1. Petrus 4,10) Spannend ist, dass der Verfasser dieses Briefes die Vielfalt der Gaben, der Ausdrucksformen für Gottes bunte Gnade, auf zwei grundlegende, aber gleichberechtigte Aufgaben zurückführt: auf das Reden und das Dienen, auf die Predigt und die Nächstenliebe – mit Dietrich Bonhoeffer könnte man auch sagen: auf das Beten und das Tun des Gerechten unter den Menschen (Bonhoeffer 1998: 435).

Muss man zwischen diesen Bildern wählen?   Welches dieser vier Bilder spricht uns heute besonders an – die Vorstellung von der Gemeinde als Gemeinschaft, in der spirituelle Nahrung genauso geteilt wird wie das tägliche Brot, das Bild vom Leib Christi, in dem die Zugehörigkeit zu Christus eine radikale Gleichberechtigung der verschiedenen Begabungen begründet, das Bild vom Volk Gottes, das in besonderer Weise mit Israel verbunden und zugleich missionarisch an alles Volk und an alle Völker gewiesen ist, oder schließlich das Bild vom dem geistlichen Haus, das aus lebendigen Steinen erbaut wird – durch Reden und Dienen, durch das Beten und das Tun des Gerechten? Es ist nicht leicht, sich zwischen diesen vier Bildern zu entscheiden. Sie werden im Neuen Testament auch nicht gegeneinander gestellt. Man kann eine besondere Nähe zu einem dieser Bilder entwickeln, ohne die anderen deshalb zu verwerfen.

Allen neutestamentlichen Bildern von der Gemeinde ist gemeinsam, dass sie das besonders wertschätzen, was wir heute das Ehrenamt nennen. Zwar kann das Neue Testament von der Verkündigung der Christusbotschaft gar nicht hoch genug reden; das Amt, das die Versöhnung predigt, wird insofern ausreichend gewürdigt. Aber die vielfältigen Charismen werden wieder und wieder hervorgehoben.

Natürlich gibt es auch andere Bilder für die Gemeinde als die vier genannten neutestamentlichen Bilder. Auch schon ein Kind von sieben Jahren, so hat Luther behauptet, kenne diese Bilder. Ihm selbst kam dabei vor allem das Bild von den Schafen, die ihres Hirten Stimme hören, in den Sinn (Mau 2008: 1,336). Freilich hatte er bei dem Hirten weniger den Pastor, sondern stärker den Herrn im Blick, von dem der Psalm sagt, er sei «mein Hirte».

Besondere Anziehungskraft haben für viele auch Bilder aus der Bergpredigt entwickelt – die Stadt auf dem Berg, das Licht der Welt, das Salz der Erde (Matthäus 5,13–16) –, die als Ermutigung zur gesellschaftlichen Präsenz christlicher Gemeinden verstanden werden. Doch wenn nach der inneren Verfassung der Gemeinde gefragt wird, die als Stadt auf dem Berg, als Licht der Welt, als Salz der Erde wirksam werden soll, dann stoßen wir im Neuen Testament vor allem auf die vier gerade erläuterten Bilder.

Sie sind ermutigend und inspirierend; sie sind aber auch geeignet, gewohnte und eingelebte Vorstellungen von der Gemeinde in Frage zu stellen. Aus keinem dieser Bilder lässt sich einfach ablesen und ableiten, wie nun Gemeinden umgestaltet oder Schwierigkeiten der Gemeindeorganisation in Stadt und Land bewältigt werden sollen. Wer solche Fragen beantworten will, muss biblische und gegenwärtige Erfahrungen zusammendenken; er muss die biblische Verheißung mit den gegenwärtigen Bedingungen verknüpfen.

Die Kirche als Institution.   Das Neue Testament fasst unter dem Wort *ekklesia* zusammen, was heute teils als Gemeinde am jeweiligen Ort, teils als Kirche, also als Verbindung von Gemeinden in einer größeren Region in Erscheinung tritt. Luther hat, um den ihm wichtigen theologischen Akzent deutlich zu setzen, das biblische Wort *ekklesia* immer mit «Gemeinde» übersetzt und das «blinde, undeutliche Wort ‹Kirche›» (Luther 1982: 5,183) dahinter zurücktreten lassen. In der Geschichte der Christenheit begegnet immer wieder die Neigung, die Zusammengehörigkeit von Gemeinde und Kirche nach der einen oder der anderen Seite hin aufzulösen. Die vermeintliche Selbständigkeit der Einzelgemeinde auf der einen, die Neigung zum Zentralismus auf der anderen Seite zeigen die damit verbundenen Gefahren. Doch christliche Gemeinden, die selbstbewusst von sich sagen: «Wir sind an unserem Teil das Ganze», sollten zugleich bekennen: «Wir sind das Ganze nur für unseren Teil.» Deshalb ist die einzelne Gemeinde aus theologischer Sicht genauso eine Institution wie die Kirche. Für beide gilt, dass sie im göttlichen Wort ihren Ursprung haben und mit menschlichen Worten darauf antworten. Gemeinde und Kirche erweisen sich theologisch als Institution durch diese Einheit von Anrede und Antwort, von Stiftung und Annahme. Weil sie ihren Ursprung in der Beziehung zwischen Gottes Wort und dem darauf antwortenden Glauben haben, werden Gemeinde wie Kirche als «heilig», als zu Gott gehörig, bezeichnet. Wenn in der christlichen Bekenntnistradition solche Prädikate in der Regel mit dem Wort «Kirche» verbunden werden, muss klar sein, dass mit diesem Wort die einzelne Gemeinde genauso wie die Zusammengehörigkeit der Gemeinden gemeint ist, der Teil genauso wie das Ganze. Nur in diesem Sinn lässt sich theologisch von der Kirche als Institution reden.

Die Einheit von Anrede und Antwort zeigt sich daran, dass das Wort Gottes in der Kirche leibhafte Gestalt annimmt. Insbesondere verbindet es sich mit den zeichenhaften Handlungen von Taufe und Abendmahl. Die Predigt des Evangeliums und die Feier der Sakramente gelten deshalb für die reformatorischen Kirchen als Grundvollzüge, an denen die Kirche erkennbar ist. Der Maßstab für die richtige Verkündigung des Evangeliums und die evangeliumsgemäße Feier der Sakramente liegt nach reformatorischer

Auffassung in dem, «was Christum treibet», in der Botschaft von Gottes freier Gnade (siehe oben S. 43).

Reform um des kirchlichen Auftrags willen. Das Verhältnis zwischen Institution und Organisation zu durchschauen, ist eine wichtige Voraussetzung für die Reform der Kirche. Sie ist eine dauernde Aufgabe, stellt sich aber unter bestimmten Bedingungen mit besonderer Dringlichkeit. Für den deutschen Protestantismus im 21. Jahrhundert haben zwei derartige Bedingungen eine besondere Bedeutung: Entkirchlichung und demographischer Wandel.

Die Entkirchlichung, die Deutschland vor allem in der zweiten Hälfte des 20. Jahrhunderts, also in der Zeit der deutschen Teilung durchlaufen hat, fordert zu einem neuen missionarischen Aufbruch heraus. Und der demographische Wandel, in dem sich die deutsche Gesellschaft befindet, hat zur Folge, dass sich auch die organisatorische Gestalt der Kirche wandeln muss.

Diesen beiden Bedingungen leistet die Kirche nur dann Genüge, wenn sie sich bei allen Reformbemühungen konsequent an ihrem Auftrag orientiert. Die Kirche soll, wie es bei der Ordination von Pfarrerinnen und Pfarrern knapp heißt, den Menschen helfen, «im Glauben dankbar zu leben und getröstet zu sterben» (Agende 6 2012: 57). Etwas ausführlicher sagt es die VI. These der Barmer Theologischen Erklärung von 1934: «Der Auftrag der Kirche, in welchem ihre Freiheit gründet, besteht darin, an Christi Statt und also im Dienst seines eigenen Wortes und Werkes durch Predigt und Sakrament die Botschaft von der freien Gnade Gottes auszurichten an alles Volk.» (Mau 2008: 2,263)

Inhalt und Adressat des kirchlichen Auftrags sind damit klar benannt. Der Inhalt ist die Botschaft von Gottes freier Gnade. Und der Adressat des kirchlichen Auftrags ist «alles Volk». Dieser Ausdruck ist in keiner Weise nationalistisch getönt. Er ist ähnlich umfassend wie «alle Völker» in dem Sendungsauftrag des auferstandenen Christus am Ende des Matthäusevangeliums: «Mir ist gegeben alle Gewalt im Himmel und auf Erden. Darum gehet hin und lehret alle Völker: Taufet sie auf den Namen des Vaters und des Sohnes und des Heiligen Geistes und lehret sie halten alles, was ich euch befohlen habe. Und siehe, ich bin bei euch alle Tage bis an der Welt Ende.» (Matthäus 28,18–20)

Man pflegt diese Stelle am Ende des Matthäusevangeliums («Matthäi am Letzten») als den «Missionsbefehl» Jesu zu bezeichnen, in dem auch sein «Taufbefehl» enthalten ist. Für heutige Ohren ist es irritierend, in einem solchen Zusammenhang von «Befehl» zu sprechen; diese Redeweise hat dazu beigetragen, dass auch das Wort «Mission» mit der Vorstellung von Zwang und Überwältigung verbunden wurde. Das hat es in der Geschichte der Mission tatsächlich gegeben. Doch Mission zielt auf die freie Einstimmung der Adressaten; Zwang ist kein Weg, um Menschen für den christlichen Glauben zu gewinnen. Deshalb ist es angemessener, vom Missionsauftrag und vom Taufauftrag zu sprechen.

Wie das Abendmahl, so geht auch die Taufe auf einen Auftrag Jesu Christi selbst zurück. Die Taufe ist eine Gnadengabe, deren Wirksamkeit nicht durch menschliches Handeln, sondern durch Gott verbürgt wird. Das rechtfertigt die Taufe von Säuglingen und Kindern; diese Taufe ist darauf angelegt, dass sie von den Getauften im Lauf ihres Lebens aufgenommen und durch ihr Ja bekräftigt wird. Aber die Taufe von Jugendlichen und Erwachsenen hat daneben einen theologisch gleichwertigen Rang. Sie gewinnt in missionarischen Situationen, in denen sich die Kindertaufe nicht oder nicht mehr von selbst versteht, an Bedeutung. Der Wandel von einer traditionell-volkskirchlichen Situation zu einer missionarischen Situation lässt sich an Veränderungen in der Taufpraxis besonders deutlich ablesen. Es kommt darauf an, diesen Wandel rechtzeitig wahrzunehmen und mit Angeboten zur Taufvorbereitung und mit der Einladung zur Taufe auf ihn zu reagieren. Verfehlt ist es dagegen, sich auch in einer missionarischen Situation ausschließlich am Modell der Kindertaufe zu orientieren, denn so versäumt man es, geeignete Orte und Zeiten für die Taufe von Jugendlichen und Erwachsenen anzubieten. Damit wird aber der umfassende Auftrag der Kirche verfehlt, wie er im Missionsauftrag am Ende des Matthäusevangeliums ausdrücklich formuliert ist.

Wenn dort von «allen Völkern» die Rede ist, so sind damit alle Menschen in einem denkbar umfassenden Sinn gemeint. Alle Menschen in der Reichweite der jeweiligen Kirche sind deren Adressaten. Das Handeln der Kirche ihnen gegenüber zielt auf die Taufe, auf die Eingliederung in den Leib Christi, auf die Zugehörigkeit zur Kirche. Ob eine Kirche missionarisch ist, gehört nicht zu den Entscheidungen, die zu ihrer Wahl stehen. Es ist mit ihrem Auftrag mitgegeben.

Vor diesem Hintergrund ist es erstaunlich, dass der Ausdruck «Volkskirche» vorzugsweise für kirchliche Verhältnisse verwendet wird, in denen alle oder doch die meisten Glieder einer Gesellschaft der vorherrschenden christlichen Kirche oder einer von mehreren christlichen Kirchen angehören. Dass die Kirche sich nur denjenigen zuwendet, denen die christliche Botschaft schon von Kindesbeinen an vertraut ist, steht nicht im Einklang mit ihrem Auftrag. Wäre diese Vorstellung von Anfang an leitend gewesen, wäre es nie zur Bildung einer christlichen Kirche gekommen. Heute ist es an der Zeit, sich dem theologisch sachgemäßen Sinn der Rede von der Volkskirche zuzuwenden. Die Kirche ist zu «allen Völkern» gesandt; ihr Auftrag ist es, «die Botschaft von der freien Gnade Gottes auszurichten an alles Volk». Dafür ist zweierlei zugleich notwendig: den Glaubensschatz und die Überlieferungen der Kirche zu bewahren und so zu nutzen, dass sie den Zugang zu Gottes freier Gnade erleichtern; zugleich aber steril Gewordenes abzustreifen und neue Wege für die Verkündigung des Evangeliums und den Dienst an den Menschen zu suchen.

Reform um der Ökumene willen. Auch die ökumenische Gemeinschaft der Kirchen gehört in den Zusammenhang ihres Auftrags zur Reform. Man kann in der ökumenischen Bewegung sogar die wichtigste kirchliche Reformbewegung der jüngeren Kirchengeschichte sehen. Sie nahm zu Beginn des 20. Jahrhunderts in den evangelischen Kirchen ihren Anfang, bezog immer stärker auch die orthodoxen Kirchen ein und wurde im II. Vatikanischen Konzil (1962–1965) auch von der römisch-katholischen Kirche offiziell bejaht. Sie hat eine große Bedeutung in der Wahrnehmung der Herausforderungen, vor denen die Christenheit in der Einen Welt steht, denn die ökumenische Bewegung repräsentiert – mehr oder minder bruchstückhaft – die eine weltweite Christenheit.

Zu ihren Aufgaben gehört es, dem Zeugnis der christlichen Kirchen ein gemeinsames Fundament zu geben. Gründliche theologische Arbeit half dabei, traditionelle Lehrgegensätze in einem neuen Licht zu sehen; eine herausgehobene Bedeutung für diesen Prozess hat die Gemeinsame Erklärung zur Rechtfertigungslehre, die am Reformationstag 1999 feierlich in Augsburg unterzeichnet wurde.

In-diesem Zusammenhang wurde auch die Bedeutung der Taufe als «Band der Einheit» neu wahrgenommen. Die wechselseitige Anerkennung der Taufe, die sich zwischen evangelischer und römisch-katholischer Kirche seit dem II. Vatikanischen Konzil durchgesetzt hatte, wurde für den deutschen Bereich durch eine Vereinbarung bekräftigt, die am 29. April 2007 im Magdeburger Dom feierlich unterzeichnet wurde. In dieser Magdeburger Erklärung heißt es: «Deshalb erkennen wir jede nach dem Auftrag Jesu im Namen des Vaters und des Sohnes und des Heiligen Geistes mit der Zeichenhandlung des Untertauchens im Wasser bzw. des Übergießens mit Wasser vollzogene Taufe an und freuen uns über jeden Menschen, der getauft wird. Diese wechselseitige Anerkennung der Taufe ist Ausdruck des in Jesus Christus gründenden Bandes der Einheit (Epheser 4,4–6). Die so vollzogene Taufe ist einmalig und unwiederholbar.» (Amtsblatt der EKD 2013: 30)

Während hinsichtlich der Taufe dem Auftrag Jesu der Vorrang vor der Frage nach der kirchlichen Beauftragung der Taufenden zuerkannt wird, machen die Differenzen im Amtsverständnis eine Übereinkunft hinsichtlich des Abendmahls bisher unmöglich. Daraus ergibt sich eine ökumenisch belastende Ungleichzeitigkeit. In den evangelischen Kirchen sind römisch-katholische Christen wie alle Getauften zum Abendmahl eingeladen, weil Christus selbst dazu einlädt. Man spricht in diesem Zusammenhang von «eucharistischer Gastfreundschaft», weil Christen, die im Gottesdienst einer anderen Konfession am Abendmahl teilnehmen, dabei Glieder der eigenen Kirche bleiben.

Diese eucharistische Gastfreundschaft wird dagegen von der römisch-katholischen Kirche abgelehnt, weil sie die volle Kirchengemeinschaft als Voraussetzung für die Gemeinschaft im Herrenmahl ansieht. Diese Kirchengemeinschaft ist jedoch an die Zustimmung zum Amtsverständnis und zum kirchlichen Amt der römisch-katholischen Kirche gebunden. An der Messe der römisch-katholischen Kirche kann nur teilnehmen, wer in der Einheit mit dem Papst steht. Damit wird die Folgerung verbunden, dass römisch-katholischen Christen die Mitfeier des Abendmahls in evangelischen Kirchen kirchenrechtlich nicht erlaubt ist. Diese strikten Regeln werden durch seelsorgerlich begründete Ausnahmen grundsätzlich nicht in Frage gestellt.

Die Differenzen im Amtsverständnis erweisen sich somit als der Kern der fortbestehenden ökumenischen Schwierigkeiten. Das römisch-katholische Amtsverständnis bindet die Treue zur apostolischen Botschaft an die «apostolische Sukzession» der Bischöfe, die in einer als lückenlos vorgestellten Weihetradition mit den Aposteln verbunden sind. Das evangelische Verständnis bindet die «apostolische Sukzession» an die Treue der christlichen Gemeinde zur apostolischen Botschaft im Zeugnis der Verkündigung wie im Dienst in der Welt. Weil sie somit von der Verantwortung der ganzen christlichen Gemeinde ausgeht, fügt sie auch das ordinierte Amt, dem die öffentliche Verkündigung des Evangeliums und die Verwaltung der Sakramente übertragen ist, in die Vielfalt der Ämter und Aufgaben ein, die im allgemeinen Priestertum aller Getauften zusammengeschlossen sind.

Entscheidende ökumenische Fortschritte setzen eine Verständigung in der Amtsfrage voraus; zumindest müssen die beteiligten Kirchen sich trotz fortbestehender Unterschiede im Amtsverständnis wechselseitig als Kirchen Jesu Christi anerkennen. Solange dies noch nicht erreicht ist, ist es umso wichtiger, die erreichten Übereinstimmungen im inhaltlichen Verständnis des christlichen Glaubens im Bewusstsein zu halten. Ebenso wichtig ist die Aufmerksamkeit für die kleinen Schritte, in denen sich die schon erreichte ökumenische Verbundenheit bewährt und weiterentwickelt. Viele Gemeinden, Kommunitäten und Gruppen leisten dazu wichtige Beiträge. Ökumenische Fortschritte ergeben sich dort, wo den Gemeinsamkeiten im christlichen Glauben der Vorrang vor den Differenzen zuerkannt und mit diesen Differenzen respektvoll umgegangen wird. Solche Fortschritte sind dort erkennbar, wo Unterschiede nicht nur als Vertiefungen der Spaltung, sondern als Bereicherungen des gemeinsamen Zeugnisses und als Anstöße zu wechselseitigem Lernen wahrgenommen werden. Ökumenisches Zusammenwirken setzt voraus, dass die ökumenischen Partner im Respekt vor ihrem jeweiligen Kirchesein miteinander verbunden sind. Wie auch immer Aussagen, die den Begriff der Kirche nur für eine Seite reklamieren, dogmatisch begründet sein mögen: Ökumenisch werden sie stets Rückschritte bewirken. Sosehr ökumenisches Zusammenwirken auf der Treue der Beteiligten zur eigenen Kirche beruht, so sehr beruht es auch auf dem Respekt vor dem kirchlichen Selbstverständnis des ökumenischen Partners.

Vor allem aber beruht ökumenisches Zusammenwirken auf der Freude an dem gemeinsamen Schatz, der allen Kirchen gemeinsam anvertraut ist. Der Epheserbrief beschreibt diesen Schatz so: «Seid darauf bedacht, zu wahren die Einigkeit im Geist durch das Band des Friedens: ein Leib und ein Geist, wie ihr auch berufen seid zu einer Hoffnung eurer Berufung; ein Herr, ein Glaube, eine Taufe; ein Gott und Vater aller, der da ist über allen und durch alle und in allen.» (Epheser 4, 3–6)

Die ökumenische Zusammenarbeit der Kirchen wird auch damit begründet, dass sie in der Gesellschaft mehr bewirken können, wenn sie sich zusammentun. Gemeinden am Ort können bestimmte Ereignisse gemeinsam überzeugender gestalten. Die Kirchen können gemeinsam zu einer gesellschaftlichen Atmosphäre der Empathie und der Mitmenschlichkeit beitragen, indem sie die Fürsorge für Alte und Schwache, die Aufnahme von Menschen auf der Flucht, die Verantwortung für Bildung und Erziehung, den Respekt vor der gleichen Würde jedes Menschen, die Bewahrung der Natur und die Überwindung der Gewalt zu ihrer gemeinsamen Sache machen. Dieses gemeinsame Vorgehen lässt sich pragmatisch damit begründen, dass die Kräfte der Kirchen in der Gesellschaft insgesamt wie auch die Kräfte der Gemeinden am Ort begrenzt sind. Doch eine solche pragmatische Begründung genügt nicht. Das gemeinsame Auftreten der Kirchen in der Öffentlichkeit wird nur dann die erhoffte Überzeugungskraft haben, wenn es in einem gemeinsamen Verständnis des christlichen Glaubens und des kirchlichen Auftrags begründet ist.

Die Gemeinde und die Grenzen ihrer Kräfte. «Wir haben aber diesen Schatz in irdenen Gefäßen, auf dass die überschwängliche Kraft von Gott sei und nicht von uns», heißt es in einem biblischen Bildwort, das auch die gegenwärtige Situation der Kirchen gut trifft (2. Korinther 4,7). Die Kirchen in Deutschland sind

wohlhabend und verfügen über viele Handlungsmöglichkeiten.
Doch sie haben keinen Grund, «überschwängliche Kraft» für sich
in Anspruch zu nehmen, weil ihre Bindungskraft und ihr öffentlicher Einfluss kleiner werden.

Offenkundig stoßen Gemeinden immer wieder an die Grenzen
ihrer Kräfte. Sie sind überaltert, ihre Mitgliederzahl geht zurück,
es fehlt an aktiven Mitarbeiterinnen und Mitarbeitern. Geld für
wichtige Aufgaben fehlt; die Verantwortung für kirchliche Gebäude bindet viele Energien. Pfarrerinnen und Pfarrer sind für zu
viele Gemeinden (so ist es oft auf dem Land) oder für zu viele Ge-
meindeglieder (so ist es oft in der Stadt) verantwortlich; sie sehen
sich mit einer Fülle von Erwartungen aus der Gemeinde konfrontiert und wissen, dass auch darüber hinaus noch viel zu tun wäre.
Die Pflichtaufgaben, deren Erledigung erwartet wird, sind oft
nicht identisch mit den Kernaufgaben, um die Pfarrerinnen und
Pfarrer sich in erster Linie kümmern sollten. Viele Pfarrerinnen
und Pfarrer müssen sich mehr um die Häuser aus Stein kümmern,
die ohne ihr Einschreiten Opfer von Regen oder Schwamm würden, als um das geistliche Haus aus lebendigen Steinen, das die
Kirche sein soll. Doch ein zweiter Blick zeigt häufig: Der Einsatz
für die Renovierung einer Kirche oder den Bau einer neuen Orgel
weckt Kräfte, die sich sonst nicht gezeigt hätten. Der pflegliche
Umgang mit Kirchengebäuden und die Bereitschaft, sie auch an
Werktagen offen zu halten, können zu Zeichen für einen lebendigen Glauben werden. Aber das setzt voraus, dass es «Hüter» für
diese Kirchengebäude gibt, die auch den Zugang zu dem Glaubensschatz erschließen, der sich in ihnen entdecken lässt.

Im Umgang mit den begrenzten Kräften einer Gemeinde wird
bewusst, dass die Botschaft von der Rechtfertigung allein aus
Gnade nicht nur den einzelnen Christen, sondern auch der Kirche
gilt. Wenn das Glaubensbekenntnis die Kirche «heilig» nennt,
dann nicht, weil sie das von sich aus ist, sondern weil Gott sie so
ansieht. Deshalb ist keine Gemeinde gezwungen, alles zu können.
Die Einsicht in begrenzte Kräfte ist kein Grund zur Kapitulation.
Eine Gemeinde, die nicht alle ihre Aufgaben erfüllen kann, hört
nicht auf, Gemeinde Jesu Christi zu sein.

Aber im Licht dieser Zusage liegt es an den Gemeinden zu tun,
was ihnen möglich ist. Und wo sie es nicht allein können, tun sie

sich zusammen. In welcher Form das geschieht, ist eine Frage der Zweckmäßigkeit, nicht des Bekenntnisses.

Die Gemeinde und die Grenzen der vertrauten Sprache. Keine Gemeinde wirkt nur nach innen; jede Gemeinde wirkt auch nach außen. Es gibt Situationen, bei denen das besonders offenkundig wird. Beerdigungen gehören dazu, ebenso die herausgehobenen Anlässe des Jahreslaufs wie Erntedank oder Weihnachten. Öffentlich aufwühlende Ereignisse nötigen Gemeinden dazu, über ihre Grenzen hinaus zu sprechen und zu beten. Menschen leihen sich in solchen Situationen die Sprache des Glaubens. Sie sind auf eine Gemeinschaft angewiesen, die ihnen Worte, Gesten und Räume zugänglich macht. Dafür muss die Kirche deutlich sie selber sein. «Je deutlicher eine Kirche ist, innerlich und äußerlich, um so mehr kann sie undeutliche Gäste ertragen» (Steffensky 2006: 41). Gerade fragende, suchende, zweifelnde Menschen sind auf eine erkennbare Kirche angewiesen. Jeder Mensch braucht für seine Trauer eine Sprache, die er nicht selbst erfinden muss. Um mit schweren Ereignissen und Erfahrungen umgehen zu können, braucht er die Hilfe des Ritus. Glaubende halten diese Sprache und diesen Ritus wach; andere borgen sie von Zeit zu Zeit.

Frühere Generationen standen in der Gefahr, den Glauben und die religiöse Sprache als einen selbstverständlichen Besitz anzusehen. Zu den Gefahren der Gegenwart gehört die Flucht aus dem Vertrauten. Es ist wohlfeil geworden zu behaupten, die alte Sprache des Glaubens trage nicht mehr. Trotz gegenteiliger Erfahrungen halten viele an dieser Behauptung fest. Das geschieht aber nicht in dem Bemühen, die überlieferte Sprache mit der Situation der Gegenwart zusammenzusprechen. Sondern es geschieht eher in einer Fluchtbewegung, in einer Flucht vor sich selbst.

Die Gemeinde und die Grenzen der Kirchenmitgliedschaft. Wenn Menschen sich die Sprache des Glaubens leihen, haben sie sich diese Sprache noch nicht zu eigen gemacht. Das Glück eines Lebens als Christ besteht in der Gewissheit, dass in dieser Sprache und in der Wirklichkeit des gnädigen Gottes, auf die sie hinweist, der entscheidende Trost im Leben und im Sterben liegt. Deshalb kann sich eine christliche Gemeinde nicht damit zufriedengeben, dass andere sich diese Sprache für eine Zeit leihen, und es muss sie erst recht beunruhigen, dass es Menschen gibt, denen diese Sprache und die Wirklichkeit Gottes vollständig fremd bleiben. Keine Gemeinde kann sich deshalb der missionarischen Aufgabe entziehen, vor der sie steht.

In vielen Teilen Deutschlands – keineswegs nur im Osten – haben die Menschen die Kirche zwar massenhaft verlassen, sind aber nur als Einzelne zurückzugewinnen. Freiheit *aus* Glauben bedeutet auch, dass *zum* Glauben nur in Freiheit gefunden werden kann. Deshalb trägt zeitgemäße Mission die Gestalt des Dialogs, der offenen Kommunikation, des einladenden Gesprächs. Von einem missionarischen Impuls muss das normale gemeindliche Leben ebenso geprägt sein wie die Veranstaltungen, mit denen sich die Kirche in einer größeren Öffentlichkeit als eine offene und öffentliche Kirche bemerkbar macht.

Auch den Kirchenräumen eignet eine missionarische Ausstrahlung. Sie sind öffentliche Räume. Sie sind – ganz im Sinn des mittelalterlichen «Gottesfriedens» – dem Frieden verpflichtet und setzen dem Dauerkampf des Alltags Oasen entgegen, in denen das Leben als heil, ja als geheiligt erlebt werden kann (vgl. Huber/Reuter 1990: 56f.).

Kirchen sind eine Heimat für alle Seelen. Sie sind Räume der Ewigkeit, nicht nur, weil das Wort Gottes hier gesprochen wird, sondern auch, weil durch Gebet und Gesang, durch Dank und Fürbitte, durch Taufe, Trauung und Beerdigung Menschen ihre Seelen vor Gott öffnen und so diesen Raum mit einer unsichtbaren Patina des Glaubens überziehen. Kirchenräume haben eine starke spirituelle Kraft, sie legen einen heiligen, heilenden Verband um die Seele des Menschen, damit sie sich erholen kann. Sie verhelfen zur Stille, damit die Stimme des barmherzigen Gottes deutlich zu hören ist. Sie sind die herausgehobenen Orte, an denen sich der Dialog zwischen Kirche und Kultur, zwischen dem Glauben und der Kunst vollzieht. Dieser Dialog ist unentbehrlich, damit der Glaube sprachfähig bleibt. Er trägt zugleich den Charakter einer «indirekten Mission»; denn er eröffnet Menschen, die in anderen Sprachwelten zu Hause sind, den Zugang zur Botschaft des Evangeliums. Es gehört zu den verheißungsvollen Entwicklungen im Protestantismus, dass diese Bedeutung von Kirchenräumen neu erkannt und wahrgenommen wird.

Diakonie und Bildung. Unter den Bedingungen der Moderne sind zwei Aufgabenbereiche der Kirche besonders ins Zentrum der Aufmerksamkeit gerückt: Diakonie und Bildung.

Wahrgenommen wird die Kirche heute vor allem als diakonische Kirche. Viele Menschen fragen nach Beispielen helfenden Glaubens und haben Zutrauen zu einer helfenden Kirche. Die Hoffnung der Menschen auf helfenden Glauben richtet sich in der gleichen Intensität auf praktische Hilfe für Kranke, Alte und Hilfsbedürftige wie auf Seelsorge und Beratung. Wenn Diakonie als grundlegendes Kennzeichen der Kirche angesehen wird, muss sie in ihrer ganzen Vielgestaltigkeit wahrgenommen werden.

Innerhalb der ökumenischen Gemeinschaft der Christenheit liegt die besondere Rolle der evangelischen Kirche und der protestantischen Gestalt des christlichen Glaubens unter anderem darin, dass es um verstandenen Glauben geht. Auch wenn in der weltweiten Ökumene vor allem pfingstlerische oder evangelikale Richtungen einen besonderen Zuwachs zu verzeichnen haben, für die das Bündnis von Glaube und Vernunft, von Glaube und Bildung in den Hintergrund tritt, setzen die Kirchen der Reformation in Europa – auch und gerade in einer missionarischen Situation – bewusst einen anderen Akzent. Während auch im Christentum fundamentalistische Antworten an die Stelle verstehenden Glaubens gesetzt werden, halten sie an dem Bild vom mündigen Christen fest, der sich um das Verstehen seines Glaubens bemüht. Denn dies ist für die Kirchen der Reformation eine unmittelbare Folge aus der Freiheit eines Christenmenschen.

Verantworteter Glaube. Das Priestertum aller Glaubenden, also die gemeinsame Verantwortung aller Getauften, gehört unaufgebbar zum evangelischen Selbstverständnis. Es betrachtet den christlichen Glauben als verantworteten und deshalb auch in die Verantwortungsbereitschaft führenden Glauben. Daraus folgt, dass in der evangelischen Kirche dem Ehrenamt ein besonderer Rang zukommt. Freilich kann dabei nicht die Vorstellung herrschen, man könne berufliche Arbeit einfach durch ehrenamtliche Arbeit ersetzen.

Dass der christliche Glaube zur Verantwortungsbereitschaft ermutigt, gilt auch im Blick auf das öffentliche Leben. Christliche Gemeinden und Kirchen würden ihrem Auftrag untreu, wenn sie sich in die Nische einer selbstgenügsamen Gemeinschaft zurückzögen und aus der gesellschaftlichen Mitverantwortung verabschiedeten. Das Eintreten für Menschenwürde und Menschenrechte, die Mitverantwortung für Gerechtigkeit, Frieden und Nachhaltigkeit in ökologischer wie sozialer Hinsicht sind immer wieder auf neue Weise aktuell. Dafür ist eine innerkirchliche Verständigung über grundlegende Fragen der gesellschaftlichen Entwicklung ebenso nötig wie die Suche nach einem möglichst breiten ökumenischen Konsens. Der evangelische Beitrag dazu ist noch nicht zureichend definiert.

Ausblick. Alles Nachdenken über den Weg der Kirche steht unter einem entlastenden Vorbehalt, den Martin Luther so formuliert hat: «Wir sind es doch nicht, die da die Kirche erhalten könnten. Unsere Vorfahren sind es auch nicht gewesen. Unsere Nachkommen werden's auch nicht sein; sondern der ist's gewesen, ist's noch und wird's sein, der da sagt: Ich bin bei euch alle Tage bis an der Welt Ende.» (Luther 2012: 1,652)

Die Zukunft der Kirche liegt in der Hand ihres Herrn. Die Reform der Kirche ist ein Werk des Heiligen Geistes. Aber dass diejenigen, die Kirche zu gestalten haben, bei diesem Werk nicht nutzlos daneben stehen, ist ihre Verantwortung. Alles Bemühen um kirchliche Strukturen gehört in diesen Zusammenhang. Anstehende Strukturreformen auf ökumenischer Ebene, innerhalb der Evangelischen Kirche in Deutschland, in und zwischen ihren Gliedkirchen, auf der Ebene von Kirchenkreisen und Gemeinden haben an Wesen und Auftrag der Kirche ihren entscheidenden Maßstab. Wenn dieses Bemühen zielstrebig erfolgt und Wirkungen hervorbringt, trägt es dazu bei, wichtige Voraussetzungen kirchlicher Arbeit trotz der schwierigen Bedingungen der Gegenwart für eine nächste Generation zu bewahren und zu erneuern. Denn Kirche heute bedeutet, für die Kirche von morgen Verantwortung zu übernehmen. Die Bereitschaft zu dieser Verantwortung wächst aus der Zusage, dass die Kirche Jesu Christi sein und bleiben wird.

Evangelische Spiritualität

Wiederkehr der Spiritualität. Spiritualität ist ein Wort mit wachsender Resonanz, ein aufsteigender Stern. Es hat eine Aura, an die sich Hoffnung knüpft. Die Aufmerksamkeit für Spiritualität bildet ein wichtiges Gegengewicht gegen einen verbreiteten Materialismus. In ihr artikuliert sich ein Protest gegen die Kommerzialisierung von allem und jedem, die dem Menschen zugemessene Lebenszeit eingeschlossen. In ihr meldet sich der Widerspruch gegen einen umfassenden Herrschaftsanspruch der Ökonomie, der auch vor der Ökonomisierung der Seele nicht Halt macht. Spiritualität bildet eine Gegenkraft gegen solche Tendenzen. Das Wort – abgeleitet von *spiritus:* der Geist – verweist auf die geistliche Vergewisserung des Glaubens, die Zuwendung zum Heiligen, die vielfältigen Möglichkeiten von Stille und Einkehr, von Meditation und Gebet. Es handelt sich um eine unentbehrliche Dimension des Glaubens.

Im evangelischen Raum wurde diese Dimension lange Zeit vernachlässigt. In der Zeit der Reformation lag ein Grund dafür in dem Konflikt mit Spiritualisten und Schwärmern (vgl. Leppin 2016). In neuerer Zeit war der Zugang zur Spiritualität dadurch erschwert, dass der Glaube einseitig mit dem Handeln verknüpft wurde. Bestärkt wurde dies durch die öffentliche Meinung: Diakonische Werke finden mehr Anklang als Gottesdienste, soziales Engagement ist beliebter als Beten. Diese Verengung haben viele verinnerlicht; sie haben deshalb angenommen, dass sich am Handeln die «Glaubwürdigkeit» der Gottesbeziehung ablesen lasse. Darüber wurde bisweilen verlernt, in Gott zu ruhen, sich in seiner Liebe zu bergen und seine Gegenwart zu erahnen.

Nun aber fangen viele wieder an, dem Einkehren in Gottes Licht, dem Heimkehren in seinen Geist, dem Staunen vor seinem Geheimnis Raum zu geben. Es kommt darauf an, dieser neuen Spiritualität eine klare biblische Orientierung zu geben und christliche Existenz in ihrer Ganzheit zu sehen: in der Einheit von

«Beten und Tun des Gerechten», wie Dietrich Bonhoeffer auf un-
überholte Weise gesagt hat (Bonhoeffer 1998: 435).

Bonhoeffer knüpfte damit an eine alte Tradition an, nämlich
an die Einheit von Aktion und Kontemplation, von Beten und
Arbeiten. Diese Tradition hat – bis hin zu kommunitären Lebensformen – auch in der evangelischen Kirche Heimatrecht. Die
reformatorische Frage nach dem guten Baum, der allein gute
Früchte bringt, gewinnt neue Aktualität (siehe oben S. 17).

Bei einem guten Baum, so sollte diese Frage deutlich machen,
sind zuerst nicht die Früchte des Handelns und Tuns gefragt,
sondern die Wurzeln des Hörens, des Einfindens, des Schweigens,
Betens, Staunens und Singens. Auch im Protestantismus hat die
mit Herz und Seele gelebte Gottesbeziehung ihren Ort, wie das
von Luther aufgenommene mystische Erbe, die Herrnhuter
Frömmigkeit des Grafen Zinzendorf, die Glaubensinnigkeit des
Pietismus oder das «Gemeinsame Leben» Dietrich Bonhoeffers
beispielhaft zeigen. Gerade aus geistiger und geistlicher Tiefe heraus lassen sich auch Maßstäbe für das Handeln entwickeln. Die
Verbindung von theologischer Klarheit und spiritueller Dichte
kann Christen in ihrem Handeln wie in ihrem Reden, in ihren
öffentlichen Aktionen wie in ihrer tröstenden Zuwendung zu
ihren Mitmenschen zu Gewissheit und Überzeugungskraft verhelfen. Neben kritischer Aufklärung und dialogischer Toleranz,
neben sozialem Engagement und diakonischem Tun bildet auch
eine gereifte Innerlichkeit, eine an Bibel und Bekenntnis orien-
tierte Nähe zu Gott eine Kraftquelle zum Widerstand gegen alte
und neue Formen von religiöser Intoleranz, die sich bis zu kämp-
ferischem Fundamentalismus und terroristischer Gewalt steigern
kann. Wer durch solche Entwicklungen beunruhigt ist, hat zu-
sätzlichen Anlass, die Wiederkehr der Spiritualität aufmerksam
wahrzunehmen.

Vagabundierende Spiritualität. Bisweilen fehlt es dieser Spiritualität allerdings an klaren Konturen. Weil die etablierten Kirchen die Wünsche nach überzeugenden Formen von Spiritualität
oft enttäuschen, suchen viele Menschen nach anderen Wegen.
Dabei bleiben Umwege und Irrwege nicht aus. Menschen auf der
Suche nach Spiritualität werden als Kunden entdeckt. Ihre Zah-

lungsfähigkeit verführt dazu, Spiritualität als Ware anzubieten. Die Frage nach der Wahrheit wird dabei ausgeblendet; richtig ist, was nützt – und was sich verkauft. Die neue Spiritualität, von der die nötige Widerstandskraft gegen die Verzweckung des Lebens und gegen die Instrumentalisierung der Seele erhofft wird, gerät selbst in den Sog des Konsumismus. Spiritualität vermischt sich mit Wellness und Kommerz. Aber auch diese vagabundierende Spiritualität verweist auf eine Sehnsucht, die Menschen mit unterschiedlichen religiösen Einstellungen miteinander verbindet. Sie suchen nach Erfahrungen, die stärker sind als die verwirrenden und kräftezehrenden Eindrücke des Alltags; sie suchen nach einer Mitte für ihre Lebensführung, die zu klarer Orientierung verhilft. Jede Form von Spiritualität verdient Respekt, auch wenn ihre Inhalte, ihre Formen oder ihre kommerzielle Vermarktung der Kritik bedürfen. Weit wichtiger als solche Kritik ist eine eigenständige, überzeugende Gestaltung von Spiritualität aus dem Geist des christlichen Glaubens.

Spiritualität als Sinn für Transzendenz. Prägnant gibt Woody Allen die ambivalente Haltung vieler Zeitgenossen wieder: «Ganz ohne Frage gibt es eine Welt des Unsichtbaren. Das Problem ist, wie weit ist sie vom Stadtzentrum weg und wie lange hat sie offen?» (Allen 2011: 148) Zwischen beruflichen Anforderungen und selbst erhobenen Ansprüchen in der Freizeit bleibt vielen Menschen für ein «Jenseits» kaum Raum. Zudem gibt es manche Formen von Religiosität, die ohne den Bezug auf Transzendenz auskommen. Der Arzt Klaus Dörner spricht in diesem Zusammenhang von der «Diesseitsfalle, in der der Mensch vor lauter Entlastung vom Anderen, Fremden, Äußeren im Saft der reinen Immanenz schmort» (Dörner 2003: 66).

Ob die dem Menschen zugängliche Wirklichkeit als geschlossenes System oder als Teil einer umfassenden, sinnerschließenden Wirklichkeit verstanden wird, ist entscheidend für die Art der Daseinsgewissheit, die sein Leben bestimmt. Hiervon hängt ab, wie er sein Leben wahrnimmt und gestaltet, wie er seinen Ort im Kosmos findet und wie er mit der Endlichkeit des eigenen Lebens umgeht.

Der Zugang zu einer solchen Daseinsgewissheit wird in den

Erzählungen des Glaubens erschlossen. Damit sie wirken können, müssen sie immer wieder erinnert, meditiert und neu gedeutet werden. Sie verbinden sich mit den Personen, mit denen zusammen sie vergegenwärtigt werden; schließlich werden sie zu einem Teil der persönlichen Spiritualität. Nötig sind dafür feste spirituelle Formen, die in guten wie in schweren Tagen Halt geben. Dass biblische Texte im Lebensrhythmus einen festen Ort haben, ist dafür genauso wichtig wie Zeiten der Stille, Meditation und Gebet.

Christliche Spiritualität. Spiritualität ist kein spezifisch christliches Phänomen. Es gibt islamische Mystik, die Meditation buddhistischer Mönche, indianische Riten und vieles andere mehr.

Man sucht in fernöstlichen Traditionen, in esoterischen Praktiken, aber durchaus auch in christlichen Kirchen. Manchmal hat die Spiritualität unserer Tage weniger ein spirituelles Gegenüber im Blick als vielmehr die Methoden, die Zugang zu einem Absoluten versprechen. Atemübungen oder Phantasiereisen, Kerzen oder Klangschalen, Steinmeditationen oder Stilleübungen mögen Hilfen auf einem Weg sein, aber das Ziel sind sie nicht. Andererseits verbinden sich mit den gewählten Methoden auch unerkannte Inhalte, die dem Suchenden verborgen bleiben und ihn, weil nicht reflektiert, ungeprüft besetzen können.

Trotz der vielfältigen Gestalten, in denen Spiritualität heute begegnet, ist festzuhalten: Der Begriff «Spiritualität» ist christlichen Ursprungs. Er leitet sich vom *Spiritus Sanctus*, dem Heiligen Geist, her. Wo der Heilige Geist Fühlen, Denken und Handeln eines Menschen bestimmt, ist sein Leben spirituell. Frömmigkeitspraxis, Lebensgestaltung und Glaube sind in dem Wort «Spiritualität» zusammengefasst. «Ich glaube, dass ich nicht aus eigener Vernunft oder Kraft an Jesus Christus, meinen Herrn, glauben oder zu ihm kommen kann; sondern der Heilige Geist hat mich durch das Evangelium berufen, mit seinen Gaben erleuchtet, im rechten Glauben geheiligt und erhalten», schreibt Martin Luther in seiner Erklärung zum Dritten Artikel des Apostolischen Glaubensbekenntnisses (Mau 2008: 2,21). Das Thema dieser Erklärung nennen wir heute «Spiritualität».

Nehmen wir die Herkunft des Wortes ernst, dann bezeichnet

Spiritualität ein Beziehungsgeschehen. Gottes Geist wirkt auf den Menschen ein; der Mensch nimmt diese Wirkung wahr, er nimmt sie auf und setzt sie in sein Leben um. Das Gegenüber, auf das Christinnen und Christen sich beziehen, ist nicht die Leere oder ein anonymes Absolutes, sondern der Gott, den Jesus Christus gezeigt und auf den hin er gelebt hat. Insofern ist christliche Spiritualität exklusiv. Aber weil dieser Gott lebendig und unverfügbar ist, ist sie nicht eng. Wie jede Beziehung gestaltet sie sich gemäß der persönlichen Lebenssituation der Beteiligten, sie bleibt ein Prozess.

Christliche Spiritualität meint also nicht nur einen Sektor des Lebens, sondern das Leben im Ganzen. Sie ist eine Frömmigkeitskultur, die authentisch gelebt wird; sie kennzeichnet einen christlichen Lebensstil. Sie ist Wahrnehmung Gottes im Glück der Menschen, in der Schönheit der Natur und im Gelingen des Lebens. Sie ist aber ebenso die Wahrnehmung der Augen Christi in den Augen eines hungernden Kindes (Elisabeth von Thüringen), die Erfahrung seiner Nacktheit in einem nackten Bettler (Martin von Tours). Christliche Spiritualität ist eine Spiritualität der Umkehr. Sie folgt dem großen Finger Johannes des Täufers auf Grünewalds Isenheimer Altar: «Er muss wachsen, ich aber muss abnehmen» (Johannes 3,30).

In der Spiritualität geht es nicht um den eigenen Geist, sondern um den Geist Gottes. Christliche Spiritualität ist deshalb nicht Vergeistigung, sondern Verleiblichung des Glaubens im gelebten Leben. Spirituelle Glaubenszugänge gründen auf der Zusage des Heiligen Geistes. Um dieser Zusage willen geben sie dem Zweifel Raum und halten der Anfechtung stand. Gelebte Spiritualität schafft dem Glauben eine Heimat.

Rituale des Sonntags und des Alltags.   Gewiss braucht man für diese gelebte Spiritualität außerordentliche Möglichkeiten. Der Rückzug in ein Kloster hat auch für evangelische Christen eine neue Anziehungskraft entwickelt. Für einige Tage am verlässlichen Tagesrhythmus einer Kommunität teilzunehmen, mit festen Gebetszeiten am Morgen, am Mittag und am Abend, mit Zeiten des Schweigens und mit gemeinsamen Mahlzeiten, die nach einer festen Ordnung verlaufen – all das tut der Seele wohl und bildet ein Widerlager zu der Unruhe, die schon bald wieder nach einem greifen wird. Doch etwas davon ist auch für den Alltag nötig, für den Rhythmus des Tages und der Woche. Jeder Mensch braucht ein eigenes Tagesgerüst und ein starkes persönliches Rückgrat, wenn er nicht in der Flut der Aufgaben, Informationen und Ablenkungen versinken will, mit der tägliche Pflichten und elektronische Medien ihn umspülen.

Die Reformation hat den äußeren Ritualen alle Heilsbedeutung abgesprochen und eine Pluralität der Rituale ermöglicht, die freilich die Gefahr der Überforderung in sich birgt. Schon die Reformatoren erkannten, dass die Freiheit im Umgang mit dem Ritus in Beiläufigkeit und Formlosigkeit umschlagen kann. Sie wirkten dem mit konkreten Vorschlägen zur Gestaltung des persönlichen Gebets, der Andacht in der Familie und des Gottesdienstes in der Gemeinde entgegen.

Trotzdem verbinden viele bis zum heutigen Tag die protestantische Tradition mit der Vorstellung, das Wesentliche des Glaubens spiele sich im Innern des Menschen ab. Innerlichkeit gilt als protestantische Errungenschaft wie als protestantische Gefahr. Phasenweise wurde das Ritual in der Entwicklung evangelischer Frömmigkeit als «typisch katholisch» abgewehrt. Doch die damit verbundene Gleichgültigkeit gereichte der evangelischen Frömmigkeit zum Schaden. Formlosigkeit im liturgischen Handeln wie im persönlichen Auftreten mancher Pfarrerinnen und Pfarrer, Ratlosigkeit im Blick auf das persönliche wie das familiäre Gebet, Sprachlosigkeit im Blick auf die Rechenschaft vom eigenen Glauben sind verbreitete Folgen. Eine Kurskorrektur ist überfällig.

Dass es beim Glauben nicht auf die äußere Form, sondern auf die innere Aneignung ankommt, wird durch eine solche Kurskorrektur nicht in Frage gestellt. Auch eine erneuerte Aufmerksamkeit für die Disziplin liturgischer Gestaltung wird nichts daran ändern, dass die Predigt im Zentrum des evangelischen Gottesdienstes steht. Gleichwohl gilt es, der Einsicht Rechnung zu tragen, dass der Mensch nicht nur von innen nach außen, sondern auch von außen nach innen lebt. Allen Glaubensgemeinschaften ist das vertraut. Wenn das Verhältnis zu Gott, zur Welt und zu sich selbst, das sie vermitteln, als «Religion» bezeichnet wird, dann bestimmt dieses Leben von außen nach innen sogar die Wahl dieses Begriffs, denn das Wort «Religion» leitet sich von dem lateinischen Verbum *religere* ab. Es bedeutet «wieder lesen» oder allgemeiner: etwas regelmäßig tun, etwas beständig wiederholen. Religion hat es mit der regelmäßigen Einübung der Gottesbeziehung zu tun. Sie ist dadurch geprägt, dass insbesondere das Gebet einen regelmäßigen Ort und eine regelmäßige Zeit, aber auch eine regelmäßige Form, ja sogar einen regelmäßigen Inhalt hat.

Im Blick auf den gemeinsamen Gottesdienst ist uns das vertraut. Die ersten Christen entschlossen sich sehr früh dazu, den Tag der Auferstehung Christi, also den Sonntag, zu ihrem Gottesdiensttag zu machen. Sie wählten dafür auch eine feste Zeit, nämlich die Zeit des Sonnenaufgangs, also den frühen Morgen. Kaiser Konstantin der Große erklärte 321 ebendiesen Sonntag – den «verehrungswürdigen Tag der Sonne», wie er in Anspielung an den zu seiner Zeit noch geläufigen Kult des Sonnengottes sagte – zum arbeitsfreien Tag für die Richter, die Stadtbevölkerung und alle Erwerbstätigen außer den Bauern. Daraus entwickelte sich im Lauf des 4. Jahrhunderts eine Verbindung zwischen dem christlichen Gottesdiensttag und dem Tag der Arbeitsruhe.

Auch wenn die Pflicht, die Arbeitsruhe einzuhalten, erst mit der modernen Arbeitsgesetzgebung zum Allgemeingut wurde, war doch die Verbindung zwischen der «Auszeit» für die arbeitende Bevölkerung und dem gemeinsamen Gottesdiensttag schon lange zuvor von kulturprägender Bedeutung. Es war folgerichtig, dass die Christen das Gebot, den Sabbat zu heiligen, auf den Sonntag übertrugen; in der Neuzeit erkannte schließlich auch der Staat den Auftrag an, die Sonn- und Feiertage als «Tage der Arbeitsruhe und der seelischen Erhebung» (so das deutsche Grundgesetz im Anschluss an die Weimarer Reichsverfassung von 1919) unter seinen besonderen Schutz zu stellen.

Was für den gemeinsamen Gottesdienst gilt, auf dessen Zeit und Ort Verlass ist, das gilt ebenso für den Rhythmus der persönlichen Frömmigkeit. Insbesondere im Zusammenleben mit Kindern zeigt sich die große Bedeutung fester Rituale. Die bergende Bedeutung des Abendgebets behält jeder im Herzen, der ein solches Abendgebet erlebt hat. Wer mit Paul Gerhardt einschlafen durfte, vergisst das ein Leben lang nicht, mitsamt den Rätseln, die dessen Abendlied aufgibt (Evangelisches Gesangbuch 477,8):

Breit aus die Flügel beide
o Jesu, meine Freude,
und nimm dein Küchlein ein.
Will Satan mich verschlingen,
so lass die Englein singen:
«Dies Kind soll unverletzet sein.»
.

Wie das Lied oder das Gebet am Abend einen festen Ort und eine
feste Zeit haben, so ist es mit den wiederkehrenden Elementen der
persönlichen Spiritualität. Für jeden Glaubenden – aber auch für
jeden, der auf der Suche nach einer eigenen Glaubensgewissheit
ist, also auch für jeden Zweifelnden – ist es eine Hilfe, wenn er für
die eigene Spiritualität ein klares Vorhaben hat. Es mögen die zwei
biblischen Sätze aus dem Alten und dem Neuen Testament sein,
die das Herrnhuter Losungsbüchlein jedem einzelnen Tag zuordnet; oder es mag ein längerer biblischer Text sein, wie er sich
aus den Lesungen des Kirchenjahrs oder aus einer fortlaufenden
Bibellese ergibt. Es mag die Sprache der Psalmen oder der großen
Kirchenlieder sein, in der wir uns bergen. Es mag ein Gebet aus
der Geschichte christlicher Frömmigkeit oder ein persönlicher
Gebetswunsch sein. Was auch immer es sei – die Spiritualität des
Alltags enthält viele Möglichkeiten. Es kommt nur darauf an,
nicht vor der möglichen Vielfalt zu kapitulieren, sondern sich
etwas Bestimmtes zu eigen zu machen. Das ist keine Festlegung
für alle Zeit; auch die eigene Glaubenspraxis kann sich wandeln.
Aber jeweils auf Zeit braucht jeder etwas, woran er sich hält. Die
eigene oder die gemeinsame Zeit für Hören und Beten darf nicht
jedem Angriff des Kalenders oder eines unerwarteten familiären
Ereignisses schutzlos ausgeliefert sein.

Das Vaterunser.   Die «Einübung im Christentum» (Søren Kierkegaard) braucht feste Rituale. Ihr Kern ist das Gebet, das die
Christenheit Jesus Christus selbst verdankt, das Vaterunser. In der
Zahl seiner Bitten folgt es der Siebenzahl, die für die christliche
Frömmigkeit insgesamt eine außerordentliche Bedeutung hat:
sieben Gaben des Geistes, sieben Werke der Barmherzigkeit, sieben Bitten des Vaterunsers.

Der Alltag wird in ihm genauso ins Gebet genommen – «Unser tägliches Brot gib uns heute» – wie die kühnsten Hoffnungen des Glaubens: «Dein Reich komme». Die Anfechtung durch das Böse kommt genauso zur Sprache wie die Kraft der Vergebung. Der Trost wird laut, der sich einstellt, wenn wir Himmel wie Erde dem Willen Gottes anvertrauen; denn es ist ein Wille zum Guten. Doch gerahmt sind diese sieben Bitten durch einen Lobpreis der Erhabenheit Gottes am Ende und durch die zärtlich-nahe Anrede Gottes als Vater, zu der Glaubende in Jesu Namen den Mut fassen können. Deshalb ist das Vaterunser der Grundtext christlicher Spiritualität, eine Einübung im Christentum schlechthin (vgl. Huber 2012: 146ff.).

Ein Leben mit den Grundvollzügen und den Grundtexten christlicher Frömmigkeit stiftet Heimat. Mit ängstlicher Enge ist das nicht zu verwechseln. Vielmehr erwächst aus einer solchen Beheimatung ein weitherziger, weltoffener Glaube, der dem Dialog mit anderen Überzeugungen und Glaubensweisen zugetan ist und auch aus deren Traditionen zu lernen vermag.

Persönliche und öffentliche Dimensionen von Spiritualität. Seit den sechziger Jahren stand im Mittelpunkt der Wahrnehmung zumindest in der evangelischen Kirche die politische und soziale Verantwortung. Dass die Kirche sich seelsorgerlich um die Lebenslagen und Probleme Einzelner kümmert, dass sie durch diakonische Initiativen darauf reagiert und dass sie die Zeichen der Zeit auch in ihrer Verkündigung deutet – das war der vorrangige Aufgabenkatalog der Kirche.

Zu Beginn des 21. Jahrhunderts haben sich die Prioritäten verschoben. Nun werden geistliche Kommunikationsmöglichkeiten gesucht. Ausdrücklich wird die Erwartung geäußert, dass die Kirche Raum für Gebet, Stille und innere Zwiesprache bietet; so soll sie Wege zur Begegnung mit dem Heiligen schaffen. Solcher geistlichen Kommunikation sollen Verkündigung, Gottesdienst und Seelsorge dienen. Die Kirche wird dafür in Anspruch genommen, durch Übergangsrituale biographische Umbruchsituationen zu deuten und zu gestalten. Großes Gewicht hat die Pflicht der Kirche, Menschen in Krisen beizustehen und ihnen Wege aus äußerer wie innerer Not zu zeigen.

Die Verschiebung ist evident. Die politisch-soziale Aktion ist nicht in den Hintergrund getreten; aber es ist sichtbar geworden, dass sie eine Basis braucht. Diese wurde vernachlässigt; man lebte von der Substanz.

Neue Suchbewegungen zeigen sich auch im Kernbereich der christlichen Gemeinden und in der kirchlichen Mitarbeiterschaft. Man sucht nach Gestaltungsmöglichkeiten im zerrissenen, oft fremdbestimmten Tageslauf, man meldet sich zu Zeiten der Meditation und Stille an, vor allem aber erhofft man eine heilende Wirkung der persönlichen Spiritualität auf das berufliche und private Leben. Es geht um «Futter für die Seele», um die Zufuhr geistlicher Energie, die ebenso nötig ist wie die täglichen Mahlzeiten.

> Gott, lass dein Heil uns schauen,
> auf nichts Vergänglichs trauen,
> nicht Eitelkeit uns freun;
> lass uns einfältig werden
> und vor dir hier auf Erden
> wie Kinder fromm und fröhlich sein.

Matthias Claudius hat Quelle und Perspektive evangelischer Spiritualität unnachahmlich beschrieben. Bischöfin Maria Jepsen zitiert diese Strophe und erinnert, gut protestantisch, daran, dass die Sorge für «den kranken Nachbarn» zur christlichen Spiritualität dazugehöre (Jepsen 2004: 9 ff.). Mit ihm beendet Matthias Claudius sein Abendlied «Der Mond ist aufgegangen» (Evangelisches Gesangbuch 479,5.7):

> Verschon uns, Gott, mit Strafen
> und lass uns ruhig schlafen.
> Und unsern kranken Nachbarn auch.

Zu den Neuanfängen christlicher Spiritualität wird es gehören, von denen zu lernen, die mit den Formen christlicher Frömmigkeit vertraut geblieben sind. Das einfache Alphabet der Frömmigkeit lernen wir am leichtesten, indem wir uns den Erfahrungen derer anschließen, die in diesem Alphabet geübt sind. Fulbert

Steffensky sagt dazu: «Es ist tröstlich zu wissen, ... dass das eigene Haus Schätze der Weisheit birgt und dass wir nicht völlig angewiesen sind auf die Spiritualitätskonzeptionen aus anderen religiösen Gegenden. ... Komisch ... wirkt man, wenn man nur in den Vorgärten der Fremden grast und der eigenen Tradition nichts zutraut. Wenn man weiß, was die eigenen Schätze sind, dann kann man sich in Freiheit und Gelassenheit den fremden zuwenden.» (Steffensky 2006: 23)

Erwachsen werden und Kind bleiben.   Besorgte Kultursoziologen stellen fest: Es gibt in der Gegenwartsgesellschaft eine Weigerung, erwachsen zu werden. Das zeigt sich an dem Wunsch, so lange wie möglich in der elterlichen Wohnung zu bleiben; es zeigt sich an langen Ausbildungszeiten, an der Ausweitung der Jugendkultur bis in das dritte Lebensjahrzehnt und an der späten, oft zu späten Bereitschaft, sich auf eigene Kinder einzulassen. Zu den Indikatoren dafür gehört bei manchen auch die lebenslange Erwartung, andere hätten für das Gelingen des Lebens zu sorgen, vor allem der Staat; der Staat als Vater oder Mutter, die man gelegentlich hintergeht, gegen die man pubertär rebelliert und von denen man doch alles erwartet. Erfüllt der Staat diese Erwartungen nicht, wendet man sich enttäuscht ab und resigniert.

Sosehr man solche Haltungen kritisieren mag: Kind zu sein, sich anzuvertrauen, sich fallen zu lassen, andere in der Verantwortung zu wissen, bleibt eine tiefe Sehnsucht auch im Leben von Erwachsenen. Sie hat ihr Recht. Sie ist ein Kontrapunkt zu den Herausforderungen des Lebens, auf die man mit selbständigen Entscheidungen und der Übernahme von Verantwortung für sich und für andere reagieren muss.

Die Frage ist jedoch: Wo bin ich Kind, wo Erwachsener? Christliche Spiritualität ist eine Antwort: Versteh dich als Kind Gottes. Lass ihm die letzte Verantwortung. Versteh dich ihm gegenüber als der Nehmende. Von ihm empfängst du Impulse und Kraft für die andere Seite deines Seins, für das Erwachsensein.

Ein vergleichbares Phänomen wie die Flucht aus dem Erwachsensein ist die verbreitete Neigung, Öffentlichkeit zu suchen, nach Möglichkeit Fernsehöffentlichkeit. Man will gesehen werden. Doch was schützt davor, von der Sehnsucht nach Anerkennung und deshalb auch von der Öffentlichkeit abhängig zu werden? Es gibt einen solchen Schutz: das Bewusstsein, dass Gott mich sieht, mich ernst nimmt, sich zu mir verhält. Deshalb ist die Geborgenheit in Gott eine Kraftquelle gelebter Freiheit.

Demgegenüber ist die Verweigerung des Erwachsenseins Ausdruck einer spirituellen Heimatlosigkeit. In der Sucht nach Öffentlichkeit drückt sich das Fehlen einer Anerkennungserfahrung in der Tiefe aus. Spiritualität dagegen ist zugelassenes Kindsein, das aus der Quelle des Lebens schöpft. Weil sie erwachsen werden lässt, kann sie das gesellschaftliche Leben prägen und öffentliche Bedeutung erhalten. Sie kann dabei helfen, in Gesellschaft und Öffentlichkeit Verantwortung zu übernehmen, ohne sich dabei von der Frage beherrschen zu lassen, ob man dabei selbst gut zur Geltung kommt.

Einatmen und Ausatmen. Der fromme Württemberger Christoph Blumhardt d. Ä. (1805–1880) sagte einmal: «Der Mensch muss sich zweimal bekehren, einmal vom natürlichen zum geistlichen Menschen und dann vom geistlichen zum natürlichen Menschen.» Evangelische Spiritualität hat es mit diesem Doppelschritt zu tun, mit diesem Einatmen und Ausatmen, mit dieser Zuwendung zur Mitte wie der Rückkehr zur Weite des Lebens. Sie verhilft dazu, in der Wirklichkeit Gottes Einkehr zu halten und dadurch in der Wirklichkeit der Welt anzukommen.

Glaube und Vernunft

Ist der christliche Glaube irrational? Wer über den Heiligen Geist spricht, kann diese Frage nicht übergehen.

Auch die Vernunft gehört zu den Gaben des Geistes, so sagen die einen. Der christliche Glaube ist an die Vernunft gebunden und nimmt sie in Anspruch; andernfalls müsste Gott selbst, dem der Glaube gilt, als unvernünftig oder widervernünftig gelten. Glaube und Vernunft gehören zusammen, weil Gott und Vernunft zusammengehören.

«Der Geist hilft unsrer Schwachheit auf» (Römer 8,26), so zitieren die anderen den Apostel Paulus. Schon er knüpfte in solchen Sätzen an die Haltung derjenigen Mitglieder der frühen christlichen Gemeinden an, die sich als «Pneumatiker», also als «Geistleute» bezeichneten. Sie ließen sich vom Geist Gottes weit über das hinaustreiben, was allgemein verständlich war. Sie redeten «in Zungen», unabhängig davon, ob andere ihnen folgen konnten oder nicht.

Eine solche «charismatische» oder «pfingstlerische» Frömmigkeit findet heute weltweit große Resonanz. Mit etwa 500 Millionen Mitgliedern sind die Pfingstkirchen und die charismatischen Bewegungen nicht nur die größte Frömmigkeitsbewegung der Gegenwart, sondern der ganzen bisherigen Menschheitsgeschichte. Die «Begeisterung», von der die schnell wachsenden Bewegungen geprägt sind, springt auf Menschen über, die auf der Suche nach Halt und Orientierung sind. In vielen Kirchen und Gruppen dieser Art tritt die «Taufe mit dem Heiligen Geist» neben die Wassertaufe. Die Geistbegabung, die Menschen dadurch empfangen, wird in einem sehr unmittelbaren Sinn verstanden. Neben die Bindung der Glaubenden an das Zeugnis der Heiligen Schrift tritt ihre Erleuchtung durch das innere Zeugnis des Heiligen Geistes.

Diese charismatischen Bewegungen machen auf ihre Weise deutlich, dass Glaube und Vernunft nicht einfach identisch sind. Der Glaube hat gegenüber der Vernunft ein überschießendes Moment. Aber tritt er deshalb in einen Gegensatz zur Vernunft? Oder stehen beide beziehungslos nebeneinander? Der Streit darüber gehört zu den klassischen Themen in der Geschichte der Christenheit.

Der Vernunft ihr Recht lassen.   «Achtung, ihr Theologen: Wenn ihr Sätze über den fixen Stand von Sonne und Erde zu Glaubenssätzen machen wollt, lauft ihr Gefahr, schließlich diejenigen als Ketzer verdammen zu müssen, die erklären, dass die Erde feststehe und die Sonne ihren Stand wechsle. Ich sage ‹schließlich› und meine damit den Zeitpunkt, zu dem womöglich physikalisch oder logisch bewiesen werden kann, dass sich die Erde bewegt und die Sonne stillsteht.» Diese Bemerkung von Galileo Galilei (1564–1642) gibt der Verhältnisbestimmung von Glauben und Vernunft eine besondere Wendung (Schröder 2002: 153). Denn um des Glaubens willen fordert Galilei dazu auf, der Vernunft ihr Recht zu lassen. Um des Glaubens willen mahnt er die Theologen ähnlich zur Selbstbeschränkung, wie das kurz vor ihm ein anderer Italiener getan hatte, nämlich der Jurist Alberico Gentilis (1552–1608), der den Theologen zurief: «Schweigt, ihr Theologen, im fremden Geschäft! – *Silete theologi in munere alieno!*»

Zwar bleibt der Glaube auf die Vernunft bezogen, ja angewiesen. Aber Glaube und Vernunft sind in dieser Bewegung bewusst voneinander zu unterscheiden; sie treten jedoch damit nicht beziehungslos auseinander. Anders gesagt: Wer Gott allein mit den Mitteln der Naturwissenschaft zu erfassen sucht, bringt sich um die Möglichkeit einer Begegnung mit dem befreienden Wort Gottes. Glauben und Vernunft brauchen einander; ihr Verhältnis zueinander muss immer wieder neu bestimmt werden.

Den Glauben nicht von der Vernunft trennen. «Soll denn der Knoten der Geschichte so auseinander gehen? das Christenthum mit der Barbarei und die Wissenschaft mit dem Unglauben?» So fragte der Berliner Theologe Friedrich Schleiermacher (1768–1834) einen Freund (Schleiermacher 1990: 347). Dieser Kirchenvater des modernen Protestantismus suchte zu erweisen, dass Vernunft und Glaube grundsätzlich zusammengehören und deshalb auch im Leben zusammengehalten werden müssen. Er nahm hellsichtig wahr, dass die Verbindung zwischen Glauben und Vernunft von unterschiedlichen Seiten in Frage gestellt wurde. Dass der Gott der Philosophen und der Gott der Bibel auseinander treten, wäre für Schleiermacher, den Liebhaber Athens wie Jerusalems, schlicht eine Katastrophe gewesen.

Die Verbindung von Glauben und Vernunft gehört von Anfang an zu den bestimmenden Merkmalen des Protestantismus, auch wenn sich Martin Luther unter Einsatz all seiner polemischen Kraft gegen einen Herrschaftsanspruch der Philosophie über die biblische Botschaft zur Wehr setzte und dabei sogar von der «Hure Vernunft» sprach (Luther 1964: 4,161). Doch Luther war, ebenso wie die anderen Reformatoren, zugleich davon überzeugt, dass die Vernunft der biblischen Wahrheit zu dienen habe. Schon der junge Luther erklärte deshalb in seinem Kommentar zum Römerbrief, dass die Vernunft «für das Beste» eintrete und «gute

Werke» tue (Luther 1969: 1,193). Damit bahnte die Reformation der Ausbildung der Theologie zu einer kritischen Wissenschaft im modernen Sinn ebenso den Weg, wie sie die Verbindung von Glauben und Bildung in das Zentrum des kirchlichen Auftrags rückte. Auf diese Weise entwickelte sich der Protestantismus zur Religion der Aufklärung und der Vernunft.

Zwar hat auch das reformatorisch geprägte Christentum die Ambivalenz der Aufklärung erfahren und erlitten. Vor allem in Frankreich wollte ein philosophischer Materialismus den Glauben in den Bereich bloßer Irrationalität abschieben. Auf der Gegenseite wurde versucht, den Glauben gegen alle Infragestellungen mit den Mitteln der Vernunft zu immunisieren und damit auch gegen jede Auslegung durch eine historisch-kritische theologische Wissenschaft abzuschotten.

Beiden Tendenzen gegenüber muss die Freiheit des christlichen Glaubens verteidigt und erneuert werden. Zu ihr gehört die Freiheit, sich seines Verstandes zu bedienen, aber auch die Einsicht, dass die menschliche Vernunft endlich ist und dass eine Verabsolutierung der Vernunft Götzendienst ist. Es dient der christlich verstandenen Freiheit, wenn die Vernunft dem Glauben nachfolgt und in seinen Dienst tritt.

Die Einsicht des Glaubens hat beim Glauben selbst einzusetzen. Von ihm her erschließt sich, was die Vernunft im Kontext des Glaubens aufzuklären vermag. Deshalb hat der Theologe Eberhard Jüngel vorgeschlagen, Anselms Rede von dem Glauben, der sich um Verstehen und Einsicht bemüht *(fides quaerens intellectum)*, zu ergänzen und davon zu sprechen, dass der Glaube auf der Suche nach Einsicht ist, die ihrerseits auf der Suche nach dem Glauben ist *(fides quaerens intellectum quaerentem fidem;* Jüngel 2000: 3).

Eine nicht durch den Glauben aufgeklärte Vernunft bleibt unerfahren und unaufgeklärt, weil sie sich keine Rechenschaft über ihre Grenzen ablegt. Sie verkennt ihren Charakter als endliche Vernunft, dem Menschen anvertraut, damit er mit seiner endlichen Freiheit umzugehen lernt. Ein nicht durch die Vernunft aufgehellter Glaube aber trägt die Gefahr in sich, barbarisch und gewalttätig zu werden.

Den inneren Zusammenhang von Glauben und Vernunft aufklären. Der innere Zusammenhang von Glauben und Vernunft versteht sich keineswegs von selbst. Gegen ihn steht, wie es scheint, ganz besonders eine zweite kopernikanische Wende, nämlich Immanuel Kants Konzentration auf das Subjekt als den unhintergehbaren Ausgangspunkt alles Weltwissens. Es war folgenreich, dass man diesen von Kant vollzogenen Schritt im Sinn einer definitiven Trennung von Weltwissen und Gottesglauben gedeutet hat. Charakteristisch dafür sind die Missverständnisse, die Kants berühmte Aussage auf sich gezogen hat, er habe «das Wissen aufheben» müssen, «um zum Glauben Platz zu bekommen» (Kant, KrV: 33). Als Papst Benedikt XVI. in seiner Regensburger Rede vom September 2006 sagte, Kant «habe das Denken beiseite schaffen müssen, um dem Glauben Platz zu machen» (Benedikt XVI. 2006: 24), erinnerte dies an eine geläufige Fehldeutung des Kant'schen Diktums.

Kant stellt in seinem Satz den Gottesgedanken nicht außerhalb des Denkens; und er besetzt nicht einen dadurch entstehenden, vermeintlich vernunftlosen Raum durch den Glauben, sondern er befreit den Gottesgedanken aus dem Herrschaftsbereich des Erfahrungswissens, das sich der Mittel der Beobachtung und des Beweises bedient. Er zeigt, dass Gott den Rahmen unserer raumzeitlich geprägten Weltzugänge prinzipiell übersteigt. Damit wird nicht die Idee Gottes, sondern die Reichweite der Erfahrungswissenschaften eingeschränkt. Die Versuche, Gott als notwendige Ursache aus den Gesetzen der Welt abzuleiten, werden damit hinfällig. Stattdessen wird Gottes Überlegenheit über die Schöpfung neu zur Sprache gebracht. So reißt Kant Vernunft und Glauben nicht etwa auseinander, sondern zeigt, dass der Gottesgedanke auch vor dem Forum der philosophischen Vernunft Bestand haben kann.

Das christliche Verständnis von Gott als Schöpfer und Erhalter der Welt fügt sich in einen solchen Zugang zum Gottesbegriff ein. Die verbreitete Rede vom bloßen «Postulatengott» (vgl. Kant: KpV A223–238), der nur noch eine vage innerphilosophische Funktion für die praktische Vernunft habe, unterschätzt die Bedeutung der Gottesidee für die Freiheit der Person. Im Sinne Kants ist Gott der umfassende Horizont für jegliches Tun, auch für das theoretische Nachdenken. Der einigende Grund der Welt, der allein eine Aussicht auf das Glücken des Lebens eröffnet, schließt so auch die Welt der Wissenschaft und der wissenschaftlich angeleiteten Erfahrung ein. Dem Glauben wird auf diese Weise keineswegs, wie Papst Benedikt XVI. befürchtet, «der Zugang zum Ganzen der Wirklichkeit abgesprochen» (Benedikt XVI. 2006: 24). Nein, er *ist* dieser Zugang zum Ganzen der Wirklichkeit. Indem er das Verhältnis zur Wirklichkeit im Gottesverhältnis verankert, eröffnet er einen Zugang zur inneren Einheit des Daseins, in welchem das Verhältnis des Menschen zu sich selbst, zu den anderen Menschen und zur Welt miteinander verbunden ist.

Der Glaube wird in einer solchen Überlegung als eine Einstellung zur Wirklichkeit verstanden, die allem Wissen vorausliegt. Es ist ein gravierendes Missverständnis, den Glauben, weil er den Bereich des Wissens überschreitet, für irrational zu erklären oder in einer Kammer des bloßen Fühlens und Meinens einzusperren.

Die Aufklärung war diejenige Epoche der Geistesgeschichte, der es darum ging, das menschliche Wissen in sein Recht einzusetzen und die Menschen zum «Ausgang aus der selbstverschuldeten Unmündigkeit» zu ermutigen (Kant, Aufklärung: 53). Die Vernunftbegabung des Menschen stand hoch im Kurs; die Autonomie des Menschen sollte auch in Fragen der Religion und der Moral zur Geltung kommen. Von der nötigen Demut im Blick auf menschliches Wissen war die Aufklärung oft weit entfernt. Weil sie zur Überschätzung der Möglichkeiten, die mit der menschlichen Vernunft gegeben sind, neigte, kann man mit Horkheimer und Adorno von einer «Dialektik der Aufklärung» sprechen.

Diese Dialektik ändert nichts daran, dass grundlegende Einsichten der Aufklärung für den christlichen Glauben unentbehrlich sind. Zu ihnen gehört die Unterscheidung zwischen Glauben und Vernunft ebenso wie die Unterscheidung zwischen Religion und Politik. Die christlichen Kirchen haben lange gebraucht, bis sie den säkularen Charakter des Staates und seiner Rechtsordnung nicht als Infragestellung des christlichen Bekenntnisses, sondern als Bedingung gelebter Freiheit und damit auch der Glaubensfreiheit zu achten lernten. Mit ihrem Bekenntnis zur Religionsfreiheit haben die christlichen Kirchen diese Einsicht der Aufklärung in ihr eigenes Glaubensverständnis aufgenommen; ja, sie haben sogar an andere Religionen die Erwartung gerichtet, diesen Schritt mit ihnen zu vollziehen.

Protest gegen das Vernunftwidrige im Namen des Glaubens. Der christliche Glaube leitet dazu an, den Begriff Gottes von der Menschwerdung Gottes her zu denken; sein Kern liegt darin, dass Gott als Person begegnet, als die Person des Jesus von Nazareth. Aus dem darin begründeten Vertrauen in die Zugänglichkeit Gottes ergibt sich im christlichen Verständnis die unlösliche Verbindung zwischen Gott und der Vernunft. Die Aufgabe christlicher Theologie besteht darin, die Entsprechung zwischen Gott und Mensch, die Gott selbst in seiner Menschwerdung offenbart, im Gottesbegriff selbst zu verankern und so die Zusammengehörigkeit zwischen Gott und Vernunft zur Geltung zu bringen.

Wo immer das Vernunftwidrige im Namen Gottes begründet oder gerechtfertigt wird, ist deshalb Widerspruch angesagt. Dieser Widerspruch trifft alle Rechtfertigungen einer Bekehrung durch Gewalt. Das ist heute insbesondere gegenüber der religiösen Legitimation von Gewalttaten im Islam zur Geltung zu bringen. Es nötigt aber auch zu christlicher Selbstkritik angesichts der Rechtfertigung von Gewaltanwendung und von gewaltsamer Bekehrung in der Geschichte des Christentums.

Denn auch die christlichen Kirchen haben der Versuchung durch die Gewalt keineswegs immer widerstanden. In der Auseinandersetzung damit formulierte die Reformation den Programmsatz, das Evangelium solle «ohne menschliche Gewalt, sondern durch das Wort» ausgebreitet werden (Mau 2008: 1,91). Die heutige Friedensethik der Kirchen lässt sich in der Zuwendung zu einer Lehre vom gerechten Frieden und in dem vorrangigen Eintreten für gewaltfreie Mittel von dieser selbstkritischen Einsicht leiten (Huber 2016: 231 ff.). Nur aus einer solchen selbstkritischen Haltung heraus können die Kirchen an den Islam mit der Erwartung herantreten, dass er der religiösen Legitimation von Gewalt und der Instrumentalisierung von religiösen Überzeugungen zu politischen Zwecken deutlich und wirksam entgegentritt.

8. UNBEDINGTE LIEBE

«Nun aber bleiben Glaube, Hoffnung, Liebe, diese drei; aber die Liebe ist die größte unter ihnen.» (1. Korinther 13,13) So heißt einer der bekanntesten Sätze des Neuen Testaments. Er hat die Idee begründet, dass das christliche Leben sich durch drei theologische Tugenden auszeichnet, die einer langen Lehrtradition folgend neben die antiken Kardinaltugenden – Gerechtigkeit, Klugheit, Tapferkeit und Maß – traten. Vom Glauben ist in diesem Buch ausführlich die Rede. Von der Liebe und der Hoffnung soll knapper gesprochen werden. Dabei wird sich zeigen, dass diese eng mit ihm verbunden sind. Der Glaube in dem hier entfalteten Verständnis ist eine Lebensgewissheit, zu der die Zuwendung zu den Mitmenschen und die Offenheit für die Zukunft unlöslich hinzugehören.

Liebe – ein Auslaufmodell?

Doch wie steht es um die Liebe? Manche meinen, sie habe ihre Zeit hinter sich. Gerald Hüther, Neurobiologe in Göttingen, beschreibt am Beispiel der Liebe, wie kulturell erworbene Fähigkeiten und Werte in sich zusammenfallen können. Wir laufen Gefahr, so Hüther, «dass es unserer Gesellschaft mit der Erfahrung über die Liebe ähnlich ergeht wie den Südseeinsulanern mit ihrem Wissen über die Seefahrt. Deren Vorfahren hatten einst mit unglaublich geschickt gebauten, seetüchtigen Booten den gesamten Pazifik durchkreuzt. Dabei waren sie auf die noch heute so paradiesisch anmutenden Südseeinseln gestoßen. Sie ließen sich dort nieder und wurden in dieser neuen Welt heimisch. Innerhalb kurzer Zeit wussten nur noch wenige, und nach einigen Generationen hatten sie allesamt vergessen, wie man seetüchtige Boote baut und auf hoher See navigiert.» (Hüther 2012: 9)

Liebe bildet nach Hüthers Auffassung, evolutionstheoretisch betrachtet, ein Gegengewicht zur Konkurrenz. Während diese die

Menschen auseinandertreibt, hält die Liebe sie zusammen. Diese für die Geschichte der Menschengattung positive Bedeutung scheint die Liebe allmählich einzubüßen, weil sie nicht mehr durchgängig als Lösungsweg für die Lebensbewältigung betrachtet wird. Die Menschen vereinzeln, und das Konkurrenzdenken wird zum dominierenden Motiv gesellschaftlicher Orientierung. Beides führt zu einer weit verbreiteten und gefährlichen Bindungslosigkeit.

Gerald Hüther ist Hirnforscher. Er will wissen, wie Liebe im menschlichen Leben faktisch funktioniert, wie sie konkret erlebt wird und zu welchen Verschaltungen im Gehirn sie führt, die in Anspruch genommen werden, wenn im weiteren Gang des Lebens die Fähigkeit zur Liebe gefragt ist. Dass Liebe es mit Verschaltungen im Gehirn zu tun hat, schließt nicht aus, dass sie mit der menschlichen Freiheit zusammenhängt. In dieser Hinsicht steht es um die Liebe nicht anders als um den Glauben. Auch wenn Hirnforscher meinen, die Region im Gehirn gefunden zu haben, in welcher der Glaube seinen Ort hat, wird der Glaube dadurch nicht von physischen Vorgängen in unserem Gehirn abhängig gemacht. Vielmehr wäre es erstaunlich, wenn eine so wichtige Regung wie der Glaube keine körperliche Entsprechung hätte. Wenn manche Wissenschaftler daraus folgern, dass der Glaube durch bestimmte Gehirnvorgänge determiniert ist, braucht man ihnen nicht zu folgen, denn darin drückt sich nicht eine wissenschaftliche Einsicht, sondern eine weltanschauliche Einstellung aus.

Der beste Weg, die Liebe zu lernen und entsprechende Schaltungen im Gehirn zu entwickeln, besteht darin, sie von früh an zu erfahren und erwidern zu können. Deshalb ist es wichtig, die Lebensformen zu bewahren und weiterzuentwickeln, in denen Liebe erfahren und gelernt werden kann. Zu diesen Lebensformen gehört die Familie. Immer wieder wurde behauptet, sie sei ein Auslaufmodell. Auch wenn die Familie vielfach gefährdet, von Scheitern bedroht und von Veränderungen betroffen ist, erweist sie sich als ebenso wandlungsfähig wie unentbehrlich. Immer wieder bestätigt sich die Einsicht: Familie haben alle. Jeder Mensch hat einen Ort in einem Generationenverbund; auch wenn er keine eigene Familie gründet, ist er mit seiner Herkunftsfamilie verbunden. Alleinerziehende Eltern oder von ihren Eltern getrennte Minderjährige auf der Flucht zeigen auf ihre Weise etwas von der Kraft wie von der Unentbehrlichkeit der Familie (vgl. Huber 2016: 23 ff.). Gewiss wird sie heute in anderen Formen gelebt als in den Zeiten, als die Rollen von Eltern, Großeltern und Kindern – und dabei insbesondere von Frauen und Männern – eindeutig festgelegt waren. Auch außerhalb der Ehe entwickeln sich glückliche und erfüllte Verantwortungsgemeinschaften. Gleichgeschlechtliche Partnerschaften, aber auch Verantwortungsgemeinschaften zwischen den Generationen oder Freundschaften ohne einen sexuellen Bezug sind Beispiele dafür.

Der Resonanzraum der Liebe ist jedoch viel größer als die Familie. Liebe zeigt sich in der Bereitschaft zu Rücksichtnahme und Respekt, gerade auch bei jungen Menschen, und in gelebter Solidarität. Sie überschreitet heute Grenzen, die in früheren Zeiten viel fester gezogen waren, zum Beispiel die Grenzen zwischen Religionen und sozialen Schichten, zwischen Nationen und Kontinenten. Viele erkennen die Notwendigkeit, heutiges Handeln aus der Perspektive kommender Generationen zu betrachten; aus Liebe bemühen sie sich um nachhaltiges Handeln. Der Erzählzusammenhang der Liebe ist in christlichen Kirchen lebendig und wird von Generation zu Generation weitergegeben. Denn Kirchen sind Erzählgemeinschaften des Glaubens, der Hoffnung und der Liebe.

Das Dreifachgebot der Liebe

Das Gleichnis vom barmherzigen Samariter, das uns schon an früherer Stelle beschäftigt hat (oben S. 153), beginnt mit einem Dialog über das höchste, für das menschliche Leben entscheidende Gebot. Jesu Gesprächspartner fügt in seiner Antwort zwei alttestamentliche Gebotsformulierungen zusammen: «Du sollst den Herrn, deinen Gott, lieben von ganzem Herzen, von ganzer Seele und mit all deiner Kraft und deinem ganzem Gemüt, und deinen Nächsten wie dich selbst.» (Lukas 10,27) An anderen Stellen findet sich die Feststellung, dieses doppelte Gebot sei das höchste Gebot, auch als Aussage Jesu selbst (vgl. Matthäus 22,37–39; Markus 12,29–31). An einer dieser Stellen fügt Jesus ausdrücklich hinzu: «In diesen beiden Geboten hängt das ganze Gesetz und die Propheten.» (Matthäus 22,40)

Auf diese Zusammenhänge stützt sich die Aussage, das Gebot der Nächstenliebe sei die zentrale Botschaft des christlichen Glaubens. Das ist richtig, aber zu eng. Man kann auch sagen: Das ist sehr viel; aber es ist doch zu wenig. Denn dieses doppelte Gebot spricht nicht nur von der Nächstenliebe; es erweitert sie vielmehr in zwei Richtungen: im Blick auf Gott und im Blick auf sich selbst.

Die Liebe zu Gott. Die Antwort auf die Frage nach dem höchsten Gebot besteht nicht einfach in dem Satz: «Du sollst deinen Nächsten lieben», denn ihm geht, in Anlehnung an das Alte Testament, das «Höre, Israel» voran: «Höre, Israel, der Herr ist unser Gott, der Herr ist einer. Und du sollst den Herrn, deinen Gott, lieb haben von ganzem Herzen, von ganzer Seele und mit all deiner Kraft.» (5. Mose 6,4f.; vgl. Markus 12,29f.) Von der Liebe zum Nächsten kann nur die Rede sein, wenn zuvor die Einzigkeit Gottes anerkannt ist und ihm Herz, Seele, Gemüt und alle Kräfte anvertraut sind.

Im christlichen Glauben hat die Liebe zu Gott in der Liebe Gottes zu den Menschen ihren Grund. Die Sendung Jesu in die Welt wird mit Gottes Liebe zur Welt begründet; darauf antwortet die Liebe zu Gott wie zum Nächsten. Dieser Grundsatz, der für das ganze Neue Testament prägend ist, bestimmt in besonderer Weise das Johannesevangelium und die Briefe des Johannes. Knapp zusammengefasst findet er sich in der Aussage: «Gott ist Liebe; und wer in der Liebe bleibt, der bleibt in Gott und Gott in ihm.» (1. Johannes 4,16)

Allzu leicht wird aus dieser Aussage abgeleitet, es ließen sich alle dunklen Seiten Gottes und das, was uns an ihm verborgen und rätselhaft ist, abstreifen, so dass nur ein «lieblicher Gott» zurückbleibt. Gott wird jedoch nicht als Liebe definiert; sondern er offenbart sich als Liebe in Aktion: «Darin ist erschienen die Liebe Gottes unter uns, dass Gott seinen eingebornen Sohn gesandt hat in die Welt, damit wir durch ihn leben sollen.» (1. Johannes 4,9) Sich in die Liebe Gottes, die in Christus begegnet, hineinnehmen zu lassen und mit dem eigenen Leben darauf zu antworten – das ist gemeint, wenn die Liebe zu Gott als die Summe aller Gebote bezeichnet wird.

Zur Liebe zum Nächsten ist nur fähig, wer darüber Auskunft geben kann, woran er sein Herz hängt. «Woran du nun (sage ich) dein Herz hängst und worauf du dich verlässt, das ist eigentlich dein Gott», sagt Martin Luther in seinem Großen Katechismus (Mau 2008: 2,46); die Grundorientierung des menschlichen Lebens entscheidet sich seiner Überzeugung nach daran, ob man Gott selbst oder andere Götter über sein Leben herrschen lässt: eigenmächtig gewählte höchste Güter, selbstgemachte Götzen, vom Zeitgeist empfohlene Idole.

Wer Gott liebt, liebt auch den Nächsten. Er hat keinen Grund, einzelne Menschen oder ganze Gruppen zu vergötzen und sie höher zu achten als alle anderen. Er hat aber ebenso wenig Grund, einzelne Menschen oder ganze Menschengruppen zu verachten und geringer zu schätzen als andere. Christen geben Gott allein die Ehre und achten deshalb die gleiche Würde jedes Menschen. Die größte Anfechtung des Glaubens, die sich aus der Geschichte des Christentums ergibt, hat damit zu tun, dass es auch in ihr zum Personenkult auf der einen und zu gruppenbezogener Menschenfeindlichkeit auf der anderen Seite gekommen ist. Noch immer sind Christen nicht durchweg gegen diese doppelte Gefahr gefeit.

Die Liebe zu sich selbst.   Noch nach einer anderen Seite hin ist darauf zu achten, dass es in der Zusammenfassung aller Gebote nicht nur heißt: «Liebe deinen Nächsten.» Es heißt vielmehr: «Liebe deinen Nächsten wie dich selbst.» Die Auslegung dieses schlichten Zusatzes stößt auf große Schwierigkeiten. In weiten Teilen der christlichen Tradition galt als Prüfstein dafür, ob das Gebot der Nächstenliebe erfüllt sei, die Selbstlosigkeit, ja die Selbstverleugnung. Wer den Nächsten lieben will, muss bereit sein, von sich selbst abzusehen. Man leitete aus dieser Vorstellung eine Entgegensetzung zwischen Egoismus und Altruismus ab, wonach sich der Altruismus – also der Einsatz für andere – durch völlige Selbstlosigkeit auszeichne, während der Egoismus durch Rücksichtslosigkeit gegenüber anderen geprägt sei. Die von der modernen Altruismus-Forschung gezogene Konsequenz heißt:

Wenn jemand bei einem Einsatz für andere ein Gefühl der Befriedigung verspürt, hat er nicht aus altruistischen, sondern aus selbst-
süchtigen Motiven gehandelt; es liegt also kein Fall der Nächstenliebe vor.

Gewiss gibt es Situationen, in denen Menschen um der Liebe
willen zur Selbstverleugnung, ja sogar zum Opfer ihres Lebens
bereit sind. Es gibt den Fall des Martyriums, in dem ein Mensch
die Liebe zu Gott über das eigene Leben stellt und sich eher das
Leben nehmen lässt, als Gott zu verleugnen. Es gibt Situationen
der Nothilfe, in denen einer das eigene Leben riskiert, um fremdes
Leben zu retten. Es gibt den bewundernswerten Einsatz von Müt-
tern für ihre Kinder über die Grenzen der eigenen Kraft hinaus.
Es gibt Helfer in Notsituationen, die bei ihrem Versuch, Menschenleben zu retten, einsetzen, was sie nur können; Feuerwehr-
leute sind ein Beispiel dafür. Doch diese Grenzsituationen der
Liebe sind nicht die einzige Form, in der Liebe zum Nächsten geübt wird. Deshalb war es eine Fehlentwicklung, die Nächstenliebe
schlechthin mit Selbstverleugnung und Selbstopfer gleichzu-
setzen.

Verglichen damit ist das biblische Gebot realistischer. Es setzt
ein anderes Menschenbild voraus. Der Mensch, dem Gott sein
Leben als Gabe anvertraut hat und der diese Gabe dankbar annimmt, vermag ein positives Verhältnis zu sich und seinem Leben
zu entwickeln. Er liebt sein Leben und sucht es zu bewahren;
er sorgt für das, was er zum Leben braucht, so gut er kann. Das
Liebesgebot hindert nicht daran, das eigene Leben dankbar zu
bejahen, sich an ihm zu freuen und mit ihm verantwortlich umzugehen. Das biblische Tötungsverbot gilt auch im Blick auf das
eigene Leben; es gibt keine Rechtfertigung dafür, es leichthin aus
der Hand zu geben – auch nicht aus Gründen der Liebe.

Ebenso wenig verbietet dieses Gebot, an der Liebe zum Nächsten seine Freude zu haben. Wenn Eltern dankbar feststellen, dass
es ihnen gelungen ist, ihre Kinder «großzuziehen», wenn ein Ver-
kehrsteilnehmer darüber erleichtert ist, dass er durch einen Erste-
Hilfe-Einsatz einem andern das Leben retten konnte, dann liegt
darin keine Einschränkung der Nächstenliebe. Die Liebe zu sich
selbst und die Liebe zum Nächsten gehören zusammen. Indem sie
einander ergänzen, begrenzen sie sich auch wechselseitig. Die

Liebe zum Nächsten schützt die Selbstliebe davor, in Egoismus umzuschlagen. Die Selbstliebe bewahrt davor, sich in der Fürsorge für andere selbst zu vernachlässigen. Das biblische Gebot erweist sich gerade darin als lebensnah, dass es nicht nur die Liebe zum Nächsten, sondern auch die Liebe zu sich selbst hochachtet.

Die Liebe zum Nächsten. Dem biblischen Gebot zufolge soll die Liebe zu sich selbst den Maßstab für die Liebe zum Nächsten bilden, denn auch das Leben des andern ist ein Geschenk Gottes, für das alle dankbar sind, die mit ihm in Verbindung stehen. Alle tragen deshalb Verantwortung für das Leben der anderen; alle wissen sich einbezogen in die Fürsorge dafür, dass jeder erhält, was er zum Leben braucht. Wenn dies gelingt, ist es ein Grund zur Freude für alle Beteiligten.

Mein Nächster kann jeder Mensch sein, der in den Radius meiner möglichen Verantwortung tritt. Dieser Radius verändert sich im Lauf meines Lebens; er bestimmt sich immer wieder neu durch die Menschen, mit denen ich zu tun bekomme oder die von meinem Handeln betroffen sind. Jeden Tag kann sich mein Bild davon verändern; denn an jedem Tag kann ein anderer mir so gegenübertreten, dass er mir dadurch zum Nächsten wird: durch das Antlitz, das ich vor mir sehe, durch die Frage, die er mir stellt, durch die Not, in der er sich befindet.

Man hat vor einer Überdehnung der Nächstenliebe gewarnt und mit ironischem Ton von einer «Fernstenliebe» gesprochen. Der Art, in der Friedrich Nietzsche diesen Begriff eingeführt hat, wird man allerdings mit einer solchen, recht flachen Ironie nicht gerecht. Nietzsche kritisiert die christliche Nächstenliebe mit dem Argument, in ihr melde sich ein ungeklärtes Verhältnis zum eigenen Ich; die vermeintliche Selbstlosigkeit sei in Wahrheit eine als Tugend getarnte Flucht vor sich selbst. Stattdessen empfiehlt er die «Liebe zum Fernsten und Künftigen». Zum einen meint er damit das eigene Ich, das nicht nur ein «Gespenst», sondern ein Wesen von «Fleisch» und «Knochen» sein soll. Zum andern meint er den Freund, aus dessen «übervollem Herzen» die Liebe zu dem Liebenden zurückkommt: «das Fest der Erde und ein Vorgefühl des Übermenschen» (Nietzsche 1980: 4, 77 f.). Mit dieser Fernstenliebe ist also die Kritik an einer Liebe zum Nächsten gemeint,

die für die Liebe zu sich selbst blind ist und kein Empfangen der
Liebe anderer kennt.

Während Nietzsche die so verstandene Fernstenliebe ausdrücklich bejaht, wird diese heute auf Grund eines weit schlichte-
ren Verständnisses häufig als abstrakt und überspannt kritisiert:
Man hat mit den Nächsten genug zu tun und kann sich nicht auch
noch um die Fernsten kümmern. Doch man kann nicht unaus-
gesetzt das Wort «Globalisierung» im Munde führen und gleichzeitig meinen, jemand, der weit entfernt von mir wohnt, könne
nicht mein Nächster sein. Man kann nicht Urlaub in der Karibik
oder in afrikanischen Nationalparks machen und sein Gewissen
mit der Vorstellung beruhigen, die Lebensbedingungen der Menschen, von deren schlecht bezahlter Arbeit man dabei profitiert,
gingen einen nichts an. Dafür, wer mein Nächster ist, gibt es keine
räumlichen Grenzen.

Auch die Vorstellung, nur diejenigen, die gleichzeitig mit mir
leben, könnten meine Nächsten sein, überzeugt nicht. Wenn ich
die Erinnerung eines Verstorbenen verteidige, wird er mir zum
Nächsten; oder ich verteidige ihn, weil er mir schon zu Lebzeiten
ein Nächster war. Wenn ich durch sparsamen Energieverbrauch
die Lebensinteressen künftiger Generationen berücksichtige, be-
trachte ich auch Menschen, die nach mir kommen, als Nächste.

Der Einwand, dass die Liebe des Einzelnen nicht allen Menschen gegenüber eine konkrete Gestalt annehmen kann, muss daher anders aufgenommen werden. Der amerikanische Philosoph
Nicholas Woltersdorff schlägt vor, zwischen der Sorge *für* jemanden und der Sorge *um* jemanden zu unterscheiden. Die Zahl der
Menschen, *für* die ein Mensch zu sorgen vermag, ist begrenzt; die
Zahl derer, *um* die er sich sorgen kann, ist viel größer. In seinem
Handeln findet nicht nur die Fürsorge für die Menschen, denen er
sich unmittelbar verpflichtet weiß, ihren Ausdruck; darin zeigt
sich auch auf direkte oder indirekte Weise die Bedeutung, die er
dem Leben derer zuerkennt, um die er sich sorgt. Sich um Menschen zu sorgen, bedeutet, ihre Würde anzuerkennen und ihre
Verletzlichkeit zu bedenken. Davon ist nicht einmal der Feind
ausgenommen; diese Art der Sorge um den anderen verdienen
Menschen auch dann, wenn sie sich schuldig gemacht haben (Woltersdorff 2013: 110). Aus dem Gebot der Nächstenliebe ergibt sich

eine vorrangige Sorge um den verletzlichen Nächsten. Neben die Fürsorge für Menschen, die Zuflucht vor unerträglichen Lebensbedingungen suchen, tritt deshalb die Sorge um die Menschen, die solche Lebensbedingungen aushalten müssen. Neben die Bereitschaft zur Aufnahme von Flüchtlingen tritt die Aufgabe, sich um die Linderung oder Überwindung von Fluchtursachen zu bemühen.

Eine abschließende Antwort auf die Frage, wer mein Nächster ist, gibt es nicht. Jesus hat deshalb im Gleichnis vom barmherzigen Samariter umgekehrt danach gefragt, wer demjenigen zum Nächsten geworden sei, der unter die Räuber gefallen war. Jedem ist damit die Frage gestellt, ob und wie er für andere zum Nächsten wird. Zum redlichen Umgang mit ihr gehört die Einsicht, dass kein Einzelner allen anderen gleichzeitig Nächster sein kann. Doch diese Einsicht entschuldigt nicht, wenn Hungernde nichts zu essen und Durstige nichts zu trinken bekommen, wenn Fremde nicht aufgenommen, Nackte nicht gekleidet, Kranke nicht begleitet oder Gefangene nicht besucht werden – und darin dem Menschensohn selbst die Liebe verweigert wird, die er in diesen Nächsten und durch sie erwartet (vgl. Matthäus 25,42 f.).

Dreifachgebot? Jesu Zusammenfassung der Gebote wird üblicherweise als «Doppelgebot der Liebe» bezeichnet. In sprachlicher Hinsicht ist das treffend. Zwei Gebotssätze, die sich im Alten Testament an verschiedenen Stellen finden, werden zu einem Doppelgebot zusammengefasst. Inhaltlich führt diese Bezeichnung jedoch in die Irre, denn geboten wird eine dreifache Liebe: zu Gott, zum Nächsten und zu sich selbst. Deshalb spreche ich vom Dreifachgebot der Liebe.

Doch in den drei Bezügen zu Gott, zum Nächsten und zu sich selbst erschöpft sich die Liebe nicht. In ihrer Fülle reicht sie weiter: Wer liebt, sieht die Welt mit neuen Augen und tritt auch zu den Dingen in ein verändertes Verhältnis. Deshalb verbindet sich die Liebe mit dem «tiefen Gefühl ..., dass die Welt einen Zweck hat und dass es in ihr noch Triumphe zu erringen gibt» (Whitehead 1971: 501). Deshalb schließt die Liebe die Freude an den Entfaltungsmöglichkeiten anderer Menschen ebenso ein wie die «Dramatik ... des Mitleidens» an den Ungerechtigkeiten und Leiderfahrungen, die sich den Lebenshoffnungen anderer in den Weg stellen (Welker 2016: 276).

Auch für das Gespräch zwischen den Religionen ist das Nachdenken über die vielfältigen Dimensionen der Liebe von Bedeutung. Im Jahr 2007 gaben 138 Islamgelehrte dem Dialog zwischen Christentum und Islam einen neuen Anstoß durch einen Brief, in dem sie das Liebesgebot – zu Gott und zum Nächsten wie zu sich selbst – als gemeinsamen Bezugspunkt beider Glaubensweisen herausstellten (Gemeinsames Wort 2007). Es ist bemerkenswert, dass die Unterzeichner die in der Verkündigung Jesu vollzogene Verbindung zwischen den biblischen Geboten der Liebe zu Gott und zum Nächsten wie zu sich selbst als einen Schlüssel auch für das Verständnis des Islam ansahen. Sie folgten dabei freilich der inhaltlichen Auffassung als Doppelgebot; die Liebe zu sich selbst kam in ihrer Auslegung nicht vor. Aber auch hinsichtlich der Liebe zu Gott ist ein deutlicher Unterschied zwischen der Deutung der Islamgelehrten und dem christlichen Verständnis wahrzunehmen. Dass das Gebot der Liebe zu Gott in Gottes liebender Zuwendung zur Welt seinen Grund hat, spielt in dieser Interpretation keine zentrale Rolle. Das ist verständlich; denn die biblische Aussage, dass Gott Liebe ist, hat in der Menschwerdung Gottes in Jesus Christus ihren wichtigsten Bezugspunkt. Gottes Liebe gilt jedem einzelnen Menschen und verleiht ihm eine unantastbare Würde. Ebendiese Verbindung zwischen dem Bekenntnis zu Gott, der Liebe ist, und der unantastbaren Würde jeder menschlichen Person ist heute im christlichen Selbstverständnis neu zu erschließen; und sie ist ebenso in das interreligiöse Gespräch einzubringen.

Körperliche und körperlose Liebe

Mit der Unterscheidung zwischen selbstloser und selbstbezogener Liebe ging in der Geschichte des Christentums oft eine weitere problematische Unterscheidung einher, die sich darauf beruft, dass im Neuen Testament nicht das griechische Wort für körperliche Liebe, *eros,* gebraucht wird, sondern das Wort *agape,* das von sexuellen Assoziationen frei ist. Gelegentlich wird auch das griechische Wort für Freundschaft, *philia,* verwendet. Das führte zu einer Gegenüberstellung von *Eros* und *Agape,* von körperlicher Liebe und einer im Vergleich dazu körperlosen, vom eigenen Selbst und allem Sinnlichen ganz absehenden asexuellen Liebe.

Sicher lässt sich der Begriff der Liebe, der die körperliche Vereinigung zweier Menschen einschließt, nicht verallgemeinern. Diese Liebe ist exklusiv. Sie schließt ein gegenseitiges Versprechen ein, den anderen nicht zu verletzen und nicht zu missbrauchen. Durch das Verbot des Ehebruchs im sechsten der zehn Gebote wird der Einbruch in eine fremde Verbindung ebenso wie das Hintergehen des eigenen Partners untersagt. Treue wird damit als ein wesentliches Merkmal sexueller Beziehungen hervorgehoben.

Liebe, die über den Bereich intimster Beziehungen hinausweist und nicht exklusiv ist, ist damit nicht körperlos. Man mag es für übertrieben halten, dass auch entfernte Freundinnen oder Freunde einander bei jeder Begegnung umarmen, aber dies ist ein Zeichen dafür, dass körperliche Berührung und Liebe miteinander zusammenhängen. Wie sonst wäre es zu erklären, dass wir einander bei der Begrüßung die Hand geben? Ist es nicht körperliche Nähe, wenn jemand einen Pflegebedürftigen reinigt, bettet und ihm zum Abschied noch einmal die Hand streichelt?

Die Entgegensetzung von körperlicher und körperloser Liebe hat zu einer Abwertung der menschlichen Sexualität beigetragen, die zu Unrecht als ein Kennzeichen des christlichen Glaubens gilt. Asketische Lebensformen wurden – bei aller Hochachtung, die sie verdient haben – in der Geschichte des Christentums niemals als generelle Verpflichtung betrachtet. Die Lebensform der Ehelosigkeit wurde als Zeichen für die Verbindlichkeit der Zugehörigkeit zu Christus hoch geschätzt; dass sie in der römisch-katholischen Kirche als allgemeine Voraussetzung für das Priesteramt angesehen wird, ist mit guten Gründen umstritten, weil dadurch ihr Charakter als Gnadengabe undeutlich wird. Aber auch nach römisch-katholischer Auffassung wird die eheliche Liebe dadurch nicht abgewertet; als problematisch muss man es freilich ansehen, dass die körperliche Liebe ausschließlich unter dem Gesichtspunkt der menschlichen Fortpflanzung und nicht als ein in sich selbst wertvoller intimer Ausdruck engster Zusammengehörigkeit angesehen wird.

Ein Verständnis des christlichen Glaubens, in dem das Hohe Lied der Liebe einen unverlierbaren Platz hat, sollte auch ein Hohes Lied der körperlichen Liebe einschließen. Dieses Lied findet sich ebenfalls in der Bibel: nämlich im Hohenlied Salomos. Wahrscheinlich fand diese Dichtung über die Schönheit des Zusammenseins von Mann und Frau deshalb Eingang in den Kanon des Alten Testaments, weil sie allegorisch gedeutet wurde – beispielsweise auf das Verhältnis Gottes zu seinem erwählten Volk und später auf das Verhältnis Christi zu seiner Gemeinde. Aber sie hat auch in ihrer ursprünglichen Bedeutung in der Bibel einen guten Ort. In immer neuem Jubel beschreibt sie die Geborgenheit der Liebenden ineinander, in der sie das gemeinsame Geborgensein in Gottes Güte erfahren. Dieser Jubel gehört zum Dank für das Geschenk des Lebens wie der Liebe unlöslich hinzu.

Die Partnerschaft zwischen zwei Menschen, die sexuell miteinander verbunden sind, kann keinen Bestand haben, wenn sie auf diese Dimension eingeengt wird. Der intensive persönliche Austausch, ein Bild vom gemeinsamen Leben, die Wahrnehmung gemeinsamer Verantwortung, das Eintreten für Kinder, Enkel oder die eigenen Eltern, ein Kreis gemeinsamer Freunde, das Interesse für den Beruf des anderen, das Engagement für gemeinsam akzeptierte Ziele, die gemeinsame Freude an Sport und Spiel, der Austausch im Glauben und über den Glauben – all das macht eine Partnerschaft lebendig und reich.

Die schroffe Entgegensetzung zwischen *Eros* und *Agape* im Sinn von körperlicher und körperloser Liebe bewährt sich nicht. Immer ist der ganze Mensch beteiligt. Zwischen unterschiedlichen Formen körperlicher Nähe zu unterscheiden ist allerdings eine unverzichtbare Voraussetzung für das, was man eine Kultur der Liebe nennen kann.

Die Liebe zum Feind

«Halte lieb deinen Genossen, / Dir gleich.» Die Wiedergabe des Gebots der Nächstenliebe durch die jüdischen Gelehrten Martin Buber und Franz Rosenzweig hat einen tiefen Sinn, dem wir uns nun zuwenden wollen.

Nächstenliebe und Statusverzicht. Andere Menschen mit dem Blick der Liebe anzuschauen bedeutet, sie als gleichwertig zu betrachten, ihrer Würde den gleichen Rang zuzuerkennen wie der eigenen Würde. Schon in der Hebräischen Bibel konzentriert sich das Gebot der Nächstenliebe auf das Verhältnis zu Menschen, die als gleichrangig anzuerkennen besonders schwer fällt (vgl. 3. Mose 19). Es geht um den Prozessgegner, dessen Ansprüchen man die Berechtigung absprechen möchte, um Arme, Tagelöhner, Taube und Blinde, deren Lage man auszunutzen versucht ist, um die «grauen Häupter», die man ehren soll. Ganz besonders hebt die Hebräische Bibel Witwen, Waisen und Fremde hervor – Menschen also, die durch ihr Geschick in die Situation von Außenseitern, ja von Rechtlosen geraten sind. Zur Begründung der ihnen gegenüber gebotenen Achtung wird auf Israels eigenes Geschick verwiesen – «denn ihr seid auch Fremdlinge gewesen in Ägyptenland». Mit dem Schwachen, Armen oder Gedemütigten auf eine Stufe zu treten bedeutet, selbst zum Statusverzicht bereit zu sein. Deshalb hat Gerd Theißen die Zusammengehörigkeit von Nächstenliebe und Statusverzicht als ein grundlegendes Kennzeichen der christlichen Lebensform herausgestellt (Theißen 2000: 112 ff.).

Eine in den Evangelien häufig wiederholte Aussage weist dem Statusverzicht in der Existenzform der Jünger eine zentrale Bedeutung zu: «Wer groß sein will unter euch, der soll euer Diener sein; und wer unter euch der Erste sein will, der soll aller Knecht sein.» (Markus 10,43 f.) Dieser Statusverzicht wurzelt in einem Perspektivenwechsel; die sozialen Beziehungen in einer Gruppe werden mit dem Blick von unten betrachtet. In der lateinamerikanischen Befreiungstheologie wurde diese Sichtweise als die «vorrangige Option für die Armen» bezeichnet. Wenn das Reich Gottes «mitten unter euch» (Lukas 17,21) ist, dann bestimmt die Aussicht auf eine Zeit, in welcher der Gegensatz zwischen Ohnmächtigen und Mächtigen, Sklaven und Herren, Armen und Reichen aufgehoben ist, schon die Gegenwart: «Viele aber werden die Letzten sein, die die Ersten sind, und die Ersten sein, die die Letzten sind.» (Markus 10,31). Das gilt eben nicht nur für die Zukunft; es gilt in der Jüngergemeinde schon jetzt: «Wenn jemand will der Erste sein, der soll der Letzte sein von allen und aller Diener.» (Markus 9,35)

Dem Statusverzicht tritt die Zuspitzung des Gebots der Nächstenliebe zum Feindesliebegebot zur Seite. Jesus erweitert das alttestamentliche Gebot der Nächstenliebe zunächst so, als ob dort stünde: «Du sollst deinen Nächsten lieben und deinen Feind hassen.» In der Statusdifferenz zwischen Freund und Feind liegt ein Grundmuster menschlichen Verhaltens; ein moderner Theoretiker des Staatsrechts, Carl Schmitt, hat in der Unterscheidung zwischen Freund und Feind das Wesen der Politik gesehen (Schmitt 1991: 26 ff.). Jesus hält diesem Muster das Gebot entgegen: «Liebt eure Feinde und bittet für die, die euch verfolgen, auf dass ihr Kinder seid eures Vaters im Himmel.»

Zur Begründung führt er die Unparteilichkeit des göttlichen Segens an; Gott «lässt seine Sonne aufgehen über Böse und Gute und lässt regnen über Gerechte und Ungerechte.» (Matthäus 5,43–45) Weil es vor Gott die Statusdifferenz nicht gibt, hat auch die Entgegensetzung von Freund und Feind keinen letzten Bestand. Wer eine «Todfeindschaft» oder auch eine «Erbfeindschaft» behauptet, leugnet die Universalität des göttlichen Segens; er leugnet damit Gott selbst.

Feindschaft und Feindesliebe. Für eine derartige Leugnung Gottes kennen wir im Kleinen wie im Großen viele Belege. Aus dem persönlichen Leben kennen wir Beispiele dafür, dass wir nicht einmal die Bereitschaft aufbringen, eine Feindschaft vernarben zu lassen; vielmehr legen wir es darauf an, den Hass auf einen Menschen immer wieder zu erneuern und uns seine vermeintlichen Untaten immer wieder in Erinnerung zu rufen. So soll die Aggression gegen ihn lebendig bleiben. Wir wollen ihn im Grunde aus dem Segen Gottes ausschließen. Im politischen Bereich zeigt die Parole «Gott mit uns», die in der Zeit des Ersten Weltkriegs auf den Koppelschlössern deutscher Soldaten zu lesen war, wie eine Seite Gott für sich selbst reklamiert und andere aus dem Bereich des göttlichen Wohlwollens ausschließen will. Feindesliebe dagegen zeigt ihren ganz elementaren Sinn darin, dass man dem Feind nichts Böses will.

Der Sinn der Feindesliebe besteht nicht einfach darin, dass man sich selbst dazu überwindet, jemanden zu lieben, den man eigentlich gar nicht lieben kann, sondern ihr Sinn besteht in einer Intensivierung der Liebe. Das Gebot der Feindesliebe leugnet nicht, dass es Feinde gibt; vielmehr wird in diesem Gebot gerade vorausgesetzt, dass Feindschaft zur Realität des Lebens gehört. Den Feind anders als bisher wahrzunehmen und dadurch die Beziehung zu ihm zu verändern, ist der Inhalt der Feindesliebe. Ihr entscheidendes Motiv liegt in der Hoffnung auf eine Zukunft, in der auch bisher Verfeindete sich vor Gott als gleich erkennen und deshalb lernen, sich anzuerkennen. Auf Grund dieser Hoffnung übersetzt sich die Feindesliebe in einen «Wandel durch Annäherung» (Bahr 1963). Überall dort, wo es gelingt, Feindschaft aus dem Geist der Feindesliebe zu überwinden, wird die Hoffnung auf eine Überwindung der Feindschaft gleichnishaft vorweggenommen.

Intelligente Feindesliebe.   Aber lässt sich die Feindesliebe überhaupt in die Tat umsetzen? Keiner Generation ist der Zweifel an der Realisierbarkeit dieses Gebots unbekannt. Immer wieder ist gegen das Gebot der Feindesliebe eingewandt worden, es verlange unbegrenzte Nachgiebigkeit und fordere einen Rechtsverzicht, der angesichts der Konflikthaftigkeit menschlichen Zusammenlebens völlig unrealistisch sei. Martin Luther hat diese Spannung dadurch aufzulösen versucht, dass er den Rechtsverzicht im Geist der Bergpredigt für all die Fälle eingefordert hat, in denen ein Mensch nur für sich selbst handelt; die Behauptung und Durchsetzung des Rechts dagegen hielt er immer dann für geboten, wenn ein Mensch für andere handelt (Luther 2012: 1,363 ff.; Scharffenorth 2013: 227 ff.).

So hilfreich diese Unterscheidung zwischen Person und Amt für die eigene Selbstprüfung auch ist, so schwer lässt sie sich lupenrein auf konkrete Lebenssituationen anwenden. Dennoch enthält Luthers Überlegung einen hilfreichen Hinweis. In Konflikten geht es im Tiefsten nie darum, die eigene Position gegen andere durchzusetzen; es geht vielmehr darum, eine Möglichkeit des gemeinsamen Lebens zu finden. Der Impuls der Feindesliebe setzt sich in den Versuch um, gemeinsame Interessen zu stärken, einen Versuch der Verständigung zu unternehmen, der Feindschaft ein Ende zu machen.

Dieser Weg erweist sich nicht nur im persönlichen Leben als

richtig; er taugt auch für die Politik. Der unter anderem von Otto von Bismarck (1815–1898), dem Kanzler des deutschen Kaiserreichs, vertretenen These, mit der Bergpredigt könne man keine Politik machen, setzte der Physiker und Philosoph Carl Friedrich von Weizsäcker (1912–2007) die Überzeugung entgegen, es gebe eine «intelligente Feindesliebe», die politisch umsetzbar sei (Weizsäcker 1982: 533). «Intelligente Feindesliebe» sucht nach politischen Wegen, Feindschaft zu überwinden, und will dadurch die Gefahr bannen, dass diese Feindschaft sich gewaltsam entlädt und ungezählte Menschenleben fordert.

Das 20. Jahrhundert war in erschreckender Weise ein Jahrhundert der Gewalt. Doch inmitten dieser Gewalt zeigten sich Beispiele dafür, wie neue Anfänge aus dem Geist der Feindesliebe möglich sind. Auch in der Politik hat eine Ethik der Vergebung verändernde Kraft. Das Ende der «Erbfeindschaft» zwischen Deutschland und Frankreich und der Weg zu einem vereinigten Europa sind dafür ebenso Beispiele wie die Brücke über den Atlantik und das Ende der europäischen wie der deutschen Teilung. In Südafrika wurde von Staatspräsident Nelson Mandela (1918–2013) und Erzbischof Desmond Tutu (geboren 1931) der Versuch unternommen, die Folgen der Apartheidpolitik im Geist von Wahrheit und Versöhnung zu überwinden.

Weitere Beispiele lassen sich hinzufügen. Wer sich diese Entwicklungen vor Augen führt, muss zugeben, dass wir seit dem Ende des Zweiten Weltkriegs die Überwindung von Feindschaft in einem Ausmaß erlebt haben, das über die Erwartungen vermeintlicher Realisten weit hinausging. Es gibt allen Grund dafür, der Feindesliebe eine verändernde Kraft zuzutrauen, auch in der Politik.

Liebe durch Strukturen. In der optimistischen Aufbruchsstimmung der ausgehenden sechziger Jahre kam der Gedanke auf, dass sich Liebe nicht nur im unmittelbaren Verhalten einzelner Menschen zueinander zeige, sondern auch in Strukturen wirksam werde. Diese Vorstellung entstand, als in den reichen Industriestaaten der globale Konflikt ins Bewusstsein trat, der mit dem Gegensatz zwischen den Lebensbedingungen auf der nördlichen und der südlichen Erdhalbkugel verbunden ist. Ist es ein Gebot der

Nächstenliebe, diesen Gegensatz zu überwinden? Kann Liebe in den Strukturen der Weltwirtschaft wirksam werden? Kann es eine neue internationale Wirtschaftsordnung geben, die nicht nur an Effizienz, sondern auch an Gerechtigkeit, nicht nur an Konkurrenz, sondern auch an Liebe orientiert ist?

Seitdem diese Diskussion zum ersten Mal entbrannte, haben sich die Herausforderungen verschärft. Die weltweite digitale Vernetzung hat einen erneuten Globalisierungsschub ausgelöst. In einer Zeit des globalen Wettbewerbs, so wird argumentiert, gilt das Recht des Stärkeren; wer sich in diesem Wettbewerb behaupten will, muss sein Handeln konsequent am eigenen Vorteil orientieren. Rücksichtnahme auf den Nächsten oder gar Liebe zum Feind dagegen führen nur zum eigenen Ruin. Aber kann durch politische Rahmenbedingungen dafür gesorgt werden, dass dieser rücksichtslose Wettbewerb nicht zum Ruin des Nächsten und zur dramatischen Verschlechterung der Lebensbedingungen für künftige Generationen führt?

Die Frage, wie das Gebot der Nächstenliebe im politischen und gesellschaftlichen Handeln wirksam werden kann, wird nicht immer so direkt gestellt, aber sie ist für Christen unausweichlich. Die Orientierung am Dreifachgebot der Liebe, so sahen wir, zeigt sich in einem Handeln, das um der Ehre Gottes willen konsequent an der gleichen Würde jedes Menschen ausgerichtet ist. Im Blick auf Gesellschaft und Politik fordert das Gebot der Nächstenliebe vor allem zweierlei: ein persönliches und berufliches Handeln, das den Mitmenschen achtet und seiner Würde das gleiche Gewicht gibt wie der eigenen Würde, sowie die Arbeit an politischen Strukturen, deren Maßstab in der Wahrung der Menschenwürde und der Nachhaltigkeit im Umgang mit der Natur, der gerechten Teilhabe aller am Leben in der Gesellschaft und der Gewährleistung eines gerechten Friedens liegt.

Kann Liebe ein Gebot sein?

Lässt sich Liebe befehlen? Gerät der christliche Glaube nicht in einen Selbstwiderspruch, wenn er der Einladung zur Liebe die Gestalt des Imperativs gibt? Die Liebe als Gebot zu verstehen, scheint mit ihrem Freiheitscharakter unvereinbar zu sein. Selbst wer sich von der Liebe wie im Sturm ergreifen lässt, wird nur den eigenen inneren Antrieb als Grund für die Liebe gelten lassen.

Warum nimmt die Einladung zur Liebe trotzdem die Form des Gebots an? Zwei Gründe dafür sind in meinen Augen besonders wichtig. Die Liebe kann deshalb geboten werden, weil das Handeln aus Liebe für alle Menschen verbindlich ist; und sie kann deshalb geboten werden, weil dieses Gebot der Bewahrung der Freiheit dient.

Das Gebot der Liebe gilt für alle. Die Philosophie sieht es als einen entscheidenden Maßstab für moralische Weisungen an, dass sie für alle Menschen gelten und in unterschiedlichen Situationen angewandt werden können. Immanuel Kant hat seine Ethik deshalb auf einem «Kategorischen Imperativ» aufgebaut, dem zufolge man sich an Maximen orientieren soll, von denen man überzeugt ist, dass sie für alle zum Gesetz werden können. Das damit ausgedrückte Prinzip bezeichnet man als das Prinzip der Verallgemeinerbarkeit oder der Universalisierbarkeit.

Das Gebot der Liebe ist eine solche Maxime. Menschliches Zusammenleben kann gelingen, wenn sich alle am Gebot der Liebe ausrichten. Jesus verdeutlichte das daran, dass er alternativ zum Dreifachgebot der Liebe auch die «Goldene Regel» als die Zusammenfassung aller Gebote bezeichnete: «Alles nun, was ihr wollt, dass euch die Leute tun sollen, das tut ihnen auch» (Matthäus 7,12). Die Wechselseitigkeit des Handelns ist eine Form, so wollte er damit sagen, in der die Liebe das praktische Leben dauerhaft prägen kann. Die Liebe setzt auf diese Weise einen Umgang miteinander frei, der durch wechselseitige Achtung und Rücksichtnahme bestimmt ist.

Verhaltensregeln, die sich an der Liebe orientieren, können zwar für alle gelten; sie werden aber nicht von allen befolgt. Deshalb braucht ein Gemeinwesen Rechtsregeln, die dem Handeln Orientierung geben und mit deren Hilfe sich der Frieden im Konfliktfall wiederherstellen lässt. Im schlimmsten Fall muss dabei das Recht auch gegen Widerstand durchgesetzt und durch die Androhung oder den Vollzug von Strafen erzwungen werden. Doch auch damit wird das Ziel, dass Menschen miteinander im

Geist der Liebe und damit in einer Haltung wechselseitiger Achtung umgehen, nicht aufgehoben.

Wegweisung der Freiheit. Von der Liebe ist zum andern deshalb in der Form des Gebots die Rede, weil sie der Freiheit dient. Diese Begründung lässt sich am leichtesten dadurch verdeutlichen, dass wir einen Blick auf das Verhältnis zwischen dem Dreifachgebot der Liebe und den Zehn Geboten werfen. Schon in der Verkündigung Jesu gilt das Dreifachgebot der Liebe als Summe des alttestamentlichen Gesetzes. Der Apostel Paulus macht darauf aufmerksam, dass sich die Gebote, die sich auf das Zusammenleben der Menschen beziehen, in dem Gebot der Nächstenliebe zusammenfassen lassen. Aus dieser Beobachtung folgert er, dass die Liebe die Erfüllung des Gesetzes ist (Römer 13,8–10). Aus diesen biblischen Ansatzpunkten wurden weitreichende theologische Konsequenzen gezogen.

Der nordafrikanische Kirchenlehrer Augustin, der die abendländische Theologie geprägt hat wie kein anderer, ist der erste, der diesem Hinweis eine systematische Gestalt gibt, indem er das Liebesgebot auf die beiden Tafeln der Zehn Gebote verteilt. Die ersten drei Gebote – über die Verehrung des einen Gottes, die Achtung seines Namens und die Heiligung des Feiertags – ordnet er der Liebe zu Gott zu. Dabei verbindet er diese drei Gebote unmittelbar mit den drei Personen der Trinität. Die ausschließliche Verehrung des einen Gottes, der die Ablehnung fremder Götter und das Verbot der Verehrung von Götterbildern zugeordnet sind, bezieht er auf Gott den Vater. Die Achtung des göttlichen Namens verknüpft er mit der Person des Gottessohnes, in dem Gott einen bestimmten Namen annimmt. In der Heiligung des Feiertages sieht er eine konkrete Form, in der Christen das Wirken des Heiligen Geistes in ihrer Mitte achten und für dieses Wirken danken.

Die folgenden Gebote – nach der vorherrschenden Zählung das vierte bis zehnte Gebot – ordnet Augustin den Beziehungen zwischen den Menschen zu: die Ehrung der Eltern, das Tötungsverbot, das Verbot des Ehebruchs, das Verbot des Stehlens, das Verbot der Falschaussage und schließlich das doppelte Verbot, nach etwas zu trachten, was einem nicht gehört. Weil zwischenmenschliche Beziehungen geschützt werden sollen, herrscht hier die Form des Verbots vor. Das Elterngebot ist dabei das einzige, das positiv als Gebot formuliert ist. Aber man kann dieses Gebot durchaus einschließen, wenn man feststellt, dass diese Gebote Lebensbereiche schützen, die vor Störungen, ja vor Zerstörung bewahrt werden sollen.

Martin Luther setzt in dieser wie in anderen wichtigen Fragen die Linie Augustins fort. Aber er tut es in einer Form, durch die er entscheidend zur neuzeitlichen Popularität der Zehn Gebote beiträgt. Der Unterricht im christlichen Glauben, den Luther nicht nur in jeder christlichen Gemeinde, sondern auch in jeder christlichen Familie verankern will, soll mit den Zehn Geboten beginnen. Das Glaubensbekenntnis, das Vaterunser sowie die Sakramente Taufe und Abendmahl sollen darauf folgen. Durch die Unterweisung in den Zehn Geboten soll jeder Klarheit darüber gewinnen, was Gott von ihm erwartet. Auch dass er dieser göttlichen Erwartung nicht gerecht wird und sich vor Gott nicht selbst rechtfertigen kann, vermag er auf Grund der Gebote zu erkennen. So sind die Einsicht in die eigene Sünde und die Orientierung für das eigene Leben in der Begegnung mit den Zehn Geboten ganz eng miteinander verbunden.

Augustin folgend deutet auch Martin Luther die Zehn Gebote vom Liebesgebot her. Die ersten drei Gebote schützen den Raum, in dem Gott dem Menschen begegnet. Der Ton der Dankbarkeit, der in der Tradition Johannes Calvins den Umgang mit den Zehn Geboten bestimmt, ist bereits erkennbar. Die Gebote der zweiten Tafel schützen jeweils einen besonderen Aspekt im Umgang der Menschen miteinander. Die in den Geboten enthaltenen Konkretionen haben dabei exemplarischen Charakter; Luther weitet ihren Bedeutungsbereich deutlich aus und ergänzt jedes Verbot durch eine positive Weisung. So heißt beispielsweise seine Erläuterung zum Tötungsverbot: «Wir sollen Gott fürchten und lieben, dass wir unserm Nächsten an seinem Leibe keinen Schaden noch Leid tun, sondern ihm helfen und beistehen in allen leiblichen Nöten» (Mau 2008: 2,17).

Die neue Aufmerksamkeit für die Zehn Gebote.   Die moderne Popularität der Zehn Gebote ging immer mit massiven Vorbehalten einher. Man brachte sie gern, wie Hermann Deuser formuliert, mit «kirchlich-pädagogischem Zwang, lebensferner Lehre und moralisierender Frömmigkeit» in Verbindung (Deuser 2002: 9). Der Versuch, sie zeitlos zu interpretieren, muss zum Scheitern verurteilt sein; gerade weil er immer wieder unternommen wurde, hatte die Berufung auf die Zehn Gebote lange einen anachronistischen Klang. Der spanische Philosoph Fernando Savater bekennt freimütig, sie hätten ihm, je älter er wurde, desto weniger bedeutet. Sie seien ihm nur noch eine ferne Kindheitserinnerung; ja, er bringe sie durcheinander (Savater 2006: 7).

Umso erstaunlicher ist es, dass dieser Autor sich dennoch bemüßigt fühlt, seine Kindheitserinnerung aufzufrischen. Man könnte das für einen Einzelfall handeln, wenn es nicht auch andere Beispiele dafür gäbe, dass der Dekalog wieder eine wachsende Aufmerksamkeit auf sich zieht. Führende Theater haben diesem Thema ganze Spielzeiten gewidmet; das Deutsche Hygiene-Museum in Dresden hat dazu eine Ausstellung mit einem umfangreichen Begleitprogramm organisiert (vgl. Joas 2006); Fernsehdiskussionen widmen sich den Zehn Geboten. Auch religiöse Skeptiker fragen wieder nach dem Halt, der von einer solchen Tradition ausgehen kann.

Dass eine Gesellschaft sich modernisiert, führt keineswegs automatisch zu ihrer Säkularisierung, sondern als Teil des Modernisierungsprozesses entstehen neue, oft fundamentalistische Formen von Religion, nicht nur in der islamischen Welt, sondern auch im Westen. Sie überzeugen viele Menschen durch klare Orientierung und eindeutige Feindbilder in einer unübersichtlicher werdenden Welt. Auch in Europa oder Nordamerika fragen sich viele, worin sie einen Halt für ihr eigenes Leben finden können, ohne den sie einfach zum Spielball der gesellschaftlichen Entwicklung werden. Auch wer keinerlei fundamentalistische Neigungen hat, sieht sich mit der Aufgabe konfrontiert, den Umgang mit kultureller Vielfalt so zu gestalten, dass sie nicht zur Überforderung der Einzelnen wie der Gesellschaft im Ganzen führt. Die Frage nach persönlicher wie gesellschaftlicher Identität stellt sich neu. Diese Erfahrung löst eine verstärkte gesellschaftliche Wertedebatte aus; in ihr geht es unter anderem darum, inwiefern die Zehn Gebote als Kristallisationskern für die Wertorientierung des christlich geprägten Kulturraums zu betrachten sind.

Nach diesem Kristallisationskern wird auch deshalb gefragt, weil Religion wieder zu einem öffentlichen Faktor geworden ist. Religiös motivierte Terroranschläge bringen die Verbindung von Religion und Gewalt neu zum Bewusstsein; damit verbindet sich die Frage, ob die Förderung von Intoleranz und Gewalt jeder Religion innewohnt oder ob Gegenkräfte gegen die Neigung zur Gewalt in den Religionen selbst enthalten sind. Sind die Forderungen nach Toleranz und Gewaltfreiheit *gegen* die Religionen durchzusetzen oder haben sie einen Anhaltspunkt *in* den Religionen selbst, ja können sie nur unter Rückgriff auf diese Anhaltspunkte bekämpft werden? Wie sind in diesem Zusammenhang die Traditionen des christlichen Glaubens zu bewerten?

Jede Beschäftigung mit den Zehn Geboten zeigt, dass ihr Wirkungsradius und ihr Gewicht für die Gegenwartsbedeutung der christlichen Überlieferung uneinheitlich sind. Die Einzigkeit Gottes und das Tötungsverbot haben ungleich größere Bedeutung für die kulturelle Entwicklung Europas als die Begehrensverbote, mit denen der Dekalog endet. Manche Gebote sind – auch wegen einer jahrhundertelangen Fehldeutung – in ihrem Rang notorisch unterschätzt worden. Das gilt beispielsweise für das Elterngebot, das ganz gegen seinen ursprünglichen Sinn auf kindlichen Gehorsam statt auf die Fürsorge von Erwachsenen gegenüber der alt gewordenen Elterngeneration hin gedeutet wurde; oder es gilt für das Verbot des Ehebruchs, das über lange Zeit eher Hort einer repressiven Sexualmoral als Ansporn zum Gelingen menschlicher Beziehungen war.

Wichtiger jedoch ist eine andere Beobachtung. In vielen heutigen Aneignungen der Zehn Gebote wird ein Motiv wieder lebendig, das uns schon bei Augustin und Martin Luther begegnete: Einen inneren Zusammenhang der Zehn Gebote erkennt man am ehesten dann, wenn man sie vom Gebot der Liebe her deutet. Dieses Gebot findet sich schon am Entstehungsort der Zehn Gebote selbst, nämlich in den ethischen Weisungen des Alten Testaments. Aber es erhält in seiner Aufnahme durch das Neue Testament einen besonderen Akzent, denn nun wird das Gebot der Liebe mit der von Gott geschenkten Liebe verknüpft, die sich in der Person Jesu, in seinem Wirken wie in seiner Predigt, in seinem Sterben wie in seiner Auferweckung zeigt. Die Zuversicht, dieses Gebot zu erfüllen, gründet für Christen darin, dass es in Christus erfüllt ist.

In diesem – und nur in diesem – Sinn kann das Gebot der Liebe sogar als ein neues Gebot bezeichnet werden, wie Jesus dies nach dem Johannesevangelium tut: «Ein neues Gebot gebe ich euch, dass ihr euch untereinander liebt, wie ich euch geliebt habe, damit auch ihr einander lieb habt. Daran wird jedermann erkennen, dass ihr meine Jünger seid, wenn ihr Liebe untereinander habt.» (Johannes 13,34 f.) Die unbedingte Liebe Gottes, die dem Zorn über den Sünder nicht das letzte Wort lässt, sondern ihn in Gnade annimmt, weckt auch unter Menschen eine unbedingte Liebe, die sich aus der Kraft der Vergebung erneuert.

9. RADIKALE HOFFNUNG

Die Hoffnung ist der Ernstfall des Glaubens. Denn wie es mit dem Glauben steht, zeigt sich, wenn Hoffnung nötig ist.

Erwartung und Hoffnung

Solange die Zukunft offen steht, können Menschen zuversichtlich auf das zugehen, was kommt. Die Erwartung des Kommenden wird durch die Erfahrungen geprägt, die sie bisher gesammelt haben. Gute Erfahrungen in der Vergangenheit werden zur Grundlage positiver Erwartungen für die Zukunft.

In der Zuversicht, die mit solchen Erwartungen an die Zukunft verbunden ist, kann man eine Gottesgabe sehen; sie hat mit dem Vertrauen darauf zu tun, dass Gott es mit dem persönlichen Leben gut meint, weil er es mit seiner Welt gut meint. Menschen, die einander Gottes Segen wünschen, verbinden damit die Hoffnung, mit Zuversicht auf die Tage zugehen zu können, die vor ihnen liegen.

Aber was ist, wenn diese Zukunftsgewissheit schwindet? Das Entgleiten des Vertrauens in die Zukunft gehört zu den schwersten Anfechtungen des menschlichen Lebens. Niemand ist gegen diese Prüfung gefeit. Jedem widerfährt sie auf die eine oder andere Weise. Drei Formen seien genannt, in denen Menschen die Zukunftsgewissheit verloren geht.

Die erste Form ist die *Ausweglosigkeit*. Schwere *Krankheiten*, aus denen keine Rettung erkennbar ist, können diese Situation herbeiführen. Solange ein Mensch nach der Diagnose einer lebensbedrohlichen Krankheit um sein Leben kämpft, ist die Lage für ihn nicht ausweglos. Auch wenn er die Krankheit annimmt und die verbleibende Lebenszeit als sinnvoll erlebt, bleibt ihm das Gefühl der Ausweglosigkeit erspart. Doch wenn beides nicht der Fall ist – wenn ihm der Kampf gegen die Krankheit als hoffnungslos erscheint, er aber die Krankheit doch nicht als Teil seines Lebens annehmen kann – ergreift ihn das Gefühl einer Ausweglosigkeit, in der alles Vertrauen in die Zukunft erstirbt. Gibt es dann eine Hoffnung, die stärker ist als eine solche «Krankheit zum Tode» (Kierkegaard 1954)?

Es gibt auch andere Formen, in denen solche Ausweglosigkeit erfahren wird. *Not* ist unter ihnen besonders zu nennen – ein Zustand also, in dem Menschen der Zugang zum Lebensnotwendigsten versperrt ist. Wenn die elementaren Lebensbedürfnisse – Nahrung und Kleidung, Wohnung und Schlafen, Freude und Liebe – unbefriedigt bleiben, gibt es keinen Ausweg mehr. Wer in die stumpf gewordenen Augen von Kindern blickt, die in äußerster Not aufwachsen und keinen Lebensmut ausbilden können, erkennt: Das Erleben von Ausweglosigkeit ist an keine einzelne Phase des menschlichen Lebenslaufs gebunden.

Gewalt kann den, der sie erleidet, in eine ausweglose Lage stoßen. Die Gewalt gegen Kinder ist deshalb ein so schweres Verbrechen, weil die traumatischen Folgen sie ein ganzes Leben lang begleiten. Die Gewalt, die intime Beziehungen zerstört, erstickt die Liebe, die das Leben trägt. Die Gewalt in öffentlichen Räumen – seien das Straßen, Schulhöfe oder öffentliche Verkehrsmittel – verletzt das Zutrauen dazu, sich in der Öffentlichkeit ohne Furcht bewegen zu können; wer auf solche Weise eingeschüchtert wird, ist nicht frei. Kriege und Bürgerkriege, diktatorische Unterdrückung und terroristische Schreckenstaten lösen die Erfahrung auswegloser Gewalt aus. Eine der Reaktionen darauf ist Empörung; Menschen spüren intuitiv, dass sie sich mit der Abstumpfung gegenüber solchen Vorgängen nicht abfinden dürfen. Denn auf solche Weise wird Menschen das Leben geraubt; aber selbst wenn sie leben bleiben, gerät ihre Zukunftsgewissheit in Gefahr. Umso erstaunlicher ist der elementare Lebenswille, der viele Menschen auszeichnet, die versuchen, sich aus solchen Situationen durch eine oft lange und gefährliche Flucht zu befreien.

Eine zweite Form, in der die Zuversicht stirbt, bildet die *Beziehungslosigkeit*. Menschliches Leben ist ein Leben in Beziehungen. Die Beziehung zu sich selbst, zu anderen Menschen, zur Welt und zu Gott sind die vier wichtigen Beziehungen, in denen ein

menschliches Leben Halt und Gestalt gewinnt. Wo diese verküm-
mern, gewinnt der Tod mitten im Leben die Macht.

An der Lebenssituation mancher älteren Menschen zeigt sich,
wie mit dem Schwinden von Beziehungen zu anderen auch die
Beziehung zu sich selbst brüchig wird. Wenn ein alt gewordener
Mensch von niemandem mehr besucht wird, kann diese verein-
samte Person auch mit sich selbst oft «nichts mehr anfangen».
Wenn jemand auch die engsten Angehörigen nicht mehr beim
Namen nennen kann und sie schließlich gar nicht mehr erkennt,
leidet auch die Beziehung zu sich selbst. Für einen Menschen, der
die Beziehung zu Zeit und Raum einbüßt, schwindet die Orientierung in seiner Welt. Die Sprache, die dabei hilft, zu Gott in Beziehung zu treten und auf Gottes Zuspruch zu hören, kann verloren gehen und mit ihr der Halt, auf den ein Mensch sich sein
Leben lang verlassen hat. Der Verlust der Lebenspartnerin oder
des Lebenspartners kann in eine tiefe Krise aller Beziehungen führen, die menschliches Leben bestimmen: der Beziehung zu anderen Menschen und zur eigenen Lebenswelt ebenso wie zu Gott
und zu sich selbst.

Eine dritte Form, in der sich die Zukunftsgewissheit auflöst, ist
die *Bedeutungslosigkeit.* Damit ist nicht gemeint, dass jemand erkennt, kein «bedeutender Mensch» zu sein. Es geht vielmehr um
die grundlegende Frage, ob das eigene Leben eine Bedeutung hat.
Es liegt oft an äußeren Bedingungen, ob ein Mensch dieser Bedeutung des eigenen Lebens gewiss wird, denn das Leben wird in vielen Hinsichten nicht von innen nach außen, sondern von außen
nach innen gelebt. Ob jemand Anerkennung erfährt, ist von maß-
geblicher Bedeutung dafür, ob er seinem Leben selbst Bedeutung
zuerkennt. Daran, ob er Liebe erfährt, entscheidet sich, ob er zur
Liebe fähig wird.

Vertrauen in die Bedeutung des eigenen Lebens wächst dort,
wo ein Mensch in dem Vertrauen, das er in andere setzt, nicht enttäuscht wird. So grundlegend ist dieser Lebenszusammenhang,
dass man auch vom «Urvertrauen» oder vom «Grundvertrauen»
gesprochen hat, das in der frühen Kindheit entstehen muss, damit
ein Leben gelingt.

Vertrauen in die Bedeutung des eigenen Lebens kann sich dort bilden, wo ein Mensch die ihm anvertrauten Gaben entfalten kann und mit seinen Kräften gebraucht wird. Fair behandelt, gerecht beurteilt und im Maß des Möglichen gefördert zu werden, ist für Kinder und Jugendliche eine Erfahrung, von der sie ein Leben lang zehren. Die Frage, ob man einen Beruf erlernt, den man bejaht, und auf dieser Grundlage eine Tätigkeit ausüben kann, die einen erfüllt, ist für jeden Menschen wichtig. Denn «die Arbeit gehört zum Menschen wie zum Vogel das Fliegen», wie ein verbreitetes Sprichwort sagt, das auf die lateinische Übersetzung einer Stelle aus dem Hiobbuch zurückgeht (Hiob 5,7). Die Erfahrung, nicht in Anspruch genommen zu sein und die eigenen Fähigkeiten sinnvoll einsetzen zu können, nagt am persönlichen Selbstwertgefühl. Berufliche Krisen und Langzeitarbeitslosigkeit sind deshalb für viele Menschen mit dem Gefühl eines Bedeutungsverlusts verknüpft. Dass eine Gesellschaft all ihren Gliedern faire Chancen aktiver Beteiligung einräumt, sich also am Maßstab der Beteiligungsgerechtigkeit orientiert, ist nicht nur wegen des Funktionierens dieser Gesellschaft, sondern ebenso wegen der Selbstachtung all ihrer Glieder wichtig.

Für viele Menschen hängt die Bedeutung des eigenen Lebens schließlich daran, ob sie tragfähige Beziehungen aufbauen, zu einer liebevollen Partnerschaft finden, Kinder bekommen und deren Aufwachsen miterleben können. Menschen wünschen sich, dass das eigene Leben auch über die eigene Lebenszeit hinaus Bedeutung hat. Ein Glied in der Kette der Generationen zu sein, ist ein wichtiges Unterpfand für die Bedeutsamkeit des eigenen Lebens. Damit verbinden sich allerdings konkrete Aufgaben. In bestimmten Phasen des Lebens stellen sie sich in bedrängender Fülle – vor allem, wenn die Kinder klein sind.

Die Gewissheit des eigenen Lebenssinns wird immer dann fragil, wenn Weltsicht und Lebenserfahrung auseinanderklaffen. Die Spannung zwischen einer Weltsicht, die den Lebenssinn stark auf Selbstbestimmung und Selbstverantwortung aufbaut, und dem Misslingen eigener Pläne und Vorhaben weckt Zweifel an der Bedeutsamkeit des eigenen Lebens. Die Unverfügbarkeit von Gesundheit, Gelingen oder Glück konfrontiert mit den Grenzen dafür, das eigene Leben selbst kontrollieren zu wollen. Die Suche nach der Partnerin und oder dem Partner verläuft oft ergebnislos, gerade weil vom Gelingen der Partnerschaft zu viel erwartet wird. Der Wunsch nach Kindern wird oft hinausgeschoben – bis es unter Umständen zu spät ist. Das eigene Leben in die Kette der Generationen einzufügen, gelingt oft nur noch im Blick auf die Vorfahren. Die Weitergabe des Lebens an die nächste Generation bleibt vielen versagt; dass sie auch noch mit Enkeln oder Urenkeln verbunden sind, wird von denen, die es erleben, als außergewöhnliches Glück empfunden.

Dass an diesem Glück die Bedeutung des eigenen Lebens bewusst wird, ist keineswegs mehr selbstverständlich. Gerade deshalb verstärkt sich bei vielen, gerade auch jungen Menschen die Einsicht, dass die Familie, oft als «Auslaufmodell» totgesagt, eine höchst lebenswichtige Bedeutung hat. Doch wer zu verbindlichen, auf Dauer angelegten Lebensbeziehungen Ja sagen will, braucht dafür starke Gründe: eine Hoffnung, die trägt.

Die Radikalität der Hoffnung

Mit innerer Gewissheit können Menschen auf die Zukunft zugehen, wenn sich gute Erfahrungen in die Zukunft hinein verlängern lassen. Hoffnung ist dort gefragt, wo sich aus der bloßen Verlängerung der Gegenwart keine Zukunft ergibt. Die Frage nach der Hoffnung stellt sich insbesondere dann, wenn Erwartungen enttäuscht werden und wenn die Zukunft durch Ausweglosigkeit, Beziehungslosigkeit und Bedeutungslosigkeit versperrt erscheint. Der Tod ist die Grenze, die Gegenwart und Zukunft voneinander trennt; er ist die Macht, die alle Zukunftsgewissheit in Frage stellt.

Doch eine Hoffnung, die über diese Grenze hinausweist, steht in einer doppelten Gefahr. Die eine Seite dieser Gefahr besteht darin, dass die Realität des Leidens verharmlost oder sein Leidenscharakter ignoriert wird. Für christliche Hoffnung kommt dieser Weg deshalb nicht in Frage, weil sie sich an Jesus von Nazareth orientiert, der selbst Leiden und Tod auf sich nahm; deren einfache Negation ist dadurch ausgeschlossen. Die andere Seite der Gefahr besteht darin, utopisch das Wunschgebilde einer besseren, leidfreien Welt zu zeichnen, um das gegenwärtige «Jammertal» durch den Verweis auf eine Erlösung im Jenseits erträglich zu machen. An dieser Art religiöser Utopie entzündet sich zu Recht eine Religionskritik, die eine solche Art der Vertröstung mit einem Beruhigungsmittel vergleicht, das zwar den Schmerz lindert, aber an dessen Ursachen nichts ändert. Vor allem aber werden in solchen Jenseitsbildern menschliche Vorstellungen von einem leidfreien Zustand mit der Hoffnung selbst gleichgesetzt, um die es im christlichen Glauben geht. In ihnen ist die Hoffnung noch nicht in der Radikalität verstanden, in der sie über alle utopischen Bilder hinausgeht.

Diese Radikalität hat ihren Grund in der Orientierung am gekreuzigten Christus. Denn sie «macht es dem Glaubenden … möglich, seine Angst und sein Leid unverdrängt wahrzunehmen, aber in ihm … nicht rettungslos zu versinken» (Joas, Hoffen 2015: 209). Hans Joas verdeutlicht diese radikale Hoffnung an einem neutestamentlichen Schlüsseltext, der sich im Römerbrief des Paulus findet. Dieser Text sieht nicht nur das menschliche Leben, sondern die Schöpfung im Ganzen unter der Herrschaft eines Leidens, das Paulus mit Geburtswehen vergleicht. Angesichts dieses universalen Ansatzes geht auch die Hoffnung, die Paulus zur Sprache bringen will, über die Gebrochenheiten des menschlichen Lebens weit hinaus. «Auch die Schöpfung wird frei werden von der Knechtschaft der Vergänglichkeit zu der herrlichen Freiheit der Kinder Gottes.» (Römer 8,21) Diese Hoffnung lässt sich nur im scharfen Kontrast formulieren; ihn konturiert Paulus mit den Worten, dass «dieser Zeit Leiden nicht ins Gewicht fallen» im Vergleich zu der künftigen Herrlichkeit (Römer 8,18). Es ist deutlich, dass diese Aussage «nicht darauf zielt, dem Leid seinen Leidenscharakter abzusprechen, sondern nur die völlige Unvergleichbarkeit des Jetzigen und des Künftigen» hervorzuheben (Joas, Hoffen 2015: 207). Diese Unvergleichlichkeit zeigt sich auch daran, dass man das Leid der jetzigen Zeit sehen kann, während das Erhoffte nicht zu sehen ist; «denn wie kann man auf das hoffen, was man sieht» (Römer 8,24)? Die Hoffnung des Glaubens ist eine radikale, man könnte auch sagen: eine reine, nämlich eine von allen Elementen der Sichtbarkeit gereinigte Hoffnung. Wenn zur Umschreibung dieser Hoffnung gleichwohl Bilder herangezogen werden, so muss deren hinweisender Charakter ernst genommen werden. Sie weisen den Weg zu einer Hoffnung auf etwas, was man nicht sieht. Diese radikale Hoffnung geht in keiner Gegenwartserfahrung auf; keine Gegenwart wird als leidfrei umgedeutet oder mit der Vision einer besseren Welt identifiziert. Sie rückt alles Leiden und alle Visionen einer besseren Welt in den Rang eines Vorletzten, dessen Macht durch die Gewissheit einer letzten Rettung begrenzt und relativiert ist. Diese Bedeutung einer radikalen Hoffnung muss sich gerade im Umgang mit dem Tod bewähren.

Der Tod als Grenze – der Tod als Macht

Immer wieder ist der Tod als der entscheidende Prüfstein der Hoffnung angesehen worden. Hoffnung verdient nach dieser Vorstellung dann ihren Namen, wenn es sich um eine Hoffnung über den Tod hinaus handelt.

Die Endlichkeit des Lebens. Eine solche Betrachtungsweise ist vielen Menschen plausibel. Denn die Befristung des menschlichen Lebens erscheint immer wieder als das klarste Indiz für dessen Vergeblichkeit. Die Endlichkeit des Lebens wird mit seiner Nichtigkeit gleichgesetzt. Friedrich Hölderlin hat das so ausgedrückt (1957: 143):

> Doch uns ist gegeben,
> Auf keiner Stätte zu ruhn,
> Es schwinden, es fallen
> Die leidenden Menschen
> Blindlings von einer
> Stunde zur andern,
> Wie Wasser von Klippe
> Zu Klippe geworfen,
> Jahr lang ins Ungewisse hinab.

Die Begrenztheit des menschlichen Lebens kann jedoch auch als Chance erlebt werden, eine begrenzte Zeit zu nutzen und sich in ihr auf das Entscheidende zu besinnen: «Mensch, werde wesentlich» (Angelus Silesius 1923: 2,67). Diese Haltung prägt ein Leben, das ein Mensch am Ende dankbar in Gottes Hände zurückgibt.

Wer sein begrenztes Leben als Geschenk annimmt, dem erscheint der Tod als heilsame Grenze. So mit dem Tod umzugehen, bedeutet, ihm nicht das letzte Wort zu lassen. Dieser Perspektivenwechsel lässt sich an einer reformatorischen Denkfigur verdeutlichen. Sie knüpft an den mittelalterlichen Hymnus an, der das menschliche Leben vom Tod umfangen sieht *(media in vita in morte sumus)*. Martin Luther kehrte diese Sichtweise um und sah den Tod des Menschen vom Leben umfangen *(media in morte in vita sumus)*.

Es gibt Situationen, in denen Menschen den Tod herbeizuführen wünschen; sie sehnen sich nach dem Tod, der als Erlösung von lang dauerndem und peinigendem Leiden herbeigewünscht wird. Deshalb wird die Forderung erhoben, dass der Mensch auch an der Todesgrenze über sein Leben selbst bestimmen, ja sogar über es verfügen kann. Diese Forderung schließt unter Umständen die ärztliche Hilfe bei einem frei und verantwortlich gewünschten Suizid, ja für manche auch die Tötung auf Verlangen ein. Doch der Wunsch, Art und Zeitpunkt des Sterbens selbst bestimmen zu können, ändert an der Unverfügbarkeit des Todes nichts. Es gibt keine Garantie dafür, dass er zu dem Zeitpunkt und in der Art kommt, die dem Einzelnen als wünschenswert erscheinen. Im Umgang mit dieser Unverfügbarkeit liegt ein entscheidender Maßstab menschlicher Lebenskunst, zu der auch die «Kunst des Sterbens» *(ars moriendi)* gehört.

Dem Tod gebührt nicht das letzte Wort. Doch die Hoffnung über den Tod hinaus und die mit ihr verbundene Kraft, den Tod anzunehmen, wenn seine Zeit kommt, schließen den Kampf mit dem Tod nicht aus. Nicht nur als heilsame Grenze wird er erfahren, sondern ebenso als bedrohliche Macht. Er greift zur Unzeit nach dem Leben; sein Kommen ist mit Qualen verbunden; sein Nahen ängstigt. Unvermeidlich steht er vor jedem Einzelnen; denn niemand kann ihm entrinnen. Martin Luther hat das 1522, also im Alter von 38 Jahren, folgendermaßen beschrieben: «Wir sind allesamt zu dem Tod gefordert, und keiner wird für den andern sterben, sondern jeder in eigener Person für sich mit dem Tod kämpfen. In die Ohren können wir wohl schreien, aber ein jeder muß für sich selbst geschickt sein in der Zeit des Todes: Ich werde dann nicht bei dir sein noch du bei mir.» (Luther 1982: 1,271)

Keiner kann dem Tod entrinnen; auf diesen Kern lässt sich die Vorstellung vom Tod als Macht bringen. Das weckt die Suche nach Gegenkräften. Der Mensch sinnt nach Mitteln gegen die drohende Überwältigung. Die Verdrängung des Todes ist ein häufig gewähltes oder auch nur unbewusst befolgtes Vorgehen. Doch es wirkt nur in glücklichen Zeiten, in denen der Tod ohnehin weit genug vom eigenen Leben entfernt ist. Deshalb wird nach weiterreichenden Mitteln gesucht: Der Macht des Todes will der Mensch die eigene Macht entgegensetzen.

Wie kann man dem Tod entrinnen? Nachdem die metaphysische Vorstellung von der Unsterblichkeit der Seele ihre Kraft für viele eingebüßt hat, soll die Unsterblichkeit des Selbst an ihre Stelle treten. Das Bemühen, dem eigenen Selbst unbegrenzte Dauer zu verschaffen, begegnet heute in unterschiedlichen Formen.

Zum einen knüpft dieses Bemühen an den Gedanken der Reinkarnation oder der Seelenwanderung an. Das Selbst des Einzelnen wird sich nach dessen Tod in einer anderen Person inkarnieren, so wie es schon vor dessen Geburt andere Inkarnationen durchlaufen hat; durch den Tod wird dieses Selbst frei dazu, sich mit einem anderen Körper zu verbinden. Dieser Gedanke ist seit geraumer Zeit auch in den westlichen, vom Christentum geprägten Kulturen sehr verbreitet und hat in ihnen eigene Gestalten angenommen (vgl. Sachau 1998; Obst 2009).

Der Gedanke der Reinkarnation oder der Seelenwanderung ist für moderne westliche Gesellschaften auch deshalb so anziehend, weil er den Zugang zu einem Zeitverständnis eröffnet, das die lineare Vorstellung, nach der ein Früheres jeweils durch ein Späteres verdrängt wird, mit einer zyklischen Zeitvorstellung zu einem spiralförmigen Modell verknüpft: Es gibt einen Fortschritt in der Geschichte, in dem sich jedoch bestimmte Konstellationen, freilich auf einer höheren Ebene, wiederholen. Damit wird der Zugang zu einer Zukunftshoffnung erschlossen, für welche die Vorstellung von einem persönlichen Gott, ja, wie es scheint, jeglicher Rückgriff auf Glaubensvorstellungen entbehrlich ist. Darüber hinaus passt der Gedanke der Reinkarnation und der Seelenwanderung zu der hohen Wertschätzung des Individuums in westlichen Gesellschaften. Zu Grunde liegt das Konzept einer Verlängerung des eigenen Lebens nach vorn über die eigene Geburt und nach hinten über den eigenen Tod hinaus. Wenn das Individuum eine Vorgeschichte hat, die weit über seine Geburt zurückweist, und zugleich über seinen Tod hinaus fortlebt, gewinnt sein Leben eine Bedeutung, die nicht an die begrenzte Frist zwischen Geburt und Tod gebunden ist. Diese Bedeutung wird erreicht, ohne dass der Einzelne über den Umgang mit seiner befristeten Lebenszeit eine letzte Rechenschaft ablegen muss. Eine solche Vorstellung entspricht einem durch die Vorherrschaft des Individualismus geprägten Zeitalter besonders gut. Mit dem fernöstlichen Reinkarnationsgedanken hat diese westliche Adaption freilich wenig zu tun, denn dort geht es gerade darum, das leidhafte «Rad der Wiedergeburten» zu verlassen und das nichtige Selbst aufzulösen.

Ebenso wie durch den Individualismus ist unser Zeitalter durch den Glauben an Wissenschaft und Technik bestimmt. Beide Sichtweisen können sich in der Suche nach Gegenmächten gegen die Macht des Todes miteinander verbinden. In diesem Zusammenhang gewinnt der Gedanke einer technisch herstellbaren Unsterblichkeit an Boden. Manche akzeptieren den Tod nur als vorläufiges Ereignis und wollen sich kryokonservieren, das heißt in flüssigem Stickstoff einfrieren lassen, bis Wissenschaft und Technik über die Mittel verfügen, sie wiederzubeleben. Andere hoffen, in einem Klon ihrer selbst weiterleben zu können. Und diejenigen, die auf Nanotechnologie und Computertechnologie setzen, entwickeln eine «Immortalitätstechnosophie», der zufolge noch im 21. Jahrhundert die klare Unterscheidung von Mensch und Computer aufgehoben und zugleich damit die menschliche Sterblichkeit überwunden werden soll.

Der 1948 geborene Techniker und Schriftsteller Ray Kurzweil rechnet nach einer Aussage aus dem Jahr 2008 damit, selbst noch zu erleben, wie dem menschlichen Leben mit technischen Mitteln Ewigkeit verliehen wird. «Auch wenn wir die nötigen Mittel noch nicht zur Hand haben, besitzen wir doch das Wissen, wie wir bis zu dem Zeitpunkt leben können, an dem sie zur Verfügung stehen werden. Mit dem heutigen Wissen können selbst Angehörige meiner Generation in fünfzehn Jahren noch bei guter Verfassung sein. Dann wird es möglich sein, unser biologisches Programm durch Biotechnologie zu modifizieren, was uns lange genug leben lassen wird, bis uns die Nanotechnologie befähigt, ewig zu leben.» (Kurzweil 2008: Z6)

Kühn ist ein solches Vertrauen auf die Entwicklung der Technik, weil es die Möglichkeit eines Todesgeschicks, dem technisch nicht vorzubeugen ist, gar nicht ins Kalkül zieht. Kühn ist es aber auch wegen der Vorstellung, dass sich die Selbstverewigung des Menschen mit seiner Individualität vereinbaren lässt. Wenn der Mensch seine Sterblichkeit durch die Vernetzung seines Gehirns mit künstlicher Intelligenz überlistet, was Ray Kurzweil für das Jahr 2045 erwartet, dann wird vielleicht die Todesgrenze undeutlich; aber von einem individuellen Menschen wird eindeutig nicht mehr die Rede sein können. Solche Überlegungen sagen mehr über die Macht des Todes, in deren Bann auch eine «Immortalitäts-Technosophie» steht, als über die Wahrscheinlichkeit, dass der Mensch aus eigener Kraft sein zeitliches in ein ewiges Leben verwandeln kann.

Weil der Tod eine Macht ist und bleiben wird, ist tötende Gewalt nach wie vor attraktiv – weit über alles rationale Begreifen hinaus. Der Mord aus Rache, die Vorstellung von der Unentbehrlichkeit der Todesstrafe, terroristische Gewalt und die Wiederkehr des Krieges als Mittel der Politik – all dies sind unterschiedliche Versuche, sich der Macht des Todes zu bemächtigen, um über andere Macht zu gewinnen. Die Erfahrung des Todes als Macht und der Umgang mit der Macht des Todes sind alles andere als überholt.

Der Tod als Wohltat – der Tod als der Sünde Sold.   Der Tod als Grenze und der Tod als Macht sind wichtige Aspekte, die auch in der biblischen Botschaft begegnen. Die biblischen Aussagen über den Tod sind davon geprägt, wie Eberhard Jüngel es ausgedrückt hat, dass die Befristung des menschlichen Lebens «eine dem Menschen zugute kommende göttliche Wohltat» ist (Jüngel 2000: 17). Denn nur das durch Anfang und Ende begrenzte menschliche

Leben ist einmalig und unverwechselbar. Nur die endliche Freiheit des Menschen trägt die Herausforderung zu verantwortlichem Handeln in sich. Nur unter der Voraussetzung unseres begrenzten Lebens kann von einer Rechenschaftspflicht gegenüber Gott die Rede sein.

Dass er zum eigenen Sterben wie zum eigenen Tod ein Verhältnis hat, zeichnet den Menschen vor anderen Lebewesen aus. Dieses Verhältnis kann den Charakter der Erfüllung, ja der Vollendung tragen. In vielfältigen Wendungen wird diese Art des Sterbens in der Bibel beschrieben. So wird von Menschen gesagt, dass sie «in Frieden» sterben; ihr Tod wird als «Tod der Gerechten» gedeutet; und besonders häufig wird – wie in den Fällen von Abraham, Isaak, David und auch Hiob – hervorgehoben, dass sie «alt und lebenssatt» sterben.

Dass der Tod als Grenze des Lebens eine Wohltat darstellt, ist nicht nur eine abstrakte Wunschvorstellung, sondern eine erfahrbare Wirklichkeit – übrigens auch in unseren Tagen. Aber ebenso wirklich ist, dass der Tod das Bruchstückhafte unseres Lebens an den Tag bringt, dass er durch seine Gewalt ein Leben, das auf Ganzheit hin angelegt war, zum Fragment macht. Er ist uns ein Rätsel, eine Anfechtung, ein Ärgernis. Empörend ist der Tod in seinem vernichtenden Charakter. Seine Macht zeigt er darin, dass er uns mit der Nichtigkeit unseres Daseins konfrontiert.

Diese Seite des Todes bringt die biblische Botschaft mit der Vorstellung in Verbindung, der Tod sei «der Sünde Sold» (Römer 6,23). Der Apostel Paulus sagt damit: Nicht die Endlichkeit des menschlichen Lebens als solche, sondern die Bedrohlichkeit dieses Endes hängt mit der Selbstverkrümmung des Menschen zusammen, die er Sünde nennt, jener Abkehr von Glaube, Liebe und Hoffnung, die dem menschlichen Leben eine klare Orientierung und eine Verheißung verleihen, welche am Tod nicht zerbricht.

An die Aussage, der Tod sei der Sünde Sold, hat sich die irrige Vorstellung angeschlossen, dass aus den Umständen, unter denen ein menschliches Leben zu Ende geht, auf die besondere Sündhaftigkeit dieses Lebens geschlossen werden kann. Die Konstruktion eines solchen Tun-Ergehens-Zusammenhangs wird der biblischen Auffassung jedoch nicht gerecht, weil sich die Aussage, der Tod sei der Sünde Sold, gerade nicht auf das individuelle Schicksal

Einzelner verrechnen lässt. Die Rede ist vielmehr von einem Verhängniszusammenhang, an dem jedes menschliche Leben Anteil hat. Dass alle Menschen im Bann der Sünde stehen, wird daran anschaulich, dass sie alle sterben müssen. Der Bann der Sünde und der Bann des Todes sind zwillingshaft miteinander verbunden. Der eine Bann kann nur gelöst werden, wenn auch der andere gelöst ist. Die Befreiung von der Macht des Todes und die Befreiung von der Macht der Sünde gehören unmittelbar zusammen.

Was darf ich hoffen?

Hält der christliche Glaube eine Hoffnung bereit, die über die Erfahrungen von Ausweglosigkeit, Beziehungslosigkeit oder Bedeutungslosigkeit hinausweist? Hat er der Macht des Todes, die uns mit der Nichtigkeit unseres Lebens konfrontiert, etwas entgegenzusetzen?

«Mitten wir im Leben sind mit dem Tod umfangen.» Dieser mittelalterliche Hymnus beschreibt die Grunderfahrung, in der sich die Frage nach der Hoffnung stellt. Martin Luther hat dem Hymnus zwei eigene Strophen hinzugefügt. In einer dieser Strophen fragt er: «Wo solln wir denn fliehen hin, da wir mögen bleiben?» Das Gefühl der Bedrohtheit kommt zur Sprache. «Wo bleiben?» ist noch existenznäher gefragt als «Was bleibt?» Der Tod ist hier die härteste Probe. Wer auf die eine Frage antwortet: «Nichts bleibt», und erst recht, wer auf die andere Frage antwortet: «Nirgendwo», spielt mit unabsehbaren Konsequenzen, kokettiert am Rande des Abgrunds mit ebendiesem Abgrund. Aber hart am Abgrund gefragt werden muss schon, wenn tragender Grund gefunden werden soll, auf dem der Macht des Todes Paroli geboten werden kann. Luther antwortet so: «Wo solln wir denn fliehen hin, da wir mögen bleiben? – Zu dir, Herr Christ, alleine.» (Evangelisches Gesangbuch 518,3) Er beruft sich auf das Grunddatum des Glaubens: auf das Bekenntnis zum Tod des Todes (Jüngel 1973: 146 f.).

«Durch seinen Tod tötete er den Tod», sagt Luther vom Tod Jesu von Nazareth (Luther 1893: 18). Der Tod Christi wird als «Tod des Todes» verstanden. Am Tod eines bestimmten Menschen wird abgelesen, was vom Tod überhaupt zu sagen ist. Am Tod dieses einen Menschen wird klar, wie Gott zum Tod des Menschen überhaupt steht. Im Tod Jesu ist die Macht des Todes gebrochen; der Zusammenhang zwischen dem Bann des Todes und dem Bann der Sünde ist aufgelöst. Die Furcht vor dem Tod, so kreatürlich sie uns auch überkommen mag, hat nicht das letzte Wort. Und wenn sie uns überkommt, brauchen wir uns ihrer nicht zu schämen; denn sogar zum Sterben Jesu gehört die Furcht vor dem Tod hinzu. «Mein Gott, mein Gott, warum hast du mich verlassen?», fragt er am Kreuz mit Worten des 22. Psalms (Matthäus 27,46).

Aber sowenig wie diese Furcht im Sterben dieses besonderen Menschen das letzte Wort behält, so wenig kommt ihr für das menschliche Sterben als solches das letzte Wort zu, denn Gott identifiziert sich mit dem, der so kläglich am Kreuz stirbt; er ist «sein lieber Sohn, an dem er Wohlgefallen hat» (vgl. Matthäus 3,17); ihn erhöht er zu sich in seine Herrlichkeit. Das ist die überwältigende Wendung, die das Geschick Jesu in seiner Auferweckung von den Toten nimmt. Die Auferstehungsbotschaft bekräftigt, dass dieser eine Tod, der Tod Jesu am Kreuz, der Tod des Todes ist.

Darin liegt das Zentrum der christlichen Botschaft. Sie ist so eng mit der Person Jesu Christi verbunden, dass sich das Bekenntnis der Christenheit ganz auf ihn konzentriert hat: «Herr ist Jesus», sagten schon die frühen Christen – oder: «Christus ist mein Leben» (Römer 10,9; Philipper 1,21). Das Bekenntnis konzentriert sich ganz auf die Frage, was denn am Christusgeschehen Grund zur Hoffnung über den Tod hinaus gibt. Und die Antwort heißt: sein Tod am Kreuz, der Tod des Todes.

Der Karfreitagstod ist auf der einen Seite ein Tod wie jeder andere; aber gerade in seiner Verwechselbarkeit – zur gleichen Zeit starben auch zwei andere am Kreuz, rechts und links von Jesus – gewinnt dieser Tod etwas Einmaliges, weil Gott sich mit dem toten Jesus identifiziert. An diesem einen Menschen nimmt er dem Tod die Macht; an diesem einen Menschen durchbricht er den Zusammenhang von Sünde und Tod, von Selbstverkrümmung des Menschen und Todverfallenheit. Und dies geschieht, so bekennt es die Christenheit seitdem, allen Menschen zugute. Der

Tod hat nicht mehr das letzte Wort; darum kreist das christliche Bekenntnis um die Auferstehung Christi wie die Hoffnung auf eine allgemeine Auferstehung.

Auferstehung der Toten und ewiges Leben

Auferstehung der Toten. Würdigen kann man die Hoffnung auf eine allgemeine Auferstehung nur, wenn man sie nicht als selbstverständlich nimmt. Deshalb ist es gut, sich zu vergegenwärtigen, dass die Auferstehungshoffnung in der biblischen Überlieferung keineswegs durchgängig begegnet.

Im Alten Testament ist die Vorstellung von einer Auferstehung der Toten keineswegs von Anfang an geläufig. In frühen Texten wie beispielsweise dem 88. Psalm kommt deutlich zum Ausdruck, dass man davon ausging, mit dem Tode sei alles aus. Dort heißt es: «Ich liege unter den Toten verlassen, wie die Erschlagenen, die im Grabe liegen, derer du nicht mehr gedenkst und die von deiner Hand geschieden sind. Du hast mich hinunter in die Grube gelegt, in die Finsternis und in die Tiefe. Dein Grimm drückt mich nieder, du bedrängst mich mit allen deinen Fluten.» Und ungläubig heißt es dann als Frage: «Wirst du an den Toten Wunder tun, oder werden die Verstorbenen aufstehen und dir danken?» (Psalm 88,11) Der Beter rechnet damit offensichtlich nicht.

Erst allmählich zeigt sich in alttestamentlichen Texten die Überzeugung, dass die Macht Gottes nicht nur die Schöpfung im Ganzen bewahrt, sondern auch den Tod des Einzelnen überwindet. Diese Überzeugung übersteigt alle Erfahrung und ist deshalb schwer in Sprache zu fassen. Spätere biblische Texte versuchen das in Bildern zu sagen, zum Beispiel im Bild des Aufstehens vom Schlaf. Aufstehen, oder – im Deutschen noch etwas intensiver – Auf-er-stehen: mit dieser Metapher versuchen alttestamentliche Beter und prophetische Stimmen auszudrücken, was eigentlich unsagbar ist: Es gibt ein Leben nach dem Tod.

Das 12. Kapitel im Buch des Propheten Daniel ist eines der herausragenden Beispiele dafür. An das geweissagte Erscheinen des großen Engelfürsten Michael wird die Verheißung geknüpft: «Und viele, die im Staub der Erde schlafen, werden aufwachen, die einen zum ewigen Leben, die andern zu ewiger Schmach und Schande. Und die Verständigen werden leuchten wie des Himmels Glanz, und die viele zur Gerechtigkeit weisen, wie die Sterne immer und ewiglich.» (Daniel 12,2 f.)

Das Entstehen der Hoffnung auf ein solches «Aufwachen» bildet einen Wendepunkt in der Frömmigkeit des Volkes Israel. Dieser Hoffnung Ausdruck zu geben, ist für alttestamentliches Denken deshalb besonders schwer, weil es von einem ganzheitlichen Bild des Menschen als leib-seelischer Einheit ausgeht. Es meint in all seinen Aussagen, auch in seinen Hoffnungsbildern, den ganzen Menschen. Auf ihn bezieht sich der hoffnungsvolle Blick auf den Tod. Der Tod verliert seine Macht, indem die Hoffnung über ihn hinausführt.

Im Neuen Testament knüpft sich diese Hoffnung an den gekreuzigten Jesus. Von ihm bekennen die frühen Christen: «Der Herr ist wahrhaftig auferstanden.» (Lukas 24,34) Unter Berufung auf ihn hoffen sie, wie das Apostolische Glaubensbekenntnis sagt, auf «die Auferstehung der Toten und das ewige Leben». Sie fragen, wie der katholische Bischof Franz Kamphaus eindrucksvoll unterstrichen hat, nicht nach einem andern Leben, sondern nach der Bewahrung, Erneuerung und Vollendung dieses Lebens (Kamphaus 2004: 8).

Damit ist nicht nur eine Grenze menschlicher Vorstellungskraft, sondern für viele auch eine Grenze ihrer Glaubensmöglichkeiten erreicht. Sie leben aus Gottvertrauen, aber an eine Auferstehung der Toten können sie nicht glauben. Doch es geht beim Bekenntnis zum Auferstandenen und bei der Hoffnung auf die Auferstehung der Toten nicht um zusätzliche Bekenntnisinhalte und weitergehende Glaubensleistungen, sondern einzig und allein um das Vertrauen auf Gott. Nicht die Ewigkeit des Geistes, die Unsterblichkeit der Seele, die Unzerstörbarkeit der Materie oder der ewige Kreislauf der Natur werden hier in Anspruch genommen. Nur das Vertrauen auf Gott sucht Sprache. Menschen fragen, was es bedeutet, dass sie ihr Vertrauen ganz und gar an den Gott hängen, der sich in Christus offenbart hat. Auch was es für ihren Tod bedeutet, fragen sie. Und die Antwort heißt: Er behält nicht das letzte Wort.

Im Grunde kommen alle Kernaussagen des biblischen Glaubens von dieser Überzeugung her: die Umkehr zu einem neuen Leben, die Zugehörigkeit zur christlichen Gemeinschaft durch die Taufe, die Rechtfertigung allein aus Glauben – und eben auch: die Auferstehungshoffnung.

Freilich kann der Herrschaft des Todes nicht einfach die Wiederkehr des Lebens entgegengesetzt werden, sondern nur ein neues Leben. Deshalb muss mit der Auferstehung anderes gemeint sein als die Rückkehr in das Leben. Das Neue Testament kennt eine solche Rückkehr in das Leben; die Auferweckung des Lazarus ist dafür das wichtigste Beispiel (vgl. Johannes 11). Von ihr ist die Auferweckung Jesu deutlich unterschieden. Es geht nicht um eine Rückkehr in das bisherige Leben. Es soll nicht der Anschein erweckt werden, als wäre nichts gewesen. Jesu Tod am Kreuz ist nicht eine kurze Unterbrechung, nach der alles so weitergehen kann wie zuvor.

Das christliche Bekenntnis unterstreicht das besonders durch den Abstieg in das Reich des Todes, diesen wichtigen Zwischenschritt zwischen dem Kreuzestod und der Auferweckung Jesu. Die von der Auferstehung des Lazarus unterschiedene Auferstehung Jesu meint den Übergang in eine andere Sphäre, die der raumzeitlichen Struktur enthoben ist. Mit dem Bekenntnis zur leiblichen Auferstehung bekennt sie sich zu einer Überwindung des Todes, die auch über die uns vertraute Leiblichkeit hinausführt.

Daran muss man auch festhalten, wenn man die Hoffnung auf die allgemeine Auferstehung ganzheitlich – und damit auch leiblich – versteht. Damit wird nicht der Gedanke nahegelegt, es handle sich um eine Rückkehr in den irdischen Leib. Dass dessen Vergänglichkeit bei jeder Beerdigung beschworen wird – «Erde zu Erde, Asche zu Asche, Staub zu Staub» –, widerspricht der Hoffnung auf die Auferstehung nicht. Deshalb schließt sich in der Beerdigungsliturgie auch die Aussage des Apostels Paulus unmittelbar an, die von der ganz anderen Leiblichkeit der Auferstehung spricht: «Es wird gesät verweslich und wird auferstehen unverweslich. Es wird gesät in Niedrigkeit und wird auferstehen in Herrlichkeit. Es wird gesät in Schwachheit und wird auferstehen in Kraft. Es wird gesät ein natürlicher Leib und wird auferstehen ein geistlicher Leib.» (1. Korinther 15,42–44)

Aber dieser geistliche Leib soll in Kontinuität stehen zu der Person, die gerade verstorben ist. Wie ist das vorstellbar? Wie ist es denkbar, dass ein individuelles Leben in Gottes Herrlichkeit aufgehoben wird?

Es wird keine neue Glaubensgewissheit dafür in Anspruch genommen, dass wir uns auf die Auferstehung und das ewige Leben verlassen; es geht vielmehr um dieselbe Gewissheit, die uns auch schon in unserem zeitlichen Leben trägt. Wir können daran glauben, wenn wir die bleibende Identität nicht in unserem eigenen Sein verankern, sondern im Sein Gottes. Grundlegend ist das Vertrauen, dass Gottes Geist die Beziehung Gottes zu unserer Person, zu unserer Lebensgeschichte und zur Gestalt unseres Lebens verbürgt. Gottes Geist stellt unser endliches Leben vor Gottes Ewigkeit. Weil wir durch Gottes Geist mit Gott selbst verbunden sind, bricht diese Verbindung mit unserem Tod nicht ab, denn sie hängt nicht daran, dass wir selbst eine Leistung über unseren Tod hinaus erbringen. Diese Verbindung ist vielmehr von Gott gestiftet und durch seinen Geist verbürgt. In ihm widerfährt uns die Erlösung von der Vergänglichkeit unseres Lebens; um seinetwillen sind wir nicht der Nichtigkeit ausgeliefert. Um des Geistes Gottes willen trägt uns auch im Tod die Zusage: «Ich habe dich erlöst; ich habe dich bei deinem Namen gerufen, du bist mein.» (Jesaja 43,1)

Der Name steht dabei für alles, was unser Leben ausmacht: die Geschichte unseres Lebens von der Geburt bis zum Tod, die Beziehungen zu anderen Menschen, die äußere Gestalt verbunden mit der inneren Lebensgeschichte. Das alles wird bewahrt, weil Gott uns bei unserem Namen gerufen hat, weil sein Geist mit uns in Verbindung getreten ist.

Ewiges Leben.   Der christliche Glaube findet darin den Grund der Hoffnung, dass er den Tod als Inbegriff menschlicher Zeitlichkeit ins Verhältnis setzt zur Ewigkeit Gottes. Damit rückt die Endlichkeit des menschlichen Lebens ins Licht der Unendlichkeit Gottes. Dabei verlässt der Glaube sich auf die Leidempfindlichkeit Gottes, auf seine Compassion, wie Johann Baptist Metz diesen Grundzug des christlichen Gottesverständnisses genannt hat (Metz 2006: 158ff.). Doch Gottes Compassion mindert seine

Ewigkeit nicht. Dass er sich all seiner Macht entäußert, um an den tiefsten Tiefen menschlichen Leidens teilzunehmen, bringt uns seine Ewigkeit nahe, raubt sie ihm jedoch nicht.

An Gottes Ewigkeit entscheidet sich, wie es um den Begriff Gottes selbst steht. Religionskritiker – Ludwig Feuerbach (1804–1872) an ihrer Spitze – sehen in dem Bekenntnis zu Gottes Ewigkeit nichts anderes als eine Projektion des menschlichen Vollkommenheitsstrebens (Feuerbach 1984). Dieses Vollkommenheitsstreben dürfe sich aber gerade nicht in einer fiktiven Vorstellung von Gottes Ewigkeit erfüllen, sondern könne sich nur in den eigenen Leistungen der menschlichen Gattung manifestieren. Doch im christlichen Glauben geht es gerade nicht darum – wie in den Vorstellungen von Reinkarnation und Seelenwanderung –, dem menschlichen Leben selbst zeitliche Grenzenlosigkeit zuzuerkennen; vielmehr geht es allein darum, Gottes Ewigkeit anzuerkennen. Nur sofern es an dieser Ewigkeit Gottes Anteil hat, gibt es auch für das menschliche Leben eine Hoffnung über den Tod hinaus. Nur aus diesem Grund können wir für einen Menschen, um den wir trauern, hoffen, dass er in Gottes Ewigkeit geborgen ist und auch im Sterben nicht tiefer fällt als in Gottes Hand.

In der mit dem christlichen Glauben gegebenen Verbindung zwischen Gottes Ewigkeit mit seiner Compassion gründet sich zugleich, wie Johann Baptist Metz deutlich gemacht hat, das «Weltprogramm» des christlichen Glaubens, seine Bereitschaft zum Handeln, solange noch Zeit bleibt. Denn dieses Handeln hat in nichts anderem seinen Grund als in der Leidempfindlichkeit Gottes.

Nicht um eine Verlängerung des irdischen Lebens geht es in der Hoffnung des christlichen Glaubens, sondern um ein Geborgensein des irdischen Lebens in vollkommener Gemeinschaft mit Gott. Die Teilhabe an Gottes Ewigkeit beginnt dort, wo Menschen sich auf die Wirklichkeit Gottes einlassen, die Liebe ist; und wo immer sie sich dieser Wirklichkeit verschließen, gewinnt der Tod Macht über sie. Selbst für den, der meint, der Macht des Todes schon entronnen zu sein, kann diese Macht doch wiederkehren. Aber sie behält nicht das letzte Wort.

Jüngstes Gericht und Reich Gottes

Die Hoffnung des christlichen Glaubens richtet sich in gleicher Intensität auf die Zukunft des Einzelnen wie auf die Zukunft der Welt. Im Blick auf den Einzelnen fragt der Glaube nach einer Zuversicht, die auch am Tod nicht zerschellt; im Blick auf die Welt und ihre Geschichte fragt er nach einer Perspektive, die über jedes menschliche Handeln in der Geschichte, ja auch über die natürliche Evolution und die Geschichte des Kosmos hinausweist.

Die personale Dimension der christlichen Hoffnung wird in dem Bekenntnis zur Auferstehung und zum ewigen Leben beschrieben. Die kosmische Dimension der christlichen Hoffnung kommt in dem Bekenntnis zum Jüngsten Gericht und zum Reich Gottes zur Sprache.

Die beiden Hoffnungsbilder vom Jüngsten Gericht und vom Reich Gottes scheinen sich allerdings zu widersprechen; zumindest stehen sie in Spannung zueinander. Die Vorstellung vom Jüngsten Gericht verbindet sich mit der Wiederkunft Jesu Christi, vor dessen «Richterstuhl» alle «offenbar» werden müssen (2. Korinther 5,10). In diesem Gericht vollzieht sich die Trennung zwischen Verworfenen und Erwählten. Die Erwartung des Reiches Gottes verknüpft sich mit dem Gedanken, dass Gottes Herrlichkeit alles in allem erfüllt, «Gerechtigkeit und Friede und Freude im Heiligen Geist» (Römer 14,17) herrschen und Gottes Herrschaft sich in der Aufrichtung eines neuen Himmels und einer neuen Erde zeigt (Offenbarung 21,1). In diesem Reich Gottes vollzieht sich Versöhnung in einem umfassenden Sinn.

Lässt sich die Spannung zwischen der definitiven Scheidung in Gute und Böse und der umfassenden Versöhnung in einem neuen Himmel und einer neuen Erde auflösen? Wenn ja, kann das nur so geschehen, dass wir an der Person Jesu und der Offenbarung Gottes in ihm ablesen, was es mit dem spannungsvollen Verhältnis zwischen diesen beiden Vorstellungen auf sich hat.

Jüngstes Gericht. Die Rede vom Weltgericht war früheren Epochen sehr nahe, wie die eindringlichen Darstellungen dieses Themas in der Kunst des Mittelalters zeigen. Dem modernen Be-

wusstsein dagegen ist sie denkbar fern; der Prozess der Geschichte
selbst ist an die Stelle eines endzeitlichen Gerichts getreten: «die
Weltgeschichte ist das Weltgericht» (Schiller 1980: 149). Noch bis
in die Neuzeit hinein wurde Gottes drohendes Gericht als Erzie-
hungsmittel eingesetzt; heute dagegen gilt der strafende Gott als
Ausdruck einer «schwarzen Pädagogik» (Miller 1980: 17 ff.). Die
Belohnung der Guten und die Bestrafung der Bösen war für Jean-
Jacques Rousseau (1712–1778) ein wichtiger Grundsatz der Zivilreligion (Rousseau 1996: 389); heute jedoch halten wir es für einen
Ausdruck von politischem Fundamentalismus, wenn ein Staat
seine politische Autorität aus dem göttlichen Gericht ableitet. Die
Rede vom strafenden Gott und das Bild vom Weltgericht gehören
zu den am häufigsten missbrauchten religiösen Vorstellungen; das
aufgeklärte religiöse Bewusstsein sucht einen möglichst großen
Abstand dazu.

Doch einer der meistzitierten Texte des ganzen Neuen Testaments ist Jesu Predigt vom Weltgericht. «Was ihr getan habt einem
von diesen meinen geringsten Brüdern, das habt ihr mir getan.»
(Matthäus 25, 40) Wieder und wieder wird diese Aussage in Anspruch genommen, um zu Wohltaten gegenüber hilfsbedürftigen
Mitmenschen aufzufordern; gottesdienstliche Kollekten zu Gunsten Notleidender werden mit diesem Satz kommentiert. Die von
Jesus genannten Werke der Barmherzigkeit werden als die Magna
Charta christlicher Liebestätigkeit in Erinnerung gerufen. Doch
mit dem Zusammenhang, in dem das alles im Matthäusevangelium
steht, will man eher nichts zu tun haben.

Vom «Menschensohn» ist im Neuen Testament auf dreierlei
Weise die Rede. Es geht um den irdisch wirkenden Menschensohn, den leidenden und sterbenden Menschensohn oder schließlich um den Menschensohn, der im Auftrag Gottes zum Gericht
kommt. Das Wort begegnet im Neuen Testament nur im Mund
Jesu, der vom Menschensohn immer in der dritten Person spricht.
Dennoch kann kein Zweifel daran bestehen, dass sich die Stellen,
an denen vom irdischen Wirken sowie vom Leiden und Sterben
des Menschensohns die Rede ist, auf Jesus selbst beziehen. Ob das
bei der Rede von dem Menschensohn, der zum Gericht kommt,
auch der Fall ist – oder genauer: seit wann das der Fall ist, bleibt
offen.

Die Vorstellung von einem Menschensohn, also einer messianischen Gestalt, die am Ende der Zeit zum Gericht kommt, stammt
aus der Hebräischen Bibel. Im Danielbuch wird der Menschensohn in dieser richtenden Funktion eingeführt. (Daniel 7,13 ff.)
Durch sein Gericht werden die Reiche dieser Welt der Herrschaft
Gottes unterworfen. An diese Vorstellung knüpft die Predigt Jesu
vom Weltgericht in einer eigentümlichen Verwandlung an. Der
Menschensohn, so sagt er, wird als König und Weltenrichter kommen, um «alle Völker» vor sich zu versammeln; übrigens wird derselbe Ausdruck verwandt, der sich auch in dem Auftrag Jesu findet, «alle Völker» zu taufen (Matthäus 25,32; 28,19). Wie ein Hirte
Schafe und Böcke voneinander trennt, so wird auch er die Böcke
zu seiner Linken und die Schafe zu seiner Rechten stellen. Zunächst wird er die Schafe zu sich rufen und sie als die «Gesegneten
meines Vaters» anreden, die das Reich erben, das ihnen von An-
beginn der Erde bereitet ist. Er wird sie darauf ansprechen, dass
sie ihm selbst gegenüber barmherzig gehandelt hätten. Erstaunt
werden sie zurückfragen, wann sie ihm, dem Menschensohn, das
alles getan hätten. Und er wird antworten: «Was ihr getan habt
einem von diesen meinen geringsten Brüdern, das habt ihr mir getan.» (Matthäus 25,40) Dann wird er sich an diejenigen zur Linken
wenden und ihnen vorhalten, dass sie ihm nicht beigestanden haben, als er der Barmherzigkeit bedurfte. Sie werden zurückfragen,
wann sie ihn denn in solcher Lage gesehen hätten; und er wird
antworten: «Was ihr nicht getan habt einem von diesen Geringsten, das habt ihr mir auch nicht getan.» (Matthäus 25,45) Die Rede
schließt mit den Worten: «Und sie werden hingehen: diese zur
ewigen Strafe, aber die Gerechten in das ewige Leben.» (Matthäus
25,46)
    Doch nicht das Szenario des Gerichts ist entscheidend. Es
kommt auf den Gehalt an. «Jüngstes Gericht» meint: Der endgültige, unwiderrufliche Sinn der Handlungen, aus denen unser Leben besteht, wird aufgedeckt. Sie werden durchsichtig für das,
was wir durch sie bewirken. Alle Zweideutigkeit fällt von ihnen
ab; ihre Qualität steht klar vor unseren Augen. Wir befinden uns
vor der Instanz, vor der wir unser Leben letztlich zu verantworten haben und der gegenüber es keine Ausflüchte gibt. «Denn wir
müssen alle offenbar werden vor dem Richterstuhl Christi, auf

dass ein jeder empfange nach dem, was er getan hat im Leib, es sei gut oder böse.» (2. Korinther 5,10) Das Jüngste Gericht ist die Instanz, vor der klar wird, wie alles mit allem zusammenhängt. Angesichts dieser Transparenz sind wir für das verantwortlich, was wir während unseres irdischen Lebens («im Leib») tun.

Der Begriff der Verantwortung hat hier seinen Ursprung. Er enthält die «Antwort» unüberhörbar in sich. Verantwortung heißt Rechenschaftspflicht. Alle irdischen Instanzen, denen wir Rechenschaft schulden, sind vorläufig; bei Bedarf können wir versuchen, uns ihnen zu entziehen. Eine Instanz jedoch hat definitive Autorität: Gott, der Inbegriff der Klarheit darüber, wie alles mit allem zusammenhängt.

So wie der Mensch das Wesen ist, das seinen Tod zu antizipieren vermag, so kann er auch das Gericht antizipieren. Er nimmt die Frage, was er vor Gott verantworten kann, vorweg, indem er sich fragt, was er vor seinem Gewissen verantworten kann. Sogar die Heiden, so sagt Paulus deshalb, die das Gesetz nicht haben, wissen, was das Gesetz von ihnen fordert; «denn das Gewissen bezeugt es ihnen, dazu auch die Gedanken, die einander anklagen oder auch entschuldigen» (Römer 2,14 f.). Gewissensbildung beruht auf der Voraussetzung einer letzten und unbedingten Rechenschaftspflicht. Sie kommt in dem Bild vom Jüngsten Gericht zum Ausdruck. Da es auf diese Weise zum Leben verhilft, ist es ein Hoffnungsbild.

Was aber ist mit der Verdammnis? Bei dieser Frage kann man nicht mehr in der Schwebe lassen, ob der Weltenrichter Jesus selbst ist oder ein anderer. Die Predigt vom Weltgericht begegnet im Matthäusevangelium als eine Rede Jesu selbst. Das Glaubensbekenntnis spricht davon, dass er wiederkommen wird, zu richten die Lebenden und die Toten. Wenn Jesus der Richter ist, dann lässt sich nicht davon absehen, dass er selbst schon das Gericht auf sich genommen hat: Er ging in den Tod, er schritt den Weg der Verdammnis aus, indem er auch vor dem Reich des Todes nicht zurückscheute. Ihn hat Gott zu seiner Rechten erhöht und damit in das Amt des Richters eingesetzt. Er spricht das Urteil über unsere Taten, das er selbst, obgleich ohne jede Schuld, an seinem eigenen Leib schon vorweggenommen hat. Auch als Verurteilte können wir uns an ihn halten. Diese Bewegung von Christus dem Richter zu Christus dem Retter ist die Bewegung des Glaubens. In dieser Bewegung erfahren Christen sich als Sünder und Gerechtfertigte zugleich, wie eine reformatorische Grundformel sagt (*simul iustus et peccator;* Luther 1964: 1,191). Sie erfahren, dass Jesus als der Richter nach keinem anderen Maßstab urteilt als nach der Gerechtigkeit, die sich in seiner Zuwendung zu den Armen und Kranken, den Sündern und Vorteilsnehmern gezeigt hat.

Das Gebot der Feindesliebe gilt auch für den Richter, aber die Hoffnung auf die Feindesliebe Gottes, auf seine Toleranz gegenüber dem sündigen Menschen gibt es nicht am göttlichen Gericht vorbei, sondern nur durch es hindurch. Andernfalls wäre Gottes Gnade eine «billige Gnade» (Bonhoeffer 1989: 29), entwertet von denen, die diese Gnade haben wollen, ohne sich für ihr Tun und Lassen verantworten zu müssen. Aus dem Glauben würde dann ein verantwortungsloses Haschen nach billiger Gnade. Dagegen steht das Gericht.

Kreuz und Gericht – das sind die beiden unbequemsten Züge des christlichen Glaubens. Sie sind nicht zeitgemäß; um sie machen wir am liebsten einen großen Bogen. Das Symbol des Kreuzes wurde in seiner Bedeutung als Zentralsymbol des christlichen Glaubens versuchsweise schon einmal durch die Krippe ersetzt (Jepsen 1998). Der Versuch hat sich nicht durchgesetzt. Aber die Vorstellung von einem göttlichen Gericht als überholte Mythologie zu werten, ist verbreitet. Der Gerichtsgedanke ist der entscheidende Grund dafür, warum sich im christlichen Kulturkreis eine alternative Lehre von den letzten Dingen breit gemacht hat: die schon besprochene Lehre von Reinkarnation und Seelenwanderung.

Die Gründe dafür lassen sich nachvollziehen. Häufig wurde die Vorstellung vom Gericht dazu eingesetzt, Menschen einzuschüchtern und zu verängstigen. Mochte man zunächst auch noch die Aussage, dass die Verurteilten dorthin geraten, wo «Heulen und Zähneklappern» ist (Matthäus 8,12 u. ö.), aus einer «Opferperspektive» betrachten und darin eine Genugtuung für diejenigen erblicken, die zu Opfern von Hass und Gewalttat geworden waren, so rückte die Vorstellung eines himmlischen Ausgleichs für irdische Ungerechtigkeit doch bald aus dem Blick. Die Gerichtsvorstellung wurde «täterorientiert». Die Drohung mit Fegefeuer oder Höllenstrafen wurde zum Herrschaftsmittel. Die Vorstellung vom Gericht befreite nicht zu einer letzten Verantwortung, sondern schüchterte ein. Das Evangelium, zu dem die Rede vom Weltgericht gehört, machte nicht froh, sondern bitter. Die Gerichtspredigt und die ihr folgende Buß- und Beichtpraxis gehörten zu den wirksamsten Mitteln der «Gottesvergiftung» in der Geschichte des Christentums (Moser 1976).

Das damit verbundene Freund-Feind-Denken strahlte bis in die politischen Verhältnisse aus. Es rechtfertigte die Erwartung an die politische Gewalt, Ketzern und Häretikern den Garaus zu machen, wie sie sich in den dunklen Zügen der Christentumsgeschichte zeigt. Und es rechtfertigt die Anwendung von Gewalt aus vermeintlich religiösen Gründen, erkennbar an der religiösen Gewaltlegitimation in Teilen des heutigen Islam. Vorausgesetzt ist die Zuweisung der Gläubigen zum «Haus des Islam», der Ungläubigen zum «Haus des Krieges», in dem durch Dschihad die islamische Ordnung erst noch aufgerichtet werden soll. Der Koran macht keine eindeutigen Aussagen dazu, wie das geschehen soll und worin der Dschihad, wörtlich «Anstrengung», besteht, in Mission und guten Werken oder in gewaltsamem Kampf. In den letzten Jahrzehnten haben vereinfachende Auslegungen Auftrieb bekommen, nach denen es gerechtfertigt, ja gottgefällig, ist, Ungläubige, die nach dem Gericht ohnehin nur die Hölle zu erwarten haben, mit Terror einzuschüchtern oder zu töten. Wer in einem solchen Kampf stirbt, gilt als Märtyrer, der sofort, ohne auf das Gericht warten zu müssen, ins Paradies kommt. In den Hintergrund treten dabei Züge des Islam, die in liberalen Interpretationen in den Vordergrund gerückt werden, insbesondere die Warnung des Korans davor, sich selbst an Gottes Stelle zum Richter zu machen, die Verurteilung des Selbstmords sowie die Barmherzigkeit als hervorgehobene Eigenschaft Gottes (Khorchide 2015).

Entwicklungen in Christentum und Islam, die dazu führen, dass sich Menschen selbst zu Richtern machen, sind dringende Gründe dafür, die Gerichtsvorstellung von einem Missbrauch zu befreien, der nur als barbarisch bezeichnet werden kann. Er liegt überall dort vor, wo Würde und Leben von Menschen im Namen eines göttlichen Gerichts angetastet werden. Um Missbrauch handelt es sich überall dort, wo menschliche Gewaltausübung mit dem Motiv des göttlichen Gerichts begründet wird; auch bei einer religiösen Rechtfertigung der Todesstrafe ist das übrigens der Fall.

Der Gedanke des Gerichts wird nur dort in seiner wahren Bedeutung erfasst, wo er selbstkritisch verwendet wird. Diese Selbstkritik betrifft nicht nur den einzelnen Glaubenden, sondern auch die Gemeinschaft der Glaubenden. Die Vorstellung vom Gericht Gottes bildet ein entscheidendes Motiv für eine Selbstreinigung des Christentums. Auch die Kirche Jesu Christi muss wissen, dass sie vor dem Richterstuhl ihres Herrn steht und nicht ihren eigenen Stuhl an dessen Stelle setzen kann. Auch sie muss sich einer letzten Verantwortung für ihr Tun und Lassen bewusst sein. Sie verkündigt das Gericht nicht nur anderen; sie lässt es auch für sich selbst gelten. Das muss sie daran hindern, aus dem Gericht ein Mittel der Herrschaft über die Seelen zu machen – statt dass es der Sorge für die Seelen dient. Denn die Predigt vom Gericht fordert dazu auf, die Herrschaft der Barmherzigkeit schon jetzt gelten zu lassen: die einzige Form der Herrschaft, die in der Kirche Jesu Christi Anerkennung finden kann.

Reich Gottes.   Christliche Hoffnung richtet sich auf das Reich Gottes. Sie verlässt sich auf das Kommen dieses Reiches, weil es in Jesus, seinem Wirken und seiner Verkündigung schon angefangen hat. In der Zuversicht auf das Reich Gottes verbindet sich die Gewissheit des schon vollzogenen Beginns mit der Hoffnung auf die noch ausstehende Vollendung.

Programmatisch wird das an der Schilderung deutlich, die der Evangelist Lukas von der Antrittspredigt Jesu in Nazareth gibt. Jesus nimmt die prophetische Vision von dem Gnadenjahr Gottes (Jesaja 61,1 f.) für seine eigene Gegenwart in Anspruch: «Heute ist dieses Wort der Schrift erfüllt vor euren Ohren». (Lukas 4,16–21)

Dass das verheißene Reich jetzt schon beginnt, wird nach dem Zeugnis der Evangelien durch die Lebenspraxis Jesu bewahrheitet. Dass er Menschen aufrichtet, die von Sünde oder Krankheit niedergedrückt waren, ist ein Vorzeichen des kommenden Reiches, in dem alle von jeglicher Art von Enge befreit sein werden. Darin, dass Jesus böse Geister austreibt, zeigt sich, dass er das Reich Gottes nahe bringt.

Für das bevorstehende Reich Gottes verwendet Jesus starke Bilder. Am eindrucksvollsten ist wohl die Vorstellung vom königlichen Festmahl: «Viele werden kommen von Osten und von Westen und mit Abraham und Isaak und Jakob im Himmelreich zu Tisch sitzen.» (Matthäus 8,11) Im Gleichnis von der königlichen Hochzeit wird dieses Bild ausführlich entfaltet (Matthäus 22,1–14).

Das Bild vom Gastmahl ist nicht zufällig gewählt. Jesus setzt vielfältige Zeichen dafür, dass gemeinsame Mahlzeiten den Abstand zwischen Menschen überbrücken. Seine Mahlgemeinschaft mit Zöllnern und Sündern ist dafür von exemplarischer Bedeutung. Am Ende seines Lebens gestaltet er die Mahlgemeinschaft, zu der er seine Jünger versammelt, als Vorwegnahme des königlichen Mahls, zu dem sie sich im Reich Gottes zusammenfinden werden. Deshalb verbindet jede Abendmahlsfeier Erinnerung und Verheißung miteinander.

Freilich sollte man den Gemeinschaftsaspekt, der von hier aus mit der christlichen Hoffnung unlöslich verbunden ist, nicht dagegen ausspielen, dass diese Hoffnung jeden einzelnen Menschen in seiner unverwechselbaren Individualität meint. Täte man das, so würde man um der Botschaft vom Reich Gottes willen die Verheißung von Auferstehung und ewigem Leben beiseiteschieben. Dazu aber gibt es keinen Grund. Vielmehr legt es sich auch im Blick auf die christliche Hoffnung nahe, Individualität und Sozialität im christlichen Begriff der Person als unlöslich miteinander verbunden zu betrachten. Insofern ist die Hoffnung über den Tod hinaus immer zugleich eine persönliche Hoffnung für jeden Einzelnen und eine gemeinschaftsorientierte Hoffnung auf die Verbundenheit mit Gott in seinem Reich.

Die innere Spannung in der Predigt Jesu vom Reich Gottes zeigt sich besonders deutlich an den einfühlsamen Bildern vom unscheinbaren Beginn, die dem großen Ziel, auf das alles zuläuft, gegenüberstehen. Das Reich Gottes fängt so unscheinbar an wie ein Senfkorn; es bahnt sich den Weg auf so unauffällige Weise wie die von selbst wachsende Saat; man nimmt es nur wahr, wenn man sich die kindliche Aufmerksamkeit bewahrt hat, die sich über das Kleine wundern kann (Markus 4,26ff.30ff.; 10,14f.).

Weil der unscheinbare Beginn zur Größe des Reiches Gottes

hinzugehört, feiert Jesus diesen Beginn dadurch, dass er denen die Freude des Reiches Gottes zuspricht, die von ihr am weitesten entfernt sind. Programmatisch wird das in den Seligpreisungen der Bergpredigt deutlich (Matthäus 5,1–10). Sie sprechen den äußerlich wie innerlich Beschädigten, den an den Rand Gedrängten, den durch ihr außergewöhnliches Verhalten Isolierten, den wegen ihrer Treue zu Jesus Verfolgten die Teilhabe am Reich Gottes zu.

Durchgängig werden für die Beschreibung dieses Reiches Worte verwendet, die der politischen Sprache entnommen sind. Bei den Worten «Reich» beziehungsweise «Königsherrschaft» ist das besonders klar. In den späteren Schriften des Neuen Testaments kommt das Bild von der «Stadt» oder auch dem «Gemeinwesen» dazu. Die Offenbarung des Johannes hält sich an den Namen, der für die Tradition dieser neutestamentlichen Schrift die Stadt schlechthin bezeichnet: Jerusalem. Mit all diesen Sprachbildern soll eines deutlich werden: Gelingende Sozialität kennzeichnet das Reich Gottes, eine Sozialität, die keine Grenzen und keine Abgrenzungen kennt. Feindschaft und Gewalt sind dem Reich Gottes fremd.

Trauer auch. Der Tod hat seine Macht verloren. In die Vision eines Lebens jenseits der Herrschaft des Todes und der Trennungen mündet in der Offenbarung des Johannes das Bild vom neuen Jerusalem: «Und ich hörte eine große Stimme von dem Thron her, die sprach: Siehe da, die Hütte Gottes bei den Menschen! Und er wird bei ihnen wohnen, und sie werden seine Völker sein und er selbst, Gott mit ihnen, wird ihr Gott sein; und Gott wird abwischen alle Tränen von ihren Augen, und der Tod wird nicht mehr sein, noch Leid noch Geschrei noch Schmerz wird mehr sein; denn das Erste ist vergangen. Und der auf dem Thron saß, sprach: Siehe, ich mache alles neu.» (Offenbarung 21,3–5)

Freilich findet sich in der Offenbarung auch das Wort vom «neuen Himmel und der neuen Erde» (Offenbarung 21,1); es zeigt, dass man das Reich Gottes nicht ausschließlich an die Vorstellung einer erneuerten Gemeinschaft der Menschen mit Gott binden darf. Vielmehr ist auch die Natur in die Gemeinschaft mit Gott einbezogen. Die Verheißung eines messianischen Naturfriedens, die schon im Alten Testament begegnet (Jesaja 11,1–9), wird in die Hoffnung auf das Reich Gottes aufgenommen; denn die ganze Schöpfung wird «von der Knechtschaft der Vergänglichkeit» befreit «zu der herrlichen Freiheit der Kinder Gottes» (Römer 8,21).

«Herrlichkeit» ist das Stichwort, das diese umfassende Hoffnung auf das Reich Gottes mit einem Thema verbindet, das dem Apostel Paulus am Herzen liegt. Wenn er hofft, dass Gott «den Reichtum seiner Herrlichkeit» kund tun will «an den Gefäßen seiner Barmherzigkeit, die er zuvor bereitet hatte zur Herrlichkeit» (Römer 9,23), dann beschreibt er damit auch seinen persönlichen Kummer über die Trennung zwischen Juden und Christen. Für ihn ist gewiss, dass der Bund Gottes zuallererst dem Volk Israel gilt und dass dieser Bund auch durch das Kommen des Messias Jesus Christus nicht gekündigt ist (Römer 11,2). Die Christen aus den Heiden erinnert er daran, von welchem Grundsatz das Verhältnis zwischen Juden und Christen bestimmt ist: «Nicht du trägst die Wurzel, sondern die Wurzel trägt dich.» (Römer 11,18) Er hält an der Zuversicht fest, dass ganz Israel gerettet wird, denn «Gottes Gaben und Berufung können ihn nicht gereuen» (Römer 11,29). Es gehört zu den tiefsten Zügen der biblischen Hoffnung auf das Reich Gottes, dass der Zaun zwischen Juden und Heidenchristen niedergelegt wird, weil Christus für sie gemeinsam der Friede ist (vgl. Epheser 2,11–22). Und es gehört zu den tiefsten Verstößen gegen die Hoffnung auf das Reich Gottes, dass Christen den Juden gegenüber einen Zaun der Ablehnung und der Feindschaft aufgerichtet haben, mit dem sie sogar die Zusammengehörigkeit im Reich Gottes verleugnet haben. Aus dem, was als christlicher Antijudaismus begann, wuchs der rassisch begründete Antisemitismus, der den Vorwand zu dem unmenschlichen Vernichtungsvorhaben des nationalsozialistischen Deutschland gegenüber dem europäischen Judentum lieferte. Mit der Hoffnung auf das Reich Gottes war das unvereinbar, wie nicht zuletzt auch die Usurpation eines Motivs aus der Geschichte jüdisch-christlicher Hoffnungsbilder durch das nationalsozialistische Gewaltregime zeigte, nämlich die Selbstbezeichnung als «Drittes Reich». Von der Hoffnung auf das Reich Gottes können Christen nur noch sprechen, wenn ihnen auch dieser Missbrauch bewusst ist und wenn sie in Erinnerung behalten, wie tief die Geschichte der christlichen Judenfeindschaft in die Entstehung des modernen Antisemitismus verwoben ist.

Die Kirchen können die Hoffnung auf das Reich Gottes nur verkündigen, wenn sie zur Umkehr von falschen Wegen und zum Neubeginn im Verhältnis zwischen Kirche und Judentum bereit sind. Das schließt die kritische Aufarbeitung des Antijudaismus in der reformatorischen Theologie ein, der vor allem in Luthers Spätschrift «Von den Juden und ihren Lügen» Ausdruck gefunden hat (Luther 2016). Während Luther in seiner Frühzeit – auch angesichts der unsicheren Aussichten für die reformatorische Position selbst – für religiöse Pluralität aufgeschlossen war und den Juden ein Aufenthaltsrecht in den deutschen Territorien einzuräumen bereit war, wandelte sich das Bild gegen Ende seines Lebens. Nun konnte er sich nicht vorstellen, wie ein Gemeinwesen ohne religiöse Homogenität existieren sollte; sein Ziel waren deshalb nun evangelische Gemeinwesen, in denen die Landesherren auch Verantwortung für die Kirche trugen. Zudem hatte er die Erwartung aufgegeben, dass die Juden sich zu Jesus Christus als dem Messias bekehren könnten. Aus beiden Gründen trat er nun dafür ein, ihre Synagogen niederzubrennen und ihre Häuser zu zerstören, ihre Religionsausübung zu verhindern und ihre beruflichen Möglichkeiten einzuschränken. Zu Recht hat der wissenschaftliche Beirat für das Reformationsjubiläum 2017 der kritischen Aufarbeitung dieses Denkens einen eigenen Arbeitsgang gewidmet und deutlich gemacht, dass es an solchen historischen Einsichten vorbei kein Gedenken der Reformation geben kann (Die Reformation und die Juden 2014; vgl. Kaufmann 2014).

Luther geriet in diesen späten Äußerungen in den Sog einer Auffassung, die um der richtigen Lehre willen auch die Anwendung von Gewalt nicht ausschloss. Er knüpfte damit an eine Tradition an, in der allem, was dem Reich Gottes im Wege steht, gewehrt werden muss, gegebenenfalls auch mit Gewalt. Dafür gibt es biblische Belege, und zwar im Neuen wie im Alten Testament. Für den Apostel Paulus beispielsweise ist der Ausschluss des Bösen und auch der Bösen geradezu ein Definitionsmerkmal für das Reich Gottes. Lang sind die Kataloge lasterhafter Menschen, an denen er verdeutlicht, dass Böse am Reich Gottes keinen Anteil haben können: «Weder Unzüchtige noch Götzendiener noch

Ehebrecher noch Lustknaben noch Knabenschänder noch Diebe noch Habgierige noch Trunkenbolde noch Lästerer noch Räuber werden das Reich Gottes ererben.» (1. Korinther 6,9 f.)

Nur allmählich und oft gegen Widerstände setzte sich die Einsicht durch, dass der Impuls der biblischen Zukunftshoffnung in eine andere Richtung weist. Daraus, dass in Gottes Zukunft das Böse und damit auch Feindschaft und Gewalt, ja auch Tod und Trennung keinen Platz haben, lässt sich nicht ein Auftrag an die Menschen ableiten, dem allem durch eigene Gewaltanwendung ein Ende zu setzen. Auch Kataloge, wie sie gerade zitiert wurden, können kein Grund sein, das Ende der Welt unter die apokalyptische Chiffre von «Harmagedon» (Offenbarung 16,16) zu rücken und als einen gewaltsamen Endkampf zwischen Gut und Böse zu schildern. Erst recht ist es vermessen, für sich selbst in Anspruch zu nehmen, an diesem endzeitlichen Kampf beteiligt zu sein und dabei auf der Seite des Guten zu stehen.

Die Behauptung, dass der endzeitliche Kampf jetzt zu führen ist, wird immer wieder verwendet, um politische Konzepte zu rechtfertigen, die sich an der Entgegensetzung von Freund und Feind orientieren. Um dem zu wehren, muss man die Frage endzeitlicher Hoffnung streng an der Verheißung Jesu ausrichten. Sie schließt die Sünder ein und grenzt sie nicht aus.

Wenn man jedoch in Jesu Namen an der Hoffnung festhält, dass auch die Sünder nicht vom Reich Gottes ausgeschlossen sind, dann nur deshalb, weil sie von Jesus selbst aus ihrer Sünde und ihrem tödlichen Verderben zur Teilhabe an seinem Reich befreit werden. Doch von Gott verlangen lässt sich dies nicht. Das ist die Grenze einer Lehre von der «Allversöhnung»; sie würde Gottes Souveränität einschränken, indem sie ihm Gnade gegenüber jedem Missetäter im Vorhinein abfordern würde. Weder über die Zugehörigkeit zum Reich Gottes noch über den Ausschluss aus ihm ist Menschen eine letztgültige Aussage möglich. Wir Menschen sind auf Gottes Gnade angewiesen und können nur im Vertrauen auf sie, nicht aber im Vertrauen auf unsere eigene Urteilsfähigkeit Gewissheit finden.

So stellt sich heraus, dass die Verheißung des Reiches Gottes und die Ankündigung des göttlichen Gerichts einander keineswegs so spannungsvoll gegenüberstehen, wie dies auf den ersten

Blick erscheinen mag. Vielmehr bildet das Gericht, das Gottes Gerechtigkeit zur Geltung bringt, die Voraussetzung dafür, dass Gottes Güte alles in allem sein kann. Es liegt eher an den Grenzen der menschlichen Sprache als am Inhalt der biblischen Verheißung, dass dafür zwei Bilder gewählt werden: das Gericht Gottes, das den letzten Ernst menschlicher Verantwortung vor der Güte Gottes hervorhebt, und das Reich Gottes, mit dem sich die Gewissheit verbindet, dass Gottes Güte sich über alle Brüche der menschlichen Geschichte, ja der Entwicklung des Kosmos hinweg durchsetzen wird.

Lernorte der Hoffnung

In einem Lehrschreiben über die christliche Hoffnung aus dem Jahr 2007 unterscheidet Papst Benedikt XVI. zwischen den «kleineren oder größeren Hoffnungen, die uns Tag um Tag auf dem Weg halten», und der «großen Hoffnung, die alles andere überschreiten muss. Diese große Hoffnung kann nur Gott sein, der das Ganze umfasst und der uns geben kann und schenken kann, was wir allein nicht vermögen.» (Benedikt XVI. 2008: 62f.)

Ein evangelischer Blick erkennt in dieser Aussage eine Folgerung aus der Lehre von der Rechtfertigung allein aus Gnade für die Lehre von der Hoffnung. Die Enzyklika fährt fort: «Gott ist das Fundament der Hoffnung – nicht irgendein Gott, sondern der Gott, der ein menschliches Angesicht hat und der uns geliebt hat bis ans Ende: jeden einzelnen und die Menschheit als Ganze.» Dieses Verhältnis zwischen der großen Hoffnung des Glaubens und den kleinen Hoffnungen unseres Alltags verdeutlicht Benedikt XVI. durch die Beschreibung von «Lernorten der Hoffnung» (Benedikt XVI., 2008: 64ff.).

Das Gebet, das menschliche Tun und Leiden sowie das göttliche Gericht wählt er als solche Lernorte aus. An ihnen vollziehen sich Vorgänge einer inneren Reinigung und Reifung des Menschen. Sie bereiten dadurch auf die Begegnung mit Gott vor.

In einer Zeit, die sich weithin weigert, das Gericht Gottes ernst zu nehmen, ist das ein berechtigter Akzent. Doch das Lernen und Üben der Hoffnung sollte nicht nur unter den Gesichtspunkten der Anfechtung und der Prüfung betrachtet werden, sondern auch im Hinblick auf die Erfahrungen der Zuversicht und des Glücks, die wir in unserem Leben machen und die in all ihrer Vorläufigkeit und Zerbrechlichkeit zu Gleichnissen für die große Hoffnung werden können, der wir entgegengehen. Neben dem Gebet möchte ich deshalb auch das Tun des Gerechten als einen Lernort der Hoffnung nennen. Neben dem Leiden will ich auch das Glück als einen solchen Lernort in Anspruch nehmen. Und neben dem göttlichen Gericht will ich auch die Erfahrung der göttlichen Gnade als einen Ort bezeichnen, an dem sich Hoffnung lernen lässt.

Beten und Tun des Gerechten. Dietrich Bonhoeffer war es, der dem alten klösterlichen Prinzip des «Bete und arbeite» eine moderne Wendung gegeben hat. In seinem Nachdenken über das Christentum der Zukunft griff er auf den Rhythmus des Betens und Arbeitens zurück, wobei er das «Arbeiten» als das «Tun des Gerechten» verstand. Aber das Miteinander von Beten und Tun des Gerechten ergänzte er durch ein drittes Element. Es werde darauf ankommen, dass wir «beten, das Gerechte tun und auf Gottes Zeit warten» (Bonhoeffer 1998: 436). Auf Gottes Zeit richtet sich die «große Hoffnung», von der her das Beten ebenso wie das Bemühen um Gerechtigkeit, um Frieden, um die Würde des Menschen und um die Bewahrung der Natur ihren Sinn erhalten.

Im Verhältnis zu dieser «großen Hoffnung» erweist sich jede Entgegensetzung von Frömmigkeit und gesellschaftlicher Verantwortung als vordergründig. Beide gehören zusammen. Das Gebet sehnt die Zukunft Gottes herbei; das Handeln bemüht sich um Gleichnisse für die Gottesherrschaft im Zusammenleben der Menschen. Das Gebet weiß um den Unterschied zwischen dem, was Menschen tun können, und dem, was dem Wirken Gottes vorbehalten ist. Aber auch das Handeln im Horizont christlicher Hoffnung weiß um den Unterschied zwischen dem, was Menschen tun können, und dem, was Gott vorbehalten ist; denn es geht ihm gerade nicht darum, das Reich Gottes durch menschliches Handeln herbeizuzwingen, sondern auf die Verheißung dieses Reiches in aller Vorläufigkeit menschlichen Handelns zu antworten.

Im Licht der Hoffnung auf das Reich Gottes wird das Bemühen um Gerechtigkeit nicht nur das eigene Recht, sondern auch das Recht des Nächsten, nicht nur die Gerechtigkeit für die eigene Generation, sondern auch für die kommenden Generationen, nicht nur die Lebensinteressen der Menschen, sondern auch das Lebensrecht der nichtmenschlichen Natur im Blick haben. Auf solch einen weiten Umfang menschlicher Verantwortung aber kann sich nur einlassen, wer das Beten nicht vergisst. Deshalb sind das Beten und das Tun des Gerechten zusammen die Weisen, in denen Christen sich darin üben, auf Gottes Zeit zu warten.

Leiden und Glück. Gewiss ist die Anfechtung menschlichen Leids ein Lernort der Hoffnung. Sie kann es umso eher sein, als einem Menschen im Leiden andere begegnen, die ihm zu Boten der Hoffnung werden. Der Kern der Seelsorge, die Christen einander gewähren, besteht eben darin, Menschen, die unter der Last des Lebens oder unter der Trauer über den Tod leiden, die Hoffnung zuzusprechen, die stärker ist als alle Trauer und Lebenslast. Doch ebenso kann es eine seelsorgerliche Aufgabe sein, Menschen auf das Glück aufmerksam zu machen, das ihnen widerfährt, und sie davor zu bewahren, es als selbstverständlich zu nehmen.

Nicht nur im Leiden begegnet Gott, sondern auch im Glück, denn er schaut an, was er geschaffen hat – und siehe, es ist sehr gut (vgl. 1. Mose 1,31). Im Licht der christlichen Hoffnung ist es an der Zeit, die Freude an der Schöpfung wiederzuentdecken. Keine Erfahrung ist in stärkerem Maß ein Lernort der Hoffnung als die Erfahrung der Liebe. Der Einsatz für einen anderen Menschen, dem wir uns in unserem Innersten zuwenden, kann ebenso Hoffnung stiften wie die Erfahrung von Zuwendung, sei sie völlig unerwartet oder dringend erhofft. Die körperliche Vereinigung zweier Menschen, das große Geschenk erfüllter Sexualität, kann zum Grund der Hoffnung werden. Für viele Menschen ist es die Erfahrung des Glücks, die ihre Hoffnung erneuert, die sie gegen Enttäuschungen wappnet, die sie im Einsatz für andere Menschen stärkt. Im Licht der Hoffnung auf Gott kommt auch das Glück der Liebe als ein Lernort der Hoffnung zum Leuchten.

Gericht und Gnade. Gewiss ist die Selbstprüfung, der Menschen sich im Licht des göttlichen Gerichts aussetzen, ein wichtiger Lernort der Hoffnung. Ihnen wird bewusst, dass sie vor Gott nur bestehen können, wenn sie ihre Hoffnung ganz auf ihn setzen. Das Bußgebet, das in jedem Gottesdienst seinen Ort hat, ist deshalb ein Gebet der Hoffnung. Das Bekenntnis der Schuld kann der Hoffnung neue Flügel geben. Aber ebenso lernen Menschen Schritte der Hoffnung dadurch, dass sie auf die Zusage der Gnade Gottes hören und im Gottesdienst die Gemeinschaft mit Gott und untereinander feiern.

Die Musik ist als Medium hervorzuheben, an dem sich Hoffnung lernen lässt. Sie kann das drohende Gericht zu Gehör bringen; das vielfach vertonte *Dies irae, dies illa* ist ein Beispiel dafür, wie alle musikalischen Register gezogen werden, um den Seelen das bevorstehende Gericht einzuprägen. Aber ebenso bringt die Musik die göttliche Gnade zum Ausdruck. Weil sie nur Klang ist, wird sie zur Trägerin einer Botschaft, die über das Hier und Heute hinausweist. Menschen, die sich einer ihnen wichtigen oder sie überraschenden Musik hingeben, fühlen sich erneuert und verwandelt. Das aber ist die Erfahrung, die wir der Gnade Gottes verdanken: sie erneuert uns. Wenn wir diese Erfahrung schon innerhalb unserer befristeten Lebenszeit machen können, ist dies ein wichtiger Grund zur Hoffnung.

Ein Haus der Hoffnung

Im Juni 2016 wurde in Berlin ein Bodendenkmal des israelischen Künstlers Micha Ullman eingeweiht. Seiner «Bibliothek» auf dem Berliner Bebelplatz, die an die Bücherverbrennung am 10. Mai 1933 erinnert, und seinen «Stufen» in der Berliner St. Matthäus-Kirche, die, mit Sand vom See Genezareth bedeckt, an die abgründige Tiefe der Schoah gemahnen, tritt ein Haus der Hoffnung zur Seite. Das Denkmal ist an dem Ort in das Pflaster eingelassen, an dem das Wohnhaus des Philosophen Moses Mendelssohn stand, für den das Ja zur jüdischen Glaubenslehre und die Förderung aufgeklärten Denkens keinen Widerspruch darstellten. Das Haus musste 1886 einem Hotel weichen, an dessen Fassade eine

Inschrift immerhin noch an Mendelssohn erinnerte. Doch dieses Gebäude wurde nach dem Zweiten Weltkrieg dem Erdboden gleichgemacht. Ullman ließ das Wohnhaus des Philosophen in der Waagerechten wiedererstehen. Steinplatten zeigen die Haustür und die Fenster der drei Obergeschosse an; eine Tafel über der Tür weist den Ort als das Haus des Gelehrten aus, der dort «Unsterbliches wirkte». Wenn die schwarzen Steinplatten, die in Größe und Anordnung den einstigen Fenstern entsprechen, vom Regen nass sind, spiegeln sie den Berliner Himmel; auch den Turm von St. Marien kann man in ihnen erkennen.

Bei der Einweihung ließ der Künstler seine Zuhörer in Gedanken den Kilometer Weges von der Spandauer Straße zum Bebelplatz gehen, vom freien Geist der Aufklärung zum Versuch, durch eine Bücherverbrennung die Freiheit des Geistes zu vernichten. Dann aber forderte er dazu auf, in Gedanken den Weg zurückzugehen: vom Ort geisttötender Gewalt zum Haus der Hoffnung. Er fügte hinzu, dass bei einer solchen Bewegung das Haus, das durch die Bodenarbeit in der Horizontalen erkennbar gemacht wurde, sich wieder zur Vertikalen wende: als Haus der Hoffnung, die nicht einmal von der rohesten Gewalt überwunden wird.

Die Hoffnung, die Micha Ullmann beschrieb, weist über das Zeichen weit hinaus, das er zur Erinnerung an Moses Mendelssohn in das Straßenpflaster eingelassen hat. Solche Zeichen verweisen gleichnishaft auf die Hoffnung, die alle unsere bildlichen Vorstellungen übersteigt. Denn die Hoffnung, die stärker ist als das Böse, die Schuld und der Tod, lässt sich in kein Bild bannen. Sie geht über alle Bilder hinaus, mit denen wir uns ihr tastend annähern. Es ist eine radikale Hoffnung.

10. GLAUBE UND WERTE

An Glauben und Religion interessieren heute am ehesten die Werte, die sie kennzeichnen und die sie in die Gesellschaft einbringen. Die Verbindung von Religion und Gewalt bestimmt viele Diskussionen und weckt die skeptische Frage, *welche* Werte sich in unserer Zeit mit religiösen Lebensformen verbinden. Zum Abschluss dieses Buchs soll deshalb gefragt werden, inwieweit die evangelische Gestalt des christlichen Glaubens in dieser Hinsicht zur Klarheit beitragen kann.

Wenn von «Protestantismus» die Rede ist, steht dieses Wort häufig für bestimmte Haltungen und Werte, in denen evangelische Christen sich an der Gestaltung von Kultur und Wirtschaft, von Gesellschaft und Politik beteiligen. Fragt man nach, was bei derartigen Überlegungen mit «Werten» gemeint ist und um welche Haltungen es geht, stößt man allerdings häufig auf Watte.

In vielen öffentlichen Debatten entsteht der Eindruck, die Kirchen seien für die Gegenwartsgesellschaft eine Art «Bundesagentur für Werte». Ihnen wird die Verantwortung dafür zugeschrieben, den Vorrang bestimmter Haltungen und Verhaltensweisen präsent zu halten – unabhängig davon, wie viele Menschen sich daran orientieren. Bei Fragen des menschlichen Lebens und Sterbens, der Gerechtigkeit und des Friedens, der Bewahrung der Natur, der Familie und der Verantwortung für künftige Generationen wird nach den Werten gefragt, die der christliche Glaube einbringt. Diese Fragen sind legitim; doch es muss geklärt werden, was dabei unter Werten verstanden wird – und zugleich muss bewusst bleiben, dass Werte nicht alles sind, denn der Begriff des Werts ist in solchen Zusammenhängen ebenso beliebt wie unbestimmt.

Wert und Würde

Dass der Begriff des Werts in der öffentlichen Debatte über moralische und ethische Fragen einen so hohen Rang einnimmt, ist alles andere als selbstverständlich. In den antiken und mittelalterlichen Traditionen der Ethik spielte er keine Rolle; auch in der Lehre von der Politik hatte er keine Bedeutung. Er ist vielmehr zunächst ganz und gar auf die Wirtschaftslehre, die Ökonomik, beschränkt. Dort spricht man einen Wert denjenigen Gegenständen oder Leistungen zu, die sich gegen anderes, in der Regel gegen Geld tauschen lassen. Der Kern des ökonomischen Werts besteht darin, dass er mit Geld aufgewogen werden kann.

Aus der Ökonomik ist der Begriff des Werts im 19. Jahrhundert in die ethische Debatte eingewandert. Er nimmt dort die Stelle ein, die in der Tradition dem Begriff des Guten zuerkannt wurde. Der Wechsel in der Wortwahl signalisiert schon eine wichtige Veränderung. Während in den Traditionen der Metaphysik dem Guten eine objektive Erkennbarkeit zuerkannt wurde, betont der Begriff des Werts den subjektiven Charakter aller Entscheidungen darüber, was gut ist. Als Werte werden Güter, Haltungen oder Normen bezeichnet, die von Einzelnen oder Gruppen als vorzugswürdig anerkannt werden. Solche Wertungen sind dem Wandel unterworfen; deshalb begegnet der Begriff des Werts alsbald in Verbindung mit der Vorstellung von einer Umwertung aller Werte (Nietzsche 1886, 5,203: 126f.; 1889, 13: 179), vom Wertewandel oder vom Werteverfall. Die Bindung an Werte kann sich demnach nicht durch die Unterwerfung unter ein vorgegebenes Gutes, sondern nur durch die subjektive Aneignung eines selbst als wertvoll Anerkannten vollziehen. In der neueren pädagogischen Entwicklung werden die Werte dadurch zum Thema ethischer Bildung, die damit als Werteerziehung verstanden wird. Sie soll die Urteilsfähigkeit darüber einüben, welche moralischen Prinzipien, gesellschaftlichen Verhaltensweisen und persönlichen Entscheidungen Anerkennung verdienen und wie man sich angesichts der offenkundigen Pluralität von Werten und der unausweichlichen Konflikte zwischen ihnen orientieren kann. Diese Denkweise lässt die ökonomische Herkunft des Wertbegriffs noch durchscheinen. Schon deshalb liegt es nahe, dass auch die Vorstellung von ethischen Werten häufig nutzen- und interessenorientiert ist. Diese Art von Wertorientierung hat eine starke Tendenz dazu, dass nur zählt, was sich rechnet. Auch soweit der Mensch ein moralisches Subjekt ist, wird er vor allem als *homo oeconomicus*, also als Wirtschaftssubjekt verstanden.

Immanuel Kant unterscheidet zwischen einem relativen Wert, der in einem Preis ausgedrückt und durch Geld abgegolten werden kann, und einem inneren Wert, der «kein Äquivalent verstattet». Diesen inneren Wert spricht er Haltungen zu, die um ihrer selbst willen überzeugend sind. «Treue im Versprechen», «Wohlwollen aus Grundsätzen (nicht aus Instinkt)» sind Beispiele dafür. Wo von einem inneren Wert gesprochen werden kann, der sich nicht mit Geld bezahlen lässt, ist es auch angemessen, von Würde zu sprechen. Würde kommt demjenigen zu, was niemals bloß als Mittel, sondern stets zugleich als Zweck in sich selbst anzusehen ist. Diese Würde ist aber vor allem anderen dem «vernünftigen Wesen» zuzuerkennen, «das keinem Gesetze gehorcht, als dem, das es zugleich selbst gibt» (Kant GMS: 76 f.). Gerade darin zeigt sich die Würde des Menschen, dass er sich selbst ein Gesetz gibt, das zugleich für alle gelten kann. Diese begriffliche Prägung hat erheblich dazu beigetragen, den Begriff der Würde mit dem autonomen Menschen zu verbinden, der niemals zum Objekt der Verfügungsansprüche anderer gemacht werden darf. Der Begriff der Menschenwürde entwickelte sich deshalb zu einem Schlüsselbegriff der Ethik wie des Rechts.

Der gleitende Übergang zwischen «Wert» und «Würde» birgt auch eine Gefahr in sich. Die umstandslose Rede von Werten, ihrem Verlust und ihrem Wandel kann die Widerstandskraft lähmen, wenn es um den «inneren Wert» geht, nämlich um die Würde. Mit ihr bekommen wir es keineswegs nur im Blick auf den Menschen zu tun, sondern auch im Umgang mit der Natur, mit Religion und Kunst, mit den Institutionen des gemeinsamen Lebens wie der Familie oder dem Sonntag und in manchem anderen Zusammenhang. Um Würde geht es im Verhältnis zu Gott.

Johann Sebastian Bach schrieb unter seine Kompositionen die drei Buchstaben SDG. Sie standen für die Worte *Soli Deo Gloria* – allein Gott gebührt die Ehre. Demütig ordnete der Komponist seine Kunst der unvergleichlichen Würde Gottes unter. Seine Musik wurde dadurch nicht zur Programm-Musik, sondern behielt ihre künstlerische Eigenbedeutung. Doch so himmlisch sie klang, war und blieb sie doch Menschenwerk. Kein Mensch, auch kein Komponist, kann sich an die Stelle Gottes setzen. Unser Vertrauen auf den inneren Zusammenhang der Welt im Ganzen richtet sich auf Gott; die Würde, die wir der Welt, den Lebewesen, uns Menschen und dem, was wir hervorbringen, zuerkennen, bleibt eingebettet und bezogen auf die Würde schlechthin, die wir allein Gott zuerkennen.

Daran zeigt sich, dass von religiösen Werten nicht zureichend gesprochen werden kann, wenn nicht die Glaubensmotive erkennbar gemacht werden, die diesen Werten zu Grunde liegen. Sie werden in den Religionen verschieden verstanden. Auch die konfessionellen und theologischen Traditionen des Christentums akzentuieren diese Motive unterschiedlich. Deshalb ist es notwendig, die evangelisch geprägte Sicht auf Grundmotive des Glaubens zusammenfassend darzustellen.

Grundmotive des Glaubens

In den bisherigen Überlegungen sind fünf Grundmotive des Glaubens in den Vordergrund getreten: das Schöpfungsmotiv, das Gnadenmotiv, das Liebesmotiv, das Hoffnungsmotiv und das Umkehrmotiv (vgl. Theißen 1994: 29 ff.; 2003: 131 ff.; Huber 1999: 115 ff.).

Das *Schöpfungsmotiv* sieht den Menschen als Teil der von Gott geschaffenen Welt. Er hat teil an der Güte der Schöpfung. Dankbarkeit für das Geschenk des Lebens ist deshalb ein Grundzug menschlicher Existenz. Auch menschliche Freiheit kann gerade deshalb als unantastbares Gut gelten, weil sie den Charakter verdankter Freiheit trägt. Weil Gott gegen alle menschliche Selbstsucht und Schuld an der Treue zu seiner Schöpfung festhält, bleibt der Mensch zur Freiheit bestimmt.

In einer Zeit, die menschliches Leben vor allem als Projekt sieht, das gemäß einem eigenen Entwurf verwirklicht werden soll, erschließt das Schöpfungsmotiv den Zugang zu der wichtigen Einsicht, dass zu jedem Leben ein unverfügbares Moment gehört. Über Ort und Umstände seiner Geburt verfügt der Mensch so wenig wie über die Begabungen, die ihm mitgegeben sind, und die Gelegenheiten, von seiner Freiheit Gebrauch zu machen. Nur im Rahmen des ihm gegebenen Lebens kann er sein Leben gestalten. Gott die Ehre zu geben, das eigene Leben als Teil der Schöpfung zu verstehen und das eigene Wirken in der Welt als Antwort auf Gottes Schöpfergaben zu begreifen, zeichnet menschliches Leben aus.

Das Schöpfungsmotiv wurde im Protestantismus lange Zeit in einer auf den Menschen konzentrierten Weise interpretiert – so als käme es nur auf ihn als die «Krone der Schöpfung» an. Die Debatte über die «Grenzen des Wachstums» und die Einsicht in die Verantwortung des Menschen für die ihn umgebende Natur führten eine Neuorientierung herbei. Auch der Natur kommt als Gottes Schöpfung eine eigene Würde zu; der Mensch hat ihr gegenüber einen Doppelauftrag des Bebauens und Bewahrens (1. Mose 2,15).

Das *Gnadenmotiv* ist als Zweites zu nennen. Der Glaube lebt aus einer göttlichen Bewegung zum Menschen hin, auf die eine Wendung des Menschen zu Gott antwortet. «Gnade» gehört bereits zum Wortschatz des Alten Testaments. Das Volk Israel kennt nicht nur die Erfahrung des Segens, der mit der Schöpfung und ihrer Kontinuität verbunden ist, sondern ebenso die Erfahrung der Rettung, durch die Gott befreiend in die Geschichte eingreift. Der Auszug aus der Knechtschaft in Ägypten und das Ende des Babylonischen Exils wurden für das Volk Israel zu exemplarischen Erfahrungen göttlicher Gnade. In diesem rettenden Handeln Gottes zeigt sich seine Liebe zu seinem Volk. Dem Ziel, dass menschliches Verhalten dieser Liebe entspricht, dient das göttliche Gebot. Dieses Gebot zu erfüllen, hat keinen anderen Sinn als den, auf Gottes Gnade zu antworten und seinem Bund die Treue zu halten. «Es ist dir gesagt, Mensch, was gut ist und was der Herr von dir fordert: nichts als Gottes Wort halten und Liebe üben und demütig sein vor deinem Gott.» (Micha 6,8)

In der Entsprechung zwischen Gottes Bundestreue und der

menschlichen Antwort auf das göttliche Gebot treffen sich die geschichtlichen Überlieferungen des Alten Testaments mit seiner prophetischen Botschaft. Denn die alttestamentliche Prophetie proklamiert nicht nur Gottes Gericht über Israels Übertretungen, sondern sucht Zuflucht bei dem vergebenden Gott, der einen Neuanfang möglich macht. Im Neuen Testament begegnet die Güte Gottes in Person. Die vorbehaltlose Bejahung des Menschen trotz aller offenkundigen Gottlosigkeit verbindet sich mit der Botschaft und dem Geschick des Jesus von Nazareth.

Das hat wichtige Konsequenzen für das Verständnis menschlicher Freiheit. Bevor er die Freiheit wahrnehmen kann, von sich aus etwas anzufangen, ist der Mensch dazu befreit, von Gott her mit sich etwas anzufangen. Allem menschlichen Handeln liegt ein Empfangen voraus. Auch die Würde des Menschen wird nicht durch eigene Leistungen erworben; sie ist dem Menschen vielmehr vorgegeben und zugesprochen. Darin liegt der entscheidende Grund für das Vertrauen, dass sie auch durch Fehlleistungen nicht verspielt wird. Aus der Perspektive des Glaubens berechtigt dies dazu, diese Würde als unantastbar und unveräußerlich anzusehen.

Die menschliche Antwort bündelt sich im *Liebesmotiv.* Auf Gottes gnädige Zuwendung antwortet die menschliche Liebe zu Gott, zum Mitmenschen wie zu sich selbst. In dieser dreifachen Liebe führt das Neue Testament die biblischen Gebote zusammen; es macht die Liebe damit zum entscheidenden Prüfstein menschlichen Verhaltens (Markus 12,29 ff.). Diese Liebe ist radikal verstanden. Sie reicht über den Bereich persönlicher Sympathie, familiärer Verbundenheit oder gesellschaftlicher Gruppenzugehörigkeit hinaus. Sie gilt auch dem Fremden, ja sogar dem Feind (Matthäus 5,43 ff.).

Liebesbeziehungen, die durch wechselseitige Sympathie, Zuneigung und Treue geprägt sind, werden dadurch nicht relativiert. Auch wird nicht bestritten, dass die einem Menschen mögliche konkrete Fürsorge für andere Menschen begrenzt ist. Doch Liebe im umfassenderen Sinn beschränkt sich nicht darauf, dass wir *für andere* sorgen; sie kommt auch darin zum Ausdruck, dass wir uns *um andere* sorgen. Oft ist sie dann besonders stark, wenn wir nichts tun können, sondern uns ganz auf die Hoffnung für den anderen und das Gebet für ihn konzentrieren.

So führt das Liebesmotiv zum *Hoffnungsmotiv*. Hoffnung ist eine Bejahung der Zukunft über das hinaus, was wir mit Sicherheit voraussagen oder durch unser Handeln beeinflussen können. Sie bildet sich gerade im Bewusstsein einer ungewissen Zukunft. Sie ist als Antrieb menschlichen Handelns wirksamer, als es die Sicherheit über eine voraussagbare Zukunft je sein könnte. Sie motiviert zu verantwortlicher Gestaltung, solange uns die Zeit dafür gewährt ist. Sie reicht zugleich über die Grenzen des eigenen Lebens hinaus und überlässt dem Tod nicht das letzte Wort. Deshalb richtet sich diese Hoffnung nicht nur auf die eigene Lebenszeit oder die geschichtliche Zeit insgesamt, sondern zugleich auf Gottes Ewigkeit. Ihre stärksten Symbole – Auferweckung, ewiges Leben, Gericht und Reich Gottes – bezeichnen eine Zukunft, die nicht unter dem Bann des Todes steht, sondern den Tod überwindet.

Mit der Liebe verbindet sich diese Hoffnung gerade deshalb, weil sie als Kraft verstanden wird, die in die Gegenwart hineinwirkt. Die Hoffnung auf Gottes ausstehende Zukunft verbindet sich mit dem Zutrauen zu seiner dynamischen Präsenz in der Zeit. Der göttliche Geist ist das Unterpfand dieser Präsenz. Aus diesem Gedanken einer dynamischen Präsenz Gottes – nicht nur in seinem Schöpfungssegen, sondern in seiner gnädigen Zuwendung zum Menschen auch in seiner Verlorenheit – ergibt sich die komplexe und faszinierende Vorstellung von der Einheit Gottes in den drei Personen von Vater, Sohn und Heiligem Geist. Die Trinitätslehre, von manchen als eine schwer nachvollziehbare Spekulation angesehen, soll deutlich machen, dass Gott als Schöpfer der Welt und Bundespartner Israels, als der sich in Jesus von Nazareth Offenbarende und als der im Geist Gegenwärtige derselbe Gott ist. Es geht um die Selbigkeit Gottes in der Dynamik seiner weltlichen Präsenz.

Am Ende dieses kurzen Durchgangs steht das *Umkehrmotiv*. Die Verkündigung Jesu hat ein klares Zentrum. Mit dem Versprechen der Nähe Gottes verbindet sich die Einladung zu einem

Leben, das von der Liebe zu Gott und von der Liebe zum Nächsten wie zu sich selbst geprägt ist. Wer im Glauben seiner Würde inne wird und Freiheit erfährt, wird zugleich an den Nächsten gewiesen. Menschlich und menschenwürdig ist ein Leben, das durch Beziehungen wechselseitiger Anerkennung unter Gleichen gekennzeichnet ist. Die härtesten Herausforderungen hierfür sind Erfahrungen erzwungener Ungleichheit und verweigerter Anerkennung. Deshalb nimmt der Glaube die gesellschaftliche Wirklichkeit mit dem Blick von unten wahr; seine Perspektive ist die vorrangige Option für Arme, Verletzliche, Ausgegrenzte.

Lange Zeit war das Umkehrmotiv auf das Verhältnis des Menschen zu Gott sowie auf das Verhältnis zum Mitmenschen bezogen. Erst als die Auswirkungen der menschlichen Herrschaft über die Natur sich in ihren Schattenseiten zeigten, wurde dieses Motiv auch auf das Verhältnis zur natürlichen Umwelt des Menschen übertragen. Im Gegenzug gegen maßlose Verfügungsansprüche über die natürlichen Ressourcen erweisen sich Selbstbegrenzung und ein verantwortlicher Gebrauch menschlicher Herrschaftsmittel als notwendige Schritte der Umkehr. Nicht nur Barmherzigkeit gegenüber den Leidenden und stellvertretendes Handeln für künftige Generationen, sondern auch der achtsame Umgang mit der Natur sind Schritte der Umkehr, die aus dem Bekenntnis zu Gottes Gnade folgen.

Alle fünf geschilderten Grundmotive sind von zwei wichtigen Voraussetzungen bestimmt: dass ein Gott ist und dass er der Welt als Erlöser begegnet. Der Monotheismus bezieht alles, was in der Welt geschieht, auf das Bekenntnis zu dem einen Gott, der es mit seiner Schöpfung gut meint. Dieses Gottesbekenntnis stößt auf den Widerspruch des Bösen und auf das für den Menschen unauflösbare Faktum des Todes. Der Erlösungsglaube rückt diese Mächte in den zweiten Rang. Zugleich gibt er dem einen Gott, der sich dem Volk Israel offenbart hat, universale Bedeutung; er sieht in ihm den Gott aller Völker. Damit wird der Erlösungsglaube dem Monotheismus untergeordnet. In Jesus Christus tritt nicht ein zweiter Gott auf; denn «nichts darf neben Gott treten, es sei denn Gott selbst» (Theißen 2003: 137). Diese Verknüpfung von

Monotheismus und Erlösungsglauben bestimmt die Ausbildung des christlichen Bekenntnisses zum dreieinigen Gott und damit das christliche Gottesverständnis insgesamt.

Protestantische Zuspitzungen

Die fünf Grundmotive des christlichen Glaubens können sich mit unterschiedlichen Deutungen und Lebensformen verbinden (vgl. Theißen 2003: 253 ff.). Um die protestantische Ausgestaltung dieser Grundmotive in den Blick zu nehmen, kann man sich an einer Beobachtung des evangelischen Theologen und Religionsphilosophen Paul Tillich orientieren. Er hat das «protestantische Prinzip» als Anleitung zur Fähigkeit des Unterscheidens verstanden (Tillich 1966). Diese hängt mit der reformatorischen Neuentdeckung der paulinischen Rechtfertigungsbotschaft zusammen (siehe oben S. 12 ff.). Aus der Einsicht, dass der Mensch dank der göttlichen Gnade im Glauben und nicht durch eigene Leistung vor Gott anerkannt und gerechtfertigt ist, ergeben sich drei Unterscheidungen, die im Protestantismus in besonderer Weise akzentuiert werden.

Als Erstes ist die grundlegende *Unterscheidung zwischen Gott und Mensch* zu nennen. Denn das Seinwollen wie Gott bildet eine Grundverkehrung der menschlichen Existenz. Die Fehldeutung wissenschaftlicher Fortschritte im Sinn eines Herrschaftsanspruchs über Leben und Tod oder der Verfügungsanspruch über fremdes Leben mit den Mitteln der Gewalt sind Beispiele für diese Verkehrung. Nur in der Unterscheidung zwischen Gott und Mensch lässt sich verbinden, was sonst unausweichlich auseinandertritt: die Endlichkeit des Menschen und die Unantastbarkeit seiner Würde. Weil diese Würde dem Menschen von Gott zukommt und nicht in seinen eigenen Leistungen gründet, heben Fehlleistung und Schuld sie nicht auf. Weil das Leben unter einer Verheißung steht, die an der Endlichkeit dieses Lebens nicht zerbricht, kann von einer unbedingten und unantastbaren Würde des Menschen die Rede sein. In der Überzeugung, dass der Mensch ein «Zweck an sich selbst ist», über dessen Würde niemand verfügen darf, treffen sich christliche Moral und säkulares Rechtsdenken. Im Grundgesetz der Bundesrepublik Deutschland zeigt sich dies in der Verbindung zwischen dem Bekenntnis zur Verantwortung vor Gott und den Menschen einerseits und zur Unantastbarkeit der Menschenwürde andererseits.

Zweitens verbindet sich damit *die Unterscheidung zwischen der Person und ihren Taten*. Der Mensch ist mehr, als er selbst aus sich macht. Er ist mehr als seine Taten oder Untaten, seine Leistungen oder Fehlleistungen. Jeder Mensch lebt von der Gnade des Neubeginns, vom Geschenk der Vergebung. Die Achtung vor der Würde dessen, der in seinem Verhalten gegen alle Würde verstoßen hat, ist dafür ein entscheidender Prüfstein. Die Achtung vor dieser Würde zeigt sich beispielhaft, wenn in christlichen Gottesdiensten zum Gedenken an die Opfer eines Amoklaufs auch des Amokschützen fürbittend gedacht wird. Die Unabhängigkeit der Würde von den eigenen Taten zeigt sich aber auch in den rechtlichen Regeln für den Strafprozess, der nicht nur von dem Respekt für die Opfer einer Straftat, sondern ebenso von der Achtung für die Person des Angeklagten geprägt sein muss. Im Grundsatz der Unschuldsvermutung, der Gewährleistung des rechtlichen Gehörs oder dem Verbot, Aussagen mit gewaltsamen Mitteln zu erzwingen, kommt diese Achtung zum Ausdruck.

Vom Respekt für die Würde des Menschen kann nur die Rede sein, wenn er allen in gleicher Weise zugutekommt. Der Grundsatz der Menschenwürde gilt entweder universal, oder er gilt gar nicht. Modernes Rechtsdenken und christliches Menschenbild treffen sich in diesem Grundzug eines «egalitären Universalismus» (Habermas 2005: 279ff., 2012: 96ff.). Im christlichen Verständnis ist diese Universalität der Würde in der Universalität der Liebe begründet. Wie die Gnade Gottes jedem Menschen zukommt, so soll auch die Liebe unter den Menschen unteilbar sein. Sie gilt nicht nur den Nächsten, sondern auch den Fernsten, nicht nur dem Freund, sondern auch dem Feind. Was in früheren Zeiten von manchen noch als lebensfremd belächelt wurde, gewinnt angesichts weltweiter Wanderungsbewegungen und im Licht des Schicksals von Flüchtlingen und ihrer Hoffnung auf Aufnahme erstaunliche Aktualität.

Drittens will ich die *Unterscheidung zwischen Gottes Zukunft und der geschichtlich gestaltbaren Zukunft* hervorheben. Der christliche Glaube überlässt die letzte Wahrheit Gott und verwahrt sich so gegen jeden Versuch, menschliche Wahrheitsansprüche mit Gewalt durchzusetzen und totalitäre Heilslehren zu postulieren. Die christliche Hoffnung erwartet die Offenbarung der letzten Wahrheit über die Zeit allein von Gott; das bringen die Glaubenssymbole des Reiches Gottes und des Jüngsten Gerichts zum Ausdruck. Über den eigenen Tod hinaus vertraut sich der Glaubende Gott und seinem Wirken an, wie die Hoffnungssymbole der Auferstehung von den Toten und des ewigen Lebens zeigen. Dagegen bleibt die persönliche Lebensführung immer an die Bedingungen der Endlichkeit gebunden; aber auch die Gestaltung des gemeinsamen Lebens in Politik, Wirtschaft und Gesellschaft ist durch die Kontingenz aller Geschichte geprägt. Alles menschliche Handeln trägt vorläufigen Charakter und ist vor Irrtümern und Fehlern nicht gefeit; die Vorstellungen von einem Ende der Geschichte und einer definitiven Wahrheit verbinden sich mit Gott und übersteigen die Möglichkeiten des Menschen. Mit dieser Unterscheidung leistet der christliche Glaube einen wichtigen Beitrag zur Humanisierung des Umgangs mit der Zukunft.

Die Pluralität der Werte

Von Würde reden wir in der Einzahl, von Werten in der Mehrzahl. Würde ist unteilbar, Werte treten in Konkurrenz zueinander. Mit dem Begriff der Würde bezeichnen wir den Sinn des Ganzen, den wir mit Gott verbinden, die Sonderstellung einer Person, eines Teils der Natur oder eines Kunstwerks, aber auch die Sonderstellung aller Menschen, die Unantastbarkeit der Natur im Ganzen, die Schutzwürdigkeit der Kunst insgesamt. Man mag darüber streiten, welche Handlungskonsequenzen sich daraus ergeben, dass wir eine solche Würde anerkennen; doch diese Anerkennung selbst steht nicht zur Disposition. Wenn wir etwas als vorzugswürdig und darin wertvoll betrachten, kann darüber Streit entstehen. Und umgekehrt: Der Verständigung über bestimmte

Werte geht in der Regel Streit voraus – und zwar nicht nur Streit darum, dass etwas Bestimmtem ein Wert zuerkannt wird, sondern auch darum, dass ein Wert als solcher anerkannt wird. An dieser Stelle verschränken sich Wert und Würde: Die Einsicht in die Würde des Menschen hat keineswegs die automatische Folge, dass allen Menschen die gleiche Würde auch faktisch zuerkannt wird.

Geschichtliche Wertauseinandersetzungen haben es oft damit zu tun, dass die Reichweite menschlicher Würde ausgeweitet wird: auf bisherige Sklaven ebenso wie auf Freie, auf diskriminierte ethnische Gruppen ebenso wie auf die bisher Privilegierten, auf Frauen wie auf Männer, auf Kinder wie auf Erwachsene, auf Menschen mit Behinderungen ebenso wie auf Menschen ohne solche Einschränkungen. Die Wertkonflikte der Neuzeit entzünden sich an solchen Themen. Unabhängig davon, ob sie sich an den Leitbegriffen der Freiheit, der Gleichheit oder der Solidarität orientieren, bildet die Frage nach der Reichweite menschlicher Würde ihren Kern. Werte, die als wichtig und gut anerkannt werden, ergreifen diejenigen, die sie sich zu eigen machen. Der Vorrang, den sie ihnen geben, verdankt sich also nicht nur dem Kalkül, dass der betreffende Wert für einen selbst von Vorteil oder von Nutzen sei; dieser Vorrang ist – zumindest zugleich – in einer aus Erfahrung gespeisten Überzeugung verankert. Menschen machen sich Werte zu eigen, weil sie von ihnen ergriffen sind (Joas 1999: 286).

Dass einem Wert von bestimmten Gruppen oder in bestimmten Situationen der Vorrang zuerkannt wird, macht die Werte, die dahinter zurückstehen, nicht bedeutungslos. Für verschiedene Personen oder Personengruppen kristallisiert sich das Wertbewusstsein aus Gründen der religiösen Identität, der kulturellen Tradition, der politischen Verfassung, der Wirtschafts- und Sozialkultur um bestimmte Werte, ohne dass damit andere Werte ausgeschlossen werden. Bestimmte Werte nehmen allgemeine Bedeutung an; aber auch durch eine solche «Wertegeneralisierung» werden andere Werte nicht bedeutungslos. Kurzum: Werte haben eine starke Orientierungskraft; aber kein Wert gilt absolut, jeder ist in ein sich wandelndes Werteuniversum eingebettet.

Das lässt sich an der Wertegeschichte Europas veranschaulichen, denn Europa ist durch mehrere kulturelle und religiöse Faktoren geprägt (vgl. Joas/Wiegandt: 2007), für die drei Namen stehen: Athen, Rom und Jerusalem. Den Griechen verdankt Europa den Geist der Philosophie, den Aufbruch zur Wissenschaft, die Offenheit für die Künste. Den Römern verdankt es die Stiftung einer Rechtsordnung, den Sinn für politische Einheit und gestaltete Herrschaft. Jerusalem schließlich verdankt es die Bibel, die prägende Religion, das bestimmende Bild vom Verhältnis zwischen Gott und Mensch. Das Christentum ist aus dem Judentum hervorgegangen; die Bibel der Christen schließt die Hebräische Bibel ein. Jesus, Petrus und Paulus – um nur diese drei zu nennen – waren Juden. Wann immer das Christentum sich von diesen jüdischen Wurzeln emanzipieren wollte, hatte das schreckliche Folgen. Für die Zukunft des Christentums ist es deshalb von großer Bedeutung, dass es sich seiner Herkunft aus dem Judentum bewusst ist. Trotzdem ist es keine Übertreibung, von einer christlichen Prägung Europas zu sprechen.

Christliche Werte

Die Strukturierung der Zeit durch die christliche Woche und die christliche Zeitrechnung, die Bestimmung des Ortsbildes von Städten und Dörfern durch Kirchen, Kapellen und Klöster, die christliche Gestaltung der monogamen Ehe und der verlässlichen Verbindung zwischen den Generationen in der Familie, der Einfluss christlicher Nächstenliebe auf Krankenpflege, Nachbarschaftshilfe und Sozialwesen, der hohe Rang der Bildung, die Entwicklung von Arbeitsethos und Berufsverständnis, die Anerkennung der Würde jedes Einzelnen durch die politische Kultur sind Faktoren, die sich nicht ausschließlich, aber doch zu erheblichen Teilen der christlichen Überlieferung verdanken.

Um welche Werte handelt es sich dabei? Welche Werte und Normen sind gemeint, wenn beispielsweise das deutsche Bundesverfassungsgericht davon spricht, dass nach wie vor die «überragende Prägekraft» anzuerkennen sei, die dem christlichen Glauben und den christlichen Kirchen für das politische Zusammenleben zukommt (Bundesverfassungsgericht 1995: 22)? Fünf derartige Werte will ich hervorheben: Gottvertrauen und Nächstenliebe, die Achtung der Menschenwürde, Toleranz, verantwortete Freiheit, Einsatz für das Gemeinwohl.

Gottvertrauen und Nächstenliebe. Kennzeichnend für den christlichen Glauben ist der innere Zusammenhang von Gottvertrauen und Nächstenliebe. Das Vertrauen, dass Gott es mit seiner Schöpfung gut meint und auch durch bittere Erfahrungen hindurch als Güte erfahrbar ist, prägt sich auch in der Bereitschaft aus, dem Mitmenschen in guten wie in schwierigen Situationen beizustehen. Das Vertrauen auf Gottes Güte ist ein entscheidendes Motiv dafür, in der Sorge um den Nächsten auch angesichts der Erfahrungen von Niedertracht und Feindseligkeit nicht nachzulassen.

Sosehr jeder Mensch sich um das eigene Leben sorgen muss, so geht doch keiner in dieser Sorge völlig auf. Die Verbindung von Nächstenliebe und Selbstliebe verdeutlicht das in zugespitzter Form. Der christliche Glaube bringt das Motiv der Nächstenliebe auch in die Welt des Rechts, der Ausübung von Macht und der Verfolgung des eigenen Vorteils im wirtschaftlichen Handeln ein. Zu seinen grundlegenden Impulsen gehört die Aufforderung zu einem Perspektivenwechsel, der die Lebenswirklichkeit aus der Perspektive des jeweils anderen zeigt. Die Goldene Regel, nach welcher man den andern so behandeln soll, wie man selbst behandelt zu werden hofft (Matthäus 7,12), ist wohl das wirksamste Moralprinzip geworden, das durch das Christentum vermittelt wurde, auch wenn es nicht allein christlichen Ursprungs ist. Im biblischen Verständnis gehört es mit dem Dreifachgebot der Liebe zu Gott, zum Nächsten und zu sich selbst unmittelbar zusammen (Matthäus 22, 35–40). Die Kultur des Helfens, die vor allem durch die karitativen Einrichtungen der christlichen Kirchen gefördert worden ist und auch heute durch solche Einrichtungen in großer Breite repräsentiert wird, bildet eine unentbehrliche Stütze für die Humanität in der Gesellschaft.

Achtung der Menschenwürde. Der Respekt vor der gleichen Würde jedes Menschen ist in der Perspektive des christlichen Glaubens darin begründet, dass der Mensch von Gott geschaffen und durch Gottes schöpferisches Wort zur Antwort befähigt und berufen ist (Rendtorff/Schmude 2004). Diese göttliche Anrede gilt jedem Menschen in gleicher Weise; daraus ergibt sich die grundsätzliche Gleichheit in der Rechtsstellung jedes einzelnen Menschen. Dass keinem Menschen das Recht vorenthalten werden soll, Rechte zu haben, folgt daraus ebenso wie eine Ausgestaltung der Menschenrechte, in der Freiheit und Gleichheit miteinander verbunden sind. Zwar sind die Menschenrechte historisch weithin zunächst gegen die Kirchen oder in Distanz zu ihnen formuliert und durchgesetzt worden; aber mit ihnen verbinden sich Motive, die zum christlichen Bild vom Menschen gehören (vgl. Joas, Menschenrechte 2015).

Toleranz. Ähnliches lässt sich über den Grundsatz der Toleranz sagen. Im christlichen Verständnis hat er seinen Ursprung in der Vorstellung von der «Toleranz Gottes». Dieser Begriff geht auf Martin Luther zurück (Ebeling 1982). Damit ist gemeint, dass Gott den Menschen, der sich in seiner Gottlosigkeit von ihm abgewandt hat, gleichwohl «toleriert» – das heißt wörtlich: «erträgt» –, ihn also nicht seiner Gottlosigkeit überlässt. Da es niemanden gibt, der von dieser göttlichen Toleranz ausgeschlossen wäre, kennt der christliche Glaube einen genuinen Zugang zur Toleranz, der darin gründet, dass jeder Mensch – unabhängig von seinen subjektiven Voraussetzungen, also auch von den Voraussetzungen seines persönlichen Bekenntnisses – im Wirkungshorizont der göttlichen Liebe existiert. Aber auch für diesen Grundsatz der Toleranz gilt, dass er gegen die im Namen der Kirche selbst praktizierte Intoleranz zur Geltung gebracht werden musste. In der Anerkennung der Toleranz sind Einzelpersonen und christliche Minoritäten den großen Kirchen vorangegangen. Die Befürworter der Toleranz konnten sich dabei mit gutem Recht vor allem auf christliche Reformbewegungen berufen, die Reformation des 16. Jahrhunderts eingeschlossen.

Zwar sind Luthers eigene Äußerungen nicht durchweg von Toleranz geprägt; seine späten Äußerungen «über die Juden und ihre Lügen» belegen das in bedrückender Weise (siehe oben S. 276). Die Geschichte der Reformation schließt intolerante Handlungen bis hin zur Verbrennung von Dissidenten ein. Aber der Ansatz der Reformation enthält in seiner Konsequenz nicht nur die Möglichkeit, sondern die Verpflichtung zur Toleranz. Dies ergibt sich aus dem Gedanken der Toleranz Gottes ebenso wie aus der Art und Weise, in der die Reformation Gewissensbindung und Gewissensfreiheit miteinander verknüpft.

Dieser Ansatz lässt, konsequent zu Ende gedacht, für Gewissenszwang keinen Raum. Die Kirche wird dazu verpflichtet, für die Wahrheit des Evangeliums «ohne menschliche Gewalt, sondern durch das Wort» einzutreten (Artikel 28 des Augsburgischen Bekenntnisses von 1530, Mau 2008: 1,91). Im Blick auf den Staat aber stellt Luther klar, dass seine legitime Macht an der Gewissensbindung des Einzelnen ihre Grenze hat; soweit er den Versuch unternimmt, einen Zwang in Glaubensfragen auszuüben, ist man ihm deshalb nicht zum Gehorsam verpflichtet (Luther 1982: 4,36ff.). «Hier stehe ich, ich kann nicht anders»: Es ist legitim, Luthers Aussage vor dem Reichstag in Worms im Jahr 1521 als Anknüpfungspunkt für eine Kultur der Gewissensfreiheit und der Toleranz zu betrachten.

Die wechselseitige Achtung von Überzeugungen und Lebensformen setzt voraus, dass Menschen wissen, was ihnen wichtig ist. Das befähigt sie dazu, das zu achten, was anderen wichtig ist. In diesem Sinn ist die persönliche und gesellschaftliche Toleranz nicht indifferente, sondern überzeugte Toleranz. Sie folgt aus der Gewissensfreiheit, die die Freiheit zur Bildung eigener Überzeugungen und zur Bindung an sie einschließt. Der Staat hat die Pflicht, diese Freiheit zu achten und gegen Angriffe zu verteidigen. Zugleich wahrt er im Blick auf alle Überzeugungen, die das gemeinsame Dach der Freiheit anerkennen, Neutralität. Der Staat ist deshalb, streng genommen, nicht tolerant, sondern neutral.

Verantwortete Freiheit.   Die Art und Weise, in der Freiheit und Bindung oder, moderner formuliert: Freiheit und Verantwortung durch die Reformation im Begriff des Gewissens miteinander verknüpft wurden, hat dazu beigetragen, dass auch im Blick auf das gesellschaftliche Handeln Eigenverantwortung mit Solidarität und Gerechtigkeit verknüpft wurden. Das Bild von Ehe und Familie, all seine Wandlungen eingerechnet, ist davon ebenso ge-

prägt wie das Konzept der sozialen Marktwirtschaft, bei dessen
Entstehung christlich motivierte Denker eine erhebliche Rolle
spielten. Von daher haben die Kirchen zu der Aufgabe, eine soziale Gesellschaft und einen sozialen Staat zu entwickeln und zu
erhalten, eine besondere Affinität. Neben dieser Orientierung an
den Aufgaben der sozialen Gerechtigkeit haben die Verantwortung für den Frieden und die Bewahrung der Natur im christlichen Sozialethos der vergangenen Jahrzehnte eine herausragende
Bedeutung gewonnen.

Freiheit und Verantwortung miteinander zu verbinden, ist die
Grundidee der Demokratie. Diese Verbindung zu stärken, gehört
zu den großen Aufgaben der Gegenwart. Nach dem Zusammen-
bruch der staatskollektivistischen Systeme im Herrschaftsbereich
der Sowjetunion wurde für einige Zeit eine «Individualisierung»
propagiert, die den Anschein erweckte, nun sei einem reinen Individualismus das Feld zu überlassen. Die Auffassung, die Wirtschaft habe ihr wichtigstes Ziel im Erzielen maximaler Erträge für
die Anteilseigner, bestärkte diese Haltung. Doch auf diesem Weg
wurden Risiko und Haftung und damit auch Freiheit und Verantwortung voneinander getrennt. Eine Freiheitsauffassung, für die
das Wesen der Freiheit in ihrem willkürlichen Gebrauch besteht,
löst sich nicht nur aus der Verbindung mit einem protestantischen
Begriff der Freiheit, sondern lässt auch wichtige Ideale der Aufklärung hinter sich. Zu ihnen gehört die Überzeugung, dass der
vernünftige Gebrauch der Freiheit sich an dem orientiert, was für
alle verbindlich sein kann, und somit dem gemeinsamen Leben
mit anderen nicht entgegensteht. Gerade in ihrer Freiheit ist die
einzelne Person auf das Zusammensein mit anderen angelegt.
Deshalb hebt die Vorstellung von der Autonomie der freien und
selbstbestimmten Person die Verantwortung für das gemeinsame
Leben nicht auf, sondern stärkt sie.

Einsatz für das Gemeinwohl.   Der Zusammenhang von Freiheit
und Verantwortung zeigt sich auch in den Werten, die für die Gestaltung des gemeinsamen Lebens bestimmend sind. Lange waren
die Vorstellungen vom Gemeinwohl ordnungstheologisch geprägt; sie sahen ebenso wie im Staat auch in Ehe und Familie sowie
in Wirtschaft und Arbeit vorgegebene Ordnungen, in die sich die

Einzelnen einzufügen hatten. Das Motiv des Gehorsams drängte sich auf diese Weise vor das Motiv verantwortlich gestalteter Freiheit.

Dass Institutionen nicht nur vorgegebene Ordnungen, sondern gestaltbare Verantwortungsräume sind, zeigt sich in der protestantischen Überlieferung exemplarisch an der Neuprägung des Worts «Beruf» durch Martin Luther. Allen Menschen kommt unabhängig von Rang oder Titel ein Beruf zu – nämlich eine Berufung durch Gott dazu, im eigenen Verantwortungsbereich seiner Aufgabe zum Besten seiner Mitmenschen nachzugehen. Nicht nur die Erwerbstätigkeit, sondern auch die Familienarbeit und gesellschaftliches Engagement werden in diesem Begriff des Berufs erfasst. Der Sinn der Arbeit erschöpft sich weder im Gelderwerb noch im eigenen Vorteil; zu ihm gehört vielmehr der Dienst am Nächsten und somit die Förderung des Gemeinwohls.

Diese Sichtweise hat eine Aufwertung weltlicher Tätigkeit insgesamt zur Folge. Damit wird der weltliche Bereich nicht religiös oder gar klerikal vereinnahmt, sondern das Wirken in der Welt wird, mit dem Theologen Karl Barth gesprochen, als tätige Bejahung des geschöpflichen Daseins gewürdigt (Barth 1957: 593). Das weltliche Tätigsein wird in den Glauben einbezogen. Die Weltlichkeit einer reformatorisch geprägten Lebensform ruht auf starken religiösen Gründen.

Wertkonflikte

Angesichts der Terroranschläge auf das World Trade Center in New York und das Pentagon in Washington am 11. September 2001 – kurz «9/11» genannt – schien sich Samuel Huntingtons Diagnose eines «clash of civilisations», eines «Kampfs der Kulturen», zu bestätigen (Huntington 1996). Nach den Terroranschlägen in Paris am 13. November 2015 – die man analog als «11/13» bezeichnen kann – wurde diese These wieder aufgenommen. Von einem Krieg der Kulturen war die Rede; Papst Franziskus sprach gar von einem «Dritten Weltkrieg». Es gehe darum, so hieß es in der Erschütterung über diese Ereignisse, «unsere Werte» zu verteidigen. Dabei war insbesondere von den Lebensformen der Freiheit die Rede, die sich in der Möglichkeit, sich zu Großveranstaltungen zusammenzufinden, oder in der Freude an Geselligkeit zeigen, denn diesen Lebensformen hatten die Angriffe in Paris gegolten.

Doch es geht nicht um einen Kampf der Kulturen, sondern um eine Auseinandersetzung, die innerhalb aller Kulturen ausgetragen werden muss. Nötig ist die Verständigung über Werte, denen universale Geltung zuerkannt werden kann. Seit die Völkergemeinschaft sich nach den Völkermorden im Zeitalter der Weltkriege mit der Allgemeinen Erklärung der Menschenrechte von 1948 auf Prinzipien eines friedlichen Zusammenlebens verständigt hat, ist der Unterschied zwischen solchen universalen Werten und Werthaltungen, die mit einer besonderen kulturellen Lebensform zusammenhängen, deutlich geworden. Es kann deshalb nicht als Ausdruck eines kulturellen Überlegenheitsgefühls abgetan werden, wenn die Anerkennung dieser Werte von allen eingefordert wird. Europäern und insbesondere Deutschen muss dabei stets im Bewusstsein bleiben, dass es ihr eigener Kontinent und insbesondere ihr eigenes Land waren, von denen die Verletzung dieser Werte in der ersten Hälfte des 20. Jahrhunderts ihren Ausgang nahm.

Christen erkennen heute die Menschenrechte als Maßstab für die Gestaltung des gemeinsamen Lebens an. Sie bekennen sich zu dem egalitären Universalismus, in dem sich die vernunftrechtlichen Überzeugungen der Aufklärung mit Impulsen der jüdisch-christlichen Tradition treffen. Für diese Verbindung bildet die reformatorische Betonung der Gewissensfreiheit einen wichtigen Bezugspunkt. In der Verteidigung dieses egalitären Universalismus geht es um den universalen Wert der Menschenwürde, der sich in kodifizierten Menschenrechten und in gelebter Toleranz Ausdruck verschafft.

Konflikte zwischen unterschiedlichen Werthaltungen brechen nicht nur am Widerstreit zwischen einzelne Menschen oder Gruppen auf. Sie haben zugleich ihren Ort in der einzelnen Person. Auf neue Weise gewinnt die persönliche Entscheidung Bedeutung, die bereits am Anfang der Reformation stand. Am Verhalten der Reformatoren kann man nicht nur lernen, was es bedeutet, für eine getroffene Entscheidung auch gegen Widerstand einzustehen.

Ihr Beispiel zeigt auch, dass neue und bessere Einsichten möglich sind, wenn man sie am Maßstab des Glaubens, insbesondere an Gottvertrauen und Nächstenliebe prüft. Das Festhalten an dem, was man als richtig erkannt hat, gehört ebenso zum christlichen Glauben wie die Bereitschaft zu Umkehr und Neubeginn.

DANK

Dieses Buch erscheint zu Beginn des Jahres, in dem das fünfhundertjährige Jubiläum der Reformation begangen wird. Auch über dieses Datum hinaus soll es zum Verständnis eines geistesgegenwärtigen, der Welt zugewandten und bewusst ökumenischen Protestantismus beitragen. Wer zum Kern des christlichen Glaubens vordringen will, muss sich der Botschaft des Evangeliums zuwenden. Das ist die reformatorische Überzeugung, deretwegen ich dieses Buch als eine «evangelische Orientierung» bezeichne.

In der vorliegenden Form tritt es neben mein Buch zur «Ethik», das zwanzig «Grundfragen des menschlichen Lebens von der Geburt bis zum Tod» behandelt. Vergleichbar elementar wie diese Lebensfragen sind auch die Glaubensfragen, die in den zehn Kapiteln dieses Buchs zur Sprache kommen. Im einen wie im andern Fall danke ich dem Verlag C.H.Beck und insbesondere Ulrich Nolte für die liebenswürdige Beharrlichkeit und die ungewöhnliche Sachkenntnis, mit denen er auch dieses Buch in seinem Entstehen begleitet und zu seiner Endgestalt beigetragen hat.

Das Buch verbindet frühere Überlegungen mit neuen Einsichten. Anregungen von Freunden und Kollegen waren dabei wichtige Anstöße. Nur einige will ich, stellvertretend für andere, nennen. Wilfried Härle hat durch hilfreiche Kommentare zu einer früheren Fassung die Präzisierung meiner Überlegungen gefördert. Hans Joas hat mich dazu angespornt, über die Zukunftsmöglichkeiten des christlichen Glaubens in einer Zeit nachzudenken, in der religiöse und säkulare Optionen nebeneinanderstehen. Gerd Theißen verdanke ich wichtige Anregungen zum Brückenschlag zwischen biblischer und systematischer Theologie. Michael Welkers Impulse fordern immer wieder dazu heraus, über den Tellerrand theologischen Denkens und über den eigenen Kulturraum hinauszuschauen. Ihnen danke ich ebenso herzlich wie den Freunden Heinrich Bedford-Strohm, Hans-Richard Reuter und Dirkie Smit für allen ermutigenden Austausch.

Die verlegerische Gestaltung dieses Buchs wurde von Ulrich

Nolte und Angelika von der Lahr immer in die richtigen Bahnen gelenkt. Daniel Koppehl hat mich beim Lesen der Korrekturen unterstützt, das Sachregister erarbeitet und den beiden anderen Registern den letzten Schliff gegeben. Ihnen gilt mein herzlicher Dank ebenso wie Christoph Köhler und Annette Graeber, die mir ermöglicht haben, für die biblischen Zitate die Übersetzung Martin Luthers in der Revision 2017 zu verwenden.

Seit fünfzig Jahren teile ich ein erfülltes Leben mit meiner Frau Kara Huber. Ihr widme ich dieses Buch in steter Liebe und großer Dankbarkeit.

Wolfgang Huber
am 31. Oktober 2016

ANHANG

LITERATURHINWEISE

Das Abendmahl. Eine Orientierungshilfe zu Verständnis und Praxis des Abendmahls in der evangelischen Kirche. Vorgelegt vom Rat der Evangelischen Kirche in Deutschland, Gütersloh 2003.

Agende 6. Berufung – Einführung – Verabschiedung, hg. von der Vereinigten Evangelisch-Lutherischen Kirche Deutschlands und der Union Evangelischer Kirchen in der EKD, Hannover/Bielefeld 2012.

Allen, Woody: Nebenwirkungen/Ohne Leit kein Freud, übersetzt von Benjamin Schwarz, München 2011.

Anselm von Canterbury, Proslogion. Untersuchungen. Lateinisch-deutsche Ausgabe v. P. Franciscus Salesius Schmitt O. S. B., Bad Cannstatt 1962.

Arendt, Hannah: Eichmann in Jerusalem. Ein Bericht von der Banalität des Bösen, München 1964.

Assmann, Jan: Die Mosaische Unterscheidung oder der Preis des Monotheismus, München 2003.

–: Exodus. Die Revolution der Alten Welt, München 2015.

Augustin: Confessiones. Bekenntnisse. Lateinisch und Deutsch. Eingeleitet, übersetzt und erläutert v. Joseph Bernhart, 4. Aufl. München 1980.

Bachmann, Ingeborg: Werke, Bd. 1, München 1978.

Bahr, Egon: Wandel durch Annäherung, Rede vom 15.7.1963 in der Evangelischen Akademie Tutzing, https://www.fes.de/archiv/adsd_neu/inhalt/stichwort/tutzinger_rede.pdf.

Bahr, Petra/Joachim von Soosten (Hg.): Vater unser. Einübung im Christentum, Frankfurt a. M. 2008.

Barth, Hans-Martin: Evangelischer Glaube im Kontext der Weltreligionen, Gütersloh 2001.

Barth, Karl: Die Kirchliche Dogmatik I/1, 7. Aufl. Zollikon-Zürich 1955.

–: Die Kirchliche Dogmatik III/4, 2. Aufl. Zollikon-Zürich 1957.

–: Mit dem Anfang anfangen. Lesebuch, hg. von R. J. Erler und R. Marquard, Zürich 1985.

Bedford-Strohm, Heinrich: Schöpfung, Göttingen 2001.

– (Hg.): «… und das Leben der zukünftigen Welt». Von Auferstehung und Jüngstem Gericht, Neukirchen 2007.

Benedikt XVI.: Gott ist die Liebe. Die Enzyklika «Deus caritas est», Freiburg i. Br. 2006.

–: Glaube und Vernunft. Die Regensburger Vorlesung, Freiburg i. Br. 2006.

–: Ansprache an die Mitglieder der römischen Kurie am 22. Dezember 2006, http://w2.vatican.va/content/benedict-xvi/speeches/2006/de cember/documents/hf-ben_xvi_spe_20061222_curia-romana.html.

–: Auf Hoffnung hin gerettet. Die Enzyklika «Spe salvi», Freiburg i. Br. 2008.

–: Predigt am 11.10.2012 zur Eröffnung des Jahrs des Glaubens, http://www.vatican.va/holy_father/benedict_xvi/homilies/2012/documents/hf_ben-xvi_hom_20121011_anno-fede_ge.html (zuletzt aufgerufen am 17.03.2013).

Berger, Peter L.: Der Zwang zur Häresie. Religion in der pluralistischen Gesellschaft, Freiburg i. Br. 2000.

–: Erlösender Glaube? Fragen an das Christentum, Berlin/New York 2006.

Bertelsmann-Stiftung (Hg.): Religionsmonitor – verstehen was verbindet. (1) Religiosität und Zusammenhalt in Deutschland, Gütersloh 2013.

– (Hg.): Religionsmonitor – verstehen was verbindet. (2) Religiosität im internationalen Vergleich, Gütersloh 2013.

Bibel in gerechter Sprache, hg. von Ulrike Bail u. a., 4. Aufl. Gütersloh 2011.

Die Bibel nach Martin Luthers Übersetzung, revidiert 2017, Stuttgart 2016.

Bonhoeffer, Dietrich: Gemeinsames Leben. Gebetbuch der Bibel, München 1987.

–: Nachfolge, Gütersloh 1989.

–: Widerstand und Ergebung. Briefe und Aufzeichnungen aus der Haft, Gütersloh 1998.

Brandt, Sigrid/Marjorie H. Suchocki/Michael Welker (Hg.): Sünde. Ein unverständlich gewordenes Thema, Neukirchen 1997.

Brechter, Heinrich Suso u. a. (Hg.): Das Zweite Vatikanische Konzil. Dokumente und Kommentare, 3 Bände, Neuausgabe Darmstadt 2014.

Brown, Peter: Die Entstehung des christlichen Europa, München 1999.

Bryson, Bill: Eine kurze Geschichte von fast allem, München 2005.

Buber, Martin: Werke, Bd. I, München/Heidelberg 1962.

Entscheidungen des Bundesverfassungsgerichts, Bd. 93, 1, Tübingen 1995.

Calmbach, Marc/Silke Borgstedt/Inga Borchard/Peter Martin Thomas/Berthold Bodo Flaig: Wie ticken Jugendliche 2016? Lebenswelten von Jugendlichen im Alter von 14 bis 17 Jahren in Deutschland (Sinus-Jugendstudie), Wiesbaden 2016.

Calvin, Johannes: Studienausgabe, Bd. 2, hg. v. Busch, Eberhard/Matthias Freudenberg/Alasdair Heron/Christian Link/Peter Opitz/Ernst Saxer/Hans Scholl, 2. Aufl. Neukirchen-Vluyn 2010.

Campenhausen, Hans von: Die Entstehung der christlichen Bibel, Tübingen 1968.

Camus, Albert: Dramen. Caligula, Das Mißverständnis, Der Belagerungs-
zustand, Die Gerechten, Die Besessenen, Hamburg 1959.

Clasen, Winrich C.-W./Michael Meyer-Blanck/Günter Ruddat (Hg.):
Evangelischer Taschenkatechismus, Rheinbach 2001.

Cox, Harvey: When Jesus came to Harvard. Making Moral Choices To-
day, Boston/New York 2004.

Crutzen, Paul J.: Die Geologie der Menschheit, in: Paul J. Crutzen u. a.:
Das Raumschiff Erde hat keinen Notausgang, Berlin 2011, 7–10.

Dalferth, Ingolf U.: Leiden und Böses. Vom schwierigen Umgang mit Wi-
dersinnigem, Leipzig 2006.

–: Malum. Theologische Hermeneutik des Bösen, Tübingen 2008.

Dalferth, Ingolf U./Karl Kardinal Lehmann/Navid Kermani: Das Böse.
Drei Annäherungen, Freiburg i. Br. 2011.

Dawkins, Richard: Der Gotteswahn, Berlin 2007 (engl.: The God Delusion, Boston 2006).

Dembski, William A.: Intelligent Design. The Bridge between Science and
Theology, InterVarsity Press 1999.

Denzinger, Henricus/Adolfus Schönmetzer (Hg.): Enchiridion symbo-
lorum, definitionum et declarationum de rebus fidei et morum, 34. Aufl.
Freiburg i. Br. 1965.

Deuser, Hermann: Die Zehn Gebote. Kleine Einführung in die theologische Ethik, Stuttgart 2002.

Dibelius, Otto: Das Jahrhundert der Kirche. Geschichte, Betrachtung,
Umschau und Ziele, Berlin 1927.

Diwald, Hellmut/Karl-Heinz Jürgens: Lebensbilder Martin Luthers,
2. Aufl. Köln 1983.

Dörner, Klaus: Die Gesundheitsfalle, München 2003.

Douglass, Klaus: Die neue Reformation. 96 Thesen zur Zukunft der Kirche, Stuttgart 2001.

Dworkin, Ronald: Religion ohne Gott, Berlin 2014.

Ebeling, Gerhard: Die Toleranz Gottes und die Toleranz der Vernunft, in:
Rendtorff, Trutz (Hg.): Glaube und Toleranz. Das theologische Erbe
der Aufklärung, Gütersloh 1982, 54–73.

Evangelische Kirche in Deutschland (Hg.): Christen und Juden I–III. Die
Studien der Evangelischen Kirche in Deutschland 1975–2000, Gütersloh 2002.

– (Hg.): Das rechte Wort zur rechten Zeit. Eine Denkschrift des Rates der
Evangelischen Kirche in Deutschland zum Öffentlichkeitsauftrag der
Kirche, Gütersloh 2008.

– (Hg.): Rechtfertigung und Freiheit. 500 Jahre Reformation 2017. Ein
Grundlagentext der Evangelischen Kirche in Deutschland, Gütersloh
2014.

Evangelisches Gesangbuch, Berlin 1993.

Feuerbach, Ludwig: Das Wesen des Christentums, in: Gesammelte Werke Bd. 5, Berlin 1984.

Fischer, Johannes: Leben aus dem Geist. Zur Grundlegung christlicher Ethik, Zürich 1994.

Flasch, Kurt. Warum ich kein Christ bin, München 2015.

Frankemölle, Hubert: Vater im Glauben? Abraham/Ibrahim in Tora, Neuem Testament und Koran, Freiburg i. Br. 2016.

Freud, Sigmund: Eine Schwierigkeit der Psychoanalyse, in: Gesammelte Werke, Bd. 12. Werke aus den Jahren 1917–1920, Frankfurt a. M. 1947, 3–12,

Gemeinsame Erklärung zur Rechtfertigungslehre des Lutherischen Weltbundes und der Katholischen Kirche, Genf/Rom 1999.

Gemeinsames Wort von 138 Islamgelehrten (http://www.acommonword. com/lib/downloads/gemeinsames_wort.pdf).

Gerhardt, Volker: Der Sinn des Sinns. Versuch über das Göttliche, München 2014.

Germanisches Nationalmuseum Nürnberg (Hg.): Martin Luther und die Reformation in Deutschland, Frankfurt a. M. 1983.

Gestrich, Christof: Die Wiederkehr des Glanzes in die Welt. Die christliche Lehre von der Sünde und ihrer Vergebung in gegenwärtiger Verantwortung, Tübingen 1989.

Girard, René: Der Sündenbock, Zürich 1988.

–: Ich sah den Satan vom Himmel fallen wie einen Blitz. Eine kritische Apologie des Christentums, München 1999.

Goethe, Johann Wolfgang von: Aus meinem Leben. Dichtung und Wahrheit (Hamburger Ausgabe Bd. IX), 4. Aufl. Hamburg 1961.

Habermas, Jürgen: Zwischen Naturalismus und Religion. Philosophische Aufsätze, Frankfurt a. M. 2005.

–: Nachmetaphysisches Denken II. Aufsätze und Repliken, Berlin 2012.

Harasta, Eva (Hg.): Mit Gott klagen. Eine theologische Diskussion, Neukirchen 2008.

Härle, Wilfried: Dogmatik, Berlin/New York 1995.

Harnack, Adolf von: Marcion. Das Evangelium vom fremden Gott, 2. Aufl. Leipzig 1924.

–: Die Mission und Ausbreitung des Christentums in den ersten drei Jahrhunderten, 4. Aufl. Leipzig 1924.

Hauschildt, Friedrich: Die Gemeinsame Erklärung zur Rechtfertigungslehre. Dokumentation des Entstehungs- und Rezeptionsprozesses, Göttingen 2009.

Heidegger, Martin: Sein und Zeit, 19. Aufl. Tübingen, 2006.

Hersch, Jeanne: Das philosophische Staunen. Einblicke in die Geschichte des Denkens, München 1981.

Unsere Hoffnung auf das ewige Leben. Ein Votum des Theologischen

Ausschusses der Union Evangelischer Kirchen in der EKD, Neukirchen 2006.

Horkheimer, Max/Theodor W. Adorno: Dialektik der Aufklärung, Frankfurt 1969.

Hölderlin, Friedrich: Friedensfeier, hg. von Friedrich Beißner, Stuttgart 1954.

–: Hyperion. in: Sämtliche Werke, hg. von Friedrich Beißner, Bd. 3, Stuttgart 1957.

Hübener, Britta/Gottfried Orth (Hg.): Wörter des Lebens. Das ABC evangelischen Denkens, Stuttgart 2007.

Huber, Wolfgang: Konflikt und Konsens. Studien zur Ethik der Verantwortung, München 1990.

–: Kirche in der Zeitenwende. Gesellschaftlicher Wandel und Erneuerung der Kirche, 2. Aufl. 1999.

–: Glauben verstehen – Protestantismus und Theologie, in: E. Nagel u. a. (Hg.), Deutscher Evangelischer Kirchentag Hannover 2005, Gütersloh 2005, 188–201.

–: Im Geist der Freiheit. Für eine Ökumene der Profile, Freiburg i. Br. 2007.

–: Es ist nicht zu spät für eine Antwort auf den Klimawandel. Ein Appell des Ratsvorsitzenden der Evangelischen Kirche in Deutschland, Hannover 2007.

–: Wittenberg, in: Markschies, Christoph/Hubert Wolf (Hg.): Erinnerungsorte des Christentums, München 2010, 150–172.

–: Darauf vertraue ich. Grundworte des christlichen Glaubens, Freiburg i. Br. 2011.

–: «Glaube als Option» – Der kirchliche Auftrag im Pluralismus der Gesellschaft, in: Kämper, Burkhard/Klaus Pfeffer (Hg.): Essener Gespräche zum Thema Staat und Kirche, 48, Münster 2015, 51–70. 91–104.

–: Ethik. Die Grundfragen unseres Lebens von der Geburt bis zum Tod, Paperbackausgabe München 2016.

Huber, Wolfgang/Hans-Richard Reuter: Friedensethik, Stuttgart 1990.

Huber, Wolfgang/Torsten Meireis/Hans-Richard Reuter (Hg.): Handbuch der Evangelischen Ethik, München 2015.

Huntington, Samuel Phillips: Kampf der Kulturen. Die Neugestaltung der Weltpolitik im 21. Jahrhundert, München/Wien 1996.

Hüther, Gerald: Die Evolution der Liebe, 7. Aufl. Göttingen 2012.

Jacob, Günter: Das Ende des konstantinischen Zeitalters (1956), in: Ders., Umkehr in Bedrängnissen, München 1985, 43–59.

Janowski, Bernd/Michael Welker (Hg.): Opfer. Theologische und kulturelle Kontexte, Frankfurt a. M. 2000.

Jepsen, Maria: Gottes naive Wünsche, in: Kieler Nachrichten, Weihnachtsjournal 1998, 3.

– (Hg.): Evangelische Spiritualität heute. Mehr als ein Gefühl, Stuttgart 2004.

Joas, Hans: Die Entstehung der Werte, Frankfurt a. M. 1999.

–: Braucht der Mensch Religion? Über Erfahrungen der Selbsttranszendenz, Freiburg i. Br. 2004.

– (Hg.): Die zehn Gebote. Ein widersprüchliches Erbe?, Köln 2006.

–: Die Sakralisierung der Person. Eine neue Genealogie der Menschenrechte, Berlin 2011.

–: Glaube als Option. Zukunftsmöglichkeiten des Christentums, Freiburg i. Br. 2012.

–: Gefährliche Prozessbegriffe. Eine Warnung vor der Rede von Differenzierung, Rationalisierung und Modernisierung, in: Gabriel, Karl/Christel Gärtner/Detlef Pollack (Hg.): Umstrittene Säkularisierung. Soziologische und historische Analysen zur Differenzierung von Religion und Politik, 2. Aufl. Berlin 2014, 603–622.

–: Was dürfen wir hoffen?, in: Walter, Rudolf (Hg.): Inspiration für das Leben. Im Dialog mit der Bibel, Freiburg i. Br. 2015, 205–218.

–: Sind die Menschenrechte westlich?, München 2015.

Joas, Hans/Klaus Wiegandt (Hg.): Die kulturellen Werte Europas, Frankfurt a. M. 2005.

–/– (Hg.): Säkularisierung und Weltreligionen, Frankfurt a. M. 2007.

Johannes XXIII., Ansprache zur Eröffnung des II. Vatikanischen Konzils. Deutsche Übersetzung: Herderkorrespondenz 17, 1962/63, 85 ff.

Joest, Wilfried: Dogmatik, Bd. 1: Die Wirklichkeit Gottes, 3. Aufl. Göttingen 1989; Bd. 2: Der Weg Gottes mit dem Menschen, 2. Aufl. Göttingen 1990.

Jörns, Klaus-Peter: Lebensgaben Gottes feiern. Abschied vom Sühnopfermahl: eine neue Liturgie, Gütersloh 2007.

Jüngel, Eberhard: Tod, 3. Aufl. Stuttgart 1973.

–: Das Evangelium von der Rechtfertigung des Gottlosen als Zentrum des christlichen Glaubens, Tübingen 1998.

–: Evangelischer Glaube und die Frage nach Tod und ewigem Leben, in: Ders.: Indikative der Gnade – Imperative der Freiheit, Tübingen 2000, 1–23.

–: Wertlose Wahrheit. Zur Identität und Relevanz des christlichen Glaubens, 2. Aufl. Tübingen 2003.

Kähler, Christoph: Ein Buch mit sieben Siegeln? Die Bibel verstehen und auslegen, Leipzig 2016.

Kamphaus, Franz: Eine Fortsetzung findet nicht statt, in: Frankfurter Allgemeine Zeitung, 11. November 2004, 8.

Kant, Immanuel: Kritik der reinen Vernunft (KrV), in: Kant-Studienausgabe, Bd. II, Wiesbaden 1956. 1–717.

–: Grundlegung zur Metaphysik der Sitten (GMS), in: Kant-Studienausgabe, Bd. IV, Wiesbaden 1956, 7–102.

–: Kritik der praktischen Vernunft (KpV), in: Studienausgabe, Bd. IV, Wiesbaden 1956, 103–302.

–: Die Religion innerhalb der Grenzen der bloßen Vernunft (Religion), in: Kant-Studienausgabe, Bd. IV, Wiesbaden 1956, 645–879.

–: Was ist Aufklärung? (Aufklärung), in: Kant-Studienausgabe, Bd. VI, Wiesbaden 1956, 51–61.

–: Über das Misslingen aller philosophischen Versuche in der Theodizee, in: Kant-Studienausgabe, Bd. VI, Wiesbaden 1956, 103–124.

Kasper, Walter: Jesus von Nazareth. Botschaft und Geschichte, Freiburg i. Br. 1990.

Kaufmann, Thomas: Luthers Juden, Ditzingen 2014.

Kelman, Herbert/Lee Hamilton: Crimes of Obedience. Toward a Social Psychology of Authority and Responsibility, New Haven/London 1989.

Kermani, Navid: Ungläubiges Staunen. Über das Christentum, 6. Aufl. München 2015.

–: Über die Grenzen – Jacques Mourad und die Liebe in Syrien, in: Friedenspreis des Deutschen Buchhandels 2015: Navid Kermani. Ansprachen aus Anlass der Verleihung, Frankfurt a. M. 2015, 49–71.

Khorchide, Mouhanad: Islam ist Barmherzigkeit. Grundzüge einer modernen Religion, Freiburg/Breisgau 2015.

Kierkegaard, Søren: Die Krankheit zum Tode, in: Ders., Gesammelte Werke 24/25, Düsseldorf 1954.

Köckert, Matthias: Die Zehn Gebote, München 2007.

Kohler-Weiß, Christiane: Schutz der Menschwerdung. Schwangerschaft und Schwangerschaftskonflikt als Themen evangelischer Ethik, Gütersloh 2003.

Der Koran. Vollständig und neu übersetzt von Ahmad Milad Karimi. Mit einer Einführung herausgegeben von Bernhard Uhde, Freiburg i. Br. 2009.

Körtner, Ulrich: Arbeit am Kanon, Studien zur Bibelhermeneutik. Leipzig 2015.

Küng, Hans: Der Anfang aller Dinge. Naturwissenschaft und Religion, München/Zürich 2005.

Kurzke, Hermann/Jacques Wirion: Unglaubensgespräch. Vom Nutzen und Nachteil der Religion für das Leben, München 2005.

Kurzweil, Ray im Gespräch mit Tobias Hülswitt: Werden wir ewig leben, Mister Kurzweil?, in: Frankfurter Allgemeine Zeitung, 23. Februar 2008, Z 6.

Kutschera, Ulrich (Hg.): Kreationismus in Deutschland. Fakten und Analysen, Münster 2007.

Lang, Bernhard: Heiliges Spiel. Eine Geschichte des christlichen Gottesdienstes, München 1998.

Lange, Ernst: Predigen als Beruf. Aufsätze zu Homiletik, Liturgie und Pfarramt, hg. von Rüdiger Schloz, München 1982.

Lauster, Jörg: Die Verzauberung der Welt. Eine Kulturgeschichte des Christentums, 2. Aufl. München 2015.

Lehmann, Karl/Wolfhart Pannenberg (Hg.): Lehrverurteilungen – kirchentrennend? Bd. I: Rechtfertigung, Sakramente und Amt im Zeitalter der Reformation und heute, Freiburg i. Br./Göttingen 1986.

Leppin, Volker: Die fremde Reformation. Luthers mystische Wurzeln, München 2016.

Liedke, Gerhard: Im Bauch des Fisches. Ökologische Theologie, Stuttgart 1979.

Link-Wieczorek, Ulrike u. a.: Nach Gott im Leben fragen. Ökumenische Einführung in das Christentum, Gütersloh/Freiburg i. Br. 2004.

Lübbe, Hermann: Werte modern – alltäglich und feiertäglich, in: Mohn, Liz/Brigitte Mohn/Werner Weidenfeld/Johannes Meier (Hg.): Werte. Was die Gesellschaft zusammenhält, Gütersloh 2006, 55–66.

Luther, Martin: Weimarer Ausgabe Bd. 9: Schriften und Predigten 1509/21, Weimar 1893.

–: Luthers Werke in Auswahl. Unter Mitwirkung von Albert Leitzmann hg. von Otto Clemen, Bd. 2, Bonn 1912.

–: Ausgewählte Werke, hg. von Hans Heinrich Borcherdt und Georg Merz, Ergänzungsreihe Bd. 3, München 1940.

–: Luther Deutsch. Die Werke Martin Luthers in neuer Auswahl für die Gegenwart, hg. von Kurt Aland. 10 Bände, 1964–1974.

–: Von der Freiheit eines Christenmenschen. Fünf Schriften aus den Anfängen der Reformation, hg. von Wolfgang Metzger, 2. Aufl. München/Hamburg 1968.

–: Die gantze Heilige Schrifft Deudsch, Wittenberg 1545, hg. von Hans Volz unter Mitarbeit von Heinz Blanke, München/Darmstadt 1972.

–: Studienausgabe, hg. von Hans-Ulrich Delius, 5 Bände, Berlin 1979–1992.

–: Ausgewählte Schriften, hg. von Karin Bornkamm und Gerhard Ebeling, 6 Bände, Frankfurt a. M. 1982.

–: Lateinisch-Deutsche Studienausgabe, hg. von Wilfried Härle, Johannes Schilling und Günther Wartenberg unter Mitarbeit von Michael Beyer, 3 Bände, Leipzig 2006–2008.

–: Deutsch-Deutsche Studienausgabe, hg. von Johannes Schilling, 2 Bände, Leipzig 2012–2015.

–: Von den Juden und ihren Lügen, neu bearbeitet und kommentiert von Matthias Morgenstern mit einem Geleitwort von Heinrich Bedford-Strohm, Berlin 2016.

Luz, Ulrich: Theologische Hermeneutik des Neuen Testaments, Neukirchen 2014.

Manemann, Jürgen: Kritik des Anthropozäns. Plädoyer für eine neue Humanökologie, Bielefeld 2014.

Mann, Thomas: Buddenbrooks. Verfall einer Familie (Gesammelte Schriften 1), Berlin/Weimar 1965.

Markschies, Christoph: Warum hat das Christentum in der Antike überlebt? Ein Beitrag zum Gespräch zwischen Kirchengeschichte und Systematischer Theologie, Leipzig 2004.

–/Schröter, Jens (Hg.): Antike christliche Apokryphen in deutscher Übersetzung, Bd. 1: Evangelien und Verwandtes, 7. Aufl. Tübingen 2012.

Martini, Carlo Maria: Interview, in: Christ und Welt. Beilage zur Wochenzeitung DIE ZEIT, 6. September 2012, 5.

Mau, Rudolf: Evangelische Bekenntnisse, 2 Bände, 2. Aufl. Bielefeld 2008.

McGrath, Alister (mit Joanna Collicutt McGrath): «Der Atheismus-Wahn». Eine Antwort auf Richard Dawkins und den atheistischen Fundamentalismus, Asslar 2007.

Melanchthon, Philipp: Melanchthon deutsch, hg. von Michael Beyer, Stefan Rhein, Günther Wartenberg, 4 Bände, Leipzig 1997–2012.

Metz, Johann Baptist: Memoria passionis. Ein provozierendes Gedächtnis in pluralistischer Gesellschaft, Freiburg i. Br. 2006.

Miller, Alice: Am Anfang war Erziehung, Frankfurt a. M. 1980.

Moltmann, Jürgen: Kirche in der Kraft des Geistes. Ein Beitrag zur messianischen Eschatologie, München 1975.

–: Gott in der Schöpfung. Ökologische Schöpfungslehre, München 1985.

–: Das Kommen Gottes. Christliche Eschatologie, Gütersloh 1995.

Moser, Tilman: Gottesvergiftung, Frankfurt a. M. 1976.

Müller, Gerhard Ludwig: «Die Kirche ist kein Philosophenclub». Gespräch mit Evelyn Finger, in: DIE ZEIT 1/2016.

Neiman, Susan: Das Böse denken. Eine andere Geschichte der Philosophie, Frankfurt a. M. 2004.

Nietzsche, Friedrich: Die fröhliche Wissenschaft, in: Sämtliche Werke. Kritische Studienausgabe, Bd. 3, München/Berlin 1980, 343–651.

–: Also sprach Zarathustra, in: Sämtliche Werke. Kritische Studienausgabe, Bd. 4, München/Berlin 1980.

–: Jenseits von Gut und Böse. Vorspiel einer Philosophie der Zukunft, 1886, in: Sämtliche Werke. Kritische Studienausgabe, Bd. 5, München/Berlin 1980, 9–243.

–: Der Antichrist. Fluch auf das Christentum, 1889, in: Sämtliche Werke. Kritische Studienausgabe, Bd. 6, München/Berlin 1980, 167–254.

Oberdorfer, Bernd: Filioque. Geschichte und Theologie eines ökumenischen Problems, Göttingen 2001.

Obst, Helmut: Reinkarnation, München 2009.

Picht, Georg: Wahrheit – Vernunft – Verantwortung. Philosophische Studien, Stuttgart 1969.

Polkinghorne, John/Michael Welker: An den lebendigen Gott glauben. Ein Gespräch, Gütersloh 2005.

Rahner, Karl: Grundkurs des Glaubens. Einführung in den Begriff des Christentums, Freiburg i. Br. 1976.

Ratzinger, Joseph/Benedikt XVI.: Jesus von Nazareth. Erster Teil. Von der Taufe im Jordan bis zur Verklärung, Freiburg i. Br. 2007.

Die Reformation und die Juden. Eine Orientierung, erstellt im Auftrag des wissenschaftlichen Beirates für das Reformationsjubiläum 2017, o. O. 2014.

Rendtorff, Trutz/Jürgen Schmude: Wie versteht die evangelische Kirche die Rede von der «Prägekraft des Christentums»? Einige Sätze zur Orientierung, Hannover 2004.

Reuter, Hans-Richard: Die Bergpredigt als Orientierung unseres Menschseins heute. Ein ethischer Diskurs in kritischer Absicht, in: Zeitschrift für evangelische Ethik 23, 1979, 84 ff.

Reventlow, Henning Graf von: Epochen der Bibelauslegung III: Renaissance, Reformation, Humanismus, München 1997.

Richter, Horst Eberhard: Der Gotteskomplex. Die Geburt und die Krise des Glaubens an die Allmacht des Menschen, Reinbek 1979.

Ritschl, Dietrich: Theorie und Konkretion in der Ökumenischen Theologie, Münster 2003.

Ritschl, Dietrich/Martin Hailer: Grundkurs Christliche Theologie. Diesseits und jenseits der Worte, 4. Aufl. Neukirchen 2015.

Ritter, Werner H. (Hg.): Erlösung ohne Opfer? Göttingen 2003.

Rousseau, Jean Jaques, Der Gesellschaftsvertrag oder Grundsätze des Staatsrechts, in: Ders., Sozialphilosophische und Politische Schriften, 2. Aufl. Düsseldorf/Zürich 1996, 269–404.

Sachau, Rüdiger: Weiterleben nach dem Tod? Warum immer mehr Menschen an Reinkarnation glauben, Gütersloh 1998.

Sattler, Dorothea/Volker Leppin (Hg.): Reformation 1517–2017. Ökumenische Perspektiven, Freiburg i. Br./Göttingen 2014.

Savater, Fernando: Die Zehn Gebote im 21. Jahrhundert. Tradition und Aktualität von Moses' Erbe, Berlin 2006.

Scharffenorth, Gerta: Den Glauben ins Leben ziehen... – Studien zu Luthers Theologie, 2. Aufl. Münster, 2013.

Schiller, Friedrich von: Sämtliche Werke. Bd. 1 Gedichte, bearbeitet von Jochen Golz, Berlin/Weimar 1980.

Schilling, Heinz: Martin Luther. Rebell in einer Zeit des Umbruchs, 2., durchgesehene Aufl. München 2013.

Schleiermacher, Friedrich Daniel Ernst: Der christliche Glaube nach den

Grundsätzen der Evangelischen Kirche im Zusammenhange dargestellt (2. Aufl. 1831), Berlin 1960.

–: Dr. Schleiermacher über seine Glaubenslehre an Dr. Lücke. Zweites Sendschreiben, in: Ders.: Kritische Gesamtausgabe I/10, Berlin/New York 1990, 337–394.

Schmied, Wieland: Bilder zur Bibel. Maler aus sieben Jahrhunderten erzählen das Leben Jesu, Stuttgart 2006.

Schmitt, Carl: Der Begriff des Politischen. Text von 1932 mit einem Vorwort und drei Corollarien, 3. Aufl. 1991.

Schmitt, Carl/Eberhard Jüngel/Sepp Schelz: Die Tyrannei der Werte, Hamburg 1979.

Schönborn, Christoph Kardinal: Schöpfung und Evolution. Zwei Paradigmen und ihr gegenseitiges Verhältnis, Wien 2012.

Die Schrift, verdeutscht von Martin Buber gemeinsam mit Franz Rosenzweig. Bd. 1: Die fünf Bücher der Weisung, 10. Aufl. TB Stuttgart 1992.

Schröder, Richard: Wissenschaft contra Religion? Zum Fall Galilei, in: Die Normativität des Wirklichen. Über die Grenze zwischen Sein und Sollen. Robert Spaemann zum 75. Geburtstag. Stuttgart 2002, 112–154.

Schulze, Gerhard: Die Sünde. Das schöne Leben und seine Feinde, München 2006.

Schwager, Raymund: Jesus im Heilsdrama, Innsbruck 1990.

Schwarz, Reinhard: Martin Luther. Lehrer der christlichen Religion, Tübingen 2015.

Schweitzer, Albert: Geschichte der Leben-Jesu-Forschung, 9. Aufl. Tübingen 1984 (1. Aufl. 1906).

Shriver, Donald, Jr.: An Ethic for Enemies. Forgiveness in Politics, New York/Oxford 1995.

Silesius, Angelus: Sämtliche Werke, hg. von Georg Ellinger, Bd. 2, Berlin 1923.

Slenczka, Notger: Die Kirche und das Alte Testament, in: Elisabeth Gräb-Schmidt (Hg.): Das Alte Testament in der Theologie (Marburger Jahrbuch Theologie 25), Leipzig 2013, 83–119.

Sparn, Walter: Leiden – Erfahrung und Denken. Materialien zum Theodizee-Problem, München 1980.

Steffensky, Fulbert: Das Haus, das die Träume verwaltet, 7. Aufl. Würzburg 2002.

–: Schwarzbrot-Spiritualität, Neuausgabe Stuttgart 2006.

Stierlin, Helm: Eltern und Kinder. Das Drama von Trennung und Versöhnung im Jugendalter, Frankfurt a. M. 1980.

Stock, Konrad: Gottes wahre Liebe. Theologische Phänomenologie der Liebe, Tübingen 2000.

–: Die Theorie der christlichen Gewissheit, Tübingen 2005.

Stosch, Klaus von: Theodizee, Paderborn 2013.

Die Taufe. Eine Orientierungshilfe zu Verständnis und Praxis der Taufe in der evangelischen Kirche. Vorgelegt vom Rat der Evangelischen Kirche in Deutschland, Gütersloh 2008.

Taylor, Charles: Ein säkulares Zeitalter, Frankfurt/Main 2009.

Theißen, Gerd: Soziologie der Jesusbewegung. Ein Beitrag zur Entstehung des Urchristentums, München 1977.

–: Zeichensprache des Glaubens, Gütersloh 1994.

–: Die Religion der ersten Christen. Eine Theorie des Urchristentums, Gütersloh 2000.

–: Zur Bibel motivieren, Gütersloh 2003.

–: Erleben und Verhalten der ersten Christen. Eine Psychologie des Urchristentums, Gütersloh 2007.

–: Glaubenssätze. Ein kritischer Katechismus, Gütersloh 2012.

Theißen, Gerd/Annette Merz: Der historische Jesus, 4. Aufl. Göttingen 2011.

Tillich, Paul: Der Protestantismus als Kritik und Gestaltung, München/Hamburg 1966.

Toland, John: Christianity not mysterious. Christentum ohne Geheimnis (1696). Übersetzt von Wilhelm Lunde, hg. von Leopold Zscharnack, Gießen 1908.

Troeltsch, Ernst: Die Absolutheit des Christentums und die Religionsgeschichte (1902/1912) (Kritische Gesamtausgabe, Bd. 5), Berlin/New York 1998.

–: Die Soziallehren der christlichen Kirchen und Gruppen, 3. Aufl. Tübingen 1923.

Troll, Christian W.: Unterscheiden um zu klären. Orientierung im christlich-jüdischen Dialog, Freiburg i. Br. 2008.

Voltaire: Aus dem philosophischen Wörterbuch, in: Ders.: Kritische und satirische Schriften, übersetzt von Karl August Horn, Joachim Timm und Lieselotte Ronte, München 1970, 562–740.

Walser, Martin: Über Rechtfertigung, eine Versuchung, Reinbek 2012.

Weizsäcker, Carl Friedrich von: Der Garten des Menschlichen. Beiträge zur geschichtlichen Anthropologie, München 1977.

–: Der bedrohte Friede, 3. Aufl. München 1982.

Weizsäcker, Viktor von: Der Gestaltkreis. Theorie der Einheit von Wahrnehmen und Bewegen, Frankfurt a. M. 1997.

Welker, Michael: Gottes Geist. Theologie des Heiligen Geistes, 2. Aufl. Neukirchen 1993.

–: Gottes Offenbarung. Christologie, Neukirchen 2012.

–: Geist und Liebe, in: Jahrbuch für Biblische Theologie 29 (2014), Neukirchen 2016, 271–281.

Wenzel, Knut (Hg.): Die Religionen und die Vernunft. Die Debatte um die Regensburger Vorlesung des Papstes, Freiburg i. Br. 2007.

Westermann, Claus: Theologie des Alten Testaments in Grundzügen, Göttingen 1978.

Weth, Rudolf (Hg.): Das Kreuz Jesu. Gewalt – Opfer – Sühne, Neukirchen-Vluyn 2001.

Whitehead, Alfred North: Abenteuer der Ideen, Frankfurt a.M. 1971.

Wischnath, Rolf: Wer ist der Mann am Balken? Cottbuser Predigten, Bielefeld 1999.

Woltersdorff, Nicholas P.: Journey toward Justice. Personal Encounters in the Global South, Grand Rapids/Michigan 2013.

Zürcher Bibel 2007, Zürich 2007.

PERSONENREGISTER

SACHREGISTER

BIBELSTELLENREGISTER

AUS DEM VERLAGSPROGRAMM

Theologie und Ethik

Johann Hinrich Claussen
Die 95 wichtigsten Fragen: Reformation
2016. 175 Seiten mit 6 Abbildungen
Beck Paperback Band 7045

Wolfgang Huber
Ethik
Die Grundfragen unseres Lebens
von der Geburt bis zum Tod
2016. 320 Seiten
Beck Paperback Band 6230

Handbuch der Evangelischen Ethik
Herausgegeben von Wolfgang Huber, Torsten Meireis
und Hans-Richard Reuter
Mit Beiträgen von Reiner Anselm, Petra Bahr, Peter Dabrock,
Elisabeth Gräb-Schmidt, Wolfgang Huber, Traugott Jähnichen,
Ulrich H. J. Körtner, Torsten Meireis, Hans-Richard Reuter
und Frank Surall
2015. 736 Seiten. Leinen

Christoph Markschies
Gottes Körper
Jüdische, christliche und pagane Gottesvorstellungen
in der Antike
2016. 900 Seiten mit 15 Abbildungen. Leinen

Peter Schäfer
Zwei Götter im Himmel
Gottesvorstellungen in der jüdischen Antike
200 Seiten. Gebunden

Verlag C.H.Beck

Philosophie und Lebenskunst

Sarah Bakewell
Wie soll ich leben?
oder Das Leben Montaignes in einer Frage und zwanzig Antworten
Aus dem Englischen von Rita Seuß
2016. 416 Seiten mit 14 Abbildungen und 2 Karten
Beck Paperback Band 6225

Sarah Bakewell
Das Café der Existenzialisten
Freiheit, Sein und Aprikosencocktails
mit Jean-Paul Sartre, Simone de Beauvoir, Albert Camus, Martin
Heidegger, Edmund Husserl, Karl Jaspers, Maurice Merleau-Ponty
und anderen
Aus dem Englischen von Rita Seuß
4. Auflage. 2016. 448 Seiten mit 26 Abbildungen. Leinen

Corinna Budras/Pascal Fischer
Wer hat an der Uhr gedreht?
Warum uns die Zeit abhandenkommt und wie wir sie zurückgewinnen
2017. 199 Seiten
Beck Paperback Band 6267

Andreas Urs Sommer
Die Kunst der Seelenruhe
Anleitung zum stoischen Denken
2. Auflage. 2010. 159 Seiten
Beck'sche Reihe Band 1940

Andreas Urs Sommer
Die Kunst des Zweifelns
Anleitung zum skeptischen Denken
2. Auflage. 2007. 156 Seiten
Beck'sche Reihe Band 1664

Verlag C.H.Beck